SCHÄFFER
POESCHEL

Andreas Löhr

Börsengang

Kapitalmarktchancen prüfen und umsetzen

2. Auflage

2006
Schäffer-Poeschel Verlag Stuttgart

Bibliografische Information Der Deutschen Bibliothek
Die Deutsche Bibliothek verzeichnet diese Publikation in
der Deutschen Nationalbibliografie; detaillierte bibliografische
Daten sind im Internet über <http://dnb.ddb.de> abrufbar.

Gedruckt auf chlorfrei gebleichtem, säurefreiem und alterungsbeständigem Papier

ISBN-13: 978-3-7910-2510-0
ISBN-10: 3-7910-2510-4

Dieses Werk einschließlich aller seiner Teile ist urheberrechtlich geschützt. Jede Verwertung außerhalb der engen Grenzen des Urheberrechtgesetzes ist ohne Zustimmung des Verlages unzulässig und strafbar. Das gilt insbesondere für Vervielfältigungen, Übersetzungen, Microverfilmungen und die Einspeicherung und Verarbeitung in elektronischen Systemen.

© 2006 Schäffer-Poeschel Verlag für Wirtschaft · Steuern · Recht GmbH
www.schaeffer-poeschel.de
info@schaeffer-poeschel.de

Einbandgestaltung: Willy Löffelhardt (Motiv: Deutsche Börse AG)
Satz: pws Print und Werbeservice Stuttgart GmbH
Druck und Bindung: Kösel, Krugzell · www.koeselbuch.de
Printed in Germany
Juni/2006

Schäffer-Poeschel Verlag Stuttgart
Ein Tochterunternehmen der Verlagsgruppe Handelsblatt

Vorwort zur 2. Auflage

Seit Erscheinen der 1. Auflage im Jahre 2000 hat sich das nationale und internationale Kapitalmarktgeschehen weiter dynamisch entwickelt.

Die führenden Weltbörsen durchlebten zu Beginn des neuen Jahrtausends aufgrund einer Reihe unterschiedlicher Faktoren (erhebliche Kurszuwächse, Platzen der »dot.com-Blase«, zahlreiche Insolvenzen und Betrugsfälle im In- und Ausland, Auswirkungen der Anschläge vom 11. September 2001 etc.) eine der längsten und intensivsten Schwächephasen seit langem. Dies blieb zum einen nicht ohne Folgen für Börsengänge bzw. die Neuemissionsaktivität insgesamt. Gerade in Deutschland sank die Zahl an Börsengängen in den ersten Jahren des 21. Jahrhunderts erheblich.

Zum anderen wurden im In- und Ausland zahlreiche neue Gesetze verabschiedet, die insbesondere zu einer noch effizienteren und verantwortungsvolleren Unternehmensführung (»Corporate Governance«) sowie einem insgesamt besseren Funktionieren der Kapitalmärkte führen sollen. In den USA wurde der Sarbanes-Oxley Act (»Sox«) eingeführt, der für alle an US-Börsen notierten Unternehmen unter anderem erhebliche Verschärfungen der internen Kontrollen vorschreibt. Hiervon sind entsprechend sowohl die rund 300 deutschen Tochtergesellschaften von US-börsennotierten US-Unternehmen betroffen als auch deutsche Unternehmen, die an US-Börsen notiert sind. Letztere haben Sox erstmals für nach dem 15.07.2006 endende Geschäftsjahre anzuwenden.

Die Europäische Gemeinschaft hat sich nach der endgültigen Einführung des Euro maßgeblich weiterhin zu einem einheitlichen Kapitalmarkt entwickelt.

Die EG erließ diverse Richtlinien und Verordnungen. Während die **EG-Richtlinien** von den nationalen Regierungen jeweils in Gesetze umzusetzen waren bzw. noch sind, gelten **EG-Verordnungen** als solche direkt EG- bzw. EWR-weit (EWR umfasst die EG-Staaten sowie Island, Liechtenstein und Norwegen). Entsprechend der im Juli 2002 verabschiedeten »**IAS-Verordnung**« **der EG (Nr. 1606/2002)** werden die IFRS (International Financial Reporting Standards) seit 01.01.2005 für den Konzernabschluss kapitalmarktorientierter Unternehmen zwingend vorgeschrieben. Eine Übergangsfrist besteht bis 01.01.2007 zum einen für international agierende Unternehmen, die bisher US-GAAP aufgrund einer Notierung an einer US-Börse anwenden, sowie zum anderen für Unternehmen, von denen ausschließlich Schuldtitel am Kapitalmarkt notiert sind. IFRS sind eine Sammlung von Standards und Interpretationen bzw. Regeln zur externen Berichterstattung, die von dem unabhängigen IASB (International Accounting Standards Board) (weiter-)entwickelt werden. Der Oberbegriff IFRS umfasst die International Accounting Standards (IAS), die Interpretationen des International Financial Reporting Interpretations Committee (IFRIC) und die Interpretationen des Standing Interpretations Committee (SIC).

Die **EG-Verordnung Nr. 2273/2003** vom 22.12.2003 regelt Ausnahmeregelungen für **Rückkaufprogramme und Kursstabilisierungsmaßnahmen** einschließlich Vorgaben zum **Greenshoe** (z.B. darf die Zuteilungsreserve 15 % des ursprünglichen Angebots nicht überschreiten).

Durch Verabschiedung der **EG-»Prospektverordnung«** Nr. 809/2004 vom 29.04.2004 gibt es EU/EWR-weit nunmehr einheitliche Standards für Prospektinhalte für Wertpapierangebote.

Besonders rege war der Deutsche Gesetzgeber. Zum Zwecke der Umsetzung von EU-Vorgaben, zur Modernisierung und Anpassung an internationale Standards, aber auch aufgrund zusätzlicher hiervon unabhängiger Überlegungen verabschiedete er diverse neue Gesetze, die auf das Going Public oder/und Being Public Einfluss haben. Dies sind im Wesentlichen:

- **Seit 25.01.2001: Gesetz zur Namensaktie und zur Erleichterung der Stimmrechtsausübung (NaStraG):** Mit dem NaStraG soll das Aktienrecht betreffend Namensaktien und Stimmrechtswahrnehmung weiter modernisiert und insbesondere den Anforderungen und Möglichkeiten des »Internetzeitalters« angepasst werden. Aktienbücher werden durch elektronisch führbare **Aktienregister** ersetzt und der Datenschutz für Aktionäre verbessert. Bisherige Schriftformerfordernisse des AktG werden gelockert und elektronische Formen zugelassen. Zudem werden die bis dato gemessen an EU-Vorgaben zu strengen Vorschriften über die sog. Nachgründung gem. § 52 AktG rückwirkend zum 01.01.2000 merklich gelockert.
- **Seit 01.08.2001: Gesetz zur Anpassung der Formvorschriften des Privatrechts und anderer Vorschriften an den modernen Rechtsverkehr (FormAnpG):** Das FormAnpG nimmt zum Zwecke der Förderung der Nutzung neuer Kommunikationsformen Modernisierungen im Aktienrecht vor – in Ergänzung zum neuen **Signaturgesetz (SiG)**, das schwerpunktmäßig die elektronische Form in das BGB einführte.
- **Seit 01.01.2002: Wertpapiererwerbs- und Übernahmegesetz (WpÜG):** Dieses Gesetz betrifft freiwillige und auf Grund einer Verpflichtung nach diesem Gesetz erfolgende öffentliche Kauf- oder Tauschangebote zum Erwerb von Wertpapieren einer Zielgesellschaft. Durch das WpÜG wurde der Übernahmekodex der Börsensachverständigenkommission beim Bundesministerium der Finanzen, dessen Anerkennung bis dahin Grundlage einer Notiz im Amtlichen oder Geregelten Markt bzw. im SMAX war, obsolet.
- **Seit 01.05.2002: Gesetz über die Bundesanstalt für Finanzdienstleistungsaufsicht (Finanzdienstleistungsaufsichtsgesetz – FinDAG):** Das FinDAG regelt die Errichtung der neuen »Bundesanstalt für Finanzdienstleistungsaufsicht« (»BAFin«) (durch Zusammenlegung des Bundesaufsichtsamtes für das Kreditwesen, des Bundesaufsichtsamtes für das Versicherungswesen und des Bundesaufsichtsamtes für den Wertpapierhandel) als bundesunmittelbare, rechtsfähige Anstalt des öffentlichen Rechts zum 01.05.2002.
- **Seit 21.06.2002: Gesetz zur weiteren Fortentwicklung des Finanzplatzes Deutschland (Viertes Finanzmarktfördergesetz):** Dieses besonders umfängliche Gesetzespaket bringt eine Fülle von Änderungen insbesondere für das **Börsengesetz (BörsG)**, das **Verkaufsprospektgesetz (VKPG oder VerkProspG)** und das **Wertpapierhandelsgesetz (WpHG)**. Ziel des Gesetzgebers ist die Stärkung des Anlegerschutzes, die Verbesserung der Handlungsmög-

lichkeiten der am Kapitalmarkt Beteiligten sowie die Fortentwicklung der Funktion des Kapitalmarkts als Motor für Wachstum und Beschäftigung. Wesentliche Neuerungsinhalte umfassen: 1. die Erhöhung der Marktintegrität und Markttransparenz durch eine umfassende Novellierung des Verbots der Kurs- und Marktpreismanipulation, ein Veröffentlichungszwang für Lock-up-Fristen in Börsenprospekten und für Insidergeschäfte, 2. die Schaffung einer Anspruchsgrundlage für Anleger, die durch die unterlassene oder verspätete Veröffentlichung potenziell kurserheblicher Tatsachen bei Wertpapiergeschäften einen Schaden erlitten haben, 3. Modernisierungen im Bereich des Börsenrechts zur Erhöhung des Handlungsspielraums der Börsen und ihrer internationalen Wettbewerbsfähigkeit (u.a. durch eine Flexibilisierung der Marktsegmente, die Regelung der Aufsicht über außerbörsliche Handelssysteme und die Novellierung des Maklerrechts/Abschaffung des Vorrangs des Präsenzhandels und der Kursfeststellung durch Kursmakler im Amtlichen Markt).

- **Seit 01.08.2002/01.01.2003: Gesetz zur weiteren Reform des Aktien- und Bilanzrechts, zu Transparenz und Publizität (Transparenz- und Publizitätsgesetz – TransPuG):** Das TransPuG ist als Fortführung des KonTraG von 1998 zu sehen und bindet einen Teil der Empfehlungen der Regierungskommission Corporate Governance (Corporate Governance Kodex) in das AktG ein. Ziel ist eine Verbesserung der Transparenz und Publizität (Einführung des elektronischen Bundesanzeigers) im Aktien- und Bilanzrecht, um eine Unternehmensführung und -kontrolle sicherzustellen, die internationalen Standards entspricht.
- Als Regularium mit aktienrechtlicher Relevanz hat die Regierungskommission Deutscher Corporate Governance Kodex den **Corporate Governance Kodex (erstmals zum 26.02.2002)** kodifiziert. Die unverbindlichen Verhaltensempfehlungen dieses jeweils jährlich auf evtl. Revisionsbedarf zu prüfenden Kodex für die Unternehmensleitung und -kontrolle wurden durch den mit dem **TransPuG** ins AktG neu eingefügten § 161 berücksichtigt. Vorstand und Aufsichtsrat einer börsennotierten AG haben danach einmal jährlich zu erklären, ob sie den im elektronischen Bundesanzeiger veröffentlichten Empfehlungen des Kodex entsprochen haben und entsprechen oder welchen Empfehlungen nicht Folge geleistet wurde (sog. »comply or explain«-Regel). Zuletzt hat das Bundesjustizministerium am 20.07.2005 die Neufassung des Deutschen Corporate Governance Kodex im elektronischen Bundesanzeiger förmlich bekannt gemacht.
- **Seit 30.10.2004: Anlegerschutzverbesserungsgesetz (AnSVG):** Das AnSVG hat in der Umsetzung von EU-Richtlinien zum Ziel, Kapitalanleger bezüglich falscher/fehlender Informationen und unzulässiger Marktpraktiken besser zu schützen. Neben der Einführung einer Prospektpflicht auch für nicht in Wertpapieren verbriefte Vermögensanlagen macht das AnSVG insbesondere Vorgaben bzgl. Insidergeschäften, Ad-hoc-Publizität, Meldepflichten (Einführung eines Insiderverzeichnisses), Marktmanipulationen und Wertpapieranalysen bzw. -analysten (die künftig sämtlich der BAFin-Aufsicht unterstehen). Zur Konkretisierung des AnSVG hat die Bundesanstalt für Finanzdienstleistungsaufsicht (BAFin; hierin aufgegangen ist das frühere BaWe/Bundesaufsichtsamt für Wertpapierhandel) zum 15.07.2005 einen **Emittentenleitfaden**

herausgegeben, der Emittenten die künftige Verwaltungspraxis zu Ad-hoc-Publizität, Directors Dealings, Marktmanipulationen, Insiderpapieren, Insiderhandelsverboten und dem neu einzurichtenden Insiderverzeichnis darlegt.

- **Seit 01.01.2005: Gesetz zur Kontrolle von Unternehmensabschlüssen (Bilanzkontrollgesetz – BilKoG):** Das BilKoG regelt die Einrichtung und Organisation einer privatrechtlich organisierten Prüfstelle, die die Richtigkeit der Bilanzen börsennotierter Gesellschaften kontrollieren soll. Die **DPR Deutsche Prüfstelle für Rechnungslegung (FREP Financial Reporting Enforcement Panel)** hat entsprechend zum 01.07.2005 seine Tätigkeit aufgenommen.
- **Seit 01.01.2005: Gesetz zur Einführung internationaler Rechnungslegungsstandards und zur Sicherung der Qualität der Abschlussprüfung (Bilanzrechtsreformgesetz – BilReG):** Das BilReG führt für Abschlüsse kapitalmarktorienter, an einem organisierten Markt (in Deutschland: Amtlicher Markt und Geregelter Markt, d.h. einschließlich »General Standard« und »Prime Standard«) gehandelter Unternehmen die Bilanzierungspflicht nach IAS/IFRS-Rechnungslegung für Konzern- bzw. Einzelabschlüsse für Geschäftsjahre, die ab 01.01.2005 beginnen, ein. Des Weiteren wurden Angabepflichten in Anhang und Lagebericht erweitert. Zur Förderung der Unabhängigkeit von Abschlussprüfungsgesellschaften führt das Gesetz einen Katalog mit einer Abschlussprüfung vereinbarer Beratungstätigkeiten ein.
- **Seit 01.07.2005: Gesetz über die Erstellung, Billigung und Veröffentlichung des Prospekts, der beim öffentlichen Angebot von Wertpapieren oder bei der Zulassung von Wertpapieren zum Handel an einem organisierten Markt zu veröffentlichen ist (Wertpapierprospektgesetz –WpPG):** Das WpPG brachte Änderungen des Verkaufsprospektgesetzes, der Börsenzulassungsverordnung und die Aufhebung der Verkaufsprospektverordnung (VerkProspVO). Es enthält wichtige Neuerungen über das öffentliche Angebot von Wertpapieren sowie die Zulassung von Wertpapieren zum Börsenhandel. Der von der jeweiligen nationalen EU-Finanzdienstleistungsaufsicht genehmigte Wertpapierprospekt hat nunmehr den Charakter eines »Europäischen Passes« zur Ermöglichung eines grenzüberschreitenden Aktienangebots innerhalb der EU. Des Weiteren ist nunmehr u.a. grundsätzlich auch für Mitarbeiterbeteiligungsprogramme ein Prospekt zu erstellen. Die (neue) Prospektpflicht betrifft insbesondere **Mitarbeiterbeteiligungsprogramme** von Unternehmen, deren Aktien **nicht** an einer Börse im europäischen Wirtschaftsraum im Amtlichen/Geregelten Markt notiert sind. Durch das WpPG wurden die seit 01.09.2002 (revidiert 01.08.2004) freiwillig von Emittenten bzw. Konsortialbanken zu beachtenden Going-Public-Grundsätze der Deutschen Börse AG obsolet.
- Vom WpPG ist im Übrigen das zum 01.11.2005 geänderte **VKPG oder VerkProspG (Wertpapier-Verkaufsprospektgesetz oder Verkaufsprospektgesetz)** zu unterscheiden, das nur für im Inland öffentlich angebotene nicht in Wertpapieren i.S.d. WpPG verbriefte Anteile gilt.
- **Seit 01.11.2005: Gesetz über Musterverfahren in kapitalmarktrechtlichen Streitigkeiten (Kapitalanleger-Musterverfahrensgesetz – KapMug):** Durch einen Musterfeststellungsantrag kann in einem erstinstanzlichen Ver-

fahren, in dem ein Schadensersatzanspruch wegen falscher, irreführender oder unterlassener öffentlicher Kapitalmarktinformation oder ein Erfüllungsanspruch aus Vertrag, der auf einem Angebot nach dem Wertpapiererwerbs- und Übernahmegesetz beruht, geltend gemacht wird, die Feststellung des Vorliegens oder Nichtvorliegens anspruchsbegründender oder anspruchsausschließender Voraussetzungen oder die Klärung von Rechtsfragen begehrt werden (Feststellungsziel), wenn die Entscheidung des Rechtsstreits hiervon abhängt.

- **Seit 01.11.2005: Gesetz zur Unternehmensintegrität und Modernisierung des Anfechtungsrechts (UMAG):** Das UMAG regelt folgende vier Komplexe: 1. Das sog. Business Judgement Rule wird (zugunsten des Vorstands) kodifiziert, jedoch andererseits die klageweise Durchsetzung von Haftungsansprüchen der AG gegen Vorstand und Aufsichtsrat erleichtert (aufgrund Begehrens von Aktionären mit zusammen 1/100 oder 100.000 € Anteil am GK). 2. Erleichterung der Eintragung von Kapitalmaßnahmen und Unternehmensverträgen ins Handelsregister um missbräuchlichen Anfechtungsklagen zu begegnen. 3. Anmeldung und Legitimation von Aktionären zur Teilnahme an der Hauptversammlung werden modernisiert: Die »**Hinterlegung**« wird durch einen Legitimationsnachweis durch das depotführende Institut ersetzt (**Stichtag**/«**Record Date**« ist der 21. Tag vor der HV; Nachweis-Stichtag gegenüber der Gesellschaft spätestens der 7. Tag vor der HV). 4. Einrichtung eines »Aktionärsforums« im elektronischen Bundesanzeiger zur Stärkung von Aktonärsrechten, deren Durchsetzbarkeit an bestimmte Schwellenwerte gebunden ist (vgl. die seit 01.12.2005 geltende **Aktionärsforumsverordnung (AktFoV)**. Unter www.ebundesanzeiger.de, www.unternehmensregister.de sowie www.aktionärsforum.de können Aktionäre zu einem gemeinsamen aktienrechtlichen Antrag oder zur Ausübung des Stimmrechts einer Hauptversammlung aufrufen.
- **Seit 01.01.2006: Vorstandsvergütungs-Offenlegungsgesetz (VorstOG).** Das VorstOG ist erstmalig auf Jahresabschlüsse, die ab dem 01.01.2006 beginnen, anzuwenden. Es schreibt vor, für Vorstandsmitglieder börsennotierter Unternehmen sämtliche Vergütungen im Anhang des Jahres- bzw. Konzernabschlusses namentlich und nach Kategorien (erfolgsabhängig, erfolgsunabhängig und Komponenten mit langfristiger Anreizwirkung) individualisiert anzugeben. Mit einem mindestens 75 %-Mehrheitsbeschluss kann die Hauptversammlung für maximal fünf Jahre hiervon absehen.
- Für den Jahresbeginn 2006 liegt der Entwurf eines neuen sog. **Kapitalmarktinformationshaftungsgesetz** vor.

Neben zahlreichen rechtlichen Änderungen haben sich auch in der europäischen Börsenlandschaft bzw. beim Spektrum der Handelssegmente maßgebliche Modifikationen ergeben.

Nach dem mangelnden Erfolg bzw. »Niedergang« europäischer Neuer-Markt-Segmente haben sich zum einen neue Börsenallianzen gebildet, zum anderen haben einzelne Börsen neue Handelssegmente ins Leben gerufen.

Das paneuropäische Börsennetzwerk (sowie der gleichnamige Index) EURO.NM der europäischen Neuer-Markt-Segmente Neuer Markt Frankfurt, Nouveau Marché Paris, Nieuwe Markt Amsterdam (NMAX), Nuovo Mercato Mailand sowie EASDAQ Brüssel (EURO.NM Belgien) wurde beendet, da sowohl die 1996 gegründete EASDAQ (nach Übernahme durch die NASDAQ zeitweilig »NASDAQ EUROPE«, im November 2003) als auch die diversen anderen europäischen Neuer-Markt-Segmente (einschließlich des Swiss New Market (SWX)/Schweiz und des Austrian Growth Market (AGM)/Österreich) ausliefen.

Die Börsen Amsterdam, Brüssel und Paris formierten sich im September 2000, gefolgt im Januar 2002 von der Börse Lissabon/Porto (BVLP - Bolsa de Valores de Lisboa e Porto), zur neuen transeuropäischen Börsenallianz »**Euronext**« (Euronext N.V., Amsterdam).

Die Frankfurter Börse beendete den in seinen Hochzeiten gefeierten »Neuen Markt« ebenso wie das Handelssegment »SMAX«. Sämtliche ehemals am Neuen Markt bzw. SMAX notierten Unternehmen wurden bis zum 05.06.2003 in eine der beiden seit 01.01.2003 neu eingeführten Segmente »**General Standard**« oder »**Prime Standard**«, die auf dem Amtlichen Markt bzw. dem Geregelten Markt basieren, übergeleitet.

Die Börse Stuttgart schuf das Handelssegment »**GATE-M**« (bezogen auf Amtlichen Markt oder Geregelten Markt).

Die Börse München ersetzte das Handelssegment »Prädikatsmarkt« durch das neue, auf Amtlichem Markt, Geregeltem Markt oder Freiverkehr basierende Segment »**M:access**«.

Die Deutsche Börse AG/FWB verlieh dem Frankfurter »Freiverkehr« ab Oktober 2005 den international verständlicheren Namen »**Open Market**«. Zudem führte die Frankfurter Börse ein auf dem Freiverkehr/Open Market basierendes neues Handelssegment mit Namen »**Entry Standard**« ein.

Angesichts erfreulicher Verkaufsergebnisse der 1. Auflage sowie der genannten und weiterer Änderungen seit der ersten Auflage dieses Buches ist dem Schäffer-Poeschel-Verlag zu danken, dass er sich zu einer nächsten Auflage entschlossen hat. Besonders zu danken habe ich dort Herrn Harald Dauber, der auch diesmal wieder die Gesamtbetreuung des Buchprojekts wahrnahm, für die stets hervorragende Zusammenarbeit und Unterstützung.

Dankbar bin ich allen Gesprächspartnern, die durch ihre Informationen und Mithilfe zu der neuen Auflage beigetragen haben, besonders meinem Kollegen Herrn Prof. Dr. Eric Frère für neuere Schaubilder sowie Frau Annika Reith, Studentin des Fachs Betriebswirtschaft und Recht an der FH Aschaffenburg, die sich um die Revision des Literaturverzeichnisses und weiteres Research verdient gemacht hat.

Sollten sich trotz aller Sorgfalt kleine Fehlinformationen eingeschlichen haben, bin ich für entsprechende Hinweise ebenso wie für Anregungen und Kritik jederzeit dankbar. Aktuelles und Weiterführendes zum Thema Börsengang finden interessierte Leser unter www.emissionsberatung.de oder www.loehr.de.

Königstein, im Januar 2006   Dr. Andreas Löhr

Vorwort zur 1. Auflage

Seit der zweiten Hälfte der Neunziger Jahre haben sich die Möglichkeiten eines Börsengangs in Deutschland für in- und ausländische Unternehmen um Dimensionen verbessert. Zu dieser sowohl für die deutsche Volkswirtschaft und die einzelnen Unternehmen, aber auch für deren »Stakeholder« (Kunden, Mitarbeiter, Lieferanten, Gesellschafter, Gläubiger, Fiskus u.a.) denkbar erfreulichen Entwicklung haben mehrere Faktoren beigetragen: In erster Linie ist der Gesetzgeber zu nennen, der den Kapitalmarkt durch eine Reihe von Maßnahmen (in erster Linie die Kapitalmarktfördergesetze) maßgeblich belebt hat, des Weiteren die wettbewerbsbelebende Formierung von Wertpapierhandelshäusern, die auch kleinere Emissionen durchführen, die Etablierung des Neuen Markts durch die Deutsche Börse AG, Frankfurt, die wachsende, durch Wettbewerbsdruck getriebene Kreativität der deutschen Börsen sowie schließlich der in besonderem Maße nachhaltig publikumswirksame Börsengang der Deutschen Telekom AG.

Beginnend im Jahr 1996 stieg die Anzahl jährlicher Börsengänge in Deutschland – wesentlich geprägt durch den Erfolg des Neuen Markts, Frankfurt – auf ein Niveau, das die meisten Experten nicht erwartet hatten. Aufgrund der Vielzahl erfolgreicher Börsengänge wächst entsprechend bei mehr und mehr Unternehmen der Wunsch, selber auch an die Börse zu gehen. Der für die Öffentlichkeit – aufgrund mangelnder Detaileinblicke – scheinbar »mühelose« Börsengang Dritter verleitet jedoch in vielen Fällen dazu, den tatsächlichen zeitlichen und organisatorischen Aufwand ebenso zu unterschätzen wie die hohe Wahrscheinlichkeit, bei Vorstrukturierung, Planung und Durchführung des Börsengangs »teure« Fehler zu begehen. Zu schnell ändern sich die gesetzlichen und sonstigen rechtlichen sowie steuerlichen Rahmenbedingungen, die Banken-/Wertpapierhandelshaus-Landschaft, die Markt-Usancen wie auch die Einschätzungen von privater und institutioneller Anlegerseite, als dass sie – selbst von sehr guten Finanzfachleuten – in ihrer vollen Tragweite überblickt werden könnten. Gleichzeitig wird immer wieder deutlich, dass sich jeder Börsengang von anderen unterscheidet und insofern dem »Maßschneidern« eine entscheidende Bedeutung zukommt.

Für das an einem Börsengang interessierte Unternehmen, seine Gesellschafter, wie auch die am Börsengang beteiligten Berater, gilt es daher im Sinne meines Freundes, des Frankfurter Philosophen Walter Hoeres, gleichermaßen mit »Offenheit und Distanz« (vgl. Hoeres, 1993) an die Arbeit zu gehen.

Das Buch hat sich zur Aufgabe gesetzt, dem Leser im Überblick die besonders wichtig erscheinenden Informationen zu bieten, die er für die Erkennung und Bewertung möglicher Alternativen, Chancen und Fehler bei der Vorbereitung und Umsetzung eines Börsengangs benötigt. In Ergänzung der am Markt verfügbaren Going-Public-Literatur in Buchform ist der vorliegende Praxisleitfaden aus der eher ganzheitlichen Sicht des Emissionsberaters, der über einzelne Phasen-Schwerpunkte hinaus den Börsengang regelmäßig vom Beginn erster Überlegungen bis zur Notizaufnahme begleitet, geschrieben.

Herzlich danken möchte ich an dieser Stelle all denen, die zum Gelingen des Werkes beigetragen haben. Für wertvolle Hinweise und Anregungen bzw. kritische Durchsicht bin ich den Herren Dipl.-Kfm. Marc N. Altenhofen/Primary Markets Deutsche Börse AG, Prof. Dr. Heinrich Degenhart, Dipl.-Vw. Rainer Monetha/LRP Landesbank Rheinland-Pfalz, Dipl.-Bw. Roland Welzbacher/Concord Effekten AG sowie zwei Wirtschaftsprüfern/Steuerberatern, die aufgrund von Standesrichtlinien nicht namentlich genannt sind, zu Dank verpflichtet. Darüber hinaus möchte ich all den Personen, Unternehmen, Verbänden und Körperschaften danken, die Informationen zur Verfügung stellten. Des Weiteren danke ich Herrn cand. rer. pol. Kristian Simek/University of Applied Sciences, Frankfurt sowie meinen Kollegen, Herrn Dr. Eric Frère und Herrn Dipl.-Betriebswirt Jan Althaus, deren Beiträge das Buch bereichert haben und ohne deren tatkräftige Mithilfe manches nicht realisierbar gewesen wäre. Schließlich möchte ich mich speziell bei Herrn Dauber und dem Schäffer-Poeschel-Verlag für die Anregung zu diesem Buch und die stets angenehme und fruchtbare Zusammenarbeit bedanken. Last not least gebührt meiner Frau und Familie, die über längere Zeit auf viel Gemeinsames verzichten mussten, mein ganz besonderes Dankeschön.

Fehler, die sich trotz aller angestrebten Sorgfalt eingeschlichen haben sollten, liegen ausschließlich in der Verantwortung des Verfassers. Für entsprechende Hinweise sowie Kritik und Anregungen bin ich jederzeit dankbar.
Dieses Buch widme ich meinen Eltern und meiner Frau.

Königstein, im Januar 2000   Dr. Andreas Löhr

Der Autor

Dr. rer. pol. Andreas Löhr (Dipl.-Volkswirt und MBA/USA) ist Partner der LÖHR & CIE., Unternehmensberatung, Königstein/Frankfurt a.M. (www.loehr.de).

Die Beratungsgesellschaft, gegründet 1991, befasst sich insbesondere mit Börsengang-/Emissionsberatung und Unternehmensverkauf/M&A. Dr. Löhr hat in seiner langjährigen Berufspraxis im Banken- und Industriebereich eine Vielzahl von Unternehmensverkäufen begleitet und eine Reihe von Unternehmen beim Gang an die Börse beraten.

Inhaltsverzeichnis

Vorwort zur 2. Auflage V
Vorwort zur 1. Auflage XI
Der Autor XIII
Inhaltsverzeichnis XV
Abkürzungsverzeichnis XX

Einleitung 1

1	**Phase 1 – Erste Überlegungen**	10
1.1	Die zehn meist gestellten Fragen (»faqs«) von Börsenkandidaten	10
1.1.1	Ist meine/unsere Gesellschaft börsenreif?	11
1.1.2	Welche Alternativen zu einem Börsengang gibt es?	12
1.1.3	Wie viel kostet der Börsengang?	12
1.1.4	Mit welcher Bewertung kann gerechnet werden?	13
1.1.5	Wie schnell kann das Unternehmen an der Börse notiert sein? ..	14
1.1.6	Wie lässt sich ein ausreichendes Gezeichnetes Kapital vor Börsengang darstellen?	14
1.1.7	Wie können die Altgesellschafter ihre Mehrheit auch nach dem Börsengang sichern?	15
1.1.8	Wie und unter welchen Kriterien finde ich die richtigen Partner/Berater zur Vorbereitung und Durchführung des Börsengangs?	15
1.1.9	Welches sind die häufigsten Fehler und wie können diese möglichst vermieden werden?	16
1.1.10	Was ist auf dem Weg an die Börse als Erstes zu tun?	18
1.2	Motive für einen Börsengang	18
1.3	Vorteile eines Börsengangs	21
1.4	Nachteile eines Börsengangs	23
1.5	Alternativen bzw. Zwischenschritte zum Börsengang	25
1.5.1	Eine Frage der Freiheitsgrade	26
1.5.2	Verkauf der Mehrheit oder des gesamten Unternehmens	26
1.5.3	Aufnahme größerer Einzel-(Pre-IPO)Beteiligungspartner	27
1.5.3.1	Industrielle Investoren	27
1.5.3.2	Privatinvestoren	28
1.5.3.3	Beteiligungsgesellschaften	29
1.5.3.4	Banken/Wertpapierhandelshäuser	34
1.5.3.5	Aufstockung des Beteiligungskapitals durch Nutzung öffentlichrechtlicher Beteiligungs-Programme	35
1.5.4	Vorbörsliche Privat- oder öffentliche Platzierung	37
1.5.4.1	Grundsätzliche Möglichkeiten	38

1.5.4.2	Vor- und Nachteile einer vorbörslichen/außerbörslichen öffentlichen Emission	39
1.6	Zusammenfassung	39
2	**Phase 2: Abgleich des Unternehmens-Status-quo mit den Anforderungen an einen Börsenkandidaten**	**43**
2.1	Wirtschaftliche Börsenreife	43
2.2	Technische Börsenreife/Vorgaben durch Gesetze, Börse, Anlegerakzeptanz, Usancen	45
2.2.1	Rechtsform	45
2.2.2	Alter der Gesellschaft	47
2.2.3	Anzahl (geprüfter) Jahresabschlüsse	47
2.2.4	Emissionshaus (Bank/Wertpapierhandelshaus)	47
2.2.5	Zahl- und Anmeldestelle	48
2.2.6	Art zu emittierender Aktien	48
2.2.6.1	Inhaberaktien/(vinkulierte) Namensaktien	48
2.2.6.2	Stammaktien/Vorzugsaktien	50
2.2.6.3	Nennbetragsaktien/Stückaktien	51
2.2.6.4	Globalaktienurkunde/Einzelverbriefung	52
2.2.7	Mindest-Eigenkapital bzw. Mindest-Gezeichnetes-Kapital vor Börsengang	52
2.2.8	Mindestvolumen zu platzierender Aktien	53
2.2.9	Herkunft der Aktien: Kapitalerhöhung bzw. Altaktionärsabgabe	54
2.2.10	Mindest-Streubesitzquote	54
2.2.11	Publizitätserfordernisse	55
2.2.11.1	Einmal-Publizität zum Börsengang	55
2.2.11.2	Laufende und Ad-hoc-Publizität	56
2.2.12	Beachtung des Wertpapierübernahmegesetzes (WpÜG)	58
2.2.13	Halteverpflichtung/Lock-up-Periode	58
2.2.14	Designated Sponsor/Betreuer	59
2.2.15	Deutsche Börse Listing Partner (Entry Standard)	60
2.2.16	Börsenplatz- bzw. börsen-/handelssegment-spezifische Anforderungen	60
2.2.16.1	Die deutschen Börsen	61
2.2.16.2	Überblick über die inländischen Börsen-/Handelssegmente	62
2.2.16.3	Amtlicher Markt	63
2.2.16.4	Geregelter Markt	65
2.2.16.5	General Standard und Prime Standard – Frankfurt	66
2.2.16.6	Freiverkehr/Open Market (FWB)	67
2.2.16.7	Entry Standard – Frankfurt	69
2.2.16.8	Sondersegmente an deutschen Regionalbörsen	70
2.2.16.9	Wahl der Börse bzw. des Handelssegments	76
2.2.17	Platzierungs- und Notierungsmöglichkeiten im Ausland	76
2.2.17.1	USA	77
2.2.17.2	England/London	85
2.2.17.3	Alternext an der Euronext (Paris)	87
2.2.18	Dual Listing/Doppelnotiz	89
2.3	Zusammenfassung	90

3	**Phase 3: Planung, Strukturierung und Vorbereitung des IPO bis zum Abschluss des Emissionsmandatsvertrages**	93
3.1	Auswahl der Partner	93
3.1.1	Kriterien für die Partnerauswahl	93
3.1.1.1	Reihenfolge der Partnerauswahl	93
3.1.1.2	Emissionsberater	94
3.1.1.3	Bank/Wertpapierhandelshaus	96
3.1.1.4	Wirtschaftsprüfer	99
3.1.1.5	Steuerberater	100
3.1.1.6	Rechtsanwalt	101
3.1.1.7	Notar	101
3.1.1.8	PR-/Werbeagentur	102
3.1.1.9	Eventuelle Pre-IPO-Beteiligungspartner	103
3.1.1.10	Sonstige Partner	103
3.1.2	Identifizierung und Lösung möglicher Interessenkonflikte bei (potentiellen) Partnern	103
3.1.2.1	Divergierende Altgesellschafter-Interessen	104
3.1.2.2	Hausbank und sonstige (Emissions-)Banken	104
3.1.2.3	Steuerberater/externer Jahresabschlussbetreuer	105
3.1.2.4	Wirtschaftsprüfer	106
3.1.2.5	Beteiligungsgesellschaften	107
3.2	Festlegung der IPO-Struktur	108
3.2.1	Equity Story	108
3.2.2	Rechtsform	109
3.2.3	Konzern-/Beteiligungsstruktur und das Sacheinlage-/Einbringungsmodell	113
3.2.4	Kapitalstruktur vor Börsengang	115
3.2.5	Wahl der Börse(n)	119
3.2.6	Wahl des Börsen- bzw. Handelssegments	119
3.2.7	Ermittlung des Kapitalbedarfs – Herkunft der zu platzierenden Aktien	121
3.2.7.1	Kapitalerhöhung zum Zwecke der Börsenplatzierung	121
3.2.7.2	Abgabe von Aktien der Altaktionäre	122
3.2.7.3	Zuteilungsreserve (»Greenshoe«)	122
3.2.8	Stückzahl zu platzierender Aktien	123
3.2.8.1	Stückelung des Gezeichneten Kapitals der Gesellschaft	123
3.2.8.2	Ermöglichung eines liquiden Handels	124
3.2.8.3	Entscheidende Optik – der Kurs je Aktie	124
3.2.8.4	Kapitalerhöhung und Altaktionärsabgabe	124
3.2.8.5	Feste und nachfrageabhängige Stückzahl	125
3.2.9	Art der zu platzierenden Aktien – die verschiedenen Aktiengattungen	125
3.2.10	Gewinnberechtigung	129
3.2.11	Dividendenpolitik	129
3.2.12	Platzierungsverfahren (Festpreis, Bookbuilding, Auktion)	131
3.2.13	Platzierungsmix und -weg	135
3.2.13.1	Platzierung einer Family & Friends-Tranche	135
3.2.13.2	Platzierung bei institutionellen Anlegern	135
3.2.13.3	Platzierung bei privaten Anlegern	136

3.2.13.4	Mitarbeiterbeteiligung/Aktienoptionspläne	137
3.2.14	Zeitplanung	142
3.2.14.1	Aufstellung eines Zeitplans	142
3.2.14.2	Besonders zeitkritische Schritte	143
3.2.15	Gesamtbewertung der Gesellschaft und voraussichtliche Platzierungspreisspanne	146
3.3	Erlöse aus dem Börsengang	146
3.3.1	Unternehmensbewertungsmethoden/Ermittlung eines angemessenen Emissionspreises	147
3.3.2	Grundsätzliches zur Unternehmensbewertung von Börsenkandidaten	148
3.3.3	Absolute/Stand-alone-Bewertungsmethoden	149
3.3.3.1	Discounted Cashflow	149
3.3.3.2	Wertschöpfungs-/Shareholder-Value-/Economic-Value-Added-(EVA)-Analyse	154
3.3.4	Relative (Marktvergleichs-/Multiplikatoren-/Kennzahl-) Methoden	158
3.3.4.1	Die Kunst der Peergroup-Bildung	158
3.3.4.2	Marktkapitalisierung und »Enterprise Value« im Verhältnis zu Gesamtleistung, Umsatz, EBITDA, EBIT, DVFA-Ergebnis	158
3.3.4.3	KGV (Kurs-Gewinn-Verhältnis) – PE (Price Earnings) als häufigst genutzter Spezialfall	160
3.3.4.4	Dynamische, gewinnwachstumsbezogene Bewertung (PEG Price Earnings Growth)	161
3.3.4.5	Wert zu Eigenkapital/Price to Equity oder Price to Book	162
3.3.4.6	Special: Bewertung von internet-bezogenen Unternehmen	162
3.3.4.7	Weitere Bewertungsansätze	163
3.3.4.8	Notwendigkeit der Entwicklung zusätzlicher Unternehmensbewertungsmethoden	164
3.3.4.9	Neuere Entwicklungen bei der Unternehmensbewertung	164
3.3.5	IPO-nahes End-Pricing – endgültige Festlegung der Bewertung(sspanne)/Preisfindung	165
3.3.6	Underpricing und Underperformance	165
3.4	Kosten des Börsengangs	168
3.4.1	Einmalige Kosten/Kosten des IPO	168
3.4.1.1	Honorar der Bank/des Wertpapierhandelshauses bzw. des Konsortiums	168
3.4.1.2	PR-/Werbebudget	169
3.4.1.3	Beraterhonorare	170
3.4.1.4	Sonstige Kosten	171
3.4.2	Wiederkehrende Kosten	173
3.4.2.1	Prüfungskosten	173
3.4.2.2	Aufsichtsrat	174
3.4.2.3	Notar	175
3.4.2.4	Vorstand und Mitarbeiter	176
3.4.2.5	Jahres- und unterjährige Publizität	176
3.4.2.6	Amtliche Veröffentlichungen	176
3.4.2.7	Hauptversammlung	177
3.4.2.8	Drittaufwand Investor-Relations (IR)	177
3.4.2.9	Designated Sponsor-/Betreuer-/Market-Maker-Funktion	178

3.4.2.10	Zahl- und Anmeldestelle	178
3.4.2.11	Ad-hoc-Publizitätsservice	179
3.4.2.12	Sonstiges	179
3.5	Zusammenfassung	179
4	**Phase 4: Vom Platzierungsvertrag bis zur ersten Börsennotiz**	**183**
4.1	Verantwortlichkeiten der einzelnen Partner und deren Koordination im Kontext der Phasen 1 bis 4	183
4.2	»Milestones« und besonders zeitkritische Punkte in den Phasen 1 bis 4	184
4.3	Fahrplan der Maßnahmen-Umsetzung ab Platzierungsvertrag bis zur Börseneinführung	186
4.4	Zusammenfassung	188
5	**Phase 5: Die Zeit nach der ersten Börsennotiz**	**191**
5.1	Besonderheit der ersten Wochen nach Aufnahme des Börsenhandels	191
5.2	Besondere Pflichten nach der Emission	192
5.2.1	Generelle Publizität	192
5.2.2	Insiderüberwachung, Insiderverzeichnisse, Ad-hoc-Publizität	192
5.2.3	Unternehmensnachrichten	193
5.2.4	Directors Dealings	193
5.2.5	Verbot der Kurs- und Marktpreismanipulation	194
5.2.6	Meldeschwellen für Stimmrechtsanteile	194
5.2.7	Überwachung von Unternehmensabschlüssen	194
5.2.8	Beachtung des Corporate Governance Kodex	195
5.2.9	Eventuelle Lock-up-Verpflichtungen/Mindest-Haltefristen	195
5.2.10	Aufstellung und Pflege eines Unternehmenskalenders	195
5.2.11	Analystenveranstaltungen	196
5.2.12	Research-Berichte	196
5.2.13	Pflichtangebote bei Kontrollwechsel (WpÜG)	196
5.2.14	Investorenkonferenzen	197
5.2.15	PR-/IR-/Allgemeine Öffentlichkeitsarbeit	197
5.2.16	Jährliches Dokument gemäß § 10 WpPG	198
5.3	Chancen und Risiken der weiteren Entwicklung	198
5.4	Nachhaltiger Shareholder Value	201
5.5	Rückkauf eigener Aktien	202
5.6	Berücksichtigung des Emittenten in Börsenindizes	203
5.7	Going Private/Delisting	205
5.8	Zusammenfassung	207
6	**Anhang**	**209**
6.1	Adressverzeichnis Beteiligungsgesellschaften	209
6.2	Adressen für Aktionäre und Emittenten	218
Glossar		**225**
Literaturverzeichnis		**231**
Stichwortverzeichnis		**239**

Abkürzungsverzeichnis

Abs.	Absatz
AEX	Amsterdam Stock Exchange (Teil der Euronext)
AG	Aktiengesellschaft
AIM	Alternative Investment Market, London
AktG	Aktiengesetz
AktFoV	Aktionärsforumsverordnung
AMEX	American Stock Exchange
Anm.	Anmerkung
AnSVG	Anlegerschutzverbesserungsgesetz
a.o.	außerordentlich
APV	Adjusted Present Value
Art.	Artikel
AV	Anlagevermögen
BAFin	Bundesanstalt für Finanzdienstleistungsaufsicht, Bonn und Frankfurt
BFH	Bundesfinanzhof
BGH	Bundesgerichtshof
BilKoG	Bilanzkontrollgesetz
Bill.	Billion(en)
BilReG	Bilanzrechtsreformgesetz
BIP	Bruttoinlandsprodukt
BörseG	Börsegesetz Österreich
BörsenO	Börsenordnung (der jeweiligen Börse)
BörsG	Börsengesetz
BörsZulVO	Börsenzulassungsverordnung
BSP	Bruttosozialprodukt
ca.	zirka
CAC	Französischer Aktienindex
CAGR	Compounded Annual Growth (durchschnittliche Wachstumsrate)
CDAX	CDAX-Aktien-Index (umfasst segmentübergreifend alle deutschen Unternehmen des Prime Standard und General Standard)
CFROE	Cashflow Return on Equity
CFROI	Cashflow Return on Investment
CH	Schweiz
CIRO	Certified Investor-Relations Officer
DAX	Deutscher Aktienindex (die 30 nach Marktkapitalisierung und Börsenumsatz größten deutschen Werte/»Blue Chips« des Prime Standard an der FWB)
DCF	Discounted Cashflow
DCGK	Deutscher Corporate Governance Kodex
DGAP	Deutsche Gesellschaft für Ad-hoc-Publizität
DIRK	Deutscher Investor-Relations Verband

DM	Deutsche Mark
DPR	Deutsche Prüfstelle für Rechnungslegung (= FREP Financial Reporting Enforcement Panel)
Dow	Dow Jones Industrial Average Index
DRSC	Deutsches Rechnungslegungs Standards Committee e.V. Berlin
d.V.	der Verfasser
DVFA/SG	Deutsche Vereinigung für Finanzanalyse und Asset Management/ Schmalenbach-Gesellschaft
EASDAQ	European Association of Securities Dealers Automated Quotation; Computerbörse, die durch die NASDAQ übernommen wurde und als NASDAQ EUROPE schliesslich wegen Erfolglosigkeit Ende 2003 beendet wurde
EBIT	Earnings Before Interest and Taxes
EBITDA	Earnings Before Interest, Taxes and Depreciation
EBT	Earnings Before Taxes
ECGI	Europäisches Corporate Governance Institut (www.ecgi.org)
ECN (s)	Electronic Communication Network (s) (außerbörsliche elektronische Handelsforen)
EGAktG	Einführungsgesetz zum Aktiengesetz
EK	Eigenkapital
EPV	Enterprise Value, Wert des Eigenkapitals (Marktkapitalisierung – Nettoverschuldung)
EStG	Einkommensteuergesetz
EU	Europäische Union
EuroEG	Euro-Einführungsgesetz
EV	Enterprise Value
EVA	Economic Value Added
EVCA	European Private Equity and Venture Capital Association, Brüssel (Vereinigung der europäischen Kapitalbeteiligungsgesellschaften)
EWR	Europäischer Wirtschaftsraum
f.	folgende
ff.	fortfolgende
FASB	Financial Accounting Standards Board, Norwalk/CT/USA (US-GAAP); www.fasb.org
FAZ	Frankfurter Allgemeine Zeitung
FCF	Free Cashflow
FEAS	Federation of Euro-Asian Stock Exchanges
FESE	Federation of European Securities Exchanges (Verband der europäischen Börsen), www.fese.be
F.I.B.V.	(ehemalige Fédération Internationale des Bourses des Valeurs; nunmehr World Federation of Exchanges)
FinDAG	Finanzdienstleistungsaufsichtsgesetz
FK	Fremdkapital
FormAnpG	Formanpassungsgesetz
FREP	Financial Reporting Enforcement Panel (= DPR Deutsche Prüfstelle für Rechnungslegung)
FSA	Financial Services Authority, London (Britische Wertpapieraufsichtsbehörde)
FV	Freiverkehr
FWB	Frankfurter Wertpapierbörse
FWBo	Frankfurter Wertpapierbörsenordnung

gem.	gemäß
GEX	Aktienindex der FWB, der sämtliche eigentümergeführten Unternehmen des Prime Standard an der FWB umfasst, deren Börsengang nicht länger als zehn Jahre zurückliegt. Eigentümergeführt: Vorstände, Aufsichtsräte oder deren Familien halten zwischen 25 und 75 % der Stimmrechte.
ggf.	gegebenenfalls
GK	Gezeichnetes Kapital
GL	Gesamtleistung
GmbH	Gesellschaft mit beschränkter Haftung
GmbHG	Gesetz betreffend Gesellschaften mit beschränkter Haftung
GuV	Gewinn- und Verlustrechnung
HB	Handelsblatt
HDAX	Aktienindex der FWB, der die Unternehmen aus den Auswahlindizes DAX, MDAX und TecDAX umfasst.
HGB	Handelsgesetzbuch
HR	Handelsregister
HV	Hauptversammlung
IAS	International Accounting Standards
IASB	International Accounting Standards Board, www.iasb.org
IASC	International Accounting Standards Committee
IFRIC	International Financial Reporting Interpretations Committee
IFRS	International Financial Reporting Standards
i.d.R.	in der Regel
IOSCO	International Organization of Securities Commission (Internationale Organisation der Wertpapier- und Börsenüberwachungsbehörden)
IPO	Initial Public Offering (= erstmaliger Börsengang mit öffentlicher Aktienplatzierung)
i.R.	im Rahmen
IR	Investor(s) Relations
i.S.v.	im Sinne von
ISIN	International Securities Identification Number (Nachfolger der früheren WKN/Wertpapierkennnummer)
IT	Information Technology
ITS	Intermarket Trading System (elektronische Verbindung der US-Börsen)
i.W.	im Wesentlichen
Kap.	Kapitel
KapAEG	Kapitalaufnahmeerleichterungsgesetz
KapCoRiLiG	Gesetz zur Transformation der Kapitalgesellschaften & Co. – Richtlinie der EU
KapMuG	Kapitalanleger-Musterverfahrensgesetz
KfW	Kreditanstalt für Wiederaufbau, Frankfurt
KG	Kommanditgesellschaft
KGaA	Kommanditgesellschaft auf Aktien
KGV	Kurs-Gewinn-Verhältnis
KonTraG	Gesetz zur Kontrolle und Transparenz im Unternehmensbereich
KR	Kotierungsreglement der Schweizer Börse
KStG	Körperschaftsteuergesetz
KWG	Kreditwesengesetz

LG	Landgericht
LSE	London Stock Exchange
MBI	Management-Buy-in
MBO	Management-Buy-out
MCAP	Market Capitalization (Marktkapitalisierung, Gesamt-Börsenbewertung)
MDAX	MDAX-Aktien-Index der FWB, der die 50 Unternehmen des Prime Standards aus klassischen Sektoren, die den im Aktienindex DAX enthaltenen Unternehmen hinsichtlich Orderbuchumsatz und Marktkapitalisierung (Midcaps) nachfolgen, umfasst.
Mio.	Million(en)
MK	Marktkapitalisierung
Mrd.	Milliarde(n)
MVA	Market Value Added
NASD	National Association of Securities Dealers, Inc.
NASDAQ	National Association of Securities Dealers Automated Quotation
NaStraG	Gesetz zur Namensaktie und zur Erleichterung der Stimmrechtsausübung
NAV	Net Asset Value (= Nettovermögenswert = Eigenkapital)
NOCFAT	Net Operating Cashflow After Taxes
NOPAT	Net Operating Profit After Taxes
NOPLAT	Net Operating Profit Less Adjusted Taxes
NSM	National Stock Market
NYSE	New York Stock Exchange
OAO	Over-Allotment Option (Überzuteilungs-Option, Mehrzuteilungs-Option, Greenshoe)
OHG	Offene Handelsgesellschaft
OLG	Oberlandesgericht
OMX	Pannordeuropäische Börsenholding OMX, Stockholm (Börsen in Helsinki, Kopenhagen, Riga, Stockholm, Tallinn und Vilnius)
p.a.	per annum = pro Jahr
P/B	Price/Book Ratio (Kurs/Buchwert, Kurs/Eigenkapital)
P/C	Price/Cashflow Ratio (Kurs/Cashflow)
PE od. P/E	Price (to) earnings
PEG	Price earnings growth
PER	Price (to) earnings ratio (synonym zu PE)
P&L	Profit and loss account (= GuV)
PR	Public Relations
P/S	Price/Sales (Kurs/Umsatz)
PublG	Publizitätsgesetz
QIBs	Qualified Institutional Buyers
RA	Rechtsanwalt
rd.	rund
ROCE	Return on Cash Employed
ROE	Return on Equity
ROI	Return on Investment
ROIC	Return on Invested Capital, s. ROCE

s.	siehe
S.	Seite
S&P	Standard & Poors
SA	Securities Exchange Act
SAR	Stock Appreciation Rights, Wertsteigerungsrechte
SBF	Société des Bourses Francaises
SDAX	Smallcap-Index der FWB, der die 50 größten auf den MDAX folgenden Werte des Prime Standards der FWB aus traditionellen Branchen umfasst
SE	Societas Europea
SEC	Security and Exchange Commission (US Wertpapier- und Börsenaufsicht)
SFAS	Statements of Accounting Standards
SG	Schmalenbach-Gesellschaft
SIC	Standing Interpretations Committee
SIG	Signaturgesetz
SMAX	Small Cap Exchange (ehemalige Notizplattform der Deutsche Börse AG)
SOES	Small Orders Execution System (Handelssystem für kleine Orders an der NASDAQ)
SOX	Sarbanes-Oxley Act (Gesetz), USA
StB	Steuerberater
SV	Shareholder Value
SVA	Shareholder-Value-Analyse
SWX	Swiss Exchange, Schweizer Börse Zürich
TecDAX	Technologie-Index der FWB, der die 30 größten auf den DAX folgenden Werte der Technologiebranchen des Prime Standards an der FWB umfasst
TKP	Tausend-Kontakt-Preis
TransPuG	Transparenz- und Publizitätsgesetz
TSO	Total Shares Outstanding (Gesamtzahl ausstehender Aktien)
u.	und
u.a.	unter anderem
u.ä.	und ähnliche/s
UKLA	United Kingdom Listing Authority (Zulassungsbehörde des UK, Teil der FSA)
UMAG	Gesetz zur Unternehmensintegrität und Modernisierung des Anfechtungsrechts
UmwG	Umwandlungsgesetz
UmwStG	Umwandlungssteuergesetz
US-$	United States Dollar
US-GAAP	United States – Generally Accepted Accounting Principles (s. FASB)
USP (s)	Unique Selling Proposition (s) (einzigartige(r) Wettbewerbsvorteil(e))
usw.	und so weiter
u.U.	unter Umständen
UV	Umlaufvermögen
u.v.m.	und vieles mehr
Verf.	Verfasser
vgl.	vergleiche
VKPG/ VerkProspG	Verkaufsprospektgesetz

VorstOG	Vorstandsvergütungs-Offenlegungsgesetz
VzA	Vorzugsaktien
VWD	Vereinigte Wirtschaftsdienste GmbH, Frankfurt
WACC	Weighted Average Cost of Capital
WKN	Wertpapierkennnummer (sechsstellige Vorgängerin der zwölfstelligen internationalen ISIN-Nummer)
WP	Wirtschaftsprüfer
WpHG	Wertpapierhandelsgesetz
WpPG	Wertpapierprospektgesetz
WpPGebV	Wertpapierprospektgebührenverordnung
WpÜG	Wertpapierübernahmegesetz
XETRA	Exchange Electronic Trading (Elektronisches Handelssystem der Deutschen Börse AG Frankfurt)
z.B.	zum Beispiel
z.T.	zum Teil
zzt.	zurzeit

Einleitung

Der deutsche Aktienmarkt im internationalen Kontext

Der Gang an die Börse stellt für hierfür grundsätzlich geeignete Unternehmen aus betriebswirtschaftlicher Sicht eine interessante Option dar. Aber auch volkswirtschaftlich betrachtet können die Akzeptanz der Anlageform Aktie sowie die Faktoren Größe, Entwicklungsstand und Liquidität von (nationalen) Aktienmärkten einschließlich Neuemissionen nicht hoch genug eingeschätzt werden.

Deutschland hat zwar seit der zweiten Hälfte der Neunziger Jahre hinsichtlich allgemeiner Aktienkultur sowie Börsengängen im speziellen, auch im internationalen Vergleich, beträchtlich aufgeholt. Gleichwohl besteht nach wie vor erhebliches weiteres Entwicklungspotential.

Insbesondere die folgenden vier **Kriterien** werden **zum Vergleich von Aktienmärkten** herangezogen:

1. **Größe des Marktes** (gemessen an der Börsenkapitalisierung und der Anzahl börsennotierter inländischer Aktien),
2. **Entwicklungsstand** (gemessen am Verhältnis von Börsenkapitalisierung zum Bruttoinlandsprodukt (BIP) des jeweiligen Landes,
3. **Liquidität** (gemessen als Verhältnis von Börsenumsatz und Börsenkapitalisierung, der sog. »Turnover Ratio«),
4. **Akzeptanz der Anlageform Aktie** (gemessen als Anteil der privaten Besitzer von Aktienanlagen an der Gesamtbevölkerung).

Die folgenden Abbildungen sollen dazu dienen, entsprechende Zusammenhänge zu verdeutlichen.

Bedeutung der Aktienanlage bei deutschen Privathaushalten

In Zeiten niedriger bzw. sinkender Eigenkapitalquoten (Eigenkapital in Prozent der Bilanzsumme) und strikterer Kreditvergabepolitik der Banken (Stichwort »Basel II«) kommt dem Börsengang sowie Kapitalerhöhungen bereits börsennotierter Unternehmen eine besondere Bedeutung zu.

So weisen deutsche börsennotierte Unternehmen eine fast doppelt so hohe Eigenkapitalquote wie der Durchschnitt aller deutschen Unternehmen auf (vgl. DAI-Factbook 2005).

Seit 1950 hat sich der Anteil der Aktie am Geldvermögen privater deutscher Haushalte in etwa auf ein Viertel reduziert (s. Abbildung 2).

Selbst wenn man zusätzlich Publikums-Aktienfonds mit in die Betrachtung einbezieht ist diese (erweiterte) Aktienquote am Geldvermögen privater Haushalte von 1990 bis 2004 kaum gestiegen.

2 Einleitung

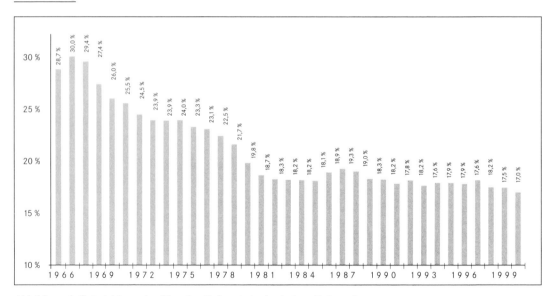

Abbildung 1: Entwicklung der Eigenkapitalquote in deutschen Unternehmen;
Quelle: DAI-Factbook 2005 unter Verweis auf die Deutsche Bundesbank

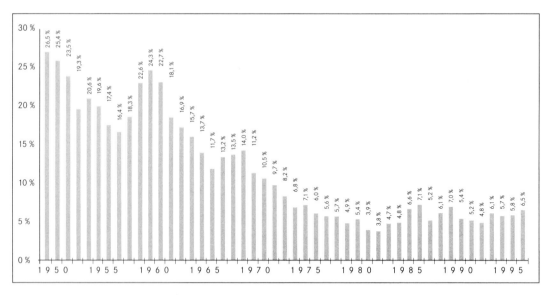

Abbildung 2: Anteil der Aktie am Geldvermögen der privaten Haushalte; Quelle: DAI-Factbook 2005

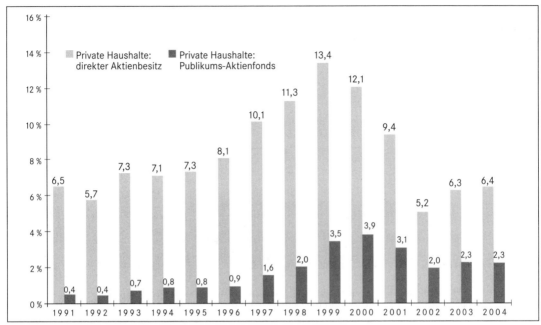

Abbildung 3: Anteil der Aktien und Publikums-Aktienfonds am Geldvermögen der privaten Haushalte;
Quelle: DAI-Factbook 2005

Die rund 350 Mrd. €, die private deutsche Haushalte Ende 2004 in Aktien und Publikums-Aktienfonds angelegt hatten, erscheinen in Relation zu den sonstigen Geldvermögensanlagen bestenfalls sekundär (s. Abbildung 4).

Geldvermögen privater Haushalte in Deutschland

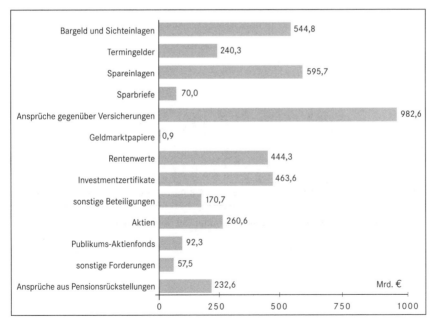

Abbildung 4: Geldvermögen der privaten Haushalte in Deutschland in Mrd. €
Ende 2004; Quelle: DAI-Factbook 2005

4 Einleitung

Deutsches Aktieninvestmentpotential

Der internationale Vergleich der Akzeptanz der Anlageform Aktie (s. Abbildung 5) zeigt: Nur jeder 14. Deutsche besitzt überhaupt Aktien. Deutschland bildet gemeinsam mit Österreich mit deutlichem Abstand zu anderen europäischen Ländern das Schlusslicht bei der Aktienbesitzerquote.

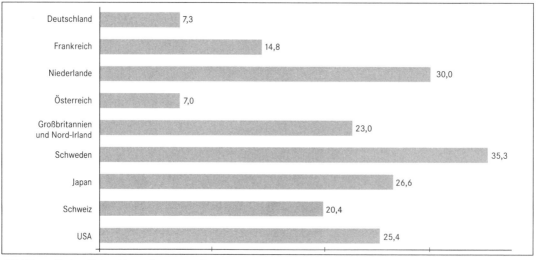

Abbildung 5: Anteil der Aktionäre an der Gesamtbevölkerung – internationaler Vergleich; Quelle: DAI-Factbook 2005

Das DAI Deutsches Aktieninstitut hat in der folgenden Abbildung 6 die Ansätze zusammengetragen, die aus Sicht (potentieller) deutscher Anleger zur weiteren Förderung der Aktie beitragen könnten.

Förderung der Aktie aus Anlegersicht

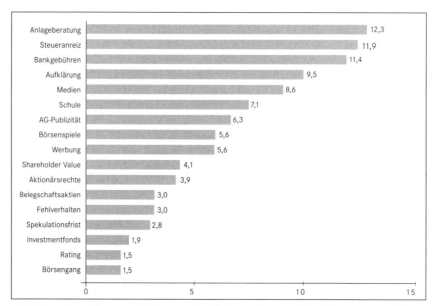

Abbildung 6: Ansätze zur Förderung der Aktie aus Anlegersicht (Nennungen in %); Quelle: DAI-Factbook 2005 unter Verweis auf eine Handelsblatt-Umfrage

Gemessen an der Zahl börsennotierter inländischer Gesellschaften als einem Teil des Vergleichskriteriums **Marktgröße** (s. Abbildung 7) rangiert Deutschland mit Abstand hinter den USA (Börsen NASDAQ, NYSE und AMEX) und Großbritannien, aber auch der Euronext (Zusammenschluss der Börsen Amsterdam, Brüssel, Lissabon und Paris). Der deutsche Aktienmarkt weist daher ebensoviel Aufholpotential wie -notwendigkeit auf.

Nachholbedarf bei börsennotierten Gesellschaften in Deutschland

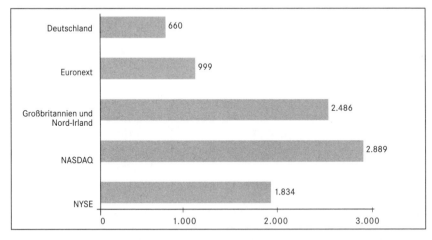

Abbildung 7: Börsennotierte inländische Aktiengesellschaften im Länder- bzw. Börsenvergleich 2004; Quelle: DAI-Factbook 2005

Gemessen am Vergleichskriterium **Entwicklungsstand** (Relation Börsenkapitalisierung zu Bruttoinlandsprodukt) liegt Deutschland mit 44 % um rund Faktor 5 (!) hinter der Schweiz. Großbritannien und die USA weisen im Vergleich zu Deutschland immerhin noch rund dreifache Werte auf. Selbst der Abstand Deutschlands zur Vier-Länder-Börse Euronext ist erheblich.

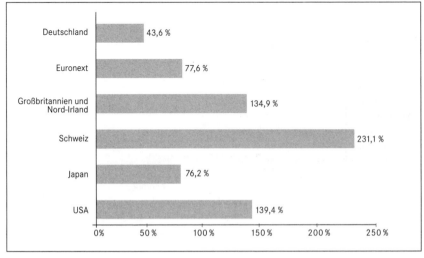

Abbildung 8: Börsenkapitalisierung in % des Bruttoinlandsprodukts Ende 2004, Quelle: DAI-Factbook 2005

Vergleicht man einzelne Länder/Börsenplätze nach ihrer Marktgröße, gemessen an der Marktkapitalisierung, also der Summe der Bewertungen sämtlicher börsennotierten Gesellschaften (s. Abbildung 9), erweist sich die weltweite Dominanz der US-Märkte ganz besonders impressiv.

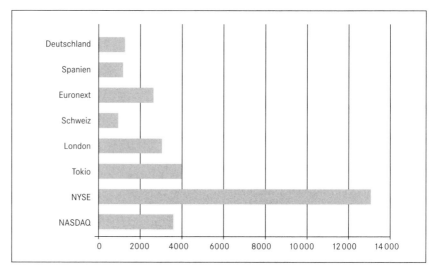

Abbildung 9: Marktkapitalisierung inländischer Aktiengesellschaften September 2005 in Mrd. US-$, Quelle: DAI-Factbook 2005 und eigene Berechnungen

Ein ähnliches Bild zeigt sich bei der Analyse der Börsenumsätze im internationalen Vergleich einzelner Börsen bzw. Länder (s. Abbildung 10).

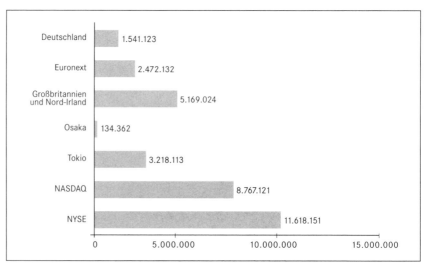

Abbildung 10: Börsenumsätze mit in- und ausländischen Aktien 2004 in Mio. US-$, Quelle: DAI-Factbook 2005

Bei der Betrachtung des Vergleichskriteriums **Liquidität** (gemessen an der Umschlagshäufigkeit/Turnover-Ratio als Quotient von Umsatz zu Börsenkapitalisierung) liegt Deutschland mit 1,17 zur Gesamtheit von NASDAQ und NYSE mit 1,11 gleichauf und schneidet sogar besser als die Euronext mit 0,93, Großbritannien und Nord-Irland mit 0,97 sowie die Schweiz mit 0,64 ab (Quelle: DAI-Factbook 2005 und eigene Berechnungen; Umsatz 2004 im Verhältnis zur Börsenkapitalisierung Ende September 2005).

Die Anzahl börsennotierter inländischer Aktiengesellschaften im internationalen Vergleich (s. Abbildung 11) unterstreicht wiederum die Notwendigkeit, dass in Deutschland mehr Unternehmen an die Börse gehen.

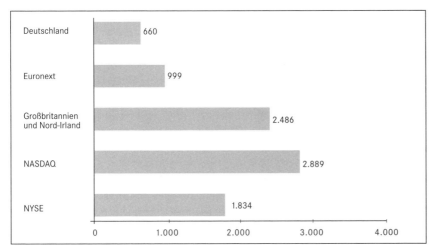

Abbildung 11: Börsennotierte inländische Aktiengesellschaften 2004,
Quelle: DAI-Factbook 2005

Während von 1986 bis 2004 in den USA (an NASDAQ, NYSE und AMEX) über 11.000 und in Großbritannien/Nord-Irland etwa 2.500 inländische Unternehmen ihr Going Public durchführten, waren es in Deutschland gerade einmal rund 600.

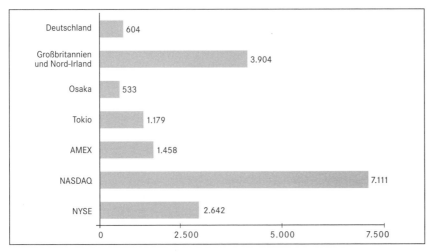

Abbildung 12: Börseneinführungen inländischer Unternehmen 1986 bis 2004;
Quelle: DAI-Factbook 2005

Die folgende Abbildung 13 zeigt mit der Zahl an IPOs (Initial Public Offering = erstmaliger Börsengang mit öffentlichem Aktienangebot) deutscher Emittenten den deutlichen Anstieg in den »Boom-Jahren« 1998 bis 2000 gegenüber dem langjährigen Zeitraum davor und den Jahren danach.

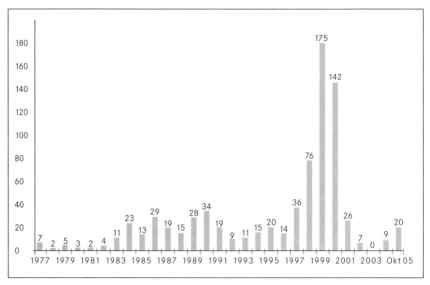

Abbildung 13: Neuemissionen deutscher Aktiengesellschaften 1977 bis Oktober 2005; Quelle: DAI-Factbook 2005

Die folgende Tabelle weist für den gleichen Zeitraum die Anzahl an Neuemissionen nach deutschen Marktsegmenten aus.

Würde man die Vergangenheit extrapolieren, wäre danach in Deutschland in »Normaljahren« künftig mit jährlich rund zehn bis 30 IPOs zu rechnen – es sei denn, Deutschland würde (von Extremphasen abgesehen) zu einer betriebs- und volkswirtschaftlich erforderlichen und wünschenswerten strukturell nachhaltigen Anregung der Neuemissionstätigkeit finden.

Zahl der Neuemissionen nach Marktsegmenten

	Marktsegment bei Emissionen				
	Amtlicher Markt	Geregelter Markt	Freiverkehr	Neuer Markt	Summe
	(2)	(1)			
1977	5	1	1	-	7
1978	1	1	0	-	2
1979	3	2	0	-	5
1980	2	0	1	-	3
1981	1	1	0	-	2
1982	2	2	0	-	4
1983	6	1	4	-	11
1984	11	10	2	-	23
1985	8	4	1	-	13
1986	17	11	1	-	29
1987	9	10	0	-	19
1988	3	12	0	-	15
1989	10	16	2	-	28
1990	11	20	3	-	34
1991	9	10	0	-	19
1992	2	7	0	-	9
1993	6	3	2	-	11
1994	3	8	4	-	15
1995	12	8	0	-	20
1996	6	6	2	-	14
1997	10	4	9	13	36
1998	15	14	8	39	76
1999	30	10	22	113	175
2000	13	11	3	115	142
2001	5	7	3	11	26
2002	1	3	2	1	7
2003	0	0	0	0	0
2004	3	6	0	0	9
Okt-05	10	0	10	0	20

(1) vor 1987: Geregelter Freiverkehr
(2) vor 01.07.2002: Amtlicher Handel

Quelle: DAI-Factbook 2005

Zahl der Neuemissionen nach Marktsegment

1 Phase 1 – Erste Überlegungen

Unabhängig davon, ob die Entscheidungsträger in einem Unternehmen, die oft auch Gesellschafter sind, von Dritten in Versuchung geführt werden, über einen Börsengang nachzudenken oder von sich aus dieses Thema näher analysieren: Meist sind es sehr ähnliche Gedanken und Überlegungen, die in einer ersten Phase offen oder unausgesprochen angestellt werden.

1.1 Die zehn meist gestellten Fragen (»faqs«) von Börsenkandidaten

Von Börsenkandidaten am häufigsten gestellte Fragen

Die zehn der nach Erfahrung des Verfassers häufigst gestellten Fragen (im Internet-Jargon so genannten »faqs« = frequently asked questions) können anhand der folgenden Checkliste abgeprüft werden. Die Antworten werden in kurzer Form in den nachfolgenden Gliederungspunkten gegeben. Dies darf nicht darüber hinwegtäuschen, dass eine vollständige Beantwortung zweifelsohne deutlich komplexer wäre und zudem stets nur unter Beachtung der Spezifika des Einzelfalles zu bewerkstelligen sein wird.

Checkliste

> **Die zehn meist gestellten Fragen (»faqs«) von Börsenkandidaten**
> 1. Ist meine/unsere Gesellschaft börsenreif?
> 2. Welche Alternativen zu einem Börsengang gibt es?
> 3. Wie viel kostet der Börsengang?
> 4. Mit welcher Bewertung kann gerechnet werden?
> 5. Wie schnell kann das Unternehmen an der Börse notiert sein?
> 6. Wie können die Altgesellschafter ihre Mehrheit auch nach dem Börsengang sichern?
> 7. Wie lässt sich ein ausreichendes Gezeichnetes Kapital vor Börsengang darstellen?
> 8. Wie und unter welchen Kriterien finde ich die richtigen Partner/Berater zur Vorbereitung und Durchführung des Börsengangs?
> 9. Welches sind die häufigsten Fehler und wie können diese möglichst vermieden werden?
> 10. Was ist auf dem Weg an die Börse als Erstes zu tun?

1.1.1 Ist meine/unsere Gesellschaft börsenreif?

Zu unterscheiden sind hierbei grundsätzlich drei Fälle:
1. die mehr oder weniger bereits derzeit gegebene grundsätzliche Börsenreife,
2. eine in der Zukunft – in Abhängigkeit bestimmter Entwicklungen – aller Voraussicht nach eintretende Börsenreife sowie
3. eine Unternehmenskonstellation, die sich grundsätzlich nicht für die Börse eignet.

Börsenreife von Unternehmen

Des Weiteren ist zu differenzieren zwischen der erstens wirtschaftlichen und zweitens technischen Börsenreife, die in einem späteren Kap. detailliert beleuchtet werden.

Eindeutig feststehende Regeln, ob bzw. wann eine Gesellschaft als »börsenreif« einzustufen ist, gibt es nicht bzw. nicht mehr. Entsprechend können auch die Einschätzungen von z.B. Emissionsberatern, Banken/Wertpapierhandelshäusern, Analysten oder/und künftigen potentiellen Aktionären hinsichtlich der Börsenreife eines Unternehmens oder einer Unternehmensgruppe differieren.

Faktoren der Börsenreife

Bis zur Mitte der Neunziger Jahre wurde ein Unternehmen dann als börsenfähig angesehen, wenn es seit Jahren am Markt agierte, der Umsatz – meist undifferenziert nach Branche – über rd. 25 Mio. € betrug und eine Vorsteuergewinn-Umsatzrendite von mindestens 4–5 % aufwies. All dies (Mindestalter des Unternehmens, Mindestumsatz, nachgewiesener Gewinn) spielt mittlerweile – beginnend seit etwa Mitte 1996 – wenn überhaupt, nur mehr eine sekundäre Rolle. Allerdings ist nach dem Platzen der »dot.com-Blase« und der ausgeprägten internationalen Baisse Anfang des Neuen Jahrtausends zu konstatieren, dass wieder mehr nach »Qualität« Ausschau gehalten und Börsenkandidaten kritischer unter die Lupe genommen werden.

Als Faustregel kann davon ausgegangen werden, dass ein Unternehmen dann mutmaßlich – und auch für Dritte solide argumentierbar – börsenreif ist, wenn folgende Faktoren gegeben sind:
- Betätigung des Unternehmens in einem möglichst stark wachsenden Markt,
- möglichst hohe Wachstumsraten bei Umsatz und – zumindest künftig – Gewinn,
- erfahrenes, mit operativen Stärken und strategischen Visionen ausgestattetes Management,
- möglichst nachhaltige Wettbewerbsvorteile/Alleinstellungsmerkmale/USPs (= Unique Selling Propositions), z.B. durch Patente, Verfahren, Schlüssel-Know-how,
- Vorlage einer plausibel nachvollziehbaren Business-Planung,
- ausgefeiltes Finanz-/Rechnungswesen und -Reporting sowie Controlling,
- ein im Vergleich zu Wettbewerbern klar abgegrenztes Produkt-/Dienstleistungs-/ Unternehmens-Profil, anders formuliert: möglichst kein »me too«,
- kein Venture Capital-suchendes Unternehmen, d.h. kein »Konzept-«, Seed- oder Start-up-Börsengang,
- ein Mindest-Unternehmenswert in Abhängigkeit von dem infrage kommenden Börsen-/Handelssegment sowie von einer für das Unternehmen bzw. dessen Altaktionäre akzeptablen Streubesitzquote.

1.1.2 Welche Alternativen zu einem Börsengang gibt es?

Betrachtet man als Primärziel des Börsengangs die Deckung wachstumsbedingten Liquiditäts- und Eigenkapitalbedarfs, ergeben sich grundsätzlich insbesondere folgende Alternativen bzw. Ergänzungen zu einem möglicherweise späteren Börsengang:

Alternativen des Börsengangs

- (zusätzliche) Kreditaufnahme, Leasing, Zahlungsstreckungen und andere klassische Fremdfinanzierungswege,
- Forderungsverkäufe,
- Finanzierung aus eigenem Cashflow,
- Kapitalerhöhungen durch die bisherigen Gesellschafter,
- Aufnahme einiger weniger neuer Gesellschafter (natürliche oder/und juristische Personen/Beteiligungsgesellschaften/Industrielle Investoren) im Wege einer Privattransaktion (also ohne »öffentliches« Angebot),
- vorbörsliche Emission (»öffentliches« Angebot).

Die tatsächlich gegebenen Freiheitsgrade des Unternehmens und seiner Gesellschafter werden darüber entscheiden, ob überhaupt, bzw. welche der vorgenannten oder andere Alternativen grundsätzlich realisierbar, wirtschaftlich vertretbar und im Vergleich zu einem Börsengang sinnvoll bzw. attraktiv sind.

1.1.3 Wie viel kostet der Börsengang?

Kosten des Börsengangs

Sieht man von den wiederkehrenden Kosten ab, auf die das spätere Kap. »Wiederkehrende Kosten« ebenfalls detaillierter eingeht, bezieht sich die Frage auf die Einmal-Kosten des erstmaligen Börsengangs (IPO = Initial Public Offering = erstmaliger Börsengang mit öffentlichem Angebot zur Zeichnung von Aktien). Diese setzen sich i.W. aus dem Bankenhonorar sowie den Werbe-/PR-/Pre-Marketing-Kosten zusammen. Letztere werden meist umso höher ausfallen, je End-

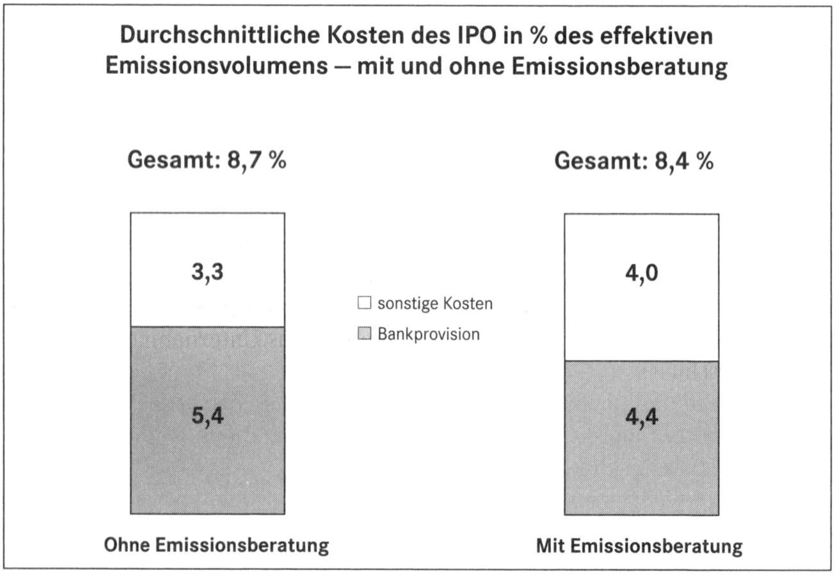

Durchschnittliche Kosten des IPO in % des effektiven Emissionsvolumens — mit und ohne Emissionsberatung

Ohne Emissionsberatung	Mit Emissionsberatung
Gesamt: 8,7 %	Gesamt: 8,4 %
sonstige Kosten: 3,3	sonstige Kosten: 4,0
Bankprovision: 5,4	Bankprovision: 4,4

Abbildung 14: Durchschnittliche Kosten eines Börsengangs gem. Emittentenbefragung – mit und ohne Emissionsberatung; Quelle: Althaus, 2001, S. 62

konsumenten-näher die Produkte/Dienstleistungen des Unternehmens sind. Des Weiteren fallen i.W. Beraterhonorare für Emissionsberater, Wirtschaftsprüfer, Steuerberater, Rechtsanwälte sowie Notar- und Gerichtsgebühren an. Althaus (2001, s. auch Vorwort) hat anhand einer Befragung von rund 350 Emittenten der Jahre 1997 bis März 2000 (Rücklauf rund 80 IPO-Unternehmen) herausgefunden, dass diese Bank- sowie Gesamtkosten des Börsengangs bei Inanspruchnahme von Emissionsberatung senken konnten.

Insgesamt betragen die Kosten eines Börsengangs – in Abhängigkeit vom Emissionsvolumen erfahrungsgemäß zwischen etwa 6–10 % des Emissionsvolumens (Zahl der an der Börse platzierten Aktien x Ausgabepreis je Aktie). Abweichungen hiervon sind – allerdings fast ausschließlich nach oben – möglich und insbesondere bei kleineren Emissionen gelegentlich festzustellen.

1.1.4 Mit welcher Bewertung kann gerechnet werden?

Die Bewertung eines Börsenkandidaten gehört regelmäßig zu den besonders komplexen und anspruchsvollsten betriebswirtschaftlichen Problemstellungen. Vorsicht ist daher stets bei vereinfachenden Bewertungsverfahren angebracht. Auf Basis des Drei-bis-Fünfjahres-Businessplans wird die Bewertung des Unternehmens im Regelfalle einige Monate oder Wochen vor dem Börsengang – i.d.R. in Zusammenarbeit mit der Emissionsberatung – ermittelt und dann mit potentiellen Bankpartnern diskutiert, die wiederum eigene Indikationen, meist in Form erwarteter Wertspannen, abgeben.

Anfängliche und Endbewertung der Gesellschaft

Erst einige wenige Tage vor Beginn der Platzierungs-/Bookbuilding-Phase wird dann in Abhängigkeit zwischenzeitlich eingetretener Geschäftsentwicklungen, neuester Plan-Erkenntnisse und unter Würdigung der aktuellen Kapitalmarktbedingungen, des Feedbacks institutioneller Anleger, ggf. auch der Preise im »Handel per Erscheinen« (außerbörsliche Handelsmöglichkeit der jungen Aktien noch bevor der Platzierungspreis festgelegt ist) die endgültige Bewertung in Abstimmung zwischen Emittent und Bankenkonsortium festgelegt. Teilweise werden ursprüngliche Bookbuilding-Spannen bzw. Festpreise auch noch einmal geändert (sowohl nach oben als auch nach unten). In jüngerer Zeit kommt auch öfter das »beschleunigte Bookbuilding« zur Anwendung, bei dem die Preisspanne erst in den letzten Tagen der meist zehn bis 14-tägigen Roadshow (Werbetour bei Institutionellen) festgelegt wird.

Bewertungsmethoden

Gleich mit welchen modernen Bewertungsmethoden gearbeitet wird – die Höhe der Bewertung wird sich insbesondere ganz wesentlich an den zukünftig mutmaßlich erzielbaren Ertragswerten bzw. Cashflows orientieren. Eine zentrale Rolle bei jeder Bewertung spielt regelmäßig das Kurs-Gewinn-Verhältnis (KGV oder PE = price earnings, d.h. der Quotient aus Unternehmenswert und Jahresüberschuss).

In Ermangelung von Plangewinnen während der kommenden z.B. ein bis drei Jahre müssen allerdings andere Hilfsgrößen (z.B. Planumsätze und deren Entwicklung, Kapitalbedarf) zur Bewertung herangezogen werden.

Im Vergleich zu einem bei einem freihändigen Verkauf des Unternehmens gewöhnlicherweise erzielbaren Preis kann davon ausgegangen werden, dass die Bewertung an der Börse, von Ausnahmen abgesehen, stets – teilweise sogar deutlich – höher ausfällt. Im Falle eines freihändigen Unternehmensverkaufs kann im Durchschnitt über alle Branchen und Unternehmensgrößen ein Ver-

Freihändiger Verkauf des Unternehmens

kaufspreis (= realisierter Unternehmenswert) von etwa dem 4–8-fachen des nachhaltig erzielbaren Gewinns vor Steuern erwartet werden. Dies entspricht bei einer angenommenen Steuerquote von 50 % einem rechnerischen KGV von 8–16. Im Vergleich hierzu notieren zahlreiche Neuemissionen mit Kursen, die deutlich höhere KGVs repräsentieren.

> **Beispiel:**
> *Bei einem angenommenen Jahresüberschuss (= Ergebnis nach Steuern) von 1 Mio. € und einem beispielhaften Emissions-KGV von 20 würde sich somit nach KGV-Methode ein Unternehmenswert – zum Zeitpunkt des Börsengangs – von 20 Mio. € errechnen.*

1.1.5 Wie schnell kann das Unternehmen an der Börse notiert sein?

Zeitbedarf bei Börsengängen

Von der Entscheidung, an die Börse zu gehen, bis zur ersten Notizaufnahme kann von rund sechs bis etwa zwölf Monaten ausgegangen werden. Hiervon sind kürzere Abweichungen nach unten und größere nach oben in der Praxis vertreten.

1.1.6 Wie lässt sich ein ausreichendes Gezeichnetes Kapital vor Börsengang darstellen?

Ausreichendes Gezeichnetes Kapital

»Ausreichend« ist das Gezeichnete Kapital vor Börsengang dann, wenn es folgenden Kriterien genügt:
- Anforderung des jeweiligen Börsensegments,
- Ermöglichung eines liquiden Handels in der Aktie, d.h.: Platzierung von mindestens rund 400.000 bis 500.000 Stücken,
- optisch niedriger, Investoren ansprechender Emissionspreis je Aktie, d.h. dass der Unternehmenswert geteilt durch die Gesamt-Aktienstückzahl der Gesellschaft zum Zeitpunkt des Börsengangs möglichst nicht auf einen Wert von über 50 € hinausläuft,
- Deckung des Kapitalbedarfs der Gesellschaft für die nächsten etwa sechs bis 24 Monate durch die Mittel aus der Börsenemission,
- Erhalt der Mehrheit der Altgesellschafter.

> **Beispiel:**
> *Für kleinere Emissionen dürfte ein Gezeichnetes Kapital (GK) – vor Kapitalerhöhung zum Zwecke der Börsenplatzierung – von etwa 1 bis 1,5 Mio. € ausreichen. Hierbei ist zu berücksichtigen, dass einzelne Börsen-/Handelssegmente Mindesterfordernisse für das GK bzw. EK vorsehen (können).*

Möglichkeiten der Aufstockung des Gezeichneten Kapitals

Um dieses darzustellen, gibt es insbesondere folgende Möglichkeiten:
- Umwandlung von Rücklagen in GK (»Kapitalerhöhung aus Gesellschaftsmitteln«),
- die – möglicherweise fremdfinanzierte – Cash-Kapitalerhöhung durch die bisherigen Gesellschafter,
- Kapitalerhöhung durch Sacheinlage (der Einbringung von z.B. Patenten, Beteiligungen, Immobilien etc.) durch die bisherigen Gesellschafter,
- Aufnahme weiterer Gesellschafter.

1.1.7 Wie können die Altgesellschafter ihre Mehrheit auch nach dem Börsengang sichern?

Die Sicherstellung einer auch nach Börsengang möglichst hohen Beteiligungsquote der Altgesellschafter an der AG hat zwei Grunderfordernisse:
1. Zunächst ist wesentlich, ein im vorgenannten Sinne ausreichendes Gezeichnetes Kapital – vor Kapitalerhöhung zum Zwecke der erstmaligen Platzierung – zu schaffen.
2. Sodann sollte die final – wenige Wochen vor der Platzierung – zu beschließende Kapitalerhöhung zum Zwecke der Börsenplatzierung nicht höher bemessen sein, als für die Deckung des Kapitalbedarfs der ersten etwa sechs bis 24 Monate erforderlich ist, es sei denn der Freefloat (Streubesitz) wäre entweder aus Gründen des jeweiligen Börsenregelwerks oder/und aus platzierungstechnischen Gründen (institutionelle Investoren haben hier z.T. bestimmte Mindestanforderungen) zu gering.

Sicherung von Stimm- und Vermögensmehrheit

Die grundsätzlich mögliche, aber vom Kapitalmarkt nur noch in raren Ausnahmefällen akzeptierte Emission stimmrechtsloser Vorzugsaktien beim erstmaligen Börsengang (IPO = Initial Public Offering) dürfte kaum mehr eine realistische Alternative darstellen.

Dagegen besteht die Möglichkeit, durch die Wahl z.B. der Rechtsform einer Kommanditgesellschaft auf Aktien (KGaA) den Einfluss der Altgesellschafter, damit verbunden allerdings auch deren Haftungsrisiko durch die Stellung des Komplementärs, überproportional zu deren Beteiligung auszugestalten.

KGaA

Poolverträge mit weiteren, externen größeren – meist institutionellen Aktionären – können ein weiteres Instrument sein, ein – im Sinne der Altgesellschafter – einheitliches Stimmverhalten in der Hauptversammlung sicherzustellen.

Poolverträge

Schließlich besteht die Möglichkeit, einen Aktienoptionsplan zu verabschieden, der auch Altaktionärsführungskräfte einschließt.

Aktienoptionen

1.1.8 Wie und unter welchen Kriterien finde ich die richtigen Partner/ Berater zur Vorbereitung und Durchführung des Börsengangs?

Seriosität, Integrität, Diskretion sowie fachliche Exzellenz und Erfahrung gelten als Grundvoraussetzungen für die Partner (in erster Linie Emissionsberater, Banken, Wirtschaftsprüfer, Steuerberater, Rechtsanwälte, PR-/IR- und Werbeagenturen), die der Emittent als Gestalter und Begleiter seines Börsengangs in Betracht ziehen sollte. Die genannten Eigenschaften alleine dürften jedoch nicht ausreichen, um eine ausschließlich dem Mandanten-Interesse verpflichtete, »objektive« Betreuung durch die Partner zu gewährleisten.

Partner des Börsengangs

Ein ganz wesentliches Element sollte hinzukommen und durch den Emittenten entsprechend kritischst hinterfragt werden: die Unabhängigkeit des Partners von Interessenkonflikten oder neudeutsch »Conflict of Interest«. Denn: nur ein von Interessenkonflikten freier, wirklich unabhängiger Partner kann ein objektiver Berater sein. Aus diesem Grunde sollte der Emittent möglicherweise ihm begegnenden »Rundum-Sorglos«-Paketen mit gesunder Skepsis begegnen. So besteht beispielsweise keine Notwendigkeit, z.B. auf Drängen von Beteiligungspartnern oder bestimmten Beratern, den eigenen Wirtschaftsprüfer – sofern vorhanden – zu wechseln, wenn der Emittent mit ihm zufrieden ist und der WP über eine ausreichende AG- und IPO- bzw. IFRS/IAS-, respektive US-GAAP-Erfahrung verfügt.

Objektive, erstklassige Berater/ Partner

Das gleiche gilt für andere Partner in ähnlicher Weise. Das teilweise von »Komplett-Anbietern« zu hörende Argument, »mit Partner/Berater/Bank etc XY sei man ein besonders eingespieltes Team« kann kein allein ausschlaggebendes Argument sein. Verfügt der IPO-Kandidat noch über keinen Wirtschaftsprüfer und bittet beispielsweise seinen Emissionsberater um eine Empfehlung, so dürfte es der Markttransparenz und Objektivität im Mandanteninteresse dienlich sein, wenn dieser mehrere Empfehlungen – im Zweifelsfalle eher gar keine – abgibt und dem Mandanten Beurteilungskriterien zur eigenständigen Auswahl an die Hand gibt.

Ähnliches gilt für die zur Sicherstellung einer ausreichenden Vorbereitungszeit möglichst vier bis fünf Monate vor geplanter Platzierung vorzunehmende Auswahl der Lead-Bank bzw. des Bankenkonsortiums, das die Platzierung der Aktien durchführen soll. So wird es stets eine der intensivst wahrgenommenen Aufgaben des vom Mandanten beauftragten Emissionsberaters sein, im Mandanteninteresse »Markt« und »Wettbewerb« zu generieren bzw. zu forcieren, statt diesen durch eine zu frühe oder auf fest eingeschliffenen Beziehungen beruhende einseitige Bankpartnerfestlegung von vorneherein auszuschließen. Denn auch hier gilt der wichtige Grundsatz, dass Wettbewerb das Geschäft belebt.

1.1.9 Welches sind die häufigsten Fehler und wie können diese möglichst vermieden werden?

Fehler beim Börsengang

Bei nicht wenigen Emissionen lässt sich – und keineswegs nur durch Insider – analysieren, dass im Vorwege, bei der Durchführung der Emission oder auch danach teilweise erhebliche Fehler gemacht wurden. Die nachfolgende Checkliste zeigt auf, welche der am häufigsten in der Praxis beobachtbaren Fehler nicht gemacht werden sollten:

Checkliste

Teure Fehler vermeiden

- ✔ Wählen Sie nie ungeeignete, möglicherweise auch nicht (weitestgehend) unabhängige Partner/Berater aus.
- ✔ Führen Sie »Schritt b) nicht vor Schritt a)« aus, d.h. z.B. die Rechtsformumwandlung einer GmbH in eine AG, da möglicherweise ein Sacheinlagemodell unter diversen Aspekten weit zielführender gewesen wäre.
- ✔ Geben Sie nicht maßgebliche Gesellschaftsanteile bereits vor dem Börsengang zu relativ (sehr) niedrigen Konditionen ab – meist aus Liquiditätsgründen oder/und um so (scheinbar) die Emission zu erleichtern.
- ✔ Binden Sie sich nicht zu früh an eine Bank/ein Wertpapierhandelshaus, die/das die Platzierungsfunktion ausüben soll.
- ✔ Ziehen Sie nicht zu spät Partner oder Berater hinzu.
- ✔ Platzieren Sie nicht einen (deutlich) höheren, als objektiv erforderlichen Teil des Gezeichneten Kapitals beim Börsengang.
- ✔ Versuchen Sie möglichst nicht zu niedrige Erlöse aus der Emission zu erzielen.
- ✔ Vermeiden Sie zu hohe Kosten und Risiken der Emission für den Emittenten.
- ✔ Unterschätzen Sie die kapazitive und zeitliche Belastung der Vorbereitung und Durchführung des Börsengangs nicht.
- ✔ Geben Sie keine zu frühen öffentlichen Verlautbarungen hinsichtlich Timing und sonstiger geplanter Details des Börsengangs bekannt.

- ✓ Beachten Sie, dass ein falsches (saisonales) Timing der Erstemission schädlich ist.
- ✓ Unterschätzen Sie die Folgepflichten eines Börsengangs nicht (u.a. Publizität, Investor-Relations-Arbeit, Umgang mit einem Aufsichtsrat, Abhaltung von Hauptversammlungen, Durchführung von Analystenveranstaltungen).

Ohne im Vorgriff auf die folgenden Kapitel hier auf Einzelheiten eingehen zu können, lassen sich folgende Checklisten-Empfehlungen zum Zwecke der Fehlerminimierung ableiten:

Checkliste

- ✓ Denken Sie an eine frühzeitige Gesamtplanung der einzelnen Schritte in Vorbereitung des Going Public.
- ✓ Nehmen Sie Beteiligungspartner vor dem Börsengang nur auf, insofern und insoweit dies – aus Vorsichtsgründen, falls sich der geplante Börsengang verschieben sollte, bzw. sich nicht so schnell bewerkstelligen lässt, wie es der Kapitalbedarf erfordern würde – geboten erscheint.
- ✓ Platzieren Sie nur das unbedingt erforderliche Emissionsvolumen (Stückzahl Aktien x Platzierungspreis je Aktie) – unter den Aspekten der Deckung eines etwa sechs bis 24-monatigen Kapitalbedarfs, des Erhalts möglichst der Mehrheit der Altaktionäre sowie der Ermöglichung eines liquiden Börsenhandels in den Aktien des Unternehmens.

Fehlerminimierung

- ✓ Schaffen Sie Transparenz und Wettbewerb hinsichtlich Partnern und deren Kosten/Honoraren.
- ✓ Nehmen Sie eine frühzeitige Vorstrukturierung des Börsengangs mit sämtlichen Facetten einschließlich der Unternehmensbewertung und Emissionsstrategie als Grundlage für eine mandantenoptimale Emission unter Timing-, Erlös- und Kostenaspekten vor.
- ✓ Treffen Sie frühzeitig die Auswahl eines Emissionsberaters, der die Emission von Beginn an als unternehmerisch denkender und agierender Projektmanagementpartner mitgestaltet, begleitet und die anderen zu beteiligenden Partner koordiniert.

Auswahl des Emissionsberaters

- ✓ Bewahren Sie absolute Diskretion – kann doch eine (zu) früh, möglicherweise noch mit Details angekündigte Emission, die aus einer ganzen Reihe von Gründen ein- oder mehrmalig gegenüber der ursprünglichen Planung verschoben werden muss, wenn überhaupt, nur mit größter Mühe von negativen Imageeinflüssen wieder bereinigt werden. Der mögliche Schaden steht in keiner Relation zu den denkbaren positiven Effekten einer sehr frühen Börsengangankündigung.

1.1.10 Was ist auf dem Weg an die Börse als Erstes zu tun?

Informationen sammeln

Vor Ergreifung konkreter Schritte dürfte es sich für den Börsenkandidaten lohnen, allgemeine Informationen zum Thema Börsengang zu sammeln und sich einen Überblick zu verschaffen sowie das Unternehmen so gut wie möglich personell und anderweitig transparent und effizient zu strukturieren. Nach Möglichkeit sollte darüber hinaus bereits zu Beginn der ersten Überlegungen in Richtung IPO ein erfahrener, möglichst von Sekundärinteressen unabhängiger Emissionsberater beauftragt werden. Dieser ist aufgrund seines ganzheitlichen Überblicks und nicht ausschließlich auf einzelne Börsengangvorbereitungsphasen spezialisierten Befassung mit einzelnen Aspekten eines Börsengangs in der Lage, vor vorschnellen Schritten zu warnen und andererseits zeitkritische Aspekte beschleunigen zu helfen.

Klare IPO-Projektplanung

Des Öfteren kommt es z.B. vor, dass börsengangwillige Unternehmer-Gesellschafter ihre GmbH in eine AG umwandeln, weil die Rechtsform einer AG (oder KGaA) für einen Börsengang erforderlich ist. Erst im Nachhinein – nach Hinzuziehung von Emissionsexperten – stellt sich dann heraus, dass dieser Schritt möglicherweise übereilt oder wenig zielführend war, da z.B. ein »Sacheinlagemodell« deutlich sinnvoller gewesen wäre. Dieses ist zwar immer noch möglich, aber dann besteht der Konzern aus zwei AGs. Da dies in den wenigsten Fällen zweckmäßig ist, muss dann mit entsprechendem Aufwand wieder eine Rückumwandlung z.B. in die Rechtsform der GmbH erfolgen.

Berater mit Überblick

Verfügt der Emissionsberater darüber hinaus über Unternehmensverkaufs-/M&A-/Corporate-Finance-Expertise, kann er den börsenganginteressierten Unternehmer auch bei der Findung und Analyse möglicher Zwischenfinanzierungsschritte bzw. Alternativen zum Börsengang effizient beraten. Zu Beginn wird gewöhnlich die gemeinsame Analyse der Ziele des Mandanten bzw. der Motive für einen Börsengang stehen. Vor der Umsetzung gesellschaftsrechtlich bzw. steuerlich relevanter Tatbestände sind diese in Abstimmung mit weiteren Partnern wie insbesondere Wirtschaftsprüfern, Steuerberatern und Rechtsanwälten im Einzelnen abzustimmen, festzulegen und zeitlich zu planen.

1.2 Motive für einen Börsengang

Motive des Börsengangs

Das DAI Deutsche Aktieninstitut führt von Zeit zu Zeit Untersuchungen u.a. zu den Motiven für den Gang an die Börse durch (vgl. Müller, Michael/Schieber, Dietmar: Erfahrungen von Neuemittenten 1998). Abbildung 10 verdeutlicht die Wichtigkeitsrangfolge einzelner Motive.

Wachstumsfinanzierung

Hieraus wird deutlich: Die beiden mit Abstand führenden Hauptmotive für den Börsengang sind demnach die Wachstumsfinanzierung und die Eigenkapitalstärkung.

Ausgliederung von Unternehmen

Danach folgen die Motive Spin-off (Ausgliederung von Unternehmen oder Unternehmensteilen mit deren Notierung an der Börse), die Unternehmensnachfolge sowie der Exit von VC-Gesellschaften.

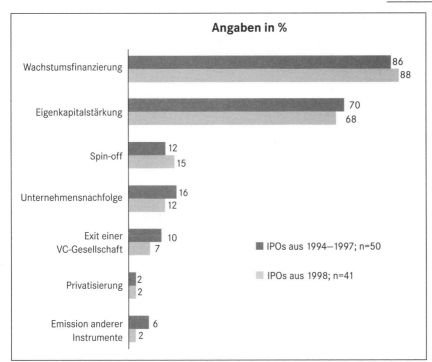

Abbildung 15: Motive für den Börsengang; Quelle: DAI-Umfragestudie 1998

Ex post, d.h. aus Sicht des Emittenten nach dem Börsengang, wird die Frage nach dem Grad der Erfüllung von Erwartungen an den Börsengang wie folgt beantwortet:

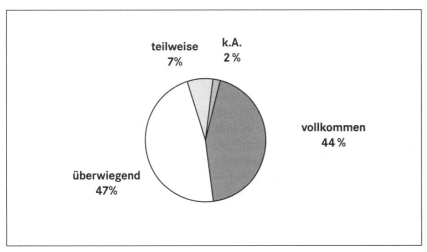

Abbildung 16: Erfüllung der Erwartungen beim Börsengang;
Quelle: DAI-Umfragestudie 1998

Der Grad der Zufriedenheit liegt nach einer Emittentenbefragung von Althaus (2001) bei Unternehmen, die Emissionsberatung in Anspruch genommen haben, signifikant höher (s. Abbildung 17).

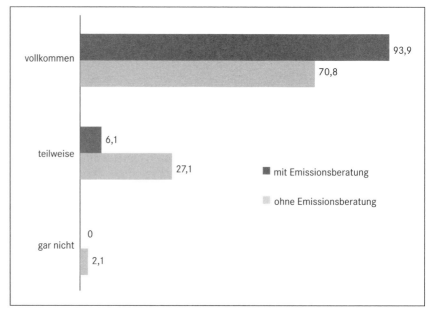

Abbildung 17: Emittentenbefragung – Erfüllung der Erwartungen mit und ohne Emissionsberatung; Quelle: Althaus, 2001, S. 57

Aktien-optionsmodell

Bei der Motivforschung ist zu berücksichtigen, dass eine Beschränkung auf die am häufigsten genannten Motive (s. Abbildung 15) diversen Einzelfällen kaum gerecht werden dürfte. Dies zeigt sich beispielsweise bei dem teilweise besonders stark ausgeprägten Motiv, ein Aktienoptions-/Mitarbeiterbeteiligungsmodell auflegen zu können, weil Mitarbeiter in bestimmten besonders umkämpften Branchen (z.B. Software/IT) ohne derartige Modelle teilweise nur schwierig (in den Boomjahren um den Jahrtausendwechsel kaum noch) rekrutierbar waren bzw. sind. Im Folgenden sei daher noch einmal das wesentliche Spektrum möglicher Motive für einen IPO aufgezeigt:

Zahlreiche Motive für ein Going Public

- Deckung wachstumsbedingten Liquiditätsbedarfs,
- Deckung wachstumsbedingten Eigenkapitalbedarfs,
- im Falle des Spin-offs (Abtrennung von Unternehmensteilen oder Konzerntochtergesellschaften): Steigerung des Gesamt-Shareholder-Value,
- Regelung der Familiennachfolge/der langfristigen Unabhängigkeit der Gesellschaft/des Konzerns,
- Voll- oder Teil-Exit-Möglichkeit für Pre-IPO-Investoren wie insbesondere Beteiligungsgesellschaften,
- Emissionsmöglichkeit weiterer Instrumente (z.B. Vorzugsaktien, Genussscheine, Commercial Papers, Optionsanleihen, Wandelanleihen),
- Aufbau einer gesellschafter-unabhängigen, eigenen Unternehmensbonität,
- Senkung der Fremdkapitalkosten durch verbesserte Bonität,
- Erhöhung des potentiell zu nutzenden Fremdfinanzierungsspielraums,

- Verbesserung der Einkaufskonditionen (Preise und Zahlungsbedingungen),
- Steigerung des Bekanntheitsgrads des Unternehmens und seiner Produkte/ Dienstleistungen,
- mit steigendem Bekanntheitsgrad verbundene verstärkte Nachfrage nach den Produkten/Dienstleistungen des Unternehmens,
- Steigerung der Attraktivität für derzeitige wie neu hinzuzugewinnende Führungskräfte und Mitarbeiter,
- insgesamt: Steigerung der Wettbewerbsfähigkeit,
- Führungskräfte- und Mitarbeiter-Beteiligung/Auflegung von Aktienoptionsplänen,
- Aufbau neuer Geschäftsfelder,
- Bezahlung von Investitionen (z.B. Unternehmenskäufen) in »eigener Währung«, sprich: eigenen Aktien,
- effizienteste Art der Performance-/Shareholder-Value-Messung des Managements durch laufende Aktienpreisentwicklung,
- Ablösung z.B. stiller Beteiligungen oder/und teilweise »teurer« Fremdfinanzierungen,
- Ablösung von Gesellschafterdarlehen,
- Mitplatzierung eines Teilbestands der Altaktionärsaktien beim IPO (z.B. zur Deckung aus Pre-IPO-Maßnahmen resultierender (eventueller) Steuerpflichten, zur Senkung des Einzelvermögensrisikos der Altaktionäre),
- Verkauf kleiner und kleinster Beteiligungen am Unternehmen – im Zuge des Börsengangs wie vorgesagt oder nach Ablauf der Lock-up-Periode (von einigen Handelssegmenten geforderte oder auch freiwillige Mindest-Haltefrist), für die ansonsten kein Markt existieren würde.

Steigerung der Wettbewerbsfähigkeit

Verkauf von Beteiligungen

Auch weitere Motive können gelegentlich eine Rolle spielen, wie z.B.
- »Kassemachen« der Altgesellschafter/Altaktionäre (würden die Banken bzw. der Kapitalmarkt entweder von vorneherein nicht akzeptieren bzw. bestenfalls mit entsprechend (deutlichen) Kursabschlägen »bestrafen«),
- persönliche Motive, wie z.B. »den eigenen Namen auf dem Kurszettel zu lesen« bzw. das eigene Unternehmen im Rampenlicht der Öffentlichkeit zu wissen.

»Kasse machen« unerwünscht

1.3 Vorteile eines Börsengangs

Die möglichen oder auch tatsächlichen Vorteile eines Börsengangs korrespondieren mit den vorgenannten Motiven für einen Börsengang.

Befragt nach den Hauptauswirkungen des Börsengangs fallen die Antworten – bei möglichen Mehrfachnennungen – nach einer Umfragestudie des DAI Deutsches Aktieninstitut (vgl. DAI: Erfahrungen, 1998) von Emittenten der Jahre 1994 bis 1998 wie folgt aus:
- Steigerung des Bekanntheitsgrades,
- bessere Personalakquisition,
- Umsatzwachstum um mehr als 10 %,
- verbesserte Wettbewerbsposition sowie
- Vorstoß in neue Geschäftsfelder

Steigerung des Bekanntheitsgrades

Sämtliche Neuer-Markt-IPO-Unternehmen des Jahres 1998 beantworteten die Frage nach einer Steigerung des Bekanntheitsgrades mit »ja« bzw. »überwiegend« ja, bei den IPOs anderer Segmente fielen 15 % der Antworten nicht in diese Kategorien. Ein ähnliches Bild – der insbesondere von Neuer-Markt-Unternehmen eingeschätzten Auswirkungen – zeigt sich bei der Frage nach leichterer Rekrutierung von Führungskräften, die 91 % der Neuer-Markt-Unternehmen gegenüber lediglich 71 % der IPOs anderer Segmente bejahten. Schließlich gelang bis auf eine Ausnahme allen Neuer-Markt-IPOs des Jahres 1998 eine Umsatzausweitung um mehr als 10 %, während dies nur rund zwei Dritteln der übrigen IPO-Unternehmen gelang.

Leichtere Akquisition von Führungskräften

Umsatzsteigerung um mehr als 10 %

Die neben dem Grund der Kapitalbeschaffung genannten Motive für einen Börsengang bzw. Vorteile eines Going Public lassen zwar implizite Rückschlüsse auch auf die Bewertung von Alternativen zu, ohne diese jedoch hinsichtlich einzelner Aspekte einer vergleichenden Betrachtung zu unterziehen. Daher sollen im Folgenden kurz die beiden bei Wachstumskapital suchenden Unternehmen im Vordergrund stehenden Hauptmotive für einen Börsengang – Deckung des Liquiditäts- und Eigenkapitalbedarfs – den möglichen alternativen Deckungsmöglichkeiten gegenübergestellt werden.

Alternative Kapitalbeschaffung

Insbesondere bei Unternehmen, die ihre Erstemission im Freiverkehr, in einem auf diesem aufbauenden Segment (bzw. am ehemaligen Neuen Markt) durchführ(t)en, ist (war) die Liquiditätsausstattung vor Börsengang i.d.R. sehr knapp bemessen: Die aus Existenzgründungsmitteln und eigenen Ersparnissen stammenden Einlagen und Darlehen der Gründer-Gesellschafter-Geschäftsführer/Vorstände sind aufgebraucht bzw. investiert, Investitions- und Dispositionskreditspielräume sind ausgenutzt bzw. werden »am oder über dem oberen Limit gefahren«, zusätzliche Fremdmittel sind schwieriger bis kaum zu erhalten. Meist geht mit der knappen Liquiditätsausstattung ein wachstumsbedingter, teilweise auch anfangsverlustbedingter starker Rückgang der Eigenkapitalquote einher, so dass insgesamt meist nur die Alternative der Zuführung frischen Eigenkapitals verbleibt.

Zwang, an die Börse zu gehen

Zwischenlösungen bis zum IPO

Die geschäftsführenden Gründungsgesellschafter verfügen allerdings nur in den wenigsten Fällen über zusätzliche als die ohnehin bereits investierten Mittel, so dass sich folgende grundsätzliche Alternativen abzeichnen:
- Verkauf des Gesamtunternehmens, zumindest einer einfachen Mehrheit an einen oder mehrere industrielle Investoren, die neben der Entrichtung des Kaufpreises dem Unternehmen zusätzliches Expansionskapital zur Verfügung stellen,
- Aufnahme eines oder einiger weniger größerer neuer Gesellschafter (z.B. natürliche Personen oder/und Beteiligungsgesellschaften bzw. Banken/Wertpapierhandelshäuser) im Wege der Kapitalerhöhung zur Vorbereitung des Börsengangs,
- eine vorbörsliche/außerbörsliche öffentliche Emission.

1.4 Nachteile eines Börsengangs

Das Sprichwort »Wo viel Licht, da viel Schatten« gilt ansatzweise auch bei der Erwägung der Nachteile eines Börsengangs. Insbesondere sind hier zu nennen:
1. Verringerung der Beteiligungsquote der Altgesellschafter.
2. Einräumung von Mitspracherechten an externe Dritte und damit Abgabe von Einflussmöglichkeiten und Flexibilität bei unternehmerischen Entscheidungen (Überwachung durch Aufsichtsrat, Herbeiführung von Hauptversammlungsbeschlüssen).
3. Rechtfertigungszwang vor Mitaktionären.
4. Höhere Publizität, Analysierbarkeit durch Wettbewerber und sonstige Interessengruppen.
5. Einmal- sowie fortlaufende Kosten des Börsengangs (insbesondere Zwangs- und freiwillige Publizität, Veranstaltung von Hauptversammlungen, »Betreuer«/Market-Making der Banken – sofern vorhanden, Zahl- und Anmeldestellenfunktion etc.).
6. Unmittelbare »Bestrafung« des Unternehmens durch Kursrückgänge bei Nicht-Erreichung von Unternehmenszielen.
7. Möglicherweise kursperformance-getriebene Tendenz zu (zu) kurzfristig ausgerichteten Managementaktivitäten.
8. Risiko einer unfreundlichen Übernahme (»unfriendly takeover«). **Unfreundliche Übernahme**
9. Risiko, dass die Altaktionärsvorstände möglicherweise von einem »fremdbesetzten« Aufsichtsrat als Vorstände abberufen werden.

Zu 1. Verringerung der Beteiligungsquote:
Da die einzelnen Börsen- bzw. Handelssegmente wie auch die Anlegerseite »nur« eine Platzierung von etwa 15-25 % beim erstmaligen Börsengang erfordern/erwarten, dürfte sich der Rückgang der Beteiligungsquote der Altgesellschafter in aller Regel in Grenzen halten. Empirische Studien haben gezeigt, dass im Durchschnitt auch 40 % noch eine Hauptversammlungsmehrheit bedeuten. Der Rückgang der Beteiligungsquote der Altgesellschafter kann im Zweifelsfall durch die Hereinnahme von Beteiligungsgesellschaften noch deutlich höher ausfallen. Hierzu gibt es eine Reihe von Beispielen, bei denen die Altgesellschafter noch vor Börsengang bis zu 30 % und mehr Anteile durch die Aufnahme von Beteiligungspartnern »eingebüßt« haben.

Keine Angst vor dem Mitregieren anderer

Das prominente Beispiel von Bill Gates, der mittlerweile nur noch weniger als ein Zehntel der Aktien von Microsoft besitzt (www.microsoft.com), zeigt zudem, dass auch ohne eine formelle Mehrheit eine maßgebliche Beeinflussungsmöglichkeit und aktiv-langjährige Tätigkeit für das ursprünglich vielleicht selbst bzw. mit einigen wenigen anderen gegründete Unternehmen besteht.

Zu 2. Einräumung von Mitspracherechten an externe Dritte und damit Abgabe von Einflussmöglichkeiten und Flexibilität bei unternehmerischen Entscheidungen (Überwachung durch Aufsichtsrat, Herbeiführung von Hauptversammlungsbeschlüssen):

Aufsichtsrat und Hauptversamlung

Dieser Punkt gibt in der Tat eine bei zahlreichen Mittelständlern vorherrschende Furcht vor der Einschränkung ihres unternehmerischen Freiraums wider. Unternehmerische Weichenstellungen, die aus gesetzlichen oder Satzungs-

Mitspracherechte Dritter

gründen der HV-Beschlussfassung unterliegen, können sich durch die notwendige Fristenwahrung (Einladung und Durchführung der HV) verzögern. Anderseits dürfte bei nüchterner Betrachtung sowohl die beratende und kontrollierende Funktion eines Aufsichtsrats wie das aktienrechtliche Institut der Hauptversammlung als »ultima ratio« für viele Unternehmer und Unternehmen eine Bereicherung darstellen – was oft erst im Nachhinein erkannt wird.

Zu 3. Rechtfertigungszwang vor Mitaktionären:
Ein gewisser potentieller »Lästigkeitseffekt« ist hier sicher nicht zu verkennen. Anderseits hat die im Regelfalle einmal im Jahr stattfindende Hauptversammlung auch ihre guten, die Bindung zu den Aktionären stärkende sowie Wettbewerbsfähigkeit und Performance der Gesellschaft – i.d.R. – beflügelnde Auswirkungen.

Zu 4. Höhere Publizität, Analysierbarkeit durch Wettbewerber und sonstige Interessengruppen:

Offenheit und Publizitätspflicht

Die allgemeinen Publizitätspflichten wurden in Deutschland (nicht zuletzt aufgrund der notwendigen Umsetzung von EU-Vorgaben) seit der zweiten Hälfte der Neunziger Jahre wesentlich erweitert. Gleichwohl wird ein börsennotiertes Unternehmen immer noch mehr Informationen offen legen (müssen), als es dies als Non-public-Gesellschaft zu tun gezwungen wäre. Hierbei ist jedoch mit ins Kalkül einzubeziehen, dass gerade eine offene, transparente Informationskultur sich für das Börsenunternehmen und seine Entwicklung äußerst förderlich auswirken dürfte.

Zu 5. Einmal- und laufende Kosten des Börsengangs:

Kosten des Börsengangs

Beides sind Fakten, die nicht wegzudiskutieren sind. Umso mehr sollten daher das Unternehmen bzw. seine Gesellschafter in Vorbereitung des Börsengangs die Einmalkosten analysieren und unter Forcierung des Wettbewerbs unter den einzuschaltenden Partnern aktiv managen um einen unnötig überteuerten Börsengang zu vermeiden. Gegen höhere Kosten ist dann grundsätzlich nichts einzuwenden, wenn diesen entsprechend quantitativ bzw. qualitativ höhere Leistungen gegenüberstehen. Hierzu kann es sachdienlich sein, Zielergebnisse festzuschreiben und die Honorierung unter Einschluss auch erfolgsbezogener Komponenten zu gestalten.

Zu 6. Unmittelbare »Abstrafung« des Unternehmens durch Kursrückgänge bei Nicht-Erreichung von Zielen:

Kursrückgänge

Selbstbewusste Altaktionärsvorstände sollten diesen bekannten Umstand eher als Herausforderung, denn als Gefahr (die sich erst bei einer dauerhaft negativen Geschäftsentwicklung tatsächlich abzeichnen könnte) zu sehen versuchen. Der fortlaufende Umgang mit der Publizierung von Unternehmenszahlen und -mitteilungen (einschließlich Ad-hoc-Mitteilungen) und den sich hieraus unmittelbar ergebenden Kursfolgen wird für die meisten Beteiligten Neuland sein und bedarf entsprechender Übung.

Zu 7. Möglicherweise kursperformance-getriebene Tendenz zu (zu) kurzfristig ausgerichtetem Management:
Dieser Aspekt beleuchtet die alte, akademisch wie unter Praktikern geführte Diskussion. Verständlicherweise kann an dieser Stelle nicht im Detail auf die Diskussion zu den theoretischen wie empirischen Tendenzen zu Kurzfristorientierung versus langfristiger Shareholder-Value-Orientierung eingegangen werden. Nur soviel sei gesagt: Ausschließliches Kurzfristdenken genauso wie ausschließliches Langfristdenken dürfte selten zu shareholder-value-optimalen Ergebnissen führen. Ob sich das Management des jeweiligen börsennotierten Unternehmens eher kurz- oder langfristig ausrichtet, wird stets eine Funktion der jeweiligen persönlichen Konstellation und Anreize sein. So dürfte die eigene Nutzenmaximierung bei einem angestellten, aber nicht mit Aktien beteiligten Vorstand möglicherweise anders ausfallen als im Falle des Altaktionärsvorstands. *Geeignete Incentives*

Eine Brücke zwischen beiden Extremfällen kann regelmäßig die Installierung eines Mitarbeiter-/Führungskräftebeteiligungsmodells/Aktienoptionsplans (s. Kap. 3.2.13.4 Mitarbeiterbeteiligungsmodelle) schlagen, durch den vorher nicht beteiligte Manager und Mitarbeiter zu Mitaktionären werden und hierdurch deren Langfristorientierung gestärkt wird. *Aktienoptionspläne*

Zu 8. und 9. Risiko einer unfreundlichen Übernahme (»unfriendly takeover«) bzw. Risiko, dass die Altaktionärsvorstände möglicherweise von einem »fremdbesetzten« Aufsichtsrat als Vorstände abberufen werden:
Solange die Altaktionäre über die Mehrheit (hierzu reichen wie weiter oben gesagt im Durchschnitt etwa 40 % der Stammaktien aus) verfügen, besteht diese Gefahr nur in sehr geringem Maße. Bei geringerer Altaktionärsbeteiligung und einem »suboptimalen« oder noch weniger guten Management der Gesellschaft, steigt allerdings das Unfriendly-takeover-Risiko. Allerdings ist dann auch die Frage zu stellen, ob das derzeitige Management noch in der Lage oder/und willens ist, Bestleistungen zu erbringen oder nicht vielmehr doch besser – durch vom übernehmenden Unternehmen bestellte Vorstände/Aufsichtsräte – ersetzt werden sollte. *Übernahmerisiken*

1.5 Alternativen bzw. Zwischenschritte zum Börsengang

Bei den Überlegungen, ob, wie bzw. wann ein Börsengang für das eigene Unternehmen sinnvoll sein könnte, spielt stets auch die Erwägung möglicher Alternativen eine Rolle. Dies erscheint insbesondere aus den folgenden drei Gründen sinnvoll:
1. Nur wer die potentiellen Alternativen kennt, kann eine gut begründbare, rationale Entscheidung treffen. *Finale und zeitweilige Alternativen*
2. Ohne die gründliche Abwägung denkbarer Alternativen wird ein Börsengang möglicherweise nur »halbherzig« und nicht mit der notwendigen Konsequenz angegangen, weil noch (vermeintlich bessere) Alternativen des Weges kommen könnten, die (scheinbar) zielführender sein könnten, wodurch dem Unternehmen und seinen Gesellschaftern u.U. wertvolle Zeit verloren gehen kann.
3. Im Detail analysierte »Alternativen« erweisen sich möglicherweise als interessante Zwischenschritte auf dem Weg zum IPO (Initial Public Offering =

erstmaliges öffentliches Aktienangebot mit Börsengang) bzw. ergeben sich dann zwangsläufig – und möglicherweise ungewollt –, wenn ein im Grundsatz machbares Going Public nicht frühzeitig genug geplant und umgesetzt wird.
4. Die Frage nach den Vorteilen eines IPOs wird vollends immer nur dann beantwortet werden können, wenn Alternativen in die Betrachtung einbezogen werden.

Die zu den Vorteilen eines Börsengangs genannten grundsätzlichen Alternativen werden – unter besonderer Berücksichtigung der Aufnahme von Pre-IPO-Partnern – in den folgenden Teilen behandelt.

1.5.1 Eine Frage der Freiheitsgrade

Alternativen sind stets abhängig von vorhandenen oder im Extremfall auch nicht vorhandenen Freiheitsgraden. Je größer die individuellen Freiheitsgrade eines Unternehmens oder/und seiner Gesellschafter sind, umso höher wird die Anzahl möglicher Handlungs-Alternativen sein. So unterliegen Manager/Gesellschafter eines Unternehmens, das unter relativ geringem Liquiditätsdruck steht, erstens kaum dem Zwang überhaupt über einen IPO oder/und dessen Alternativen nachzudenken und zweitens verfügen sie, falls sie darüber nachdenken, über mehr Zeit hierzu.

Cashflow, Zeit, Entscheidungsfreiräume

Angesichts zunehmender Globalisierung, wachsenden Wettbewerbsdrucks und steigender Geschwindigkeit von Innovationen wird die Möglichkeit, schnell entscheiden und agieren zu können, zu einem maßgeblichen, wenn nicht sogar dem Wettbewerbsvorteil schlechthin. Entscheidungen um Entwicklungen voranzutreiben, diese am Markt zu etablieren und zu expandieren, sind fast stets mit hohen, die Liquidität des – oft noch jungen – Unternehmens extrem belastenden Vorleistungen verbunden. Beide Faktoren führen dazu, dass zügig zur Verfügung stehendes, ausreichendes Expansionskapital eine Frage von Existenz oder Nichtexistenz bedeuten kann. Dies engt die Freiheitsgrade vor allem noch junger, besonders stark expandierender Unternehmen entsprechend ein.

1.5.2 Verkauf der Mehrheit oder des gesamten Unternehmens

Der Verkauf des Unternehmens oder einer maßgeblichen Beteiligung hieran kann eine Alternative sein um dem Unternehmen das (dringend) benötigte Wachstumskapital zur Verfügung zu stellen oder/und um z.B. die Nachfolgefrage zu klären. Dem Unternehmer sollte hierbei klar sein, dass er einen industriellen Käufer – von Ausnahmen abgesehen – nur dann finden wird, wenn er bereit ist, zumindest eine einfache Mehrheit an der Gesellschaft zu verkaufen, da – vor allem im Kreis industrieller Interessenten – kaum ein Markt für Minderheitsbeteiligungen existiert.

Endgültiger Verkauf

Sofern die Gesellschafter-Geschäftsführer noch »gestalten« können und wollen, kommt aus ihrer Sicht meist ein mehrheitlicher oder kompletter Verkauf ohnehin nur als äußerste »Notlösung« infrage. Zudem wird der im Wege eines freihändigen Verkaufs zu erwartende Verkaufspreis erfahrungsgemäß deutlich oder sogar »um Dimensionen« unter der potentiellen Bewertung an der Börse liegen. Hierzu ein Beispiel einer Bewertung für den Fall des freihändigen Verkaufs in Überleitung zu dem für börsennotierte Unternehmen zentralen Bewertungskriterium KGV (Kurs-Gewinn-Verhältnis = Gesamtunternehmenswert/Jahresüberschuss):

> **Beispiel:**
> *Bei moderat wachsenden, profitablen Unternehmen aus Traditionsbranchen kann im Durchschnitt davon ausgegangen werden, dass für 100 % der Unternehmensanteile etwa 30–60 % eines Jahresumsatzes (Basis könnte z.B. der durchschnittliche Planumsatz des laufenden und folgenden Geschäftsjahres sein) als Kaufpreis gezahlt werden. Abweichungen, die u.a. ganz wesentlich von der Branche oder auch der Stufe in der Handelskette abhängen, nach unten sind ebenso möglich wie teilweise erhebliche Abweichungen nach oben (je wachstumsstärker und profitabler das Unternehmen ist). Darüber hinaus kommt z.B. bei Banken der Umsatz naturgemäß nicht als Bewertungsreferenzgröße infrage.*
> *Unterstellt man einen Umsatz von z.B. 10 Mio. €, würde sich anhand der oben genannten »Praktikerformel« ein Unternehmenswert von 3–6 Mio. € errechnen. Um diese durchschnittliche Kaufpreisspanne in Relation zum mutmaßlichen Vorsteuerergebnis zu setzen, sei angenommen, dass das Unternehmen ein Vorsteuerergebnis von 8 % = 0,8 Mio. € erziele. Bei einem vermuteten Kaufpreis von 3–6 Mio. € würde dieser somit dem 3,75 bis 7,5-fachen (ein weiterer »Praktiker-Multiplikator/Faktor«) des Vorsteuerergebnisses entsprechen. Um nun eine Überleitung zum an Börsen entscheidenden Kriterium KGV (Kurs-Gewinn-Verhältnis) herzustellen, sei angenommen, dass das Unternehmen durchschnittlich 50 % Gewerbeertrag- und Körperschaftsteuer zahle, so dass ein Jahresüberschuss von 0,4 Mio. € verbliebe. Dies bedeutet, dass die vorgenannten Vorsteuerergebnis-Vervielfältiger von 3,75 bis 7,5 KGVs von 7,5 bis 15 entsprächen. Die Kurs-Gewinn-Verhältnisse börsennotierter Unternehmen liegen jedoch im langfristigen Durchschnitt sowie insbesondere in guten Börsenphasen beginnend am oberen Rand dieser Bewertungsspanne bis teilweise weit darüber hinaus.*

Höhere Bewertung an der Börse

Unter Bewertungsgesichtspunkten wäre es daher unter normalen Verhältnissen irrational – sofern einem Börsengang aus anderen Gründen nichts entgegenstünde – die Alternative des freihändigen Verkaufs zu wählen.

Insgesamt betrachtet wird der mehrheitliche oder Totalverkauf nur eine komplette Alternative und nur sehr selten eine Zwischenalternative zum Börsengang sein. So verkauften z.B. die Familiengesellschafter von Winkler & Dünnebier ihr Unternehmen an einen großen angelsächsischen Buy-out-Fund, der das Unternehmen wenig später dann an die Börse brachte.

Totalverkauf des Unternehmens

1.5.3 Aufnahme größerer Einzel-(Pre-IPO)Beteiligungspartner

Als weitere Lösungsalternative kommt grundsätzlich als Zwischenlösung oder als vollständige Alternative zu einem Börsengang die Aufnahme größerer Einzel-Beteiligungspartner infrage. Dies können industrielle Partner sein bzw. vermögende Privatinvestoren, Beteiligungsgesellschaften oder auch Banken/Wertpapierhandelshäuser.

1.5.3.1 Industrielle Investoren

Industrielle Investoren dürften von Ausnahmen abgesehen nur dann für eine Minderheitsbeteiligung zu gewinnen sein, wenn sie den Nachteil der nicht durchsetzbaren Mehrheits- oder vollständigen Beteiligung dadurch annähernd oder auch (über)kompensieren können, dass sie sich an einem potentiellen Börsenkandidaten beteiligen, denn:

Beteiligungspartner aus der Industrie

1. ist die Fungibilität der Minderheitsbeteiligung nach Börsengang gegeben und
2. haben sie die begründete Chance, u.U. ein Vielfaches des Investments – den Börsengang vorausgesetzt – gemessen an einer späteren Börsenbewertung an Wert zu schaffen.

Zur Beurteilung, ob und welche Unternehmen sich für ein solches Pre-IPO-Investment interessieren könnten, sollten die Gesellschafter des Börsenkandidaten möglichst den Rat eines erfahrenen Emissionsberaters, der auch über einschlägiges Unternehmensverkaufs-/M&A (Mergers & Acquisitions)-Know-how verfügt, hinzuziehen. Spätestens in den Preis- und sonstigen Konditionsverhandlungen wird sich die Kombination aus Emissions- und M&A-Know-how für den Mandanten auszahlen.

Tipp

- Reicht die Zeit, d.h. die Liquidität/das Eigenkapital bis zu einem geplanten Börsengang nicht aus, kann sich die Aufnahme eines z.B. industriellen Beteiligungspartners für das Unternehmen und die Gesellschafter unter Kapital- und Synergieaspekten »rechnen«.
- Reicht jedoch die Zeit, d.h. die Liquidität/das Eigenkapital bis zu einem geplanten Börsengang (im Regelfall zwischen sechs und zwölf Monaten) aus, sollte das emissionswillige Unternehmen intensiv überlegen, ob es dennoch einen oder mehrere industrielle Beteiligungspartner aufnimmt. Von Vorteil für die geplante Börsenemission könnte sein, dass sich der industrielle Partner bereits »für das Unternehmen entschieden« und durch sein Investment somit einen »Qualitätsstempel« verliehen hat.
Je renommierter und bekannter der industrielle Partner ist, umso stärker dürfte dieser Effekt zum Tragen kommen.
- Andererseits haben das Unternehmen und seine Gesellschafter zu berücksichtigen, dass der Preis, zu dem Anteile den Besitzer wechseln, möglicherweise um Dimensionen unter einer bereits in sechs bis zwölf Monaten möglichen Börsenplatzierungs-Bewertung liegt.

1.5.3.2 Privatinvestoren

Pre-IPO Investment

Für vermögende Privatinvestoren oder so genannte »High Nets« kann ein Pre-IPO-Investment eine reizvolle Beimischung zu sonstigen Vermögensanlagen darstellen. Umgekehrt können der Privatinvestor oder eine kleine Gruppe von Privatinvestoren eine für das Unternehmen interessante Bereicherung
a) aus Liquiditäts-/Eigenkapitalstärkungsgründen,
b) möglicherweise unter dem Aspekt, Investoren mit Know-how und Verbindungen zu gewinnen,
darstellen.

Ein externer, mit dem Geschäftsgegenstand der Gesellschaft nicht direkt befasster und an einer aktiven Beteiligung auch nicht interessierter Privatinvestor wird sich allerdings im Regelfalle auch nur an einem Unternehmen beteiligen, das nachweislich den Börsengang plant und dabei ist vorzustrukturieren und umzusetzen, sei es, weil ihm dies eine (Teil-)Exitmöglichkeit oder/und die bis dahin nicht gegebene Fungibilität seiner Anteile gewährleistet bzw. einen dann anhand des Börsenkurses belegbaren Vermögenszuwachs bietet.

Zudem ist ein seriöser Privatinvestor gewöhnlicherweise im Vergleich z.B. zu mancher Beteiligungsgesellschaft ein relativ »pflegeleichter« und nicht an permanentem Controlling/Screening interessierter Beteiligungspartner. Des Weiteren besteht bei einem Privatinvestor im Regelfall aufgrund des fehlenden Rechtfertigungsdrucks gegenüber Gesellschaftern (des Fonds, der Beteiligungsgesellschaft) ein größerer Preisverhandlungsspielraum mit einer niedrigeren erwarteten Verzinsung seines unternehmerischen Wagniskapitals.

»Pflegeleichte« Privatinvestoren

Andererseits können sich für das am Börsengang interessierte Unternehmen Risiken aus der Mitbestimmung mehrerer weiterer Aktionäre ergeben, wenn diese die zur IPO-Vorbereitung notwendigen gesellschaftsrechtlichen Beschlüsse bewusst oder unbewusst nicht in der gebotenen auch zeitlichen Konsequenz mittragen (Fragen der Erreichbarkeit, Einladungsfristen für Hauptversammlungen etc.). Um derartigen Risiken vorzubeugen, kann sich der Abschluss von Gesellschafter-/Aktionärsverträgen (z.B. in Form von Stimm-Pool-Verträgen bzw. Stimmrechtsvollmachten) empfehlen.

Abschluss von Gesellschafterverträgen

1.5.3.3 Beteiligungsgesellschaften

Die Zahl in- wie ausländischer, bankenabhängiger wie bankenunabhängiger Beteiligungsgesellschaften ist in den letzten Jahren weiter stark angestiegen (s. Adressenliste im Anhang). Das Spektrum reicht hierbei von kleineren Gesellschaften, die oft nur über einen niedrigen einstelligen €-Millionenbetrag anlagesuchenden Kapitals verfügen, bis hin zu großvolumigen, meist angelsächsisch geprägten Buy-out-Funds, die mehrere Milliarden US-$ je aufgelegtem Fonds in Unternehmenskäufe und -beteiligungen zu investieren suchen.

Das Spektrum der von Beteiligungsgesellschaften »investierten« bzw. ausgereichten Mittel reicht dabei von »reinen« Eigenkapitalformen über Mischformen von Eigen- und Fremdkapital (sog. »Mezzanine Capital«: z.B. insbesondere nachrangige Darlehen, stille Beteiligungen bzw. bestimmte Formen des Genussscheins oder der Wandelanleihe) bis hin zu reinem Fremdkapital. Mezzanine-Finanzierungen haben sich in den achtziger Jahren in den USA im Zuge von MBOs (Management-Buy-outs: Das bisherige Management erwirbt die Gesellschaft) bzw. MBIs (Management-Buy-ins: Externe, an einer aktiven Geschäftsführungs-/Gesellschafterstellung interessierte Partner erwerben die Gesellschaft) entwickelt, als es darum ging, die Kaufpreisfinanzierungslücke zwischen klassischem »reinem« Eigenkapital (z.B. Ausgabe von Aktien) und Fremdkapital (Kreditaufnahme) zu schließen. Auch in Deutschland werben mittlerweile primär angelsächsisch geprägte Beteiligungsgesellschaften, teilweise ausschließlich auf diese Finanzierungsform spezialisierte Mezzanine-Fonds, mit den Möglichkeiten der Mezzanine-Finanzierung.

Eigen-, Fremd- und Mezzaninekapital

Seitdem die Möglichkeiten eines Börsengangs gerade auch für noch jüngere, besonders wachstumsstarke Unternehmen gegeben sind, steht den Beteiligungsgesellschaften eine Voll- oder Teil-Exitmöglichkeit im Falle des Börsengangs der Unternehmen, an denen sie sich beteiligt haben, zur Verfügung, die es bis etwa Mitte der Neunziger Jahre in Deutschland nicht gab. Dies hat den Markt für Wag-

Seed- und Start-up-Kapital, Pre-IPO-/Brückenfinanzierungen

niskapital deutlich verbreitert, zu einem verstärkten Wettbewerb um interessante Unternehmensbeteiligungen sowie zu durchschnittlich höheren Preisen für Unternehmensbeteiligungen geführt. Zudem sind viele Beteiligungsgesellschaften mittlerweile bereit, auch »Seed Capital«, also für noch ganz am Anfang stehende Unternehmensgründungen bzw. für die nächste, noch immer junge Stufe der Unternehmensentwicklung, sog. »Start up Capital« zur Verfügung zu stellen. Das kapitalsuchende Unternehmen wird allerdings feststellen, dass nach wie vor das Gros der Beteiligungsgesellschaften eher an Beteiligungen an etablierten, d.h. über die Seed- bzw. Start-up-Capital-Phase hinausgelangten Unternehmen in Form so genannter Pre-IPO- bzw. Bridge-Finanzierungen interessiert sind.

Abbildung 18 zeigt die Erst- und Folgeinvestitionen der Mitglieder des BVK (Bundesverband deutscher Kapitalbeteiligungsgesellschaften) in den Jahren 1993 bis September 2005. Der kräftige Anstieg der Bruttoinvestitionstätigkeit seit 1997 mit den bisherigen Spitzenjahren 2000 und 2001 belegt die eindrucksvolle, mit der Entwicklung an den Kapitalmärkten einhergehende Wachstumsdynamik.

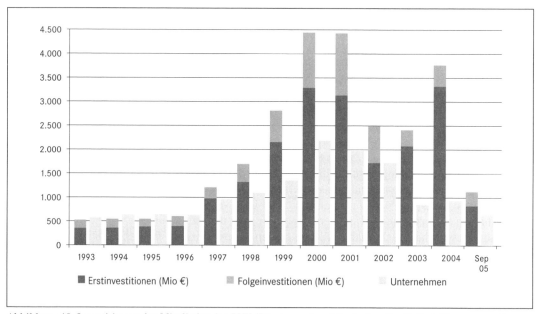

Abbildung 18: Investitionen der Mitglieder des BVK (Bundesverband deutscher Kapitalbeteiligungsgesellschaften) 1993 bis September 2005, Quelle: BVK, 2005

Eigenkapitalforen

Im Anhang findet sich eine Übersicht über Beteiligungsgesellschaften/Venture Capital Gesellschaften/Buy-out-Funds/Mezzanine Fonds sowie weitere für ein Kapital suchendes Unternehmen interessante Adressen.

Für Expansionskapital suchende jüngere Unternehmen veranstaltet u.a. die Deutsche Börse AG gemeinsam mit der KfW Mittelstandsbank zweimal jährlich ein Eigenkapitalforum, das den Unternehmen und seinen Gesellschaftern eine Plattform bietet, um sich interessierten Investoren darzustellen (im Frühjahr für Early-Stage-Unternehmen, im Herbst für Later-Stage- und börsennotierte Unternehmen). Eines dieser Unternehmen, das bei der ersten derartigen Veranstaltung im Jahre 1997 teilnahm, war die Silicon Sensor GmbH, Berlin, ein technologisch führendes Unternehmen im Bereich der Entwicklung, Herstellung und dem Vertrieb optoelektronischer Sensoren, die in nahezu allen Industrie- und Lebensbereichen Anwendung finden. Nach dem frühen Einstieg einer Landesbeteiligungsgesellschaft ging die Silicon Sensor International AG zur Deckung ihres hohen Wachstumskapitalbedarfs schließlich im Juli 1999 mit großem nachhaltigem Erfolg an die Börse (s. Fallstudie im Kapitel über Unternehmensbewertung).

Begehrlichkeiten Dritter

Der grundsätzliche Vorteil der möglichen Einbindung von Beteiligungsgesellschaften stellt aus Sicht des Unternehmens die möglicherweise nur geringe Beteiligungsquote dar, mit der zumindest einzelne Beteiligungsgesellschaften zufrieden sind. In anderen Fällen – dies zeigen u.a. die Wertpapierverkaufsprospekte von Börsenkandidaten – haben sich Beteiligungsgesellschaften auch mit 30 % und mehr in einzelne Firmen eingekauft, mithin in einer Höhe, die noch über der Platzierungsquote/Streubesitzquote liegt, die bei einem Gang an die Börse erforderlich gewesen wäre.

Sparsame Weggabe von Anteilsbesitz

Nach Börsengang kommt es daher nicht selten vor, dass der ein oder andere Emittent rückblickend feststellen muss, wertvolle Anteile zu früh und zu einem letztendlich zu unattraktiven Preis abgegeben zu haben.

Daher kann der Ratschlag an Unternehmen mit Expansionskapitalbedarf an dieser Stelle nur lauten, möglichst frühzeitig zusammen mit externen erfahrenen Beratern die Handlungs-Optionen, z.B. Hereinnahme einer Beteiligungsgesellschaft versus eines frühen Börsengangs, auszuloten und vergleichend zu bewerten. Möglicherweise wird dann das Ergebnis sein, eine Beteiligungsgesellschaft mit einem nur geringen, z.B. 5–15 %igen Anteil aufzunehmen, ggf. aufgestockt um ein Mezzanine-Finanzierungspaket (Mischform aus Eigen- und Fremdkapital; meist in Form nachrangiger Darlehen bzw. stiller Beteiligungen), um die Zeit bis zum Börsengang mit Hilfe dieser Mittel in jedem Falle überbrücken zu können oder auch ganz auf eine Pre-IPO-Beteiligungshereinnahme zu verzichten und stattdessen den Börsengang mit aller Kraft voranzutreiben.

Interessen der Beteiligungsgesellschaft

Unabhängig davon, ob im Stadium der Vorprüfung über die Aufnahme einer Beteiligungsgesellschaft nachgedacht wird oder wenn diese bereits beteiligt ist: Das Unternehmen sollte sich stets vergegenwärtigen, dass bei aller grundsätzlich ähnlichen Interessenausrichtung nicht notwendigerweise Interessenparallelität zwischen Unternehmen und dessen Gesellschaftern einerseits sowie der Beteiligungsgesellschaft andererseits besteht. Die Beteiligungsgesellschaft wird zwar auf ihre Exitmöglichkeit via IPO bedacht und daher grundsätzlich an einem in der Zukunft liegenden Going Public des Unternehmens interessiert sein, andererseits kann sie ihre Anteile nur einmal verwerten und steht nicht – wie das Unternehmen – unter weiterem Druck zusätzlicher Expansionskapitalbeschaffung. Daher verfügt die Beteiligungsgesellschaft über größere Freiheitsgrade, die möglicherweise dazu führen, eher auf einen späteren, denn bereits früheren Börsengang hinzuwirken.

Verzögerungstaktik, gegenläufige Interessen

»Drängt« die Beteiligungsgesellschaft das Unternehmen dazu, erst einmal einige weitere Jahre die Geschäftsentwicklung ohne Börsengang voranzutreiben, kann eine Situation eintreten, in der weiteres Wachstumskapital dringend benötigt wird, das die Beteiligungsgesellschaft dann gerne gegen Übernahme weiterer Anteile (!) zur Verfügung stellt. Insgesamt betrachtet und im Vergleich zu einem frühzeitigeren Börsengang eine für das Unternehmen und seine Gesellschafter fast immer suboptimale Vorgehensweise, da die Altgesellschafter im Vergleich zu einem zeitlich früheren Börsengang mehr Anteile als notwendig abgegeben haben und dies auf Basis von Bewertungen, die mutmaßlich deutlich unter denen einer potentiellen Börsenbewertung liegen. Auf diese Weise können den Altgesellschaftern wie dem Unternehmen u.U. – im Sinne einer Opportunitätsbetrachtung – Millionenbeträge »verloren« gehen.

Vertragswerk, Minderheitenschutz

Ein weiterer wichtiger Aspekt bei der Entscheidung für oder gegen das Engagement einer bestimmten Beteiligungsgesellschaft sind die Inhalte des von dieser vorgeschlagenen/vorgeschriebenen Vertragswerks. In der Praxis ist hierbei das gesamte Spektrum, angefangen von schlichten Unternehmenskauf- oder/und Kapitalerhöhungsverträgen, bis hin zu komplexesten Vertragswerken mit allen nur denkbaren Eventualklauseln, vertreten. Als Faustregel kann davon ausgegangen werden, dass je umfangreicher und komplexer, respektive für die Unternehmerseite je weniger verstehbar das Vertragswerk ist, desto enger der Handlungsspielraum für das Unternehmen und seine Gesellschafter werden dürfte. Dies kann dahingehend »ausarten«, dass der von der Beteiligungsgesellschaft verlangte oder durchgesetzte »Minderheitenschutz« darauf hinausläuft, dass der neue, z.B. 5/10/20 %-Partner eine Position erhält, als ob er mehr als drei Viertel der Anteile besäße. Es wird daher stets genau abzuwägen sein, ob, bzw. unter welchen Voraussetzungen es Sinn macht, derartige Vertragsklauseln zu akzeptieren, um einen kapitalstarken, vorgeblich oder tatsächlich besonders renommierten Beteiligungsgesellschaftspartner für die Gesellschaft zu gewinnen.

IPO als Primärziel

Nach Möglichkeit sollte das betroffene Unternehmen versuchen, vertraglich festzuschreiben, dass die Parteien bereit sind, gemeinsam an einem schnellst möglichen Börsengang mit konkreter Zeithorizontfestlegung mitzuwirken. Des weiteren kann möglicherweise durchgesetzt werden, dass die Beteiligungsgesellschaft auch bei einem Börsengang ihr Engagement voll – für eine bestimmte weitere Zeit – aufrecht erhält, bzw. nur mit Zustimmung des Unternehmens einen Teil oder sämtliche Anteile mitplatzieren darf. Für den Börsenkandidaten bedeutet es jedenfalls regelmäßig ein Plus für die Investor-Relations-Arbeit, wenn der/die Beteiligungspartner – zumindest noch mit maßgeblich verbleibenden Anteilen – der Gesellschaft auch nach dem IPO als Mitaktionär erhalten bleibt.

Sekundärinteressen der Beteiligungsgesellschaft

Besonders kritisch wird möglichst vor der Aufnahme des Beteiligungspartners zu analysieren sein, welche eventuellen Sekundärinteressen die Beteiligungsgesellschaft verfolgt. Handelt es sich z.B. um ein »Rundum-Sorglos-Paket« der Beteiligungsgesellschaft, das dem Emittenten mehr oder weniger vorschreibt, mit welcher Bank, welchem Emissionsberater, welcher Anwaltskanzlei, welcher PR-/Werbeagentur und welchen Wirtschaftsprüfern/Steuerberatern, er an die Börse zu gehen hat? Möglicherweise wird die Prüfung der Frage, ob stattdessen nicht doch die Generierung eines gesunden Wettbewerbs betreffend der genannten Partner und nicht der faktische Ausschluss jeglichen Wettbewerbs unter Kosten- und Ertragsaspekten eine weit bessere Alternative für den Börsenkandidaten und die Altaktionäre darstellt.

Auswahl der Beteiligungsgesellschaft

Das folgende Beispiel zeigt, was im Extremfall passieren kann, wenn die Auswahl der Beteiligungsgesellschaft, der dort handelnden Personen bzw. das mit einem Beteiligungsengagement verbundene Vertragswerk möglicherweise nicht mit der nötigen Sorgfalt behandelt werden.

Negative Erfahrungen bei Einschaltung einer Risikokapitalgesellschaft

> **Beispiel:**
> *(Zitate entnommen aus: Handelsblatt vom 24.11.1999; Namen durch Phantasienamen ersetzt)*
>
> *»Knapp ein Jahr nach dem ersten Kontakt zu den Risikokapitalgebern aus München (»Capitallo«) steht der ehrgeizige Jungunternehmer (»Fritz«) mit dem Rücken zur Wand. Statt des ursprünglich zugesagten Kapitals erhielt der Elektromobilspezialist hohe Beraterrechnungen und – noch dramatischer: Schritt für Schritt wurde er im eigenen Betrieb entmachtet. Der 35-Jährige ist kein Einzelfall. Noch andere Unternehmer haben auf die »Capitallo« gesetzt und sind bitter enttäuscht worden. …. Blass und mit schwarzen Ringen unter den Augen sitzt »Fritz« an einem Tag Ende Oktober im Würzburger Gasthof »Zum Adler« am blanken Biertisch und weiß weder ein noch aus. »Übermorgen soll gegen meinen Willen unsere Verwaltung verlegt werden«, beklagt sich der Mann mit dem Vollbart und zündet sich innerhalb kurzer Zeit die dritte Zigarette an. »Ich habe die Firma gegründet, bin Vorstand und besitze zusammen mit meinem Partner 95 % der Aktien. Trotzdem habe ich seit der Beteiligung durch »Capitallo« im Sommer in meinem Unternehmen kaum noch etwas zu sagen«, erzählt der Techniker »Fritz« mit Resignation in der Stimme. Ein Dutzend Aktenordner hat er ins Wirtshaus geschleppt. Sie enthalten zahllose Briefe, Rechnungen und Verträge. Sie dokumentieren, wie ein Jungunternehmer in die Abhängigkeit einer Risikokapitalgesellschaft gerät. Der Begriff Abhängigkeit taucht in »Juppis« (Vorstand der »Capitallo«; Anm. d. Verf.) Wortschatz nicht auf. »Wir bieten den Firmen einen besonderen Service aus Kapital und operativer Managementkompetenz«, erklärt der »Capitallo«-Vorstand (»Juppi«) im kleinen Konferenzraum eines Münchener Business-Centers. Es gehe nicht darum, sich in die Beteiligungsfirma selbst einzumischen, versichert der dunkelblau gewandete Verfahrensingenieur, der Wert auf den Titel »MBA cand. University of Wales« legt. »Fritz« sieht das anders. Die Einmischung begann schon damit, dass »Juppi« eine bereits vorgegründete Aktiengesellschaft und Entwürfe für das komplette Vertragspaket mitbrachte. Als schließlich alle Verträge unter Dach und Fach waren und die (seine; Anm. d. Verf.) Firma »Elektrikon« auf die Aktiengesellschaft übertragen war, schickte »Juppi« erst einmal Berater aus seiner Umgebung ins Haus. Die haben zeitweise unseren gesamten Betrieb lahm gelegt«, ärgert sich »Fritz«. Die Aufträge an die Berater waren »Juppis« Bedingung für den versprochenen Kapitalzufluss. Die Berater stellten hohe Rechnungen aus. Für eine »Analyse mit Aktualisierung der Prozesszeiten im Montageablauf« an »B&P«, Schliersee, sollten entgegen den von »Juppi« im Aufsichtsrat genannten 10.000 DM später knapp 55.000 DM gezahlt werden. Unterdessen mussten »Fritz« und sein Partner weiter auf das versprochene zusätzliche Eigenkapital warten. Die »Capitallo« stellte zunächst nur Darlehen zur Verfügung. Die wollte sich »Juppi« zudem teuer bezahlen lassen. Dann erfolgte der entscheidende Schachzug. Auf einmal entdeckte »Juppi« in seiner Funktion als Aufsichtsratschef der »Elektrikon« Formfehler bei der Berufung der beiden Aufsichtsräte aus dem »Elektrikon«-Gesellschafterkreis. Statt den Formfehler zu beheben, nutzte er die Gelegenheit, »Capitallo«-Mitarbeiter in das Gremium zu berufen und die »Elektrikon«-Leute zu entlassen. Damit war der*

Aufsichtsrat zu hundert Prozent mit »Capitallo«-Leuten besetzt. Das neue Gremium fasste schnell zwei Beschlüsse: Ein Mann aus dem Beraternetzwerk wurde als neuer Vorstandsvorsitzender zur »Elektrikon« geschickt. Und gleichzeitig wurde – gegen den Willen der Hauptaktionäre – der kurzfristige Umzug der Verwaltung beschlossen. Der Gründer und Motor des Unternehmens, »Fritz«, war dadurch faktisch entmachtet. Die Geschäftspraktiken der »Capitallo« sind in der Venture-Capital-Szene kein Einzelfall. Aber die meisten Firmen distanzieren sich von solchen Anbietern. 145 Kapitalgeber haben sich »zu verantwortungsvollem Handeln im Sinne fairer Partnerschaft im Umgang mit Beteiligungsunternehmen« verpflichtet. So steht es im Verhaltenskodex des Bundesverbandes Deutscher Kapitalbeteiligungsgesellschaften e.V. (BVK), Berlin. »Capitallo« ist dort nicht Mitglied.«

Gütesiegel durch den Einstieg von Beteiligungsgesellschaften

Als Fazit kann Folgendes festgehalten werden: Die durch Börsengänge deutlich verbesserten Exitmöglichkeiten haben zu einem Aufblühen des Beteiligungsmarkts und -wettbewerbs zugunsten kapitalsuchender Unternehmen geführt. Auch Partner für Frühphasen-Eigenkapital-Finanzierungen stehen mittlerweile zur Verfügung. Die Hereinnahme einer oder mehrerer Beteiligungsgesellschaften als Partner kann, muss jedoch nicht empfehlenswert sein. Über die rein finanzielle Seite ist vonseiten des kapitalsuchenden Unternehmens zu prüfen, welchen Wert es z.B. der Hereinnahme einer besonders renommierten Beteiligungsgesellschaft (im Sinne eines »Gütesiegels« – auch für den späteren IPO) beimisst. Reicht die Zeit/Liquidität bis zum geplanten Börsengang nicht aus, wird die Aufnahme der Beteiligungsgesellschaft eher anzuraten, möglicherweise auch unumgänglich, sein, als wenn die Zeit bis zu einem frühen Börsengang auch anderweitig überbrückt werden kann.

Tipp
- Ziehen Sie so früh wie möglich Berater Ihres Vertrauens bei der Beurteilung der Frage, ob bzw. unter welchen Bedingungen sich die Hereinnahme einer Beteiligungsgesellschaft lohnt, sowie zur Auswahl und den Verhandlungen mit potentiellen Beteiligungspartnern hinzu.
- Ersuchen Sie um die Benennung solcher mittlerweile börsennotierter Unternehmen, an denen die Beteiligungsgesellschaft beteiligt war oder ist.
- Lassen Sie sich Referenzen, bei unbekannteren Beteiligungsgesellschaften einschließlich möglicher Verbandsmitgliedschaften, benennen und führen Sie entsprechende Erfahrungsaustausch-Gespräche.

1.5.3.4 Banken/Wertpapierhandelshäuser

Aktienplatzierungsinstitute

Der Gesetzgeber hat die Möglichkeit geschaffen, dass seit 1996 auch »sonstige Wertpapierdienstleister«, die bestimmten Anforderungen genügen, als Aktienplatzierungsinstitute – an grundsätzlich sämtlichen deutschen Börsensegmenten – auftreten können. Mittlerweile sind eine ganze Reihe, meist selber börsennotierter Wertpapierhandelshäuser entstanden, die über eine ausreichende Platzierungskraft verfügen und mancher Bank diesbezüglich in nichts nachstehen. Die meisten dieser Häuser, wie im Übrigen auch Banken (i.d.R. über hauseigene Beteiligungsgesellschaften) bieten die Möglichkeit, sich an IPO-Kandidaten mit **Eigenkapital** oder **Mezzanine**-Kapital (Mischform aus

Eigen- und Fremdkapital; z.B. insbesondere nachrangige Darlehen, stille Beteiligungen bzw. bestimmte Formen des Genussscheins oder der Wandelanleihe) zu beteiligen.

Für Börsenkandidaten kann der besondere Charme der Aufnahme solcher Beteiligungspartner darin liegen, dass diese dann mit besonderem Nachdruck den Börsengang forcieren und selber gestalten können. Erfahrungsgemäß sind zudem in den i.d.R. mitarbeiterzahlbezogen noch kleineren Häusern »schlanke« Entscheidungsstrukturen anzutreffen, die eine zügige Prüfung und Durchführung der Beteiligung ermöglichen. Hinzu kommt der Aspekt des Preises, den diese Beteiligungspartner zu zahlen bereit sind: Da sie selbst – auf Basis eines möglichst vorab oder uno actu erteilten Aktienplatzierungs-/Emissionsmandats – den Börsengang umsetzen können und damit nicht von Dritten abhängig sind, besteht i.d.R. die Bereitschaft, tendenziell einen besseren Preis als andere Beteiligungspartner zu zahlen. Unter Umständen besteht auch die Möglichkeit mit dem Beteiligungspartner (dies gilt für sämtliche Arten möglicher bzw. faktischer Beteiligungspartner) einen Einstiegspreis auszuhandeln, der einen nachträglichen Aufschlag (»**Equity Kicker**«) für den Fall eines erfolgreichen Börsengangs beinhaltet, z.B. im Wege der fairen Teilung eines bis zum Zeitpunkt des Börsengangs realisierten Mehrwerts (prozentuale Teilung der Differenz zwischen ursprünglichem Einstiegspreis und der Unternehmensbewertung zum Zeitpunkt des Börsengangs).

Höherer Preis, verstärkte Motivation

Der Börsenkandidat dürfte insgesamt mit folgender Vorgehensweise am besten fahren: Sollte im Zuge der gegenseitigen »Brautschau« zwischen Unternehmen und Banken/Wertpapierhandelshäusern die Wahl auf ein bestimmtes Haus als »Lead« (Lead-Bank = Konsortialführer) gefallen sein, kann uno actu oder gleich im Anschluss an die diesbezüglichen Verhandlungen meist mit sehr guter Aussicht auf Erfolg eine entsprechende **Pre-IPO-Beteiligung** oder/und **Brückenfinanzierung** (»**Bridge Financing**«) ausgehandelt werden. Der im vorangegangenen Kap. beleuchtete umgekehrte Weg der Hereinnahme einer Beteiligung als erstem Schritt und des damit möglicherweise an eine und nur diese Aktienplatzierungs-/Emissionsadresse Gebundenseins dürfte der bei weitem weniger zielführende Weg sein. Verfügt die Bank bzw. das Wertpapierhandelshaus über besonderes Renommee, dürfte dies zusätzlich von Vorteil sein. Andererseits zeigt sich auch immer wieder, dass gerade kleinere, jüngere wie alteingesessene Häuser ein weit stärkeres Engagement in der Vor- und Nachbetreuung eines Beteiligungs- bzw. Börsenkandidaten an den Tag legen.

Erst Leadmandat, dann Beteiligung

Abschließend ist mit Blick auf die Einschätzungen einzelner institutioneller Anleger zu berücksichtigen, dass Beteiligungen von Banken/Wertpapierhandelshäusern an Börsenkandidaten teilweise nicht so gerne gesehen werden, da hierin potentielle Interessenkonflikte zwischen der auf einen Ausgleich von Anleger- und Unternehmensinteressen bedachten Bank-Platzierungsfunktion und dem gleichzeitigen Aktionärsein vermutet werden könnten.

Interessenkonflikt zwischen Bankfunktion und Aktionärseigenschaft

1.5.3.5 Aufstockung des Beteiligungskapitals durch Nutzung öffentlich-rechtlicher Beteiligungs-Programme

Für Gesellschaft wie Gesellschafter kann es sich lohnen, parallel zu der Suche nach einem privaten **Leadinvestor** auch öffentliche Beteiligungsprogramme in die Betrachtung einzubeziehen.

ERP-Programme der KfW-Mittelstandsbank

Hierbei spielt in Deutschland die **KfW Mittelstandsbank** (in der mittlerweile die Aktivitäten der früheren tbg Technologie-Beteiligungs-Gesellschaft mbH aufgegangen sind) eine führende Rolle:

Auf den Early-Stage-Bereich (Unternehmen in früher Entwicklungsphase) zielt der »**ERP-Startfonds**«. Der Startfonds stellt jungen (bis zu fünf Jahre alten), innovativen Technologieunternehmen gemeinsam mit einem privaten Beteiligungspartner Eigenkapital in gleicher Höhe und zu gleichen Konditionen wie der private Leadinvestor (bis zu maximal 1,5 Mio. € bei erstmaliger Finanzierung bzw. 3 Mio. € insgesamt) zur Verfügung. Leadinvestoren können sein: Beteiligungsgesellschaften, Unternehmen (als strategische Investoren) sowie Business Angels.

Für den Later-Stage-Bereich bietet die KfW das **ERP-Beteiligungsprogramm** mit Eigenkapitalfinanzierungen für etablierte kleinere und mittlere Unternehmen (max. 499 Mitarbeiter und 50 Mio. € Umsatz). Der Höchstbeteiligungsbetrag beläuft sich auf i.d.R. 0,5 Mio. € (bzw. 1 Mio. € in den Neuen Ländern). Kapitalbeteiligungsgesellschaften, die den mittelständischen Unternehmen Eigenkapital zur Verfügung stellen, können aus diesem Programm Refinanzierungskredite über bis zu 75 % (bzw. 85 % in den Neuen Ländern) für Laufzeiten bis zu zehn Jahren (bzw. 15 Jahren in den Neuen Ländern) erhalten.

Ausschließlich private Beteiligungspartnerschaft in eiligen Fällen

Allerdings ist erfahrungsgemäß damit zu rechnen, dass die Entscheidungswege bei öffentlich-rechtlichen Institutionen teilweise recht lang sind, so dass möglicherweise – je nach Dringlichkeit des Kapitalbedarfs – doch nur eine ausschließlich »private« Beteiligungspartnerschaft infrage kommt.

Fazit: Vor- und Nachteile einer Aufnahme externer Dritter

Die möglichen Vor- und Nachteile einer Aufnahme eines oder einiger weniger externer Dritter in die Gesellschaft entnehmen Sie folgender Checkliste:

Checkliste

> **Vorteile:**
> ✔ Überbrückung des Liquiditäts- und Eigenkapitalbedarfs bis zu einem Börsengang.
> ✔ Durchlaufen eines »Qualitätstests« im Verlauf der Analyse (**Due Diligence** = »gebotene Sorgfaltsprüfung«; vgl. Koch/Wegmann: Praktiker-Handbuch Due Diligence, 1998), meist aufgeteilt in eine wirtschaftliche, rechtliche, steuerliche, Finanz-, teilweise zusätzlich auch technische Due Diligence einschließlich einer so genannten **SWOT-Analyse** (SWOT = Strenghts Weaknesses Opportunities Threads) durch den Beteiligungspartner.
> ✔ »Qualitätsstempel« durch Gewinnung einer besonders renommierten Beteiligungsgesellschaft.
> ✔ Potentielle Vorteile durch die Nutzung von Know-how und Verbindungen des Beteiligungspartners.
> ✔ Im Falle der Hereinnahme einer Bank/eines Wertpapierhandelshauses, das das Lead-Emissionsmandat erhalten hat: verstärkter Anreiz, den IPO zügig und nachhaltig erfolgreich durchzuführen sowie ein potentiell besserer Preis für die Abgabe der Beteiligung.
> ✔ Bei Beteiligung eines oder mehrerer vermögender Privatinvestoren: geringe Tendenz zum »Over-Controlling« bzw. (übertriebenem) Minderheitenschutz; abgesehen von Beteiligungen durch Emissionspartner i.d.R. besserer Preis als bei sonstigen Beteiligungspartnern.
>
> **Nachteile:**
> ✔ Abgabe von möglicherweise erheblichen Anteilen zu – gemessen an einer späteren Börsenbewertung (in vielleicht bereits sechs bis zwöf Monaten) – deutlich niedrigeren Preisen.
> ✔ Mögliche Interessenkonflikte u.a. hinsichtlich Timing der geplanten Börsenemission (potentiell eher später), Auswahl der Bank- und sonstigen Beteiligungspartner.
> ✔ Minderheitenschutzklauseln zugunsten des Beteiligungspartners, die die unternehmerischen Entscheidungsräume möglicherweise einengen, bzw. die Entscheidungsprozesse mühsamer gestalten können.
> ✔ Potentiell für den Mandanten (erheblich) suboptimale Kosten, möglicherweise auch Erträge, falls der Beteiligungspartner seine Beteiligung nur im Rahmen eines »Rundum-Sorglos«-Pakets (bei dem die Mehrzahl oder alle am IPO beteiligten Partner bereits feststehen) offerieren sollte.

Vor- und Nachteile einer Aufnahme externer Dritter

1.5.4 Vorbörsliche Privat- oder öffentliche Platzierung

Die vorbörsliche/außerbörsliche Platzierung von Aktien kann entweder als Zwischenlösung bis zu einem Börsengang oder auch als grundsätzlich denkbare dauerhafte Alternative dienen.

Zu unterscheiden ist hier zwischen einer so genannten »Privatplatzierung« (»Private Placement«) und einer öffentlichen Platzierung (»Public Placement«). Unter einer Privatplatzierung versteht man die Aufnahme eines oder mehrerer weiterer Gesellschafter/Aktionäre, ohne dass das Angebot der Beteiligungsmöglichkeit (z.B. durch Anzeigen, Internet-Werbung, Presseverlautbarungen etc.) »öffentlich« gemacht wird. Sobald im Gegensatz hierzu »Öffentlichkeit« – beabsichtigt oder unbeabsichtigt – hergestellt wird, handelt es sich nicht mehr um

Public Placement und Private Placement

eine Privatemission, sondern um eine u.a. dem WpPG und damit gesetzlichen Mindestanforderungen unterliegende öffentliche Emission. Diese Emissionen unterliegen der Überwachung durch die BAFin (Bundesanstalt für Finanzdienstleistungsaufsicht), der ein Prospekt (Verkaufsprospekt) zur Prüfung und Billigung eingereicht werden muss. Im gängigen Sprachgebrauch wird zwar des Öfteren von einem »Private Placement«/einer Privatplatzierung gesprochen bzw. geschrieben, obwohl es sich tatsächlich um eine öffentliche Emission handelt.

Keine Prospektpflicht

Nach § 3 Abs. 2 WpPG **gilt die Pflicht zur Veröffentlichung eines Prospekts nicht** für ein Wertpapierangebot
- das sich ausschließlich an »qualifizierte Anleger« richtet,
- das sich in jedem Staat des Europäischen Wirtschaftsraums an weniger als 100 nicht qualifizierte Anleger richtet,
- das sich an Anleger richtet, die bei jedem gesonderten Angebot Wertpapiere ab einem Mindestbetrag von 50.000 € pro Anleger erwerben können,
- sofern die Wertpapiere eine Mindeststückelung von 50.000 € aufweisen oder
- sofern der Verkaufspreis für alle angebotenen Wertpapiere weniger als 100.000 € beträgt (wobei diese Obergrenze über zwölf Monate zu berechnen ist).

§ 4 WpPG listet noch weitere Ausnahmetatbestände auf, die hier allerdings weniger von Interesse sind.

1.5.4.1 Grundsätzliche Möglichkeiten

Eine Privatplatzierung z.B. von Aktien bei einigen wenigen, den Altaktionären bekannten neuen Mitaktionären wurde bereits in den Kap. über die Hereinnahme von Beteiligungspartnern behandelt und soll daher an dieser Stelle nicht weiter vertieft werden.

Stattdessen wird im Folgenden speziell auf die vorbörsliche/außerbörsliche öffentliche Platzierung eingegangen.

Das Internet hat maßgeblich dazu beigetragen, dass sich mehr und mehr Unternehmen – auch in noch frühesten Phasen der Unternehmensentwicklung – im Wege einer vor-/außerbörslichen öffentlichen Aktienemission Eigenkapital und damit Liquidität verschaffen. Das Internet wird dabei meist ergänzend zu Anzeigen in Tageszeitungen, Fachzeitschriften oder/und anderen Medien regelmäßig als wesentlicher Vertriebskanal genutzt. Zur Emission kommen in der Mehrzahl der Fälle Stammaktien, teilweise aber auch Vorzugsaktien sowie andere Formen der Beteiligung wie typische und atypische stille Beteiligungen bzw. Kommanditanteile an Kommanditgesellschaften.

Die Vorbereitung/Vorstrukturierung der außerbörslichen Emission sollte aufgrund der Komplexität der Materie und der stetem, schnellem Wechsel unterworfenen z.B. steuerlichen Regelungen sowie Marktusancen, möglichst unter Hinzuziehung erfahrener Emissions-, Rechts-, und Steuerberater sowie Wirtschaftsprüfer erfolgen.

Hinsichtlich der Art und Weise der Platzierung hat das Unternehmen grundsätzlich die Möglichkeit eines Vertriebs in Eigenregie oder unter Einschaltung einer der auf den Bereich Platzierung und Handel mit vorbörslichen Emissionen spezialisierten Gesellschaften.

1.5.4.2 Vor- und Nachteile einer vorbörslichen/außerbörslichen öffentlichen Emission

Die potentiellen grundsätzlichen Vorteile einer vorbörslichen/außerbörslichen öffentlichen Emission können insbesondere sein:

- Einwerbung frischen Eigenkapitals/zusätzlicher Liquidität mit einer breiten Aktionärsbasis noch vor Erreichung der Börsenreife.
- Bei Durchführung/Vertrieb in Eigenregie i.d.R. deutlich geringere Platzierungskosten (Bankhonorare bzw. Placement-Honorare von ansonsten eingeschalteten Vertriebsgesellschaften).
- Aufbau und Pflege einer eigenen Aktionärsbasis, die als Grundlage für eine mögliche spätere Börsenemission dienen kann.
- Möglichkeit, die Existenz als Aktiengesellschaft (Investor-Relations, Abhaltung von Hauptversammlungen, internes Berichtswesen, Aufsichtsrat etc.) »üben« zu können.

Als wesentliche (potentielle) Nachteile sind dagegen zu sehen:
- Einschränkung der Entscheidungsspielräume im Falle der Platzierung von Stammaktien durch die Vergabe von Stimmrechten an Dritte.
- Relativ umständliches Handling von Hauptversammlungen aufgrund der i.d.R. mehrere hundert oder auch eine vierstellige Zahl umfassenden Aktionärsbasis. Dies kann zu Verzögerungen bei der technischen Umsetzung eines geplanten IPOs führen.
- Bei Einschaltung einer professionellen Vertriebsorganisation möglicherweise – im Vergleich zu einem Börsengang überproportional – hohe Platzierungskosten (gemessen in % des Emissionsvolumens).
- Bei Emission von Vorzugsaktien: Werden diese in zwei Jahren hintereinander nicht mit Dividende bedient, lebt das Stimmrecht auf, so dass die Durchsetzung von Hauptversammlungsbeschlüssen nach Vorstellung der Alt-Stammaktionäre möglicherweise gefährdet werden kann.
- Im Vergleich zu einem – falls derzeit überhaupt bereits möglichen – IPO merklich schlechterer Platzierungspreis aufgrund der nicht vorhandenen, bestenfalls sehr eingeschränkten Handelbarkeit/Fungibilität der Aktien.
- Entweder kein oder nur ein schwach entwickelter (Sekundär-)Handel in den Aktien mit meist relativ hohen An-/Verkaufsspannen.
- Geringer Neuigkeitsgehalt eines eventuellen späteren Going Public, da vonseiten des Unternehmens meist im Vorwege – bereits zum Zwecke der Einwerbung der vorbörslichen Mittel – auf das Ziel eines späteren Börsengangs hingewiesen wird. Aufgrund dessen möglicherweise später niedrigere Pre-IPO-Publicity.
- Mögliche Probleme bei eventuellen späteren Lock-up-Verpflichtungen.

1.6 Zusammenfassung

1. Die häufigst gestellten Fragen von Börsenkandidaten lassen sich aufgrund der Unterschiede u.a. in Branche, bereits erreichter Marktposition, Wachstumsaussichten in Umsatz und insbesondere Ergebnis, Unternehmensbe-

wertung, Emissionsvolumen, anzustrebendem Börsensegment usw. selten bis gar nicht für sämtliche an einem Börsengang interessierte Unternehmen einheitlich beantworten.
2. Wirtschaftliche und technische Börsenreife sind anhand gesetzlicher Bestimmungen, der Anforderungen der Börsen bzw. Börsensegmente sowie insbesondere auch der Einschätzungen/Erwartungen der Banken- und speziell der Anlegerseite zu beurteilen. Grundsätzlich eignen sich für die Börse nicht nur große ertragsstarke, langjährig etablierende Unternehmen, sondern auch noch sehr junge stark wachsende. Je nach Branche werden auch Verlust machende Unternehmen am Markt akzeptiert, allerdings keine reinen »Konzept-IPOs« mehr wie noch zu »Hype-Zeiten«.
3. Alternativen zum Börsengang hängen von den unternehmens-/gesellschafter-individuellen Freiheitsgraden ab und können u.a. sowohl endgültige, wie z.B. ein freihändiger Verkauf der Gesellschaft, als auch zeitweilige, wie z.B. die Hereinnahme von Pre-IPO-Beteiligungspartnern, sein.
4. Die Kosten eines durchschnittlich großen Börsengangs liegen etwa zwischen rund 6–10 % des effektiven Emissionsvolumens.
5. Die Bewertung der Gesellschaft zum Zeitpunkt des Börsengangs wird – basierend auf einem solide erarbeiteten Businessplan der Gesellschaft für mindestens drei bis fünf Jahre – anhand diverser Stand-alone- und Vergleichsunternehmens-Bewertungen üblicherweise in einer Spannbreite errechnet und im endgültigen »Finetuning« kurze Zeit vor Börsengang entsprechend der jeweils herrschenden aktuellen Kapitalmarktsituation, der Nachfrageindikationen institutioneller Anleger bzw. der Preise im vorbörlichen Handel endgültig festgelegt.
6. Um an die Börse zu gehen, sollte im Mittel mit einem Zeitbedarf von sechs bis zwölf Monaten gerechnet werden.
7. Die Darstellung eines zu definierenden ausreichenden Gezeichneten Kapitals vor IPO kann über diverse – kombinierbare – Einzelmaßnahmen erfolgen, die möglichst auch das Ziel der Sicherung der Mehrheit bzw. eines nach wie vor möglichst hohen Anteilsbesitzes der Altaktionäre mit einschließen sollte.
8. Eine frühzeitige und kritische Partnerauswahl dürfte unter Zeit-, Kosten- bzw. Ertragsaspekten zu einer Optimierung des Börsengangs aus Unternehmens- und Altaktionärssicht maßgeblich beitragen, wozu insbesondere die gründliche Auswahl und frühzeitige Verpflichtung eines interessenskonfliktfreien Emissionsberatungshauses zählt.
9. Die Motive für ein Going Public liegen neben der Deckung des wachstumsinduzierten Liquiditäts- und Eigenkapitalbedarfs darin, Spin-offs (Abspaltungen/Ausgründungen) durchführen zu können, die Unternehmensnachfolge zu regeln bzw. aus Sicht von Venture-Capital-/Beteiligungsgesellschaften eine Exitmöglichkeit realisieren zu können. Darüber hinaus spielt bei der Entscheidung für einen Börsengang meist eine Vielzahl weiterer für das Unternehmen bzw. seine Gesellschafter relevanter Gründe eine Rolle.
10. Die Vorteile eines IPO sind regelmäßig auch im Vergleich zu möglichen anderen zielkonformen Alternativen zu analysieren. Als (potentielle) Nachteile eines Börsengangs dürften insbesondere die höheren Publizitätsanforderungen und laufenden Kosten, die Hingabe von Altgesellschafter-/Altaktionärs-

anteilen sowie die aus einer möglichen »Fremdbestimmtheit« herrührenden »Risiken« zu berücksichtigen sein.

Abgesehen von grundsätzlich/endgültig anderen Alternativen, wie insbesondere dem vollständigen freihändigen Verkauf des Unternehmens, können sich dauerhafte oder den geplanten Börsengang ergänzende, den Kapitalbedarf bis zum Börsengang überbrückende Alternativen anbieten. Letztere können in der Aufnahme Dritter (industrieller oder privater Investoren, Venture-Capital/Beteiligungsgesellschaften/Banken bzw. Wertpapierhandelshäuser) bestehen. Die Investments eines oder mehrerer solcher »Lead-Investoren«, sofern opportun und gewünscht, können möglicherweise noch um Kapitalzuführungen öffentlich-rechtlicher Institutionen vorteilhaft arrondiert werden. Grundsätzlich besteht auch die Möglichkeit einer außerbörslichen öffentlichen Platzierung als – zeitweilige – Lösungsalternative.

2 Phase 2: Abgleich des Unternehmens-Status-quo mit den Anforderungen an einen Börsenkandidaten

Die vorbehandelte »Phase 1« der ersten Fragen und grundsätzlichen Vorüberlegungen geht in »Phase 2« in die konkrete Prüfung über, ob bzw. unter welchen Bedingungen das eigene Unternehmen börsenreif ist bzw. werden könnte. Hierzu bedarf es zunächst der Prüfung der so genannten »wirtschaftlichen Börsenfähigkeit, während die »technische Börsenfähigkeit« die vom IPO-Kandidaten zumindest in der Endphase der Börsengangvorbereitungen zu erfüllenden »formellen«, d.h. gesetzlichen sowie Börsenanforderungen umfasst.

2.1 Wirtschaftliche Börsenreife

Noch bis ins Jahr 1996 hinein galt – insbesondere bei Konsortialbanken – ein Unternehmen dann als wirtschaftlich grundsätzlich börsenreif, wenn es seit mindestens drei Jahren am Markt agierte, im Jahr des Börsengangs mindestens rd. 25 Mio. € Umsatz sowie eine Umsatzrendite vor Steuern von mindestens 4–5 % auswies.

Spätestens seitdem Mitte 1996 ein kleines Wachstumsunternehmen mit nur rund 0,9 Mio. € Umsatz und einem Negativergebnis von rund 0,4 Mio.€ (bezogen auf das Jahr des Börsengangs) mit nachhaltig sehr gutem Erfolg von einem Wertpapierhandelshaus an die Börse (Freiverkehr) geführt wurde – eine Transaktion, die von nicht wenigen Fachleuten vorab als wenig aussichtsreich eingestuft wurde – sind Kriterien wie Alter der Gesellschaft, Anzahl testierter Jahresabschlüsse, Mindestumsatz, Mindestgewinn, nachgewiesener Vergangenheitsgewinn oder überhaupt Gewinn im Jahr des Börsengangs, in den Hintergrund getreten. Ein zweites besonders plastisches Beispiel für die entsprechend angelsächsischer Vorbilder fortschreitende Reife des deutschen Kapitalmarkts mit Blick auf die Finanzierung gerade auch besonders risikobehafteter Firmen betrifft den 1998 erfolgten Börsengang einer kleinen Biotechnologiefirma ohne Umsatz und einem erst in vier Jahren erwarteten Gewinn.

Eisbrecher

Nach den Kurs-, Insolvenz- und Betrugsexzessen am Ende des alten Jahrtausends hat sich allerdings eine allgemein moderatere Einschätzung und noch kritischere Prüfung potentieller Börsenkandidaten durchgesetzt. So haben reine Konzept-IPOs (zumindest bis auf weiteres) ebenso wenig mehr eine Chance wie Unternehmen, deren Hauptgeschäftsgegenstand aus »Cash-Burning« (Vernichtung von Liquidität und Eigenkapital) besteht.

Entscheidender als die eingangs genannten ehemaligen klassischen Beurteilungsmaßstäbe ist mittlerweile auch für die deutsche Kapitalmarktlandschaft

Schlüsselgröße Wachstum

die Einschätzung künftiger Wachstumspotentiale potentieller Börsenkandidaten in Umsatz und Ergebnis geworden.

Je mehr allerdings die Einschätzung der wirtschaftlichen Börsenreife insbesondere von der Beurteilung zukünftiger Perspektiven abhängt, desto mehr können auch die diesbezüglichen unternehmerischen Meinungen von Banken, Wertpapierhandelshäusern, Emissionsberatern und Analysten gelegentlich auseinander fallen. Dies betrifft allerdings weniger die grundsätzliche, potentielle Börsenreife als meist das vermutete Timing bis zur mutmaßlichen Herstellung der wirtschaftlichen Börsenreife, bzw. bis zur öffentlichen Platzierbarkeit der Aktien.

Die am Börsengang beteiligten Partner (insbesondere Emissionsberater, Banken/Wertpapierhandelshäuser, Analysten) bzw. in einer zweiten Stufe die Presse sowie insbesondere die potentiellen Anleger können Sie von der wirtschaftlichen Börsenreife überzeugen, wenn ihr Unternehmen die Punkte der folgenden Checkliste erfüllt.

Emissionsberatung

Regelmäßig wird es sich für den Emittenten auszahlen, wenn er sich gerade hinsichtlich der am Beginn stehenden Beurteilung seiner Börsenfähigkeit professionellen externen Emissionsberatungs-Know-hows versichert. Aufgabe der Emissionsberatung ist es, auf mögliche Schwachstellen hinzuweisen und u.U. ein Szenario zu entwickeln, innerhalb welchen Zeitraums bestimmte, genau zu definierende Maßnahmen bzw. »Milestones« umzusetzen/zu erreichen sind, um eine wirtschaftliche Börsenfähigkeit zu erreichen.

Entweder ist somit eine insbesondere anhand o.g. Kriterien zu beurteilende wirtschaftliche Börsenreife bereits gegeben oder diese kann durch entsprechende Maßnahmen, die Defizite beseitigen, hergestellt werden.

Checkliste

- ✔ Wird ihr Unternehmen von einem überzeugenden (Gesellschafter-)Management mit Erfahrung, operativen Stärken und strategischen Visionen geführt?
- ✔ Bewegen Sie sich in einem (möglichst stark) wachsenden, nicht oder kaum durch Verdrängungswettbewerb gekennzeichneten Markt?
- ✔ Können Sie einen – insbesondere die Ertragsseite betreffend – detaillierten, plausibel nachvollziehbaren Businessplan vorlegen?
- ✔ Sind Sie in der Lage solide argumentierbar ein möglichst höheres als das Marktwachstum (bezogen auf Umsatz und Gewinn) zu erzielen?
- ✔ Zeichnet sich Ihr Unternehmen durch möglichst nachhaltige Wettbewerbsvorteile z.B. durch Patente, Lizenzen, Schlüssel-Know-how, besondere Verfahren, Produkt-Leistungsspektrum, Entwicklungs-/Vermarktungsvorsprung, Alleinstellungsmerkmale/USPs (»Unique Selling Propositions«, also Einzigartigkeiten in seinem Markt-/Produktauftritt) aus?
- ✔ Hat Ihr Unternehmen ein im Vergleich zu Wettbewerbern klar abgegrenztes Produkt-/Dienstleistungs-/Unternehmens-Profil, anders formuliert: möglichst kein »me too« aufzuweisen?
- ✔ Verfügen Sie über ein ausgefeiltes Finanz-/Rechnungswesen und -Reporting sowie Controlling?

Auch bei sehr guter Vorbereitung wird das Unternehmen gleichwohl feststellen, dass sich einzelne angesprochene Bankpartner einen Börsengang erst zu einem späteren Zeitpunkt vorstellen können, während sich andere im Extremfall um die Beauftragung als Lead-Bank »reißen«. Hier wird es nie ein absolutes »richtig« oder »falsch« geben, sondern eher im Sinne eines »mehr oder weniger« ein des Öfteren anzutreffendes Auseinanderklaffen der Einschätzung externer Dritter. Dies sollte den Emittenten nicht verunsichern, da es sich auch bei der Frage der wirtschaftlichen Börsenreife – wie bei allen wirklich unternehmerischen Entscheidungen – um nichts ex ante »Beweisbares« handelt.   **Unterschiedliche Einschätzungen**

Schwierig bis unmöglich dürfte ein Börsengang für Unternehmen aus stagnierenden Märkten, mit nur schwachem oder gar keinem Wachstum in Umsatz und insbesondere Ergebnis und/oder ohne klare Wettbewerbsvorteile/Alleinstellungsmerkmale/USPs sein.   **Unternehmen mit schwachem Wachstum**

2.2 Technische Börsenreife/Vorgaben durch Gesetze, Börse, Anlegerakzeptanz, Usancen

Die technische Börsenreife umfasst all die Gegebenheiten, die zur Erlangung der Börsenzulassung, zur erfolgreichen Platzierung der Aktien bzw. zum »Being Public« (an der Börse notiert bleiben) hergestellt bzw. vorhanden sein müssen. Die diesbezüglichen Anforderungen ergeben sich im Einzelnen aus zahlreichen Gesetzen (insbesondere AktG, Börsengesetz, Wertpapierprospektgesetz, Wertpapierhandelsgesetz), Regularien der Börsen (Börsenzulassungsverordnung, Börsenordnungen, Regelwerken) sowie Usancen einer mutmaßlich auch nachhaltig erfolgreichen erstmaligen Aktienplatzierung durch die Bank(en)/Wertpapierhandelshäuser.

2.2.1 Rechtsform

Gesellschaften, die sich an einer Börse in der EU notieren lassen möchten, müssen eine kapitalmarktfähige Rechtsform aufweisen. Deutsche kapitalmarktfähige Rechtsformen sind die AG und die KGaA (bzw. andere KGaA-Formen, bei denen die Komplementärin/Vollhafterin keine natürliche Person ist, wie z.B. die GmbH & Co.KGaA).   **AG, KGaA**

Europäische Rechtsformen, die der deutschen AG bzw. KGaA entsprechen, gibt die folgende Tabelle wieder:

Europäische Kapitalmarkt-Gesellschaftsformen		
Land	Kurzform	Bezeichnung
Belgien	SA/NV	Société Anonyme/Naamloze Vennootschap
Belgien	SCA	Société en commandite par actions (KGaA)
Dänemark	A/S	Aktieselskab
Dänemark	K/S	Komanditselskab (KGaA)
Europa	SE	Societas Europea
Finnland	OY	Osakeyhtiö
Frankreich	SA	Société Anonyme
Frankreich	SCA	Société en commandite par actions (KGaA)
Griechenland	AE/SA	Anonymos Etairia/Societas Anonymos
Großbritannien	Plc	Public Limited Company
Irland	Plc	Public Limited Company
Italien	SpA	Società per azioni
Italien	S.a.p.a.	Società in accomandita per azioni (KGaA)
Liechtenstein	AG	Aktiengesellschaft
Luxemburg	SA	Société Anonyme
Luxemburg	SCA	Société en commandite par actions (KGaA)
Niederlande	NV	Naamloze Vennootschap
Niederlande	CVoA	Commanditaire Vennootschap op Aandelen
Norwegen	A/S	Aksjeselskap
Österreich	AG	Aktiengesellschaft
Portugal	CSA	Sociedade Anónima
Schweden	AB	Aktiebolag
Schweiz	AG/SA	Aktiengesellschaft/Société Anonyme
Schweiz	KGaA	Kommanditaktiengesellschaft (KGaA)
Spanien	SA	Sociedad Anónima
Spanien	S.Com.p.A	Sociedad Comanditaria por Acciones (KGaA)

Da für an einem Börsengang interessierte deutschstämmige Unternehmen die AG die mit Abstand dominierende Rechtsform ist, bilden Ausführungen zur Herstellung dieser Rechtsform den Schwerpunkt dieses Buches.

Die deutschen gesetzlichen Regelungen hinsichtlich des Rechtsformwechsels in eine AG finden sich im AktG und UmwG. Die in der Praxis bedeutsamen Varianten sind der Formwechsel und die Verschmelzung (§§ 190 ff. bzw. § 2 UmwG) sowie die Sachgründung oder (Sach-)Einbringung (§§ 27 und 183 ff. AktG). Bezüglich näherer Details sei auf die nachfolgenden Ausführungen verwiesen (s. Kap. 3.2).

2.2.2 Alter der Gesellschaft

Aus Banken-/Kapitalmarkt- bzw. Anlegersicht spielt das Alter einer Gesellschaft, falls überhaupt, nur mehr eine sekundäre Rolle. Andererseits werden Gesellschaften, die bereits längere Zeit am Markt mit Erfolg agieren, als weniger risikoreich eingestuft und entsprechend noch willkommener als IPO-Kandidaten begrüßt.

Anders sieht es bei den Anforderungen der Börsen(segmente) hinsichtlich eines Mindestalters der Gesellschaften aus.

Mindestalter

Hier gelten folgende Mindestaltervorgaben:
- Amtlicher Markt (dito General und Prime Standard): Mindestalter drei Jahre,
- Geregelter Markt (dito General und Prime Standard s. FWB): Soll-Mindestalter drei Jahre,
- GATE-M Stuttgart: je nach Grundsegment Amtlicher Markt oder Geregelter Markt die diesbezüglichen Regelungen ,
- M:access München: mindestens ein Jahresabschluss als Aktiengesellschaft,
- START UP MARKET Hamburg: mindestens drei Jahre, falls nicht bestimmte andere Kriterien erfüllt sind.

2.2.3 Anzahl (geprüfter) Jahresabschlüsse

Analog zum Mindestalter der Gesellschaft von drei Jahren erfordert eine Notiz im Amtlichen Markt (einschließlich General und Prime Standard) sowie i.d.R. auch am Geregelten Markt (s. Soll-Bestimmung der FWB) die Vorlage der letzten drei testierten Jahresabschlüsse. Erfüllt der Emittent nicht bestimmte andere Mindestkriterien, gilt auch am START UP MARKET Hamburg eine Mindestvorlage von drei Jahresabschlüssen als zwingend. GATE-M Stuttgart basiert sowohl auf Amtlichem Markt als auch Geregeltem Markt, so dass entsprechend die diesbezüglichen Mindestvoraussetzungen gelten.

Testate

2.2.4 Emissionshaus (Bank/Wertpapierhandelshaus)

Für die gesetzlichen Grundsegmente Amtlicher Markt, Geregelter Markt, aber auch bei einer Aktienemission mit Einbeziehung in den Freiverkehr gilt: Der Emittent muss den Zulassungsantrag gemeinsam mit mindestens einem Kreditinstitut, einem Finanzdienstleistungsinstitut oder einem Unternehmen, das nach § 53 Abs. 1 Satz 1 KWG oder § 53b Abs. 1 Satz 1 KWG (Kreditwesengesetz) tätig und an der jeweiligen Börse als Handelsteilnehmer zugelassen ist, bei der jeweiligen Börsen-Zulassungsstelle einreichen. Auch an einer (außerdeutschen) EU-Wertpapierbörse zugelassene Finanzdienstleistungsinstitute können somit den Antrag auf Börsenzulassung eines Unternehmens stellen. Gehört der Emittent zu einer der vorgenannten Institutsgruppen, kann er den Antrag auf Zulassung der eigenen Aktien selber (alleine) stellen. Auf diesem Wege haben sich beispielsweise einige Wertpapierhandelshäuser selber an die Börse gebracht.

Für Emittenten bedeutet dies im Vergleich zu der Zeit, als ausschließlich Banken das Platzierungsprivileg genossen, eine merklich größere Auswahl unter potentiellen Emissionspartnern, die für die Übernahme der Zulassungsantrags- und Aktienplatzierungsfunktion infrage kommen.

Größere Auswahl potentieller Emissionspartner

Den Antrag auf Einbeziehung in ein Teilsegment, z.B. den Prime Standard an der FWB kann der Emittent alleine stellen.

2.2.5 Zahl- und Anmeldestelle

Sämtliche banktechnischen Abwicklungsfunktionen, die mit Dividendenzahlungen (nur noch selten: Einreichung, Bedienung und Erneuerung von Dividendenscheinen) bzw. der Hauptversammlung (i.W. Ausstellung und Versand von Eintrittskarten) – gleich an welchen Börsen bzw. in welchem Börsensegment die Aktien notiert werden – zusammenhängen, muss mindestens eine so genannte »Zahl- und Anmeldestelle« (bis zum seit 1.11.2005 gültigen UMAG »Zahl- und Hinterlegungsstelle«) ausüben. Für diese Funktion sind ausschließlich Banken zugelassen.

2.2.6 Art zu emittierender Aktien

Je nach der rechtlichen Ausstattung unterscheiden die Aktiengattungen Inhaber- oder Namensaktien, Stamm- oder Vorzugsaktien, Nennbetrags- oder Stückaktien, Globalaktienurkunden oder einzelverbriefte Aktien.

2.2.6.1 Inhaberaktien/(vinkulierte) Namensaktien

Nach dem Kriterium des Eigentumsnachweises gilt es zwischen Inhaberaktien einerseits und Namensaktien bzw. deren noch verschärfter Form, den vinkulierten Namensaktien andererseits, zu unterscheiden. Hat ein Unternehmen Inhaberaktien ausgegeben, gilt derjenige als Eigentümer, der die entsprechende(n) Urkunde(n), ohne dass für diese eine Form zwingend vorgeschrieben wäre(n), innehat. Anders verhält es sich bei Namensaktien, bei denen der Eigentümerwechsel durch die Eintragung des jeweiligen neuen Aktionärs in das (elektronische) **Aktienregister** der Gesellschaft (§ 67 AktG) bewirkt ist.

Elektronisches Aktienregister

Das seit 2001 geltende **NastraG (Gesetz zur Namensaktie und zur Erleichterung der Stimmrechtsausübung)** hat diverse erleichternde Neuerungen für Namensaktien und deren technisches Handling gebracht. Weitere Neuerungen brachte das seit 01.11.2005 geltende **UMAG (Gesetz zur Unternehmensintegrität und Modernisierung des Anfechtungsrechts)**.

Im Aktienregister sind neben Aktienzahl bzw. -nummern je Aktionär erfasst: Name, Adresse und Geburtsdatum. Auf diese Art und Weise hat die Gesellschaft jederzeit einen aktuellen Überblick darüber, wer ihre Aktionäre sind. Dies ermöglicht ein gezieltes Aktienmarketing und frühzeitige Reaktionsmöglichkeiten insbesondere bei Veränderungen im institutionellen Besitz bzw. bei höheren Beteiligungen einzelner Aktionäre. Dies stellt insofern auch einen Schutzmechanismus (zumindest vor einem überraschenden **unfriendly-takeover/unfreundliche Übernahme**) dar.

Allerdings besteht die Möglichkeit, dass der jeweilige Aktionär statt seiner selbst seine Depotbank eintragen lässt (in den USA z.B. relativ häufig der Fall). Durch das UMAG sind depotführende Banken auf Verlangen der Gesellschaft verpflichtet, den der Bank zuzuordnenden freien Meldebestand (gegen Kostenerstattung) in das Aktienregister eintragen zu lassen – ein weiterer Schritt zu einem möglichst vollständigen Aktienregister.

An einer Hauptversammlung dürfen unverändert die Aktionäre teilnehmen, die am letzten Anmeldetag zur Hauptversammlung im Aktienregister eingetragen sind. Für Inhaberaktien-Eigentümer dagegen brachte das UMAG die Neuerung der Abschaffung der Hinterlegung und stattdessen die Einführung einer Bescheinigung des Aktienbesitzes am sog. **»Record Date«/Referenztag**

(= 21. Tag vor der Hauptversammlung), der zur Hauptversammlungsteilnahme berechtigt.

Die meisten Unternehmen beauftragen einen externen Dienstleister (z.B. Adeus Aktienregister-Service-GmbH, Computershare GmbH, registrar services GmbH) mit der **Führung ihres Aktienregisters**.

Ist das Unternehmen bereits börsennotiert und möchte auf Namensaktien umstellen, fallen Einmalkosten i.W. durch die Umstellung der Depots bei den Depotbanken an. In Abhängigkeit von der Aktionärszahl schlägt dies mit rund 2-4 € je Depot zu Buche.

Aktienregisterführung

Neuemittenten müssen in etwa mit folgenden Kosten, die wesentlich von der Anzahl an Aktionären und der anzunehmenden Umschlagshäufigkeit der Aktien abhängen, rechnen:

In der Regel fallen Kosten für drei Beteiligte an:
- Clearstream (zentrale Verrechnungsstelle) (derzeit noch einmalige Aufnahmegebühren von 4.000 €; des Weiteren laufende Kosten)
- den externen Dienstleister, der das Aktienregister im Auftrag des Emittenten führt
- die Depotbanken.

> **Beispiel:**
> *Bei einer angenommenen Aktionärszahl von 20.000 und einer Umschlagshäufigkeit von 0,5 % des Bestandes je Börsentag (d.h. 100 pro Tag x ca. 250 Börsentage pro Jahr, d.h. 25.000 Aktienregisteränderungen pro Jahr) ergeben sich folgende Werte für die Zirka-Kosten pro Jahr:*
>
> | | |
> |---|---:|
> | *Clearstream (0,50 € je Transaktion)* | *12.500 €* |
> | *Aktienregisterführung/ externer Dienstleister; ca.:* | *25.000 €* |
> | *Depotbanken (0,10 € bzw. 0,08 € je Transaktion); ca.:* | *2.500 €* |
> | *Summe ca.* | *40.000 €* |

Die Gebühr der Depotbanken (0,08 € (je Datensatz ohne Aktionärsnummer) bzw. 0,10 € (je Datensatz mit Aktionärsnummer) wurde 2003 per Verordnung geregelt. Durch die sog. Verordnung über den Ersatz von Aufwendungen der Kreditinstitute vom 17.06.2003 hat das Bundesjustizministerium die Aufwendungsbeträge vorgegeben, die Kreditinstituten u.a. im Zusammenhang mit der Weitergabe der Namensaktiendaten gem. § 67 Abs. 4 AktG von der Gesellschaft zu erstatten sind (der vorgenannte Betrag von 0,08 € betrug z.B. bis Ende 2003 noch 0,40 €).

Die interessanterweise nicht per Verordnung geregelten Gebühren der Clearstream nehmen sich dagegen relativ hoch aus.

Während derzeit z.B. in Deutschland, Belgien, Holland und der Schweiz noch die Inhaberaktie vorherrscht, ist in den meisten anderen Ländern, geprägt von der angelsächsischen Aktienkultur, nahezu ausschließlich die Namensaktie vertreten.

Auch in Deutschland finden seit Ende der 90er-Jahre immer wieder einzelne Emissionen von bzw. Umstellungen auf Namensaktien – mit steigender Tendenz – statt. Beispielhaft (nach Jahr der Aufnahme in das Clearstream Giro-

Umstellung auf Namensaktien

sammelverwahrungs-System) sind: 2005: Interhyp, MTU, Premiere, SolarMillenium, Tipp 24, Thielert, TUI; 2004: Deutsche Postbank, Klassik Radio; 2003: Anterrra Vermögensverwaltung; 2002: Leoni, Rosental, Spütz, Transtec, Schmidt Bank, ElringKlinger; 2001: CE Consumer Electronics, Deutsche Börse, Heidelberger Lebensversicherung, Pfleiderer, United Internet, Wüstenrot Bausparkasse; 2000: Axel Springer, Celanese, Deutsche Post, Deutsche Telekom, Hannover Rück, Infineon Technologies, Medigene, QSC; 1999: Celanese, Deutsche Bank, Heinkel, Infor, MWB, Porta Systems, Siemens; 1998: Allbecon, Allianz und Allianz Lebensversicherungs AG, DaimlerChrysler, Tecis Holding; 1997: Bechstein, Lufthansa, Nünchner Rück.

Kostenersparnisse

Den höheren Kosten bei der Einrichtung und Führung des Aktienregisters stehen nicht unerhebliche Kostenvorteile der Emittenten bei der Versendung von Unterlagen (Versendungsmöglichkeit direkt vom Aktienregister aus – ohne »Umweg« über Depotbanken, erspartes Porto durch E-Mail-Übersendung sowie Nutzungsmöglichkeiten von preiswerteren Infopost-Tarifen) gegenüber. Der Kostenvergleich zwischen Inhaber- und Namensaktien dürfte jedoch regelmäßig weder einfach noch »eindeutig« anzustellen sein, da die jeweiligen Kosten von einer Reihe unterschiedlichster Annahmen/Variablen abhängen, wie obiges Beispiel bereits verdeutlicht.

Zusammenfassend gelten die Emission und das laufende »Handling« von Namensaktien mittlerweile auch in Deutschland als akzeptiert bzw. speziell bei größerem Streubesitz und besonders intensiv geplantem Investor-Relations als grundsätzlich besonders bedenkenswert.

Vinkulierte Namensaktie

Eine verschärfte Variante der Namensaktie stellt die **vinkulierte** (an eine Zustimmung der Gesellschaft »gebundene«) **Namensaktie** dar. Von den etwas mehr als 100 bei Clearstream Anfang 2006 registrierten Gesellschaften mit Namensaktien in Girosammelverwahrung betreffen rund 20 vinkulierte Namensaktien.

Gesellschaften mit vinkulierten Namensaktien

In den meisten Fällen erklärt sich die Existenz vinkulierter Namensaktien aus historisch gewachsenen, gesetzlichen Vorgaben, wie z.B. bei Axel Springer (Medienrecht), Lufthansa (Maximallimit für ausländische Aktionäre), respektive bei diversen Versicherungen/eingetragenen Genossenschaften aufgrund der nur teilweise eingezahlten Aktien zur Sicherstellung potentieller Nachschusspflichten.

2.2.6.2 Stammaktien/Vorzugsaktien

Stimmrechtslose Vorzüge

Nach dem Kriterium der Einflußnahmemöglichkeit auf die Gesellschaft in Form des Stimmrechts sind Stamm- und Vorzugsaktien zu unterscheiden. Stammaktionäre sind Aktionäre mit uneingeschränktem Stimmrecht, während die sog. »stimmrechtslosen Vorzugsaktionäre«, solange deren (Vorzugs-)dividende nicht länger als zwei Jahre unbedient geblieben ist, über kein Stimmrecht in der Hauptversammlung verfügen. Als Ausgleich für das, abgesehen vom vorgenannten Fall der Wiederauflebung des Stimmrechts, nicht vorhandene Stimmrecht erhalten die Vorzugsaktionäre eine Garantie- bzw. Vorzugsdividende. Die

Dividendenvorzug

genaue Ausgestaltung des Dividendenvorzugs weist in praxi die unterschiedlichsten Erscheinungsformen auf: mit oder ohne Mindest-/Garantiedividende, mit einem Vorzug, der zunächst eine Bedienung der Vorzugsaktionäre und erst dann – falls entsprechend der zur Gewinnverwendung möglichen Mittel noch darstellbar – der Stammaktionäre vorsieht oder z.B. mit einem Vorzug, der darin besteht, dass die Vorzüge stets einen z.B. festen Prozentsatz oder eine feste Prozentpunktzahl an zusätzlicher Dividende im Vergleich zu Stammaktionären erhalten.

Die Emission von Vorzugsaktien im Rahmen eines erstmaligen Börsengangs, ausschließlich oder auch zusätzlich zu Stammaktien, gilt mittlerweile in Deutschland, gleich an welchem Börsensegment, als kaum mehr platzierbar bzw. zeitgemäß. Die Begründung hierfür liegt darin, dass der Aktionär »ein echter Aktionär« durch Aktien mit vollem Stimmrecht sein müsse. Die Hergabe von Kapital an die den erstmaligen Börsengang betreibende Gesellschaft sei den neuen Aktionären nur zuzumuten, wenn sie auch einen bestimmten Anteil an »Mitsprache-/Stimmrechten« erhielten.

Ist eine Gesellschaft erst einmal an der Börse (Freiverkehr, Geregelter Markt oder Amtlicher Markt), kann dann durchaus an die Emission (auch) von Vorzugsaktien oder/und sonstigen Emissionsinstrumenten, wie z.B. Genussscheinen, gedacht werden.

Die Kursnotizen von Gesellschaften am deutschen Kurszettel, die sowohl Stamm- als auch Vorzugsaktien an der Börse notieren lassen, zeigen gewöhnlich Kursabschläge der Vorzüge gegenüber den Stämmen von rund 5–20 %.

2.2.6.3 Nennbetragsaktien/Stückaktien

Nennbetragsaktien lauten auf einen Nennbetrag/Nominalbetrag (mindestens 1 € oder ein glattes Vielfaches hiervon). Stückaktien verkörpern hingegen einen prozentualen/rechnerischen Anteil am gesamten Gezeichneten Kapital einer Gesellschaft. Lautet das GK auf €, muss der rechnerische Wert je Stückaktie mindestens 1 € oder ein gerades oder ungerades Vielfaches eines € betragen. Bis Ende März 1998 waren in Deutschland nur Nennbetragsaktien zugelassen. Der deutsche Gesetzgeber hat mit dem Stückaktiengesetz vom 25.3.1998 erstmalig die Emission unechter nennwertloser Aktien (»Stückaktien«) ermöglicht, um die möglichst einfache Umstellung von auf DM lautendem Gezeichneten Kapital auf ein auf € lautendes GK zu ermöglichen, aber auch um den deutschen Kapitalmarkt weiter zu internationalisieren.

Umrechnungen in € konnten zu gebrochenen Aktiennennbeträgen führen, die wiederum Anpassungen der krummen Beträge durch Kapitalerhöhungen aus Gesellschaftsmitteln erforderlich machen konnten. Bei der Kapitalerhöhung aus Gesellschaftsmitteln erhielt das Unternehmen mit Stückaktien ein Wahlrecht, ob es die Kapitalerhöhung wie bis dahin ausschließlich möglich durch Ausgabe neuer Aktien oder durch Erhöhung des rechnerisch auf jede einzelne Stückaktie entfallenden Anteils am Grundkapital durchführt. Hierdurch entfiel für Gesellschaften mit Stückaktien bei der Umstellung auf € die Umrechnung und Anpassung von Aktiennennbeträgen.

Nennwerte

> Beispiele für einige denkbare Konstellationen:
>
> **Beispiel 1: Einteilungen des Gezeichneten Kapitals im Falle von Nennbetragsaktien**
> *Lautet das GK auf z.B. 1 Mio. €, könnte es in maximal 1 Mio. Aktien à nominal 1 €, in 500.000 Aktien à nominal 2 € etc., bis hin zu einer Aktie im Nominalbetrag von 1 Mio. € eingeteilt sein.*
>
> **Beispiel 2: Einteilungen des Gezeichneten Kapitals im Falle von Stückaktien**
> *Lautet das GK z.B. auf 1 Mio €-Stückaktien, so kommen folgende beispielhafte Konstellationen infrage: eine Einteilung in 1 Mio. € Stücke à rechnerisch 1 € oder z.B. auch 390.625 Stückaktien à rechnerisch 2,56 € (ein durch die damalige DM-Umstellung zustande gekommener Wert; andere rechnerisch »krumme« Beträge sind ebenso möglich).*

Stückelungen

In der Umstellungszeit seit 1999 (dem Beginn der Börsennotizen in €) gab es fast ausschließlich Emissionen von Stückaktien. Dies insbesondere wohl deshalb, weil die Aktien zwar bis zur endgültigen Währungsumstellung auf € zu einem DM-Preis hätten platziert werden können, die Aktien jedoch ab der ersten Börsennotiz in € gehandelt werden. Nunmehr neu emittierte Stückaktien verkörpern in den meisten Fällen jeweils rechnerisch 1 €.

2.2.6.4 Globalaktienurkunde/Einzelverbriefung

»Unromantische« Globalaktie

Als zeitgemäß gilt es mittlerweile, das Recht der Aktionäre auf Einzelverbriefung ihrer Aktien bereits vor Börsengang auszuschließen. Stattdessen werden sämtliche Aktien in einer (seltener mehreren) Globalurkunden verbrieft, die bei der Clearstream Banking AG) hinterlegt werden. Die zugunsten des einzelnen Aktionärs von dessen Bank in sein Depot eingebuchten Aktien verbriefen somit einen Anteil an der/den bei der Clearstream Banking AG) hinterlegten Globalaktienurkunde(n). Der Grund für die Zusammenfassung von Aktien in meist nur noch einer Globalaktienurkunde liegt in der Ersparnis der Druckkosten, des eventuellen Versands bzw. des Gesamt-Handlings effektiver Stücke.

Effektive Stücke

Die Frage der Verbriefung in einer/mehreren Globalaktien oder in Form einzelner Stücke wird sich somit immer nur dann stellen, wenn es um den Börsengang einer Gesellschaft geht, deren Aktien als »Sammlerobjekte« von »Fans« der Gesellschaft bzw. deren Produkten oder Dienstleistungen nachgefragt werden könnten (z.B. Walt Disney Corp., Achterbahn AG, Beate Uhse AG, Fußball- oder andere Sportclubs). Ansonsten stellt die Art der Verbriefung ein vom Bankenkonsortium abzuwickelndes, eher im Hintergrund stehendes technisches Detail dar.

2.2.7 Mindest-Eigenkapital bzw. Mindest-Gezeichnetes-Kapital vor Börsengang

Gezeichnetes Mindest-Kapital

Vorschriften für ein **Mindest-Eigenkapital** gibt es im Amtlichen Markt, falls der Kurswert der neu zu emittierenden Aktien nicht geschätzt werden kann, in Höhe von 1,25 Mio. €. Das Segment M:access der Münchner Börse schreibt sogar ein Gezeichnetes Kapital von mindestens 2 Mio. € vor. Der Hamburger START UP MARKET verlangt, falls der Kapitalerhöhungsanteil an der Emission nicht mindestens 25 % beträgt, ein Gezeichnetes Kapital von 2,5 Mio. €.

2.2.8 Mindestvolumen zu platzierender Aktien

In den verschiedenen Börsensegmenten gelten folgende Mindesterfordernisse für das Mindest-Emissionsvolumen. Letzteres wird jeweils entweder als »Mindestnennwert« oder/und »Mindeststückzahl« oder/und auch (voraussichtlicher) »Mindest-Kurswert« (= effektives Emissionsvolumen = Stückzahl x Platzierungspreis) definiert:

Mindest-Emissionsvolumina und Mindestnennwerte

- Amtlicher Markt: Hier gilt ein Mindest-Kurswert-Erfordernis von 1,25 Mio. € (falls der Kurswert nicht geschätzt werden kann, gilt eine Mindest-Eigenkapitalvorgabe in gleicher Höhe)
- Geregelter Markt: Der Geregelte Markt schreibt einen Mindestnennwert von 250.000 € bzw. mindestens 10.000 Stücke vor.
- GATE-M Stuttgart: wie Amtlicher Markt bzw. Geregelter Markt.
- Freiverkehr: In den allgemeinen Freiverkehrssegmenten gelten keine Mindestvorschriften hinsichtlich des Emissionsvolumens.
- START UP MARKET, Hamburg: Das als Teil des Geregelten Markts der Börse Hamburg geführte Spezialsegment schreibt als Mindest-Emissionsvolumen einen Mindestnennwert von 250.000 € bzw. 100.000 Stücken vor, von denen mindestens 25 % aus einer Kapitalerhöhung stammen müssen. Letzteres kann entfallen, falls das GK (Gezeichnetes Kapital) mindestens 2,5 Mio. € beträgt und die Gesellschaft mindestens drei Jahre aktiv war.
- KMU-Markt Berlin: Mindestnennwert von 250.000 € (kein Mindest-Stückzahl-Pendant) und Mindestkurswert von 1,5 Mio. €.

Im Abschnitt »faqs« wurde bereits darauf hingewiesen, dass die von den einzelnen Börsensegmenten gestellten Mindestanforderungen lediglich das »formelle untere Limit« darstellen. Im Hinblick auf die Ermöglichung eines liquiden Handels gilt demgegenüber ein Mindest-Emissionsvolumen von 400.000 bis 500.000 Stücken als ausreichend. Hiermit korrespondiert beispielsweise die Mindestvorgabe des Münchner Handelssegment M:access für das Gezeichnete Kapital in Höhe von 2 Mio. €.

Auch Börsenvertreter weisen darüber hinaus zurecht darauf hin, dass nach Möglichkeit ein effektives Emissionsvolumen (Anzahl Stücke x Platzierungspreis je Aktie) von mindestens 10 Mio. € erreicht, besser noch überschritten werden sollte, um einen liquiden Handel in der Aktie zu ermöglichen. In Abhängigkeit vom Platzierungspreis je Aktie leiten sich hieraus folgende anzuratende Mindeststückzahlen zu platzierender Aktien ab:

Zu emittierende Aktienstückzahl

Platzierungspreis je Aktie in €	5	10	15	20	25	30	40	50	75	100
Stücke in Tausend	2.000	1.000	667	500	400	333	250	200	133	100

Berücksichtigt man das weiter oben genannte, in der Praxis herausgebildete Erfordernis einer Emission von mindestens 400.000 bis 500.000 Stücken zur Ermöglichung eines liquiden Handels, wird deutlich, dass nur bei Emissionspreisen von bis zu rund 25 € je Aktie gleichzeitig auch dem u.a. vonseiten der Deutsche Börse AG angeratenen effektiven Mindest-Emissionsvolumen von rund 10 Mio. € Rechnung getragen werden kann, da sonst die platzierte Stückzahl unter 400.000 fallen würde.

2.2.9 Herkunft der Aktien: Kapitalerhöhung bzw. Altaktionärsabgabe

Platzierung aus Kapitalerhöhung, gegebenenfalls auch aus Altaktionärsbestand

Eine Emission kann sowohl aus einer – in aller Regel sehr kurz vor Börsengang – durchgeführten Kapitalerhöhung oder/und der Abgabe von Altaktionärsbestand gespeist werden. Der Kapitalmarkt favorisiert, wenn das Geld der neuen Aktionäre **der Gesellschaft** für deren weitere Expansion und nicht, oder zumindest nicht primär, **den Altaktionären** zufließt. Einzelne Handelssegmente schreiben vor, dass ein Teil der Gesamtemission aus einer Kapitalerhöhung stammen soll:

- START UP MARKET, Hamburg (Spezialsegment des Geregelten Markts der Börse Hamburg): Mindestens 25 % der Erstemission müssen aus einer Kapitalerhöhung stammen (oder Mindest-GK von 2,5 Mio. € und Mindest-Alter als aktive Gesellschaft von drei Jahren),
- KMU-Markt Berlin: Sollbestimmung – Mit der Erstemission und deren Einbeziehung in den Handel soll eine Barkapitalerhöhung verbunden sein; alternativ: Streubesitz von i.d.R. mindestens 20 %

Weder der Amtliche Markt noch der Geregelte Markt oder der Freiverkehr/Open Market sehen diesbezügliche Mindestanforderungen vor.

Allerdings wird es, wie bereits am Ende des alten Jahrtausends trotz damals noch herrschender Haussephase erkennbar, für solche Emittenten immer schwieriger, ihre Emission mit Erfolg am Markt zu platzieren, die einen merklichen Teil der Erstemission aus Altaktionärsbestandsverkäufen bestreiten. Sehr leicht geraten in einem solchen Fall die Altaktionäre in den Ruf des »Kasse machens«. Anzuraten ist daher, dass der Anteil der Emission aus Altaktionärsbestand möglichst deutlich unter 50 % der Gesamtemission ausmachen sollte.

2.2.10 Mindest-Streubesitzquote

Erforderlicher Streubesitz/Freefloat

Mit Blick auf die Mitspracherechte, insbesondere der im Zuge der Zeichnung einer Neuemission hinzukommenden neuen Aktionäre, sehen mit Ausnahme des Geregelten Markts sowie des Freiverkehrs alle anderen deutschen Börsenhandelssegmente Mindest-Streubesitzquoten (Prozentsatz der Aktien, die sich nach Platzierung außerhalb des Altaktionärskreises im Umlauf befinden) vor:

- Amtlicher Markt: Der Amtliche Markt fordert eine Streubesitzquote von mindestens 25 %,
- GATE-M Stuttgart: für Unternehmen, die zum Amtlichen Markt zugelassen sind mindestens 25 %
- START UP MARKET Hamburg: Der –START UP MARKET schreibt vor, dass »in der Regel« mindestens 25 % »der in den Handel einzubeziehenden Aktien« (Anmerkung: Es besteht im Geregelten Markt, auf den sich der START UP MARKET bezieht, kein Zwang, sämtliche Aktien der Gesellschaft oder sämtliche Aktien einer Gattung zum Handel anzumelden/in den Handel einbeziehen zu lassen) gestreut werden müssen.
- KMU-Markt Berlin: falls kein Barkapitalerhöhungsanteil an der Emission: »in der Regel« mindestens 20 % der einzubeziehenden Aktien.

> **Beispiele:**
> *Die Praxis zeigt z.T. Streubesitzquoten, die beim erstmaligen Börsengang bei 15 % oder noch darunter liegen, z.B.*
> - *Stratec Biomedical Systems AG/Geregelter Markt 08-98: 9,5 %,*
> - *Birkert & Fleckenstein AG/Geregelter Markt 03-99: 12,49 %,*
> - *Shuttlesoft AG/Freiverkehr 07-99: 15,0 % bzw. bis zu teilweise über 50 % ausmachen, wie z.B. im Falle von:*
> - *Singulus Technologies AG/Neuer Markt 11-97: 78,2 %,*
> - *TFG Venture Capital AG & Co KGaA/Amtlicher Handel und SMAX 01-99: 75,2 %,*
> - *Foris AG/Neuer Markt 07-99: 75,4 %.*

2.2.11 Publizitätserfordernisse

Die Publizitätserfordernisse anlässlich eines Börsengangs (durch den eine Gesellschaft stets zu einer so genannten »großen Kapitalgesellschaft« wird, für die im Gegensatz zur »kleinen« und »mittelgroßen« Kapitalgesellschaft keine gesetzlichen Erleichterungen gelten) richten sich sowohl nach gesetzlichen Regelungen, den Vorschriften einzelner Börsensegmente als auch nach teilweisen Forderungen der Emissions-Banken bzw. den (ungeschriebenen) Anforderungen »des Kapitalmarkts« im Sinne der Anlegerseite.

Anschließend an die Einmal-Publizität anlässlich des IPOs ergibt sich die Notwendigkeit, Börse und Anleger mit Informationen über das Unternehmen auf fortlaufender Basis zu versorgen.

2.2.11.1 Einmal-Publizität zum Börsengang

Der Börsengang verpflichtet das Unternehmen sich der Öffentlichkeit möglichst transparent zu präsentieren. Dies resultiert zum einen aus gesetzlichen (i.W. AktG, BörsenG, HGB, PublG, WpHG, WpPG) bzw. Börsen(segment)-Vorgaben, zum anderen aber auch aufgrund der berechtigten Erwartungen des Kapitalmarkts, insbesondere der (künftigen) Aktionäre des Gesellschaft. Die gesetzlichen und Börsenvorgaben beinhalten insbesondere die Veröffentlichung testierter Jahresabschlüsse mit u. a. Anhang und Lagebericht sowie (von Ausnahmen gem. §§ 3 und 4 WpPG abgesehen) bei der Emission von Aktien eines ausführlichen Verkaufsprospekts, der im gesamten EWR-Bereich (EU-Länder sowie Island, Liechtenstein und Norwegen) gegenseitig anerkannt wird (»Europäischer Paß«). Der Prospekt muss die Mindestangaben gem. Anhangs der EG-Verordnung Nr. 809/2004 beinhalten.

Verkaufsprospekt bzw. Exposé

Für ein **reines »Listing«**, d.h. eine Notiz ohne Aktienemission, reicht im Freiverkehr dagegen die Einreichung eines **Unternehmensexposés**.

Europaweite Prospektgültigkeit

Ein Prospekt muss
- entweder in einer oder mehreren Wirtschafts- oder Tageszeitungen, die in den EWR-Ländern, in denen die Aktien angeboten werden sollen, weit verbreitet sind oder
- in gedruckter Form bei einer inländischen Hinterlegungsstelle kostenlos bereit gehalten werden oder
- im Internet veröffentlicht werden. Die folgenden Webpages der folgenden Inhaber kommen dafür infrage: Emittent, platzierende Kreditinstitute, Zahlstel-

le oder der organisierte Markt, für den die Zulassung zum Handel beantragt wurde (§ 14 Abs. 2 WpHG).

Die Veröffentlichung hat unverzüglich nach Billigung durch die BAFin (20 Tage Prüfungsfrist gem. § 13 Abs. 2 S. 2 WpPG), spätestens einen Werktag vor Beginn des öffentlichen Angebots, zu erfolgen.

BAFin-Prüfungsfrist

Die BAFin ist über Veröffentlichungsort und -datum unverzüglich zu informieren. Die gleiche Information ist des Weiteren in mindestens einer Wirtschafts-/Tageszeitung mit o.g. Verbreitung zu veröffentlichen.

Der gebilligte Prospekt ist ab dem Datum der Veröffentlichung zwölf Monate gültig (§ 9 Abs. 1 WpPG).

Ein von einer EWR-Landesaufsichtsbehörde (in Deutschland: BAFin) gebilligter Prospekt verfügt automatisch über den so genannten »Europäischen Pass«, wodurch der Emittent die Aktien in allen EWR-Staaten öffentlich anbieten und diese dort an einem organisierten Markt zulassen lassen kann.

Die Nicht-Herkunftstaaten, in denen das Angebot bzw. die Handelszulassung erfolgen soll, sind lediglich mittels einer Bescheinigung der Herkunftstaat-Behörde (sog. Notifizierung) und einer Prospekt-Kopie zu informieren.

2.2.11.2 Laufende und Ad-hoc-Publizität

Veröffentlichungspflichten

Nach Gesetz sind börsennotierte Gesellschaften stets »große« Kapitalgesellschaften, die Bilanz, Gewinn- und Verlustrechnung, Anhang, Lagebericht sowie Bestätigungsvermerk (ggf. Vermerk über die Testat-Versagung) sowohl im Bundesanzeiger veröffentlichen wie auch beim Handelsregister einreichen müssen (§ 325 HGB, § 9 PublG).

Mindest-Publizität

Darüber hinaus versuchen die einzelnen Börsen- bzw. Handelssegmente den Anlegerschutz durch einen möglichst hohen Standard laufender Mindest-Publizität und insgesamt die gerade auch unterjährige Transparenz hinsichtlich der Unternehmensentwicklung zu fördern:

Zwangspublizität nach IPO

- Amtlicher Markt (General Standard): Jahresabschluss sowie mindestens ein Zwischenbericht (der ersten sechs Monate des Geschäftsjahres). Emittenten unterliegen zudem insbesondere der Ad-hoc-Publizitätspflicht gem. § 15 WpHG, Mitteilungspflichten bzgl. Meldeschwellen (§§ 21 und 25 WpHG) sowie den Offenlegungspflichten bzgl. Directors Dealings (WpHG).
- Geregelter Markt (General Standard): Jahresabschluss (sowie an der FWB mindestens ein jährlicher Zwischenbericht). Emittenten unterliegen zudem insbesondere der Ad-hoc-Publizitätspflicht gem. § 15 WpHG, Mitteilungspflichten bzgl. Meldeschwellen (§§ 21 und 25 WpHG) sowie den Offenlegungspflichten bzgl. Directors Dealings (WpHG).
- Prime Standard (Amtlicher Markt und Geregelter Markt): wie im General Standard sowie zusätzlich (Konzern-)Jahresabschlüsse auch in Englisch, Quartalsberichte in Deutsch und Englisch, Pflege eines Unternehmenskalenders (Webpage) sowie Durchführung mindestens einer Analystenveranstaltung pro Jahr.
- Freiverkehr/Open Market: keine Regelungen, allerdings gilt hier die gesetzliche Vorgabe der Jahresabschluss-Publizierung.
- Entry Standard (Teil des Freiverkehr/Open Market der FWB): ein Zwischenbericht pro Jahr, aktuelles Unternehmensporträt auf der Webpage des Un-

ternehmens, Veröffentlichung wesentlicher Unternehmensnachrichten auf der Webpage des Unternehmens, Pflege eines Unternehmenskalenders (Webpage).
- M:access München: je nach Grundzulassung Offenlegungs-Folgepflichten des Amtlichen Markts, Geregelten Markts bzw. Freiverkehrs. In jedem Falle: Veröffentlichung wichtiger Unternehmensnachrichten, Pflege eines Unternehmenskalenders, unterjähriger Emittentenbericht mit den für die Aktienbewertung relevanten Informationen (Webpage), Kernaussagen und -ziffern des geprüften Jahresabschlusses auf Webpage und als Presseerklärung, Durchführung bzw. Teilnahme an mindestens einer Analysten- und Investorenkonferenz.
- GATE-M Stuttgart: je nach Grundzulassung Offenlegungs-Folgepflichten des Amtlichen Markts oder Geregelten Markts. Zusätzlich eine Unternehmensstudie (externer Research-Bericht) nach Jahresabschluss sowie eine verkürzte Unternehmensstudie (Research-Bericht) nach Zwischenbericht bzw. Bericht über das dritte Quartal, Pflege eines Unternehmenskalenders (Webpage).
- START UP MARKET Hamburg: Jahresabschluss und Quartalsberichte.

Obgleich die laufende Berichtspublizität von nicht wenigen Unternehmen bzw. handelnden Personen als eine eher kostenverursachende, »lästige Pflicht« empfunden wird, setzt sich doch zunehmend die Auffassung durch, dass die Nettoeffekte einer ausführlichen öffentlichen Berichtspublizität deutlich positiv ausfallen: Anleger, Analysten, Banken und andere Interessenten fühlen sich (gut) informiert – und dies auf einer unterjährigen Basis. Sie müssen nicht jeweils auf die Veröffentlichung der Zahlen des Jahresabschlusses warten. Transparenz, auch über nicht wie geplant verlaufende, aber erklärbare Entwicklungen stärkt das Vertrauen des Kapitalmarkts in das Unternehmen und sein Management.

Neben den laufenden Publizitätserfordernissen unterliegen alle börsennotierten Unternehmen, bis auf solche, die im allgemeinen Freiverkehr notieren, der so genannten »**Ad-hoc-Publizität**« (gem. § 15 WpHG). Unternehmen sind danach verpflichtet, potentiell **erheblich kursbeeinflussende Tatsachen** (Insiderinformationen gem. § 13 WpHG) unverzüglich »öffentlich« zu machen. **Ad-hoc-Mitteilungen**

Eine »**Insiderinformation**« ist gem. § 13 WpHG eine »konkrete Information über nicht öffentlich bekannte Umstände, die sich auf einen oder mehrere Emittenten von Insiderpapieren oder auf die Insiderpapiere selbst beziehen und die geeeignet sind, im Falle ihres öffentlichen Bekanntwerdens den Börsen- oder Marktpreis der Insiderpapiere erheblich zu beeinflussen.« **Insider**

Unter dem Begriff **(erhebliche)** »**Kursrelevanz**« wird in der Literatur (vgl. u.a. Früh, H.-J., 1998, S. 61 ff.; Loistl, 1995, S. 232 ff.) eine potentiell 5 %ige (oder höhere) Kursveränderung und bei großen Publikumsgesellschaften eine solche von 3 % (oder höher) unter Zugrundelegung des DVFA/SG-Ergebnisses vorgeschlagen, da das WpHG keine – wohl aber die Gesetzesbegründung (mit einem Richtwert von 5 % in Anlehnung an Plus- und Minusankündigungen) – entsprechenden Festlegungen trifft. Süßmann (vgl. Süßmann, R., 1996, S. 270 ff.) vertritt die Auffassung, dass ein solcher Richtwert nicht angemessen sei. Der Emittent habe sich vielmehr an der für seine Aktien »üblichen Kursvolatilität« (der vorangehenden ein bis zwei Monate) zu orientieren. So könne bei einer Aktie mit einer üblichen Volatilität von z.B. 6 % auch erst ab dieser potentiellen Kursbeeinflussungshöhe, **Kursrelevanz erforderlich** umgekehrt bei einem sehr liquiden Wert mit einer durchschnittlichen Volatilität von z.B. nur 2 % bereits ab dieser Schwelle eine erhebliche Kursrelevanz gegeben sein. Insbesondere mit Blick auf die vom WpHG mutmaßlich entsprechend erwünschte Gleichbehandlung von big caps (= Blue Chips = bedeutende Unternehmen mit hoher absoluter Bewertung) und Small Caps (Unternehmen mit kleiner Börsenkapitalisierung) spricht auch nach Meinung d. V. vieles für diese »relative« Interpretation der Kursrelevanz in der täglichen praktischen Anwendung.

Nur Tatsachen zählen

Um eine Ad-hoc-Berichtspflicht auszulösen, muss es sich bei dem zu berichtenden Tatbestand des Weiteren um eine »**Tatsache**«, also nicht etwa um eine Planung oder ein Vorhaben, handeln. Exemplarisch zählen hierzu u.a. der Erwerb maßgeblicher Beteiligungen bzw. die komplette Übernahme anderer Unternehmen, der Abschluss größerer Kundenaufträge oder/und z.B. auch internationaler Kooperationen bzw. Joint Ventures.

Herstellung der »Öffentlichkeit«

Schließlich bedeutet »**Öffentlichkeit**« das faktische Verbreiten der Ad-hoc-Mitteilung in den öffentlichen Medien. Die Mitteilung an einige wenige Journalisten, die Präsentation vor Analysten oder z.B. ein Bericht auf der Hauptversammlung reichen hierzu beispielsweise nicht aus. Seit Einführung der Ad-hoc-Zwangs-Publizität (außerhalb des Freiverkehrs) ist allerdings zu konstatieren, dass eher zu häufig als zu selten das Instrument der Ad-hoc-Publizität eingesetzt, z.T. auch regelrecht »missbraucht« wurde. Dies primär aus zwei Gründen: erstens mochte sich kein Unternehmen vorwerfen lassen, eine möglicherweise doch berichtspflichtige Tatsache nicht berichtet zu haben und zweitens stell(t)en die meisten Ad-hoc-Meldungen aufgrund ihrer weiten Verbreitung in den Medien »kostenlose Werbung« für das Unternehmen und die Aktie dar.

Ad-hoc-Befreiung

Auf Antrag des Emittenten besteht schließlich die Möglichkeit, das BAFin um **Befreiung von der Ad-hoc-Berichtspflicht** zu ersuchen, wenn die Veröffentlichung der Tatsache geeignet sein könnte, seinen berechtigten Interessen zu schaden. Insbesondere in der ersten Zeit nach erstmaliger Börsennotierung sollten sich Emittenten, nicht nur in Zweifelsfällen, des Rates von Rechtsexperten versichern, wenn es um die Frage »Ad-hoc-Relevanz und -Berichtspflicht ja oder nein« geht.

2.2.12 Beachtung des Wertpapierübernahmegesetzes (WpÜG)

Seit dem 01.01.2002 gilt das WpÜG für alle EU-regulierten, organisierten Märke (Amtlicher Markt und Geregelter Markt bzw. die hierauf aufbauenden Teilbereiche). Es regelt Angebote bzw. Pflichtangebote für Aktien, die an diesen Märkten notiert sind. Durch das WpÜG wurde der Übernahmekodex der Börsensachverständigenkommission beim Bundesministerium der Finanzen obsolet.

2.2.13 Halteverpflichtung/Lock-up-Periode

Um die neuen Aktionäre vor potentiellen, unliebsamen (Kurs-)Überraschungen infolge von Abgaben aus Altaktionärsbestand (bald) nach Börsengang zu schützen, schrieb seinerzeit u.a. auch der Neue Markt eine Mindesthalteperiode der Altaktionäre von sechs Monaten vor. Derzeit macht nur noch ein Segment eine entsprechende Vorgabe: Im START UP MARKET Hamburg gilt für Aktionäre, die zum Zeitpunkt der Antragstellung auf Einbeziehung in den Handel mindestens 5 % am zuzulassenden Aktienkapital halten, eine mindestens sechsmonatige Lock-up-Verpflichtung.

Demgegenüber fordern jedoch einzelne Emissionsbanken – in Abhängigkeit vom Emittenten, dem gewählten Börsensegment sowie der bereits beim Börsengang ggf. mitplatzierten Altaktionärsaktienbestände – Lock-up-Perioden, die teilweise über ein Jahr hinausgehen (Bsp.: Jack White AG: 18 Monate) bzw. mit vier und mehr Jahren (Beispiel: Heyde AG mit bis zu zehn Jahren) z.T. noch merklich über den vorgenannten Mindest-Haltefristen liegen.

Aufgrund vermuteter und in einigen wenigen Fällen tatsächlich vorgekommener Verstöße gegen diese Halteverpflichtungen wurde seit Herbst 1999 dazu übergegangen, die Mindesthalteverpflichtung dadurch unumgehbar zu machen, dass die Aktien der Altaktionäre für die Lock-up-Frist eine gesonderte ISIN (ehemals Wertpapierkennnummer) erhalten, die nicht zum Handel zugelassen ist. **Verstöße gegen Halteverpflichtungen**

2.2.14 Designated Sponsor/Betreuer

Banken und Wertpapierhandelshäuser sorgen als Designated Sponsors auf Anfrage oder eigene Initiative durch kontinuierliche Stellung verbindlicher Kauf- und Verkaufspreise für bestimmte Wertpapiere für zusätzliche Liquidität. Sie garantieren innerhalb von zwei Minuten auf eine Kursanfrage aus dem Markt mit einer Kursstellung zu reagieren und ermöglichen so einen kontinuierlichen Handel (statt nur einer Preisfeststellungsauktion pro Tag) in diversen Aktien. Die Deutsche Börse erfasst das Marktagieren der einzelnen Designated Sponsors und publiziert es in Form von **Ratings** (FWB 2005). **Designated Sponsors, Market-Making**

Kriterien für die Auswahl eines bzw. mehrerer Designated Sponsors sind insbesondere: **Auswahlkriterien**

- vertiefte Branchenkenntnis,
- Erfahrung und Referenzen,
- Research-Fazilitäten,
- Rating der Deutschen Börse,
- Vertragsgestaltung (Leistungen, Vergütungen etc.).

Während Emittenten am ehemaligen Neuen Markt mindestens zwei Designated Sponsors verpflichten mussten, ist seit der Neuordnung der Segmente (Einführung von »General Standard« und »Prime Standard« sowie Beendigung des Neuen Markts) an der Frankfurter Wertpapierbörse (FWB) für die Notwendigkeit eines Designated Sponsors ausschließlich die Liquidität eines Wertpapiers und nicht mehr die Zugehörigkeit zu einem bestimmten Handelssegment oder Index entscheidend.

Für eine **Notierung im fortlaufenden Handel** (Voraussetzung für die Aufnahme einer Aktie in einen der Auswahlindizes der Deutsche Börse AG) kann es in Abhängigkeit der Liquidität der jeweiligen Aktie erforderlich sein, mindestens einen Designated Sponsor als Liquiditäts-Kontributor zu engagieren. Um eine möglichst hohe Liquidität zu fördern, empfiehlt die Deutsche Börse/FWB die Verpflichtung von zwei Designated Sponsors. **Fortlaufender Handel**

Auswahlindizes

Die vertragliche Vereinbarung zwischen Emittent und Designated Sponsor ist grundsätzlich frei verhandelbar. In der Regel kann der Emittent mit einem unteren fünfstelligen Betrag p.a. rechnen.

Die Deutsche Börse teilt alle auf Xetra (elektronisches Handelssystem im Unterschied zum Parketthandel) fortlaufend gehandelten Aktien mittels zweier Messzahlen, des durchschnittlichen **Orderbuchumsatzes** sowie des **Xetra-Li-** **Orderbuchumsatz XLM – Xetra-Liquiditätsmass** quiditätsmasses (XLM) in die beiden Liquiditätskategorien A und B ein. Alle Aktien, deren Orderbuchumsatz über 2,5 Mio. € pro Tag **und** deren XLM unter 100 Basispunkten (1 Basispunkt = 0,01 %) liegen, werden (vierteljährlich neu ermittelt) in die Kategorie A eingereiht und benötigen keinen Designated Sponsor.

Die Messzahl Xetra-Liquiditätsmaß (XLM) misst die tatsächliche Liquidität einer Aktie anhand der impliziten Transaktionskosten, da diese umso kleiner werden, je liquider ein Markt/Titel ist. Der XLM-Wert wird bestimmt, indem eine hypothetische unlimitierte Kauf- und Verkaufsorder in das Orderbuch eingestellt werden. Die sich ergebenden durchschnittlichen Ausführungspreise werden mit dem theoretischen Marktwert (Mitte zwischen bestem Geld- und Brief-Limit) verglichen und in Basispunkten (Hundertstel-Prozentpunkten) erfasst.

Wird eine Aktie nicht bzw. nicht mehr fortlaufend in Xetra notiert, findet i.d.R. nur noch eine Preisfeststellung pro Tag in der mittäglichen Auktion auf Xetra statt.

Sponsor-Rating

Die Deutsche Börse misst und bewertet die Leistungen der Designated Sponsors vierteljährlich in einem **Performance-Rating**. Das Rating besteht aus der Abfolge zweier Buchstaben. Der erste Buchstabe bewertet die Quotierungsdauer (für mindestens 90 % der Handelszeit:»A«, bei unter 65 %: »D«). Der zweite Buchstabe bewertet den Spread, d.h. die Differenz zwischen An- und Verkaufspreis (ein »A« erhalten Designated Sponsors, deren Spread um mindestens 25 % enger als der jeweils maximal Zulässige ist). Wenn ein Designated Sponsor bei 10 % und mehr der betreuten Werte nicht die Mindestanforderungen erfüllt, fällt er ganz aus dem Rating.

2.2.15 Deutsche Börse Listing Partner (Entry Standard)

Die FWB schreibt für Unternehmen, die sich im Teilbereich des Frankfurter Freiverkehrs/Open Market, dem »Entry Standard«, notieren lassen möchten, vor, einen Listing Partner für die fortlaufende Betreuung zu verpflichten. Dieser hat mit dem Emittenten laut FWB ein anfängliches und danach ein mindestens einmal jährliches grundlegendes Informationsgespräch über Transparenzanforderungen am Kapitalmarkt zu führen sowie die Beratung des Unternehmens bei der Veröffentlichung der vorgeschriebenen Informationen (z.B. Unternehmenskalender, Unternehmenskurzporträt, Weitergabe wesentlicher Unternehmensnachrichten) zu übernehmen.

2.2.16 Börsenplatz- bzw. börsen-/handelssegment-spezifische Anforderungen

Börsenanforderungen an Emittenten im Überblick

An allen deutschen Börsenplätzen gibt es die drei klassischen Börsen- bzw. Handelssegmente Amtlicher Markt, Geregelter Markt sowie Freiverkehr. Die segmentspezifischen Anforderungen an Emittenten sind dabei an den verschiedenen inländischen Börsen (weitestgehend) identisch.

In Abgrenzung hierzu gibt es folgende abweichende Bezeichnungen bzw. weitere Segmente:

- **General Standard an der Frankfurter Wertpapierbörse:** Im General Standard sind (automatisch) alle im «normalen« Amtlichen Markt oder Geregelten Markt mit den dortigen üblichen Folgepflichten zugelassenen Unternehmen notiert. Verwirrend für Emittenten ist (wie der Verfasser aus der Emissionsberatungs-

praxis bestätigen kann), dass es ein und dieselbe Bezeichnung (General Standard) für zwei verschiedene Segmente (Amtlicher und Geregelter Markt) gibt.
- **Prime Standard an der Frankfurter Wertpapierbörse:** Der Prime Standard bezieht sich auf die im Amtlichen Markt oder Geregelten Markt zugelassenen Unternehmen, die besondere (zusätzliche) Folgepflichten akzeptieren und beachten. Verwirrung besteht im Sinne des oben Genannten auch hier.
- **Open Market an der Frankfurter Wertpapierbörse:** Neuere synonyme Bezeichnung der FWB für den dortigen Freiverkehr
- **Entry Standard an der Frankfurter Wertpapierbörse:** Der Entry Standard ist ein Teilbereich des Frankfurter Freiverkehrs/Open Market mit zusätzlichen Zulassungsvoraussetzungen und Folgepflichten.
- **GATE-M an der Stuttgarter Börse:** Eine von der Grundkonzeption mit dem Frankfurter Prime Standard vergleichbare Handelsplattform für Unternehmen, die entweder zum Amtlichen Markt oder Geregelten Markt zugelassen sind und besondere Folgepflichten beachten (müssen).
- **M:access an der Münchener Börse:** Eine Handelsplattform für Unternehmen, die entweder im Amtlichen Markt, Geregelten Markt oder Freiverkehr zum Handel zugelassen sind – mit zusätzlichen Zulassungsvoraussetzungen und weiteren zu beachtenden Folgepflichten.
- **START UP MARKET an der Hamburger Börse:** Ein Teilbereich des Hamburger Geregelten Markts mit zusätzlichen Zulassungsvoraussetzungen und weiteren zu beachtenden Folgepflichten.
- **KMU-Markt an der Börse Berlin:** Ein Teilbereich des Berliner Freiverkehrs mit zusätzlichen Zulassungsvoraussetzungen und weiteren zu beachtenden Folgepflichten.

2.2.16.1 Die deutschen Börsen

In Deutschland gibt es derzeit acht Wertpapierbörsenplätze (s. Adressen im Anhang). Dies sind die börse-stuttgart AG Stuttgart, die Bayerische Börse AG München, die Berliner Börse AG Berlin, die BÖAG Börsen AG (Trägergesellschafter der Börsen Hamburg und Hannover) Hamburg und Hannover, die Bremer Wertpapierbörse AG (seit Juni 2005 Teil der SWX Swiss Exchange Group, Zürich) Bremen, die Deutsche Börse AG Frankfurt sowie die Börse Düsseldorf AG Düsseldorf. Die mit Abstand bedeutendste deutsche Börse ist die Frankfurter Wertpapierbörse (FWB).

Frankfurt, Deutschlands größter Handelsplatz

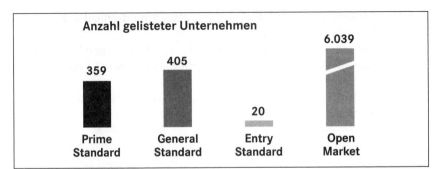

Abbildung 19: Anzahl gelisteter Unternehmen an der FWB; Quelle: Deutsche Börse, Stand: Ende 2005

Deutsche Regionalbörsen

Zentralisierungstrends der Börsen

Die verschiedenen Regionalbörsen haben in den vergangenen Jahren versucht, durch eine Reihe von Maßnahmen, wie anlegerfreundlichere Handelsmodalitäten (z.B. Börse München, Börse Stuttgart), besonders aktives Umwerben von Emittenten, den ausgeprägten Ausbau des Handels mit ausländischen Werten (z.B. Börse Berlin), neuartige Börsenkonzepte (z.B. Börse Hamburg mit dem dortigen Second-hand-Fondsmarkt) sowie die Einführung spezieller Handelssegmente im Wettbewerb mit Frankfurt zu bestehen. Es bleibt abzuwarten, welche Regionalbörsen ihren Stellenwert z.B. im Wege weiterer Fusionen, der Formierung paneuropäischer und sonstiger deutsch-ausländischer Kooperationen, über ausgeprägte Spezialisierungen, die stärkere Nutzung von E-Trading und Netzwerken oder anderweitig auszubauen vermögen. Nicht von der Hand zu weisen sind Einschätzungen von Kapitalmarktexperten, die eine weiter zunehmende Konzentration der deutschen Börsenlandschaft prognostizieren. Hierbei wird auch das Beispiel USA, und im speziellen die »Technologie-/Wachstumsbörse« NASDAQ bemüht, die ohne inneramerikanischen (Regional-)Wettbewerb dasteht.

Emittenten wie Anleger können von den zu erwartenden Zentralisierungstrends nach Einschätzung des Verfassers – selbst angesichts eines möglichen Verlusts an regionaler Verbundenheit zu einer ortsansässigen »Heimatbörse« – nur weiter gewinnen.

2.2.16.2 Überblick über die inländischen Börsen-/Handelssegmente

Grundsätzlich sind EWR-weit die so genannten EU-regulierten, organisierten Märkte von den nicht-EU-regulierten (»nicht organisierten«) zu unterscheiden.

EU-regulierte Märkte

Zu den EU-regulierten Märkten gehören der deutsche Amtliche Markt (AM) sowie der Geregelte Markt (GM), entsprechend natürlich auch die hierauf aufbauenden weiteren Handelssegmente.

Nicht-EU-regulierte Märkte

Der **Freiverkehr** (FV)/**Open Market** (Bezeichnung durch die FWB seit Oktober 2005) als drittes gesetzliches deutsches Segment bzw. die hierauf aufbauenden weiteren Handelssegmente (z.B. **Entry Standard** der FWB) stellen dagegen keinen EU-regulierten, organisierten Markt oder »Börse« dar. Gleiches gilt im Übrigen für den **Londoner Alternative Investment Market** (**AIM** bzw. den **Alternext** an der Euronext).

Neben den an jeder der deutschen Börsen vertretenen »Börsensegmenten« Amtlicher Markt, Geregelter Markt sowie Freiverkehr, gibt es an der Frankfurter Wertpapierbörse den auf Amtlichem und Geregeltem Markt aufbauenden General Standard bzw. Prime Standard sowie den auf dem Freiverkehr aufbauenden Entry Standard. Darüber hinaus sind das Münchner Handelssegment M:access (aufbauend auf AM, GM oder FV), das Stuttgarter GATE-M (aufbauend auf AM bzw. GM) bzw. der Hamburger START UP MARKET (aufbauend auf GM) zu nennen. Der 1997 gegründete, auf dem Geregelten Markt der FWB aufbauende Neue Markt wurde im Juni 2003 beendet, der hierauf basierende Index NEMAX zum Jahresende 2004 eingestellt.

Ebenso ist die 1999 begründete, auf AM und GM aufbauende Qualitätsnotizplattform SMAX der FWB zum gleichen Zeitpunkt wie der Neue Markt ausgelaufen. Sämtliche Unternehmen, die ehemals am Neuen Markt oder im SMAX notiert waren, wurden bis zum 5.6.2003 auf General Standard bzw. Prime Standard verteilt.

2.2.16.3 Amtlicher Markt

Hinsichtlich der **technisch-formalen Anforderungen** ist zu beachten:
Der **Amtliche Markt (bis Juli 2002: »Amtlicher Handel«** ist ein organisierter Markt i.S.v. § 2 Abs. 5 WpHG (Wertpapierhandelsgesetz). Rechtliche Basis sind das Börsengesetz (§§ 30 ff. BörsG), die Börsenzulassungsverordnung sowie die jeweilige Börsenordnung. Eine Notiz im Amtlichen Handel erfordert das Durchlaufen eines öffentlich-rechtlichen Zulassungsverfahrens. Der Emittent muss den Zulassungsantrag gemeinsam mit mindestens einem Kreditinstitut, einem Finanzdienstleistungsinstitut oder einem Unternehmen, das nach § 53 Abs. 1 Satz 1 oder § 53b Abs. 1 Satz 1 des KWG (Kreditwesengesetz) tätig ist, bei der Börsen-Zulassungsstelle einreichen. Gehört der Emittent selbst zu einer dieser Gruppen, kann er das Verfahren zur Zulassung selbst beantragen.

Die wesentlichen Zulassungsvoraussetzungen sind: ein Mindestalter der Gesellschaft von drei Jahren, entsprechend die Veröffentlichung von drei testierten Jahresabschlüssen, die Pflicht zur Zulassung sämtlicher Aktien der gleichen Gattung, ein Freefloat (Streubesitz) von 25 % der zugelassenen Aktien, ein Kurswert des Gesamtunternehmens von mindestens 1,25 Mio. € (falls dieser nicht schätzbar ist, ein Mindest-Eigenkapital von 1,25 Mio. €) sowie die Vorlage eines **Verkaufsprospekts** bei der Börse sowie bei der BAFin zur Prüfung und Billigung.

Im Detail sind zur Börsenzulassung folgende Unterlagen einzureichen:
- Zulassungsantrag (von Emittent und Konsortialführer unterzeichnet),
- von der BAFin gebilligter und veröffentlichter Prospekt (zur Antragstellung genügt der Entwurf),
- aktuelle Satzung,
- aktueller beglaubigter Handelsregisterauszug,
- Gründungsbericht (falls das Unternehmen nicht länger als zwei Jahre besteht),
- Vorlage der der Emission zugrunde liegenden Beschlüsse (z.B. Vorstands-, Aufsichtsrats- bzw. Hauptversammlungsbeschlüsse),
- Kopie der Aktienglobalurkunde (im seltenen Falle der Einzelverbriefung ein Musterstück),
- Jahresabschlüsse für die letzten drei Geschäftsjahre.

Das Zulassungsverfahren sollte möglichst zeitlich parallel zum Prospektbilligungsverfahren bei der BAFin begonnen werden, damit am Tag der Billigung und (Web-)Veröffentlichung des Prospekts auch der Zulassungsbeschluss ergehen kann.

An wesentlichen Folgepflichten ergeben sich: die Beachtung der Ad-hoc-Publizitätspflichten, die Vorlage testierter Jahresabschlüsse nach HGB und IFRS/IAS, mindestens ein Zwischenbericht (über die ersten sechs Monate des Geschäftsjahrs; spätestens zwei Monate nach Stichtag vorzulegen, die Beachtung der Corporate Governance-Grundsätze, die Mitteilungspflichten bei der Erreichung bzw. dem Unter- oder Überschreiten bestimmter Schwellenwerte der Stimmrechtsanteile, die Beachtung der Insiderregeln sowie die Offenlegung von Directors Dealings.

Die Einmal- und fortlaufenden Kosten einer Notiz im Amtlichen oder Geregelten Markt unterscheiden sich bei den einzelnen deutschen Börsen kaum.

Beispielhaft werden im Folgenden die Kosten einer Notierung im Amtlichen Markt bzw. Geregelten Markt (gleich hoch bei General Standard und Prime Standard) entsprechend Gebührenordnung der Frankfurter Wertpapierbörse (Stand 01.01.2006) genannt:

Kosten einer Notierung im Amtlichen Markt und Geregelten Markt (Prime Standard oder General Standard) der FWB		
Gebührenart	Amtlicher Markt	Geregelter Markt
Zulassungsgebühr einmalig	3.000 €	3.000 €
Einführungsgebühr einmalig	2.500 €	2.500 €
Summe einmaliger Gebühren	5.500 €	5.500 €
Jährliche Notierungsgebühr	7.500 €	7.500 €

Die folgende Übersicht gibt noch einmal die wesentlichen Anforderungen an die Zulassung bzw. die Folgepflichten im Amtlichen Markt wieder.

Anforderungen im Amtlichen Markt (= Amtlicher Markt/General Standard der Frankfurter Wertpapierbörse)	
Zulassungsvoraussetzungen	Folgepflichten
• EU-regulierter, »organisierter« Markt	• Ad-hoc-Publizität (§ 15a WpHG)
• Rechtliche Grundlage: §§ 30–48 BörsG, BörsZulV, BörsO der jeweiligen Börse sowie WpPG	• Testierter Jahresabschluss nach HGB und IFRS/IAS (BörsO)
• Alter des Unternehmens: mind. drei Jahre und Anzahl offen zu legender Jahresabschlüsse: mindestens drei (§ 3 BörsZulV)	• Zwischenbericht über die ersten sechs Geschäftsjahresmonate – spätestens nach zwei Monaten (§ 40 BörsG, § 53 ff. BörsZulV)
• Zulassungspflicht für sämtliche Aktien der gleichen Gattung (§ 7 BörsZulV)	• Beachtung des Corporate Governance Kodex (»comply or explain«: Hinweis im Jahresabschluss, falls und welche Bestimmungen ggf. nicht befolgt wurden) (§ 161 AktG)
• Streubesitz: mindestens 25 % der zugelassenen Aktien (§ 9 Abs. 1 BörsZulV)	
• Kurswert des Gesamtunternehmens: mindestens 1,25 Mio. €; falls nicht schätzbar: Eigenkapital mind. 1,25 Mio. € (§ 2 Abs. 1 BörsZulV)	• Mitteilung zu Meldeschwellen (Stimmrechtsanteile 5/10/25/50/75 %, § 25 i.V.m. § 21 WpHG)
• Verkaufsprospekt in Deutsch (WpPG) – bei öffentlicher Aktienemission	• Pflichtangebot bei Kontrollwechsel (WpÜG)
• Zulassungsantrag durch das Unternehmen und eine Bank bzw. ein zugelassenes Wertpapierdienstleistungsunternehmen	• Beachtung der Insiderregeln (WpHG)
	• Offenlegung von Directors Dealings (WpHG)

2.2.16.4 Geregelter Markt

Der **Geregelte Markt** gehört wie auch der Amtliche Markt zu den EU-regulierten Märkten und ist ein organisierter Markt i.S.v. § 2 Abs. 5 WpHG. Rechtliche Basis sind das Börsengesetz (§§ 71 ff.) sowie die Börsenordnung (§§ 56 ff.). Eine Notiz im Geregelten Markt erfordert das Durchlaufen eines öffentlich-rechtlichen Zulassungsverfahrens. Der Emittent muss den Zulassungsantrag gemeinsam mit mindestens einem Kreditinstitut, einem Finanzdienstleistungsinstitut oder einem Unternehmen, das nach § 53 Abs. 1 Satz 1 oder § 53b Abs. 1 Satz 1 des KWG (Kreditwesengesetz) tätig ist, bei der Börsen-Zulassungsstelle einreichen. Gehört der Emittent selbst zu einer dieser Gruppen, kann er das Verfahren zur Zulassung selbst beantragen.

Die Zulassungs- und Folgepflichten sind weniger streng als die des Amtlichen Handels: Unternehmen, die an den Geregelten Markt streben, sind verpflichtet, einen durch die BAFin zu prüfenden und zu billigenden Prospekt vorzulegen und eine Erst-Emission durchzuführen, die einen Mindestnennwert von 250.000 € bzw. im Falle von Stückaktien mindestens 10.000 Stücken ausmacht.

Im Detail sind zur Börsenzulassung folgende Unterlagen einzureichen:
- Zulassungsantrag (von Emittent und Konsortialführer unterzeichnet),
- von der BAFin gebilligter und veröffentlichter Prospekt (zur Antragstellung genügt der Entwurf),
- aktuelle Satzung,
- aktueller beglaubigter Handelsregisterauszug,
- Gründungsbericht (falls das Unternehmen nicht länger als zwei Jahre besteht),
- Vorlage der der Emission zugrunde liegenden Beschlüsse (z.B. Vorstands-, Aufsichtsrats- bzw. Hauptversammlungsbeschlüsse),
- Kopie der Aktienglobalurkunde (im seltenen Falle der Einzelverbriefung ein Musterstück),
- Jahresabschlüsse für die letzten drei Geschäftsjahre.

Das Zulassungsverfahren sollte möglichst zeitlich parallel zum Prospektbilligungsverfahren bei der BAFin begonnen werden, damit am Tag der Billigung und (Web-)Veröffentlichung des Prospekts auch der Zulassungsbeschluss ergehen kann.

An wesentlichen Folgepflichten ergeben sich: die Beachtung der Ad-hoc-Publizitätspflichten, die Vorlage testierter Jahresabschlüsse nach HGB und IFRS/IAS, die Beachtung der Corporate Governance-Grundsätze, die Mitteilungspflichten bei der Erreichung bzw. dem Unter- oder Überschreiten bestimmter Schwellenwerte der Stimmrechtsanteile, die Beachtung der Insiderregeln sowie die Offenlegung von Directors Dealings. Die FWB sieht in ihrem Regelwerk für den Geregelten Markt (BörsO) des Weiteren zwingend die Vorlage eines Zwischenberichts vor, obgleich das Börsengesetz zusätzliche Anforderungen nur im Rahmen von Segmentteilbereichen vorsieht. Ob dies daher statthaft ist, sei dahingestellt.

Folgepflichten eines Zahlungsverfahrens

Die Einmal- und jährlichen Kosten der Notierung im Geregelten Markt (an der FWB gleich, ob im General oder Prime Standard) sind exemplarisch der Übersicht zum Amtlichen Markt zu entnehmen. Die Einmal- und fortlaufenden Kosten sind im Vergleich zum Amtlichen Markt gleich. An der FWB betragen die

Einmalkosten einer Notiz im Geregelten Markt (General und Prime Standard) 5.500 € und die **jährlichen Notizkosten** 7.500 €.

Die folgende Übersicht gibt noch einmal die wesentlichen Anforderungen für die Zulassung bzw. die Folgepflichten im Geregelten Markt (General Standard an der FWB) wieder.

Anforderungen im Geregelten Markt (= Geregelter Markt/General Standard der Frankfurter Wertpapierbörse)	
Zulassungsvoraussetzungen	Folgepflichten
• EU-regulierter, »organisierter« Markt;	• Ad-hoc-Publizität (§ 15aWpHG);
• rechtliche Grundlage: §§ 49–56 BörsG, BörsZulV, BörsO der jeweiligen Börse (§ 50 Abs. 1 BörsG) sowie WpPG	• testierter Jahresabschluss nach HGB und IFRS/IAS (BörsO);
• keine Mindest-Altersvorgabe; allerdings lt. z.B. FWB-Börsenordnung Soll-Alter drei Jahre;	• [nur an der Frankfurter Wertpapierbörse: Zwischenbericht über die ersten sechs Geschäftsjahresmonate – spätestens nach zwei Monaten; gem. § 71 FWBo];
• keine Zulassungspflicht für sämtliche Aktien der gleichen Gattung;	• Beachtung des Corporate Governance Kodex (»comply or explain«: Hinweis im Jahresabschluss, falls und welche Bestimmungen ggf. nicht befolgt wurden) (§ 161 AktG);
• keine Mindest-Streubesitzquote;	
• Nennbetrag zu platzierender Aktien: mind. 250.000 € bzw. im Falle von Stückaktien mind. 10.000 Stück (§ 2 BörsZulV);	• Mitteilung zu Meldeschwellen (Stimmrechtsanteile 5/10/25/50/75 % (§ 25 i.V.m.§ 21 WpHG);
• Verkaufsprospekt in Deutsch (WpPG) – bei öffentlicher Aktienemission: Zulassungsantrag durch das Unternehmen und eine Bank bzw. ein zugelassenes Wertpapierdienstleistungsunternehmen	• Pflichtangebot bei Kontrollwechsel (WpÜG);
	• Beachtung der Insiderregeln (WpHG);
	• Offenlegung von Directors Dealings (WpHG).

2.2.16.5 General Standard und Prime Standard - Frankfurt

General Standard Die »normalen« Listungsanforderungen im Amtlichen Markt bzw. Geregelten Markt werden von der FWB als **General Standard** bezeichnet. Je nach Zulassungssegment gelten die Zulassungsfolgepflichten des Amtlichen Marktes oder Geregelten Marktes. Die Aufnahme in den General Standard an der FWB erfolgt automatisch mit der Zulassung der Wertpapiere zum Amtlichen Markt oder Geregelten Markt.

Prime Standard Der **Prime Standard** der FWB ist ein Teilbereich des Amtlichen Markts oder Geregelten Markts **mit weiteren Folgepflichten** und für Unternehmen gedacht, die sich insbesondere gegenüber internationalen Investoren öffnen möchten. Über die Mindestanforderungen des Amtlichen oder Geregelten Marktes (General Standard) hinaus müssen Prime Standard-Unternehmen hohe internationale Transparenzanforderungen erfüllen. Die Zulassung zum Prime Standard ist gleichzeitig Voraussetzung für die Aufnahme in die Auswahlindizes DAX, MDAX, TecDAX und SDAX.

Die wesentlichen Zulassungsvoraussetzungen zum Prime Standard sind:
- die Zulassung zum Amtlichen Markt oder Geregelten Markt und
- der Antrag des Emittenten auf Zulassung bei der Zulassungsstelle

Die wesentlichen – im Vergleich zum Amtlichen Markt bzw. Geregelten Markt zusätzlichen – Folgepflichten beinhalten:
- Ad-hoc-Mitteilungen auch in Englisch,
- Konzern(-abschlüsse) auch in Englisch, spätestens nach vier Monaten,
- Quartalsberichte in Deutsch und Englisch,
- Veröffentlichung eines Unternehmenskalenders in Deutsch und Englisch,
- Durchführung mindestens einer Analystenkonferenz pro Jahr.

Anforderungen des Prime Standard im Amtlichen Markt bzw. Geregelten Markt der Frankfurter Wertpapierbörse	
Zulassungsvoraussetzungen	**Folgepflichten**
• Zulassungsvoraussetzungen des Amtlichen Markts bzw. des Geregelten Markts und entsprechend erfolgte Zulassung; • Antrag des Emittenten auf Zulassung zum Prime Standard.	• Folgepflichten des Amtlichen Markts bzw. des Geregelten Markts sowie zusätzlich: • Ad-hoc-Publizität auch in Englisch (§§ 66 und 81 FWBo); • Publikation des testierten (Konzern-)abschlusses nach IFRS/IAS oder US-GAAP in Deutsch und Englisch unverzüglich nach Billigung durch den Aufsichtsrat, spätestens vier Monate nach Ende des Geschäftsjahres (§§ 62 und 77 FWBo); • Publikation von Quartalsberichten (Rechnungslegungsstandard des Jahresabschlusses) in Deutsch und Englisch, spätestens zwei Monate nach Quartalsende (§§ 63 und 78 FWBo); • Veröffentlichung eines aktuellen Unternehmenskalenders in Deutsch und Englisch (§§ 64 und 79 FWBo); • mindestens eine Analystenveranstaltung pro Jahr (§§ 65 und 80 FWBo).

2.2.16.6 Freiverkehr/Open Market (FWB)

Der **Freiverkehr** stellt eines der drei vom deutschen Gesetzgeber vorgesehenen Handelssegmente dar. Er ist ein privatrechtlich organisiertes Segment, das eine Börse nach § 57 BörsG zulassen kann (keine Börsennotierung i.S.d. § 3 Abs. 2 AktG bzw. kein organisierter Markt i.S.v. § 2 Abs. 5 WpHG) und gehört damit nicht zu den EU-regulierten Märkten. Der Freiverkehr weist deutlich geringere Zugangsvoraussetzungen und Folgepflichten als der Geregelte und insbesondere der Amtliche Markt auf. Neben deutschen Aktien werden in den Freiverkehrs-Segmenten der deutschen Börsen überwiegend ausländische Aktien, Anleihen

Phase 2: Unternehmens-Status-quo und Anforderungen an einen Börsenkandidaten

sowie Optionsscheine gehandelt. Grundlage für die Einbeziehung von Wertpapieren in den Freiverkehrshandel bilden das Börsengesetz (§ 78 BörsG – Richtlinien für den Freiverkehr) bzw. die Freiverkehrsrichtlinien der jeweiligen Börse. Emittenten, die sich im Freiverkehr notieren lassen möchten, müssen im Falle einer geplanten öffentlichen Aktienplatzierung einen von der BAFin geprüften und gebilligten **Prospekt** zur Zulassung vorlegen; ansonsten reicht ein in alleiniger Unternehmensverantwortung stehendes **Unternehmensexposé**, das weder von der BAFin noch von der Börse geprüft wird. Weitere grundlegende Mindestvorschriften kennen die allgemeinen Freiverkehrssegmente nicht.

Die Einbeziehung der Aktien in den Handel erfolgt auf Antrag eines an der jeweiligen Börse registrierten Handelsteilnehmers. Als wesentliche Folgepflichten ergeben sich die Beachtung der **Insidervorschriften** sowie des **Verbots der Kurs- und Marktpreismanipulation** gem. WpHG.

Der Freiverkehr an der Frankfurter Wertpapierbörse ist nach eigenen Angaben das größte Marktsegment in Europa, wo u.a. rund 6.000 deutsche und internationale Unternehmen gehandelt werden. Um das Segment Freiverkehr stärker international zu positionieren und zu vermarkten wurde ihm durch die Frankfurter Wertpapierbörse 2005 die Bezeichnung **Open Market** verliehen.

Die Kosten der Notierung im Freiverkehr unterscheiden sich von Börse zu Börse kaum. An der FWB beträgt das einmalige Einbeziehungsentgelt mit Prospekt oder Exposé 750 €.

Die folgende Übersicht gibt die wesentlichen Anforderungen für die erstmalige Einbeziehung bzw. die Folgepflichten im Freiverkehr/Open Market wieder.

Anforderungen im Freiverkehr/Open Market	
Zulassungsvoraussetzungen	**Folgepflichten**
• Kein EU-regulierter, »organisierter« Markt, damit rechtlich auch kein Börsensegment; im Freiverkehr gehandelte Werte gelten im rechtlichen Sinne daher nicht als »börsengehandelt«;	• Beachtung der Insiderregeln (§§ 12 ff. WpHG);
• rechtliche Grundlage: Freiverkehrsrichtlinien der jeweiligen Börsen, z.B. der FWB;	• Beachtung des Verbots der Kurs- und Marktpreismanipulation (§ 20a WpHG);
• bei öffentlicher Aktienemission: Verkaufsprospekt in Deutsch (WpPG) – (Prüfung/Genehmigung durch BAFin);	• keine Pflicht zur Ad-hoc-Publizität;
• bei Privatplatzierung und ohne jegliche Aktienplatzierung: nicht-öffentliches Unternehmensexposé (keine Prüfung durch BAFin oder Börse);	• keine Veröffentlichungspflicht von Jahresabschlüssen und Zwischenberichten;
• Antrag auf Einbeziehung in den Handel durch einen an der jeweiligen Börse zugelassenen Handelsteilnehmer;	• keine Beachtung des Corporate Governance Kodex (»comply or explain«-Regel) notwendig;
• keine Vorgaben z.B. bzgl. Mindest-Alter, Mindest-Streubesitzquote, Mindest-Nennbetrag oder -Kurswert zu emittierender Aktien.	• keine Pflicht zur Publikation der Änderung wesentlicher Stimmrechtsanteile;
	• keine Pflicht zur Beachtung des WpÜG (Pflichtangebot bei Kontrollwechsel).

2.2.16.7 Entry Standard - Frankfurt

Am 25.10.2005 hat die FWB mit dem Entry Standard einen neuen Teilbereich des Freiverkehrs/Open Market mit zusätzlichen Transparenzanforderungen gestartet. Hierauf aufbauend berechnet die Börse den Auswahlindex Entry Standard Index (30 Unternehmen mit dem höchsten Börsenumsatz) sowie den Entry Standard All Share Index, in dem sämtliche im Entry Standard gehandelten Unternehmen enthalten sind.

Mit dem Entry Standard möchte die FWB kleine und mittlere Unternehmen ansprechen, die einen flexiblen und kosteneffizienten Kapitalmarktzugang mit niedrigen regulatorischen Anforderungen, aber einer erhöhten Visibilität für Investoren suchen. Da wesentliche Transparenz- und Verhaltensregeln, die für EU-regulierte, organisierte Märkte (wie Amtlicher und Geregelter Markt bzw. General und Prime Standard) im Entry Standard - wie auch im einfachen Freiverkehr/Open Market - nicht gelten, richtet sich dieses Handelssegment laut FWB »vornehmlich an qualifizierte Investoren, die die Chancen und Risiken in einem gering regulierten Marktsegment einschätzen können« (www.deutsche-boerse.com) i.S.v. § 2 Nr. 6 WpPG.

Die Einbeziehung der Aktien in den Handel des Entry Standard (s. Richtlinien für den Freiverkehr an der Frankfurter Wertpapierbörse) erfolgt wie auch im »normalen« Freiverkehr/Open Market auf Antrag eines an der FWB registrierten Handelsteilnehmers. Hinsichtlich Prospekt- bzw. Exposé-Erfordernissen gelten ebenfalls die gleichen Regelungen wie im Freiverkehr/Open Market.

An die Notierung im Entry Standard sind allerdings zusätzliche Veröffentlichungspflichten geknüpft: zur Einbeziehung Veröffentlichung mindestens eines testierten Konzern-Jahresabschlusses (falls ein solcher nicht erstellt werden muss, reicht ein Einzelabschluss mit Lagebericht), und zwar in der Rechtsform der AG für das der Antragstellung vorhergehende Geschäftsjahr nach EU-nationalen Rechnungslegungsgrundsätzen (z.B. HGB) oder nach IFRS/IAS. Danach sind entsprechend jährlich, spätestens sechs Monate nach Geschäftsjahresende, ein **Zwischenbericht** über die ersten sechs Monate des Geschäftsjahrs, ein **Unternehmenskurzportrait** (Anlage 2 der Freiverkehrsrichtlinien definiert die Soll-Angaben) sowie ein aktueller **Unternehmenskalender** auf der Webpage des Unternehmens zu veröffentlichen, ebenso wie **wesentliche Unternehmensnachrichten** bzw. Tatsachen, die den Börsenpreis beeinflussen können.

Notierungspflichten Entry Standard

Der die Einbeziehung der Aktien in den Handel beantragende FWB-Handelsteilnehmer hat die Einhaltung der genannten zusätzlichen Veröffentlichungspflichten zu überwachen und sicherzustellen. Des Weiteren hat das Unternehmen einen **Deutsche Börse Listing Partner** für die fortlaufende Betreuung zu engagieren. Letzterer hat laut FWB zwei Kernaufgaben: 1. Durchführung eines initialen und mindestens einmal jährlichen grundlegenden Informationsgesprächs über Transparenzanforderungen am Kapitalmarkt sowie 2. die Beratung des Unternehmens bei der Veröffentlichung der vorgeschriebenen Informationen (z.B. Unternehmenskalender, Unternehmenskurzporträt, Weitergabe wesentlicher Unternehmensnachrichten) - beides Aufgaben, die grundsätzlich mit überschaubarem Zeit- bzw. Kostenrahmen bewältigbar sein sollten.

Die FWB benötigt nach eigenen Angaben maximal fünf Börsentage für die Einbeziehung der Aktien in den Handel - ein von der BAFin geprüfter und gebilligter Prospekt (bei öffentlichem Aktienangebot) bzw. ein Exposé vorausgesetzt.

Das einmalige Einbeziehungsentgelt mit Exposé beträgt 1.500 €, mit Prospekt 750 €, das jährliche Notierungsentgelt 5.000 €.

Die folgende Übersicht gibt die wesentlichen Anforderungen für die erstmalige Einbeziehung bzw. die Folgepflichten im Entry Standard des Frankfurter Freiverkehrs/Open Market wieder.

Anforderungen im Entry Standard (Spezialsegment des Freiverkehrs/Open Market) der Frankfurter Wertpapierbörse	
Zulassungsvoraussetzungen	Folgepflichten
• Rechtliche Grundlage: BörsO sowie Freiverkehrsrichtlinien der FWB Frankfurter Wertpapierbörse, Abschn. III.; • wie Freiverkehr/Open Market der FWB sowie zusätzlich: • Verpflichtungserklärung des Antragstellers für die Einbeziehung in den Handel, die Regeln des Entry Standard einzuhalten und die vom Unternehmen zu erfüllenden Transparenzanforderungen zu überwachen; • Nachweis über die Verpflichtung eines Deutsche Börse Listing-Partners; • Zustimmungserklärung des Emittenten.	• Wie Freiverkehr/Open Market sowie zusätzlich: • Veröffentlichung testierter Jahresabschlüsse in Deutsch oder Englisch nach den jeweiligen nationalen Rechnungslegungsstandards eines EU-Landes (z.B. HGB) oder IFRS/IAS; • Zwischenbericht über die ersten sechs Monate eines Geschäftsjahres; • aktuelles Unternehmenskurzportrait auf der Webpage des Unternehmens; • Veröffentlichung wesentlicher Unternehmensnachrichten auf der Webpage des Unternehmens; • aktueller Unternehmenskalender auf der Webpage des Unternehmens; • Fortlaufende Verpflichtung mind. eines Deutsche Börse Listing-Partners

2.2.16.8 Sondersegmente an deutschen Regionalbörsen

2.2.16.8.1 M:access München

M:access ersetzt Prädikatsmarkt

Das Börsensegment M:access der Börse München steht sowohl Neuemittenten als auch bereits börsennotierten Unternehmen im Amtlichen Markt, Geregelten Markt sowie Freiverkehr offen. M:access löste ab 1.7.2005 den 1997 gegründeten »Prädikatsmarkt« der Börse München ab. Durch die Übernahme zusätzlicher Folgepflichten verpflichten sich die in M:access notierten Unternehmen zu über den Anforderungen der jeweiligen Segmente hinausgehenden Transparenz- und Publizitätsstandards. Anders als noch im Prädikatsmarkt gibt es beim M:access kein Erfordernis eines Mindest-Freefloats, einer Lock-up-Verpflichtung für Alteigentümer oder von Bilanzpressekonferenzen.

Bei den Zulassungsvoraussetzungen fällt insbesondere das Kriterium eines Gezeichneten Kapitals von mindestens 2 Mio. € auf, das damit deutlich über der Mindestkurs- bzw. -Eigenkapitalvorgabe des Amtlichen Markts mit 1,25 Mio. € liegt.

In Abweichung der Gebührenordnung (§ 9 f.) der Börse München reduzieren sich die Gebühren für die erstmalige Einbeziehung in den Freiverkehr bzw. die Zulassung in die regulierten Märkte und die Einführung auf einen Pauschalbetrag von 2.500 €. Für die fortlaufende Notiz fallen keine Gebühren an.

Per Stand Anfang 2006 sind im M:access 14 Unternehmen notiert.

Die folgende Übersicht gibt die wesentlichen Anforderungen für die erstmalige Einbeziehung bzw. die Folgepflichten im Handelssegment M:access der Börse München wieder.

Anforderungen im M:access der Münchner Wertpapierbörse	
Zulassungsvoraussetzungen	**Folgepflichten**
• Rechtliche Grundlagen: BörsO, Freiverkehrsrichtlinien der Börse München sowie Regelwerk für das Marktsegment M:access • Zulassungsvoraussetzungen entweder des Amtlichen Marktes, Geregelten Marktes oder des Freiverkehrs/Open Market – und entsprechend erfolgte Zulassung/Einbeziehung sowie • Gezeichnetes Kapital von mind. 2 Mio. €; • mind. ein Jahresabschluss als Aktiengesellschaft • Zulassungsantrag zur Einbeziehung in den M:access durch den Emittenten und einen zum Handel an einer inländischen Börse zugelassenen und von der Münchener Börse bestellten »Emissionsexperten«.	Falls im **Amtlichen Markt**, **Geregelten Markt** oder **Freiverkehr** notiert: Folgepflichten des Amtlichem Markts, Geregelten Markts bzw. Freiverkehrs sowie zusätzlich: • unverzügliche Veröffentlichung und Verbreitung wichtiger Unternehmensnachrichten auf Webpage und über anerkannte Agentur; • Unternehmenskalender auf Emittenten-Webseite; • unterjähriger Emittentenbericht mit den für die Bewertung der Aktie relevanten Informationen auf Unternehmenswebpage; • Kernaussagen und -ziffern des geprüften Jahresabschlusses auf Webpage und als Presseerklärung o.Ä.; • mindestens jährliche Teilnahme an einer von der Börse München durchgeführten Analystenkonferenz und an einer Investorenkonferenz; • Überwachung der Einhaltung der Folgepflichten während mindestens der ersten zwölf Monate durch einen zum Handel an einer inländischen Börse zugelassenen und von der Münchner Börse bestellten »Emissionsexperten«/Antragsteller

2.2.16.8.2 GATE-M – Stuttgart

Zum 01.01.2004 startete die Börse Stuttgart mit GATE-M eine neue »Handels-, Service- und Informationsplattform«, die speziell auf Unternehmen unterhalb des MDAX, die in einem regulierten Börsensegment (Amtlicher Markt oder Geregelter Markt) notiert sind, zugeschnitten wurde. Als primäre Zielgruppe sieht die Börse Stuttgart bereits gelistete Unternehmen (da diesen der Einstieg in GATE-M besonders leicht falle), aber auch Neuemittenten können sich um ein

Listing in GATE-M bemühen. Unternehmen können zwischen zwei Transparenz- und drei Preisfeststellungskategorien wählen (wobei die Kombination 2A nicht möglich ist):

- **Transparenzkategorie 1: »Alles, was der Anleger braucht«:** Übermittlung des (Konzern-)Jahresabschlusses spätestens vier Monate nach Geschäftsjahresende an die Börse, unverzügliche Übermittlung veröffentlichter Zwischen- bzw. Quartalsberichte an die Börse, Führung eines Unternehmenskalenders über die aktuellen Termine, Verpflichtung mindestens eines von der Börse Stuttgart akkreditierten Researchdienstleisters (Researchberichte nach Jahresabschluss bzw. verkürzte Berichte nach Zwischenabschluss bzw. Quartalsbericht für das 3. Quartal) sowie Einstellung aller aktuellen Unternehmensinformationen in das Internetportal von GATE-M.
- **Transparenzkategorie 2: »Nicht mehr als unbedingt nötig«:** Bis auf die Übermittlungspflicht des (Konzern-)Jahresabschlusses spätestens vier Monate nach Geschäftsjahresende an die Börse gibt es keine über die gesetzlichen Anforderungen für den Amtlichen oder Geregelten Markt hinausgehenden Vorschriften. Laut Börse Stuttgart geeignet »für Unternehmen, für die der Kapitalmarkt aktuell keine strategische Bedeutung hat«.

Preisfeststellung der Börse Stuttgart

Das Regelwerk der Börse Stuttgart differenziert – um der unterschiedlichen Liquidität einzelner Aktien Rechnung zu tragen – in die folgenden drei Preisfeststellungskategorien:

- **Preisfeststellungskategorie A – Aktien mit hoher Liquidität:** Der Skontroführer veröffentlicht während der gesamten Handelszeit verbindliche An- und Verkaufspreise mit dem jeweils zu diesen Preisen handelbaren Volumen. Für die Preisfeststellung gilt: Standardvolumen von 20.000 € oder 5.000 Stück und ein maximaler Spread (Unterschied zwischen Kauf- und Verkaufspreis) von 2,5 % oder 0,10 €.
- **Preisfeststellungskategorie B – Aktien mit mittlerer Liquidität:** Der Skontroführer veröffentlicht während der gesamten Handelszeit verbindliche An- und Verkaufspreise mit dem jeweils zu diesen Preisen handelbaren Volumen. Für die Preisfeststellung gilt: Standardvolumen von 10.000 € oder 2.500 Stück und ein maximaler Spread von 5,0 % oder 0,20 €.
- **Preisfeststellungskategorie C – Aktien mit geringer Liquidität:** In dieser Kategorie wird börsentäglich mindestens eine Preisfeststellung vorgenommen.

GATE-M

Per Stand Anfang 2006 sind in GATE-M 22 Unternehmen notiert, davon 19 in der höchsten Transparenzkategorie 1. Die Verteilung nach Preisfeststellungskategorie (A: 2, B: 16, C: 4) zeigt einen eindeutigen Schwerpunkt in der mittleren Kategorie.

Folgende Kosten fallen für Neuemittenten an: neben Einmalgebühren in Form der Zulassungs- und Einführungsgebühren (im Amtlichen oder Geregelten Markt der Börse Stuttgart) in Höhe von einmalig 3.000 € und 2.500 € keine weitere gesonderte Einmalgebühr. Für die fortlaufende Notierung in GATE-M berechnet die Börse Stuttgart 6.000 € pro Jahr.

Die folgende Übersicht gibt die wesentlichen Anforderungen für die erstmalige Einbeziehung bzw. die Folgepflichten im Handelssegment GATE-M der Baden-Württembergischen Börse Stuttgart wieder.

Anforderungen im GATE-M der Stuttgarter Wertpapierbörse	
Zulassungsvoraussetzungen	Folgepflichten
• Zulassungsvoraussetzungen entweder des Amtlichen Marktes oder Geregelten Marktes – und entsprechend erfolgte Zulassung/Einbeziehung sowie • rechtliche Grundlage: BörsO der Börse Stuttgart sowie **zusätzlich:** Antrag des Emittenten.	• Folgepflichten des Amtlichen Markts bzw. Geregelten Markt sowie **zusätzlich:** • Übermittlung des (Konzern-)Jahresabschlusses spätestens vier Monate nach Ende des Geschäftsjahres an die Börse; • Übermittlung der Zwischenberichte bzw. Quartalsberichte unverzüglich nach Veröffentlichung an die Börse; • Übermittlung aller Pflichtveröffentlichungen an die Börse. Bei Wahl der Transparenzkategorie 1 des Weiteren zusätzlich: • Unternehmensstudien (Research-Berichte) unmittelbar nach Übersendung von (Konzern-)Jahresabschlüssen durch einen an der Börse Stuttgart akkreditierten Researchdienstleister spätestens vier Wochen nach Übermittlung des jeweiligen Abschlusses; • verkürzte Unternehmensstudien (Research-Berichte) nach Zwischenbericht bzw. nach Bericht über das 3. Quartal durch einen an der Börse Stuttgart akkreditierten Researchdienstleister spätestens vier Wochen nach Übermittlung des Zwischen-/Quartalsberichts; • aktueller Unternehmenskalender

2.2.16.8.3 START UP MARKET – Hamburg

Der 1997 von der Hamburger Wertpapierbörse konzipierte und am 27.04.1999 durch die erste Notiz der Trace Biotech AG begründete **START UP MARKET** steht, wie der Name bereits andeutet, insbesondere solchen Unternehmen offen, die noch »Start up«-Charakter haben, d.h. noch ganz am Anfang ihrer Entwicklung stehen.

Unternehmen, die sich für einen dortigen Börsengang interessieren, erwarten folgende Vorgaben: Der Mindest-Nennbetrag emittierter Aktien muss 250.000 € bzw. die Mindeststückzahl 100.000 betragen, wobei mindestens 25 % der Emission aus einer Kapitalerhöhung darzustellen sind. Letzteres kann i.d.R.

entfallen, falls das GK mindestens 2,5 Mio. € beträgt und die Gesellschaft mindestens drei Jahre aktiv war. Der Streubesitz soll i.d.R. mindestens 25 % der (in den Handel) einzubeziehenden Aktien ausmachen. Die Altaktionäre werden auf eine Mindest-Halteperiode von sechs Monaten verpflichtet. (Konzern-)Jahresabschlüsse sind spätestens vier Monate nach Geschäftsjahresende vorzulegen und zu veröffentlichen, des Weiteren Quartalsberichte spätestens zwei Monate nach jeweiligem Quartalsende.

Die Kosten einer Notizaufnahme bemessen sich wie folgt: Die Gebühren für den dem START UP MARKET zugrunde liegenden Geregelten Markt betragen in Hamburg die Hälfte der Gebühren für den Amtlichen Markt. Einmalig fallen eine Gebühr für die Zulassungsdokumentation i.H.v.2.500 € (die auf die Zulassungsgebühr angerechnet wird) sowie eine Gebühr für die Zulassung und Einbeziehung von mindestens 1.000 € an. Letztere ist in Abhängigkeit des Emissionsvolumens degressiv gestaltet und beträgt z.B. bei 15 Mio. € Emissionsvolumen 1.050 €. Per Stand Anfang 2006 waren lediglich drei Unternehmen am START UP MARKET notiert.

Die folgende Übersicht gibt die wesentlichen Anforderungen für die erstmalige Einbeziehung bzw. die Folgepflichten im Handelssegment START UP MARKET der Hamburger Börse wieder.

Anforderungen im START UP MARKET der Hamburger Wertpapierbörse	
Zulassungsvoraussetzungen	**Folgepflichten**
• Zulassungsvoraussetzungen des Geregelten Markts sowie • rechtliche Grundlage: BörsO sowie Regelwerk START UP MARKET; • Zulassungs-/Einbeziehungsantrag durch Emittent und eine Bank bzw. ein zugelassenes Wertpapierhandelshaus sowie **zusätzlich:** • Nennbetrag der Emission mind. 250.000 € bzw. mind. 100.000 Stücke; • Streubesitz i.d.R. mind. 25 % der einzubeziehenden Aktien; • Kapitalerhöhungsanteil an der Emission mind. 25 % (d.h. max. 75 % Anteil der Emission aus Altaktionärsabgabe) oder **(unter Vorbehalt der Zustimmung durch die Börse) zusätzlich:** • »Kapital« mind. 2,5 Mio. € und • Mindestalter von drei Jahren.	• Folgepflichten des Geregelten Markts sowie **zusätzlich:** • Lock-up-Verpflichtung für Aktionäre, die zum Zeitpunkt der Antragstellung mind. 5 % am zuzulassenden Aktienkapital halten, für mind. sechs Monate ab Einbeziehung in den Handel am START UP MARKET; • Vorlage und Veröffentlichung des (Konzern-) Jahresabschlusses spätestens vier Monate nach Geschäftsjahresende; • Vorlage und Veröffentlichung von Quartalsberichten spätestens zwei Monate nach Quartalsende.

2.2.16.8.4 KMU-Markt - Berlin

Der ehemalige an der Berliner Börse als Teilsegment des Freiverkehrs geführte IPO-Markt wurde 2003 in KMU-Markt umbenannt. Die Zulassungsvoraussetzungen und Folgepflichten richten sich nach den Berliner Freiverkehrsrichtlinien, Abschnitt III. Die über den Anforderungen des »normalen« Freiverkehrs liegenden Zulassungsvoraussetzungen sind ein Mindestnennwert von 250.000 € (eine alternative Stückzahl im Falle von Stückaktien fehlt in den Freiverkehrsrichtlinien/Stand 01.01.2006) sowie ein Mindestkurswert der Emission von 1,5 Mio. €. Des Weiteren sollten Emittenten einen Teil (ein Mindest-Prozentsatz ist nicht vorgegeben) der Emission als Aktien aus einer Barkapitalerhöhung darstellen. Falls keine Barkapitalerhöhung stattfindet, sind i.d.R. mindestens 20 % Streubesitz0 vorzusehen. Die (einmaligen) Kosten einer Notiz belaufen sich auf 2.000 € Einbeziehungsgebühr. Aufgrund von Wechseln in andere Börsensegmente, Konkurse und die Anfang des neuen Jahrtausends nahezu zum Erliegen gekommene bis schwache Neuemissionstätigkeit sind per Stand Anfang 2006 keine Unternehmen im KMU-Markt notiert.

Die folgende Übersicht gibt die wesentlichen Anforderungen für die erstmalige Einbeziehung bzw. die Folgepflichten im Handelssegment KMU-Markt des Freiverkehrs an der Börse Berlin wieder.

Anforderungen im KMU-Markt der Berliner Wertpapierbörse	
Zulassungsvoraussetzungen	**Folgepflichten**
• Zulassungsvoraussetzungen des Freiverkehrs; • rechtliche Grundlage: BörsO sowie Richtlinien für den Freiverkehr im Wege des Skontroführerhandels an der Börse Berlin-Bremen (Stand 01.01.2006); • Zulassungs-/Einbeziehungsantrag durch Emittent und eine Bank bzw. ein zugelassenes Wertpapierhandelshaus sowie **zusätzlich:** • Nennbetrag der Emission mind. 250.000 € (eine Mindeststückzahlvorgabe für den Fall von Stückaktien fehlt in den Freiverkehrsrichtlinien der Berliner Börse); • Kurswert des dem Markt zur Verfügung stehenden bzw. zu stellenden Kapitals mind. 1,5 Mio. €; • Barkapitalerhöhung (Soll-Bestimmung): mit der Einbeziehung soll eine Barkapitalerhöhung verbunden sein. **Falls mit der erstmaligen Einbeziehung keine Barkapitalerhöhung verbunden ist, zusätzlich:** • Streubesitz i.d.R. mind. 20 % der einzubeziehenden Kapitals.	• Wie Freiverkehr sowie **zusätzlich:** • unverzügliche Veröffentlichung wichtiger (potentiell erheblich börsenpreisrelevanter) Unternehmensnachrichten (vorab an Börse); • mindestens ein Zwischenbericht pro Jahr, spätestens drei Monate nach Ende der Berichtsperiode (an Börse und auf Verlangen Anlegern elektronisch zur Verfügung zu stellen); • Beachtung der Publizitätspflichten der §§ 63 und 66 BörsZulV (unverzügliche Veröffentlichung in mind. einem überregionalen Börsenpflichtblatt: Mitteilungen bzgl. Dividenden, Ausgabe neuer Aktien, Ausübung von Umtausch-, Bezugs- und Zeichnungsrechten bzw. jede Änderung der mit den Wertpapieren verbundenen Rechte).

2.2.16.9 Wahl der Börse bzw. des Handelssegments

Technisch-formale Anforderungen

Die Anforderungen an IPO-Kandidaten sind zum einen aus ganzheitlich-wirtschaftlichem Blickwinkel, zum anderen aus markt-/segmenttechnischer Sicht zu umreißen.

Hinsichtlich der Frage, ob sich ein Unternehmen **aus ganzheitlich-wirtschaftlicher-Sicht** für den Amtlichen Markt, den Geregelten Markt, hierbei für »das Übliche« (General Standard) oder Prime Standard (beides nur an der FWB) oder den Freiverkehr/Open Market bzw. eines der Spezialhandelssegmente eignet, gibt es keine allgemeingültigen Regeln, die eine in jedem Falle eindeutige Zuordnung erlauben würden. Immer wieder wird es daher in der Praxis Grenzfälle zwischen Amtlichem Markt und Geregeltem Markt einerseits bzw. Geregeltem Markt und Freiverkehr andererseits geben. Allerdings sind durch die EWR-weiten Vereinheitlichungen bei organisierten Märkten (Amtlicher Markt und Geregelter Markt) zwei grundsätzlich voneinander verschiedene »Blöcke« entstanden: die EU-regulierten und die nicht-regulierten Märkte.

Segmentwahl beim Börsengang

Grundsätzliche Kriterien, nach denen sich ein Börsenkandidat für eines der klassischen Börsensegmente eignen könnte, sind:

Je langjährig etablierter und größer die Gesellschaft, je größer das Emissionsvolumen bemessen und je internationaler die Gesellschaft tätig ist und insbesondere auch ausländische Investoren ansprechen möchte, desto eher wird der **Amtliche Markt (General Standard bzw. mit zusätzlichen Folgepflichten der Prime Standard der FWB)** das geeignete Segment sein.

Dagegen bietet sich für im Markt schon einige Jahre etablierte mittelständische Gesellschaften aus Traditionsbranchen, die kleinere bis mittlere Emissionsvolumina planen, der **Geregelte Markt** an (auch hier kann an der FWB zwischen General und Prime Standard gewählt werden).

Der **Freiverkehr/Open Market** schließlich stellt das insbesondere für noch sehr junge Unternehmen aus Wachstumsbranchen geeignete Börsensegment dar. Im Freiverkehr werden sich daher Unternehmen finden, die für den Amtlichen Markt und den Geregelten Markt (die EU-regulierten Märkte) (noch) nicht geeignet sind bzw. für die sich der Einmal- und fortlaufende Mehraufwand nicht rechnet.

Börsensegmentwechsel

Spätere **Segment-Wechsel** von einem in ein anderes, »höheres« Börsensegment – z.B. vom Freiverkehr in den Geregelten Markt oder vom Geregelten Markt in den Amtlichen Handel – sind grundsätzlich möglich.

2.2.17 Platzierungs- und Notierungsmöglichkeiten im Ausland

Ausländische Platzierungs- bzw. Notierungsmöglichkeiten bzw. Börsen/Börsenplätze mit (potentieller) Bedeutung für deutsche Neuemittenten sind

- **Rule 144A**
  Privatplatzierungen in den USA (Privatplatzierungen für institutionelle Investoren nach **Rule 144A** des US-Security Exchange Act in den USA – ohne Notizaufnahme in den USA),

- **NASDAQ, NYSE, AIM, ALTERNEXT**
  US-Börsennotiz: primär die Technologie-/Wachstumsunternehmensbörse NASDAQ, New York sowie

- in Europa der **Alternative Investment Market (AIM)**, London, sowie der **Alternext** an der Vierländerbörse Euronext (rechtlich keine Börsen und keine EU-regulierten Märkte, sondern dem deutschen Freiverkehr/Open Market bzw. den hierauf aufbauenden Handelssegmenten, wie z.B. dem Frankfurter Entry Standard, vergleichbar).

Die als paneuropäische Börse für Wachstums- und Technologiewerte und damit als ehemaliges Pendant zur NASDAQ 1996 errichtete EASDAQ wurde hingegen nach einer Übernahme durch die NASDAQ in NASDAQ EUROPE umbenannt und schließlich Ende 2003 wegen Erfolglosigkeit eingestellt.

Als nur für sehr große, langjährig etablierte Unternehmen und damit für die überwiegende Zahl deutschstämmiger IPO-Unternehmen kaum interessant, ist noch die NYSE (New York Stock Exchange) zu nennen.

2.2.17.1 USA

Die US-amerikanischen Aktienmärkte nehmen unter verschiedensten Aspekten, einschließlich der Zahl an IPOs nach wie vor eine weltweit führende Rolle ein (s. Markt-/Börsenvergleiche in Kap. 1 Einleitung; Abb. 7 ff.). In der Zeit »nach Enron und Worldcom« hat sich die Beliebtheit der US-Kapitalmärkte allerdings (zumindest) bei ausländischen Unternehmen eher verhalten entwickelt. Dies dürfte maßgeblich auf die Verabschiedung des **Sarbanes-Oxley-Gesetzes (SOX)** im Jahre 2002 mit seinen strengen Bilanzregeln und Strafen sowie den durch die Beachtung der SOX-Vorgaben wesentlich gestiegenen Kosten für börsennotierte Unternehmen zurückgehen. Unter der Überschrift »Sarbanes-Oxley vergrault Ausländer« (Bloomberg/FAZ vom 01.02.2006) wird auf entsprechende Einschätzungen von Paul Atkins, Kommissar der US-Wertpapieraufsichtsbehörde SEC verwiesen. Tatsächlich ist seit der Einführung des Sarbanes-Oxley-Gesetzes im Jahre 2002 die Zahl der ausländischen an US-Börsen über so genannte ADRs (American Depository Receipts) notierten Unternehmen bis 2005 um rund 9 % auf 490 gesunken.

American Depositary Receipts

SOX schreckt ab

Von europäisch-stämmigen in den USA notierten Unternehmen bzw. der EU-Kommission stehen insbesondere die **Delisting-/Deregistrierungsregeln** der SEC in der Kritik. Denn auch nach einem Delisting müssen ehemals an einer US-Börse gehandelte Unternehmen weiterhin bei der SEC registriert bleiben und Abschlüsse nach US-GAAP vorlegen, wenn sie mehr als 300 amerikanische Aktionäre haben.

Im Dezember 2005 hat die SEC Verbesserungsvorschläge unterbreitet: Unternehmen mit mehr als 700 Mio. US-$ Umsatz könnten sich delisten lassen, wenn das tägliche Handelsvolumen ihrer Aktien in den USA durchschnittlich nicht mehr als 5 % des Umsatzes an ihrem Heimatmarkt beträgt und US-Anleger nicht mehr als 10 % der Streubesitz-Aktien halten. Ein Delisting solle auch dann handelsvolumenunabhängig möglich sein, wenn US-Anleger nicht mehr als 5 % der Aktien im Streubesitz halten. Doch auch diese Vorschläge würden es laut EU-Kommissar Charlie McCreevy nur einem kleinen Teil europäischer Unternehmen erleichtern, sich von der Börse zurückzuziehen. Die weitere Entwicklung in Richtung einer Erleichterung des Delistings für Nicht-US-Unternehmen an US-Börsen bleibt abzuwarten.

Schwieriges Delisting

Da Aktien deutscher Unternehmen an US-Börsen nicht ohne weiteres gehandelt werden können, bedarf es i.d.R. der Auflegung eines **ADR (American Depositary Receipts)**-Programms.

ADRs sind von einer amerikanischen Bank emittierte Wertpapiere (auf US-$ lautende Hinterlegungsscheine/Zertifikate), die Rechte an den zugrunde liegenden Aktien/Anteilen eines ausländischen Emittenten verbriefen, und sind insofern mit den vom deutschen Auslandskassenverein ausgegebenen Zertifikaten über US-Namensaktien vergleichbar. Da ADRs im Vergleich zur Registrierung und Platzierung von Aktien nicht-amerikanischer Gesellschaften weniger strikten Registrierungsanforderungen unterliegen, kostengünstiger sind und eine leichtere Anpassung an die Usancen des US-Kapitalmarkts ermöglichen, stellen sie für deutsche Unternehmen das Standard-Instrument beim Gang an eine US-Börse dar.

Global Share

Neben dem Handel von ADRs gibt es die weitere Möglichkeit des Handels mit der gleichen Namensaktie weltweit (**Global Share**), was entsprechend nur für deutschstämmige Unternehmen mit Namensaktien möglich ist. DaimlerChrysler war im Zuge der Fusion zwischen Daimler und Chrysler das erste deutschstämmige Unternehmen, das eine Direktnotierung von Namens-Stammaktien an der NYSE beantragte.

2.2.17.1.1 Privatplatzierungen bei US-Institutionellen nach Rule 144A des US-Security-Exchange-Act

In Ergänzung einer Platzierung in Deutschland und der Zulassung an einer deutschen Börse können Emittenten eine Privatplatzierung an institutionelle Investoren (sog. »QIBs« = qualified institutional buyers) in den USA gem. Rule 144A des US-Security-Exchange-Act prüfen – ohne parallele Notizaufnahme in den USA. Im Vergleich zu einem von der US-Aufsichtsbehörde SEC regulierten öffentlichen Aktienangebot/-platzierung in den USA stellt sich diese Platzierungsform als deutlich zeit- und kostensparender dar. Ein Angebot nach Rule 144A ist allerdings mit starken Einschränkungen der Kommunikation gegenüber US-Investoren vor dem Börsengang verbunden, was bei sämtlichen Verlautbarungen des Emittenten und sonstiger Beteiligter berücksichtigt werden muss. Die wesentlichen Kosten für eine Platzierung nach Rule 144A fallen in Form der US-Anwalts-Honorare sowie der Roadshow-Reisekosten an und sind mit rund 100.000 € bis 200.000 € zu kalkulieren.

2.2.17.1.2 AMEX American Stock Exchange

An der AMEX American Stock Exchange, der zweitgrößten US-Parkettbörse, werden derzeit rund 80 ausländische, jedoch keine deutschstämmigen Unternehmen, gehandelt.

2.2.17.1.3 NYSE New York Stock Exchange

Die New York Stock Exchange (NYSE) bezeichnet sich selbst als »the world´s largest leading and most technologically advanced equities market« (www.NYSE.com) mit derzeit (Stand Anfang 2006) rund 2.800 gelisteten Gesellschaften mit einer globalen Marktkapitalisierung von rd. 21 Bill. US-$. Damit repräsentiert sie rund 80 % des Werts der bei ihr gelisteten Gesellschaften. Täglich werden an der NYSE durchschnittlich rund 1,6 Mrd. Aktien gehandelt.

Handel mit NYSE-Werten

An der NYSE sind Anfang 2006 rund 200 Unternehmen aus Europa, darunter 16 deutschstämmige, gelistet: Allianz, Altana, BASF, Bayer, DaimlerChrysler, Deutsche Bank, Deutsche Telekom, E.ON, Epcos, Fresenius Medical Care, Infineon Technologies, Pfeiffer Vacuum Technoloty, SAP, Schering, SGL Carbon und Siemens (www.nyse.com).

Ausländische Neuemittenten müssen neben den an sämtlichen US-Börsen erforderlichen Rechenwerken nach US-GAAP an der NYSE entweder die NYSE U.S. Standards oder die Non-U.S. Standards erfüllen, die in den beiden folgenden Tabellen wiedergegeben sind:

Listungsanforderungen der NYSE New York Stock Exchange für IPOs und bereits börsennotierte Unternehmen U.S. Standards (für US-Unternehmen):		
Mindesterfordernisse hinsichtlich Streubesitz und Größe:		Streubesitz und Größenerfordernisse
Anzahl »Round-lot Holders (Zahl der Aktionäre mit mindestens einer Handelseinheit – i.d.R. 100 Aktien) **oder:**	2.000 U.S.	
Anzahl Aktionäre	2.200	
... zusammen mit: durchschnittlichem monatlichen Handelsvolumen (Aktienzahl) (für die letzten sechs Monate) **oder:**	100.000	
Anzahl Aktionäre	500	
... zusammen mit: durchschnittlichem monatlichen Handelsvolumen (Aktienzahl) (für die letzten zwölf Monate)	1,0 Mio.	
Öffentlich handelbare Aktien (Aktienzahl)	1,1 Mio.	
Marktwert der öffentlich handelbaren Aktien:		
- bereits börsennotierte Gesellschaften in Mio. US-$	100	
- IPOs, Spin-Offs, Carve-outs in Mio. US-$	60	
Mindesterfordernisse hinsichtlich finanzieller Kriterien:		
Addierte Vorsteuergewinne der letzten drei Jahre in Mio. US-$, darstellbar durch:	10,0	Finanzielle Mindesterfordernisse
Vorsteuerergebnis des letzten Jahres in Mio. US-$	2,5	
Vorsteuerergebnis der zwei vorangehenden Jahre in Mio. US-$ (muss im 3. Jahr positiv sein) **oder:**	2,0	
Operativer Cashflow (für Gesellschaften mit nicht weniger als 500 Mill. US-$ in globaler Marktkapitalisierung und 100 Mio. US-$ Umsatz in den letzten zwölf Monaten): Addierter operativer Cashflow der letzten drei Jahre in Mio. US-$ (jedes Jahr muss einen positiven Wert ausgewiesen haben) **oder:**	25,0	
Umsatz bzw. globale Marktkapitalisierung:		
Umsätze des letzten Fiskaljahrs in Mio. US-$	75	
Durchschnittliche globale Marktkapitalisierung in Mio. US-$	750	

Listungsanforderungen der NYSE New York Stock Exchange für IPOs und bereits börsennotierte Unternehmen
Non-U.S. Standards (für Nicht-US-Unternehmen):

Mindesterfordernisse hinsichtlich Streubesitz und Größe:	Alternative 1 »Worldwide« (weltweit)		Alternative 2 »Domestic« (Inland) (A, B od. C)
Anzahl »Round-lot Holders (Zahl der Aktionäre mit mindestens einer Handelseinheit – i.d.R. 100 Aktien)	5000	A	2.000 U.S.-Aktionäre
		B	2.200 Aktionäre insges. und 100.000 Aktien Handelsvolumen p.M.
		C	500 Aktionäre und 1 Mio. Aktien monatl. Handelsvol. (in letzten zwölf Monaten)
Öffentlich handelbare Aktien (Aktienzahl)	2,5 Mio.		1,1 Mio.
Marktwert der öffentlich handelbaren Aktien in Mio. US-$	100,0		
IPOs, Carve-outs & Spin-offs	–		60 Mio.
Alle anderen Listings	–		100 Mio.
Mindesterfordernisse hinsichtlich finanzieller Kriterien:			
Addierte Vorsteuergewinne der letzten drei Jahre in Mio. US-$,	100,0		10,0
... zusammen mit			
Mindest-Vorsteuerergebnis in jedem der beiden letzten Jahre in Mio. US-$	25,0		2,0
			(alle drei Jahre positiv)
Wert/Umsatz-Test (entweder A oder B):			
A: Bewertung mit Cashflow-Test			
Globale Marktkapitalisierung in Mio. $	500		500
Umsatz (letzte zwölf Monate) in Mio. $	100		100
Addierter Cashflow der letzten drei Jahre in Mio. US-$	100		25
			(alle drei Jahre positiv)
Minimum-Cashflow in jedem der beiden letzten Jahre in Mio. $	25		–
B: Reiner Bewertungs-Test			
Globale Marktkapitalisierung in Mio. $	750		750
Umsatz (letzte zwölf Monate) in Mio. $	75		75

Gemessen an der einmaligen Zulassungsgebühr von 37.500 US-$ zzgl. 0,0048 US-$ je Aktie, mindestens jedoch in der Summe 150.000 US-$ sowie der jährlichen Listingsgebühr von 38.000 US-$ zzgl. 0,00093 US-$ je Aktie ist ein Listing an der NYSE nicht gerade ein »preiswertes Vergnügen«.

Auch wenn die gezeigten Listingsanforderungen nur für wenige deutsche Unternehmen infrage kommen dürften, wurden sie an dieser Stelle aufgeführt, damit Emittenten in die Lage versetzt werden, Vergleiche zu den anderweitigen Anforderungen ziehen zu können, da längerfristig durchaus auch in Deutschland bzw. Europa zu den US-Börsen vergleichbare quantitative Listingsanforderungen gestellt werden könnten. Niedrigere als die geforderten Gewinne/Cashflows bzw. Handelsumsätze sowie Börsenbewertungen könnten dann dazu führen, dass (quasi automatische) Delistings auch an deutschen Börsen vorgenommen werden.

2.2.17.1.4 NASDAQ/USA

Im Anschluss an die Phase eines ausschließlichen OTC (»Over-the-Counter«)-Handels wurde am 08.02.1971 die **NASDAQ** (»**National Association of Securities Dealers Association Quotation**«) durch eine dreistellige Zahl von NASD (National Association of Securities Dealers)-Mitgliedern gegründet. 1975 folgte eine Aufteilung in die Segmente »OTC« und »listed«, verbunden mit der erstmaligen Fixierung von (Listing-)Anforderungen an die am »listed«-Segment zu handelnden Unternehmen. 1982 brachte unter Verschärfung der Listing-Anforderungen und Ausgliederung der größten Unternehmen die Formierung des National Market System (dem späteren/heutigen »**NASDAQ National Market**«), um für Aktien mit den höchsten Tagesumsätzen eine fortlaufende Notierung zu ermöglichen. In der Folgezeit gab es weitere Verbesserungen wie u.a. die zunehmende Automatisierung des Gesamtsystems (Ausführung, Abrechnung etc.), die Ausführung kleiner Orders im Small Orders Execution System (SOES, 1984), das **OTC Bulletin Board** (1990), in dem Informationen über nicht an der NASDAQ gelistete Unternehmen erhältlich sind, der NASDAQ International Service (1991), ein Netz für internationale Marktteilnehmer, die Zulassung auch von Leerverkäufen zur Steigerung der Handelsliquidität (1986) sowie die laufende Kursstellung auch am »**NASDAQ Small Cap Market**« (1992).

Seit 2002 ist die NASDAQ (The NASDAQ Stock Market, Inc.) selbst an ihrem National Market notiert.

Sie bezeichnet sich als »the world´s best electronic equity market, and doing it more fairly, efficiently, transparently and responsively than anyone else« (NASDAQ Annual Report 2004).

Von den rund 3.300 an einem der regulierten NASDAQ-Segmente notierten Unternehmen sind rund 10 % ausländische, darunter die meisten Unternehmen aus den Ländern Kanada, Israel und Cayman, notiert. Die beiden per Anfang 2006 gelisteten einzigen deutschen Unternehmen sind Aixtron (seit November 2005 im Capital Market) sowie GPC Biotech (seit Juni 2004 im National Market).

Deutsche Unternehmen an der NASDAQ

In den Jahren 2004 und 2005 fanden 148 (mit 15 Mrd. US-$ Gesamtemissionserlös) bzw. 126 IPOs an der NASDAQ statt.

Zulassungs-bedingungen am NASDAQ National Market

Zulassungsbedingungen schreiben sowohl National Market als auch NASDAQ Capital Market (früher Small Cap Market), nicht jedoch der OTC-(Over-the-counter)Handel, vor. Die folgenden beiden Tabellen geben die wesentlichen Zulassungsbedingungen am NASDAQ National Market sowie NASDAQ Capital Market wieder.

Anforderungen am NASDAQ National Market					
— in US-$ —	Zulassungsbedingungen			Kontinuierliches Listing	
Voraussetzungen	Standard 1 Marketplace Rule 4420(a)	Standard 2 Marketplace Rule 4420(b)	Standard 3 Marketplace Rule 4420(c)	Standard 1 Marketplace Rule 4450(a)	Standard 2 Marketplace Rule 4450(b)
Eigenkapital	15 Mio.	30 Mio.	—	10 Mio.	—
Marktkapitalisierung oder Bilanzsumme und Umsatz	—	—	75 Mio. oder 75 Mio. und 75 Mio.	—	50 Mio. oder 50 Mio. und 50 Mio.
Operatives Ergebnis vor Steuern (in letztem Jahr oder in zwei der drei letzten Fiskaljahre	1 Mio.	—	—	—	—
Aktienzahl Freefloat (Streubesitz)	1,1 Mio.	1,1 Mio.	1,1 Mio.	0,75 Mio.	1,1 Mio.
Marktwert des Freefloat	8 Mio.	18 Mio.	20 Mio.	5 Mio.	15 Mio.
Minimaler Angebotspreis/Kurs je Aktie	5	5	5	1	1
Anzahl freier Aktionäre (Round lot holders: Aktionäre mit 100 und mehr Aktien)	400	400	400	400	400
Zahl der Market-Makers	3	3	4	2	4
Alter der (aktiven) Gesellschaft	—	2 Jahre	—	—	—
Beachtung der Corporate Governance (Marketplace Rules 4350, 4351 und 4360)	Ja	Ja	Ja	Ja	Ja

Anforderungen am NASDAQ Capital Market			
— in US-$ — Voraussetzungen	Zulassungs- bedingungen	Kontinuierliches Listing	Marketplace Rules **) (Marktplatz-Regeln)
Eigenkapital oder Marktkapitalisierung oder Operativer Nettogewinn (im letzten oder in zwei der drei letzten Jahre)	5 Mio. oder 50 Mio. oder 0,75 Mio.	2,5 Mio. oder 35 Mio. oder 0,5 Mio.	Rule 4310(c)(2) Rule 4320(e)(2)
Aktienzahl Freefloat (Streubesitz) *)	1 Mio.	0,5 Mio.	Rule 4310(c)(7) Rule 4320(e)(5)
Marktwert des Freefloat	5 Mio.	1 Mio.	Rule 4310(c)(4) Rule 4320(e)(2)
Minimaler Angebotspreis/Kurs je Aktie	4	1	Rule 4310(c)(4) Rule 4320(e)(2)
Anzahl freier Aktionäre (Round lot holders: Aktionäre mit 100 und mehr Aktien)	300	300	Rule 4310(c)(6) Rule 4320(e)(4)
Zahl der Market-Makers	3	2	Rule 4310(c)(1) Rule 4320(e)(1)
Alter der (aktiven) Gesellschaft oder Marktkapitalisierung	1 Jahr oder 50 Mio.	—	Rule 4310(c)(3) —
Beachtung der Corporate Governance	Ja	Ja	Rules 4350, 4351 & 4360

*) im Falle von ADRs: mind. 100.000 Aktien
**) Rule 4310 betrifft US- und Kanadische Aktien, Rule 4320 entsprechend nicht-kanadische Aktien und ADRs

Neben den in den Übersichten genannten Anforderungen sind zur erstmaligen bzw. fortgesetzten Zulassung durch die SEC (Security Exchange Commission = amerikanische Aufsichtsbehörde für den Wertpapierhandel) die Abhaltung jährlicher Hauptversammlungen sowie die Vorlage von Jahresabschlüssen und Zwischenberichten nach US-GAAP obligatorisch.

Listingkosten NASDAQ

Die Kosten, die die NASDAQ für das erstmalige bzw. fortgesetzte Listing in den beiden kontrollierten Segmenten in Rechnung stellt, richten sich wie folgt insbesondere nach der Zahl ausstehender Aktien:

Listingkosten am NASDAQ National Market und NASDAQ Capital Market					
– in US-$ –	NASDAQ National Market		NASDAQ Capital Market		
Einmalkosten der erstmaligen Listung:	Application fee (Antragsgebühr): 5.000 Aktienzahl *): bis zu 30 Mio. 30 bis 50 Mio. über 50 Mio.	100.000 125.000 150.000	Application fee (Antragsgebühr): 5.000 Aktienzahl *): bis zu 5 Mio. 5 bis 10 Mio. 10 bis 15 Mio. über 15 Mio.	25.000 35.000 45.000 50.000	
Laufende Listungs-Kosten pro Jahr:	Aktienzahl *): bis zu 10 Mio. 10 bis 25 Mio. 25 bis 50 Mio. 50 bis 75 Mio. 75 bis 100 Mio. über 100 Mio.	für Aktien 24.500 30.500 34.500 44.500 61.750 75.000	für ADRs 21.225 26.500 29.820 30.000 30.000 30.000	Aktienzahl *): bis zu 10 Mio. über 10 Mio.	für Aktien 17.500 21.000	für ADRs 17.500 21.000

*) bei ausländischen Gesellschaften nur die in den USA emittierten Aktien bzw. ADRs

Geschwundene Attraktivitätsvorteile

Obgleich die NASDAQ mit der o.g. Zahl notierter Unternehmen nach wie vor als weltweit führende Börse insbesondere für junge Wachstumsunternehmen gilt, hat der deutsche Kapitalmarkt, beginnend in 1996 mittlerweile soweit aufgeholt, dass auch hierzulande das Verständnis für junge Unternehmen sowie die Bereitschaft zu Platzierung und Zeichnung entsprechender Aktien gegeben ist. Das Hauptmotiv für einen erstmaligen Börsengang in den USA statt in Deutschland ist damit weggefallen. Darüber hinaus gelten weitere, ehemals zutreffende Attraktivitätsvorteile eines US-IPOs mittlerweile nicht mehr, teilweise haben sich diese sogar ins Gegenteil verkehrt:

Attraktivitätsbeurteilungskriterien eines US-IPOs

- Liquidität des Handels: Das bis etwa Mitte der 1990er Jahre noch geltende Kriterium eines liquideren Handels an US-Börsen ist sukzessive entfallen.
- Kurs-Gewinn-Verhältnis: Die an deutschen Börsensegmenten zu realisierenden Kurs-Gewinn-Verhältnisse brauchen den Vergleich mit KGVs an der NASDAQ nicht mehr zu scheuen.
- Kosten des Börsengangs: Die Kosten eines Börsengangs in den USA können mit teilweise über 15 % des Emissionsvolumens bei dem rund zwei- bis dreifachen im Vergleich zu einem IPO an einer deutschen Börse liegen.
- Kursperformance-Pönalen: Bei einem IPO an der NASDAQ ist es gängige Praxis der Emissionsbank/en, ein Platzierungsmandat nur unter der Auflage zu übernehmen, dass der/die Altgesellschafter bei Nichtrealisierung einer

bestimmten Kursentwicklung als »Pönale« nennenswerte Aktienpakete an die Investmentbank(en) abgeben müssen. Vergleichbare Regelungen sind bislang in Deutschland (noch) nicht in Erscheinung getreten.
- Die nicht unerheblichen Mehrkosten und zusätzlichen (Management-)Risiken durch die notwendige Befolgung des Sarbanes-Oxley-Act (»Sox«) sollten wohl erwogen werden.

Im Fazit ist daher festzuhalten, dass für deutschstämmige Unternehmen seit 1996/1997 ein ausschließliches Going Public in den USA nur noch in Ausnahmefällen (i.W. bei einer hohen US-Marktpräsenz) anzuraten sein dürfte. Eher wird im Einzelfall zu überlegen sein, ob sich ein Listing sowohl in den USA als auch in Deutschland lohnen könnte – seit Einführung von SOX im Zweifelsfall eher nicht. Statt einer parallelen Notiz in den USA könnte allerdings daran gedacht werden, in den USA eine Privatplatzierung bei institutionellen Anlegern (ohne US-Listingaufnahme, allerdings mit der Handelsmöglichkeit über ECNs) durchzuführen.

Listing in den USA und/oder Deutschland

2.2.17.2 England/London
Die Londoner Börse weist zwei Primärmärkte auf:
- den Main Market (mit den beiden Teilsegmenten techMARK für dynamische Technologie – sowie techMARK mediscience für Unternehmen des Gesundheitssektors, s.u.) und
- den AIM (Alternative Investment Market).

Der **Main Market** definiert diverse Zulassungsvoraussetzungen, so u.a.:
- Streubesitzquote von mindestens 25 %;
- i.d.R dreijährige Geschäftstätigkeit und entsprechend Vorlage von drei geprüften Jahresabschlüssen erforderlich;
- Mindest-Marktkapitalisierung von 700.000 Britischen Pfund (GBP/rd. 1 Mio. €);
- ein EU-Regularien entsprechender Prospekt (der wie in den anderen EU-Ländern entweder von der inländischen oder einer ausländischen Aufsichtsbehörde zu prüfen und zu billigen ist);
- Prüfung der Zulassungsdokumente durch die UKLA (Wertpapieraufsichtsbehörde) bzw. die Börse.

Demgegenüber macht der **AIM** kaum Vorgaben (s. Kap. 2.2.17.2.1).

2.2.17.2.1 Alternative Investment Market (AIM), London
Im Juni 1995 eröffnete die Londoner Börse den AIM (Alternative Investment Market), eine außerbörsliche Handelsplattform insbesondere für noch jüngere, kleinere Unternehmen sowohl aus Wachstums- als auch Traditionsbranchen. Im Zuge der Schließung des Unlisted Securities Market im November 1996 und der Einstellung des Freiverkehrshandels ließ sich eine erhebliche Zahl von Unternehmen am AIM listen (bis 2005 rund 2.200).
  Nach einer Studie über die ersten zehn Jahre haben am AIM 58 IPOs (erstes öffentliches Aktienangebot über die Börse) stattgefunden (Schiereck 2005 in Zusammenarbeit mit der Börse München). Die relativ große Zahl am AIM

gehandelter Werte hatte demgegenüber in der Vergangenheit teilweise zu weit höheren IPO-Zahlen-Einschätzungen geführt.

Steuervorteile für Britische Bürger

Britischen Steuerbürgern gewährt der britische Staat bei Investitionen in britische Unternehmen am AIM **erhebliche Steuervergünstigungen**, die für Ausländer nicht gelten (London Stock Exchange: A Guide to AIM tax benefits). Die Steuervergünstigungen greifen erst ab einer Haltedauer von drei Jahren, das sich in einem relativ niedrigen Handelsvolumen bei zahlreichen AIM-Titeln niederschlägt.

Der AIM schreibt keine spezifischen Eignungskriterien vor. Interessierte Unternehmen müssen ein Zulassungsdokument (admission document) einreichen, das insbesondere Informationen über die Organe der Gesellschaft, Geschäftsaktivitäten und finanzielle Position beinhaltet.

Des Weiteren hat das Unternehmen einen »**nominated adviser**«, auch »**nomad**« **genannt**, zu verpflichten. U.a. garantiert dieser dafür, dass das Unternehmen für eine Notiz am AIM geeignet ist.

Ein wesentlich abgekürzter Zulassungsprozess (kein Zulassungsdokument/ admission document erforderlich, sondern nur eine detaillierte Vorankündigung/pre-admission announcement) ergibt sich für Unternehmen, die seit mindestens 18 Monaten an einem der sog. **AIM Designated Markets**« notiert sind. Darunter fallen folgende Börsen:

- Australian Stock Exchange,
- Deutsche Börse,
- Euronext (Amsterdam, Brüssel, Paris, Lissabon),
- Johannesburg Stock Exchange,
- NASDAQ,
- NYSE (New York Stock Exchange),
- Stockholmsbörsen,
- Swiss Exchange,
- Toronto,
- UK Official List (wie von der UK Listing Authority herausgegeben).

An Einmalkosten für die Zulassung werden am AIM 4.180 Britische Pfund (GBP) berechnet. Die gleiche Summe fällt für das jährliche Listing an.

Per Anfang 2006 notieren am AIM 1.179 (darunter 220 ausländische) Unternehmen mit einer Marktkapitalisierung von über 80 Mrd. €. Selbst bezeichnet sich der AIM als »the most successful growth market in the world«.

2.2.17.2.2 techMARK und techMARK mediscience, London

Handelsplattform techMARK mit Subplattform techMARK mediscience

Am 04.11.1999 hat die London Stock Exchange beginnend mit 180 Unternehmen eine Handelsplattform für britische und internationale innovative Technologiewerte nach dem Markt-im-Markt-Prinzip (die aufgenommenen Unternehmen müssen zunächst für den Londoner **Main Market** qualifiziert sein bzw. verbleiben dort) ins Leben gerufen. Hintergrund war das Bestreben besonders forschungsintensive innovative Firmen gegenüber Investoren visibler herauszustellen.

2001 kam die neue Handelsplattform techMARK mediscience als Teil des techMARK hinzu.

Korrespondierende Aktienindizes sind der **FTSE techMARK All-Share**- (enthält sämtliche techMARK-Werte) bzw. der **FTSE techMARK 100-Index** (die 100 größten techMARK-Werte) bzw. der **techMARK mediscience Index**.

techMARK sowie techMARK mediscience stehen grundsätzlich allen Unternehmen offen, deren Geschäftsmodell einen hohen Innovationsgrad mit entsprechenden Investments in Forschung und Entwicklungs-(F&E)-Programme aufweist. Bei sehr jungen Firmen, die besonders hohe F&E-Aktivitäten aufweisen, kann ausnahmsweise auf das ansonsten für eine vorher notwendige Basisqualifizierung für den Main Market erforderliche Mindestalter von drei Jahren verzichtet werden.

Folgende Branchen sind aus der Sicht von techMARK für eine Notiz im techMARK besonders interessant: Computerdienstleistungen, Internet, Software, Hardware, elektronische Bürogeräte, Halbleiter, Telekommunikation und entsprechendes Equipment.

Bezüglich techMARK mediscience sind dies die beispielhaften Branchen: medizinische Geräte und Ausstattungen, Diagnostika, Biotechnologie sowie Pharma.

Per Mitte 2005 waren 151 Firmen, darunter 13 internationale im techMARK notiert.

Die einmaligen Zulassungebühren für den Main Market (LSE: Admission and Annual Fees, July 2005) betragen bei einer Emission von Aktien
- mindestens 5.320 GBP bei einer Emission von bis zu 5 Mio. GBP
- 10.640 GBP bei einer Emission von z.B. 10 Mio. GBP,
- 32.023 GBP bei einer Emission von z.B. 50 Mio. GBP.

Bei einer Emission von Aktien repräsentierenden Zertifikaten (sog. DRs = Depository Receipts) fallen folgende beispielhafte Zulassungsgebühren an:
- mindestens 15.000 GBP bei einer Emission von bis zu 18 Mio. GBP
- 32.023 GBP bei einer Emission von z.B. 50 Mio. GBP

Die jährlichen Gebühren belaufen sich für internationale (non-UK) Firmen auf mindestens 5.320 GBP (für Emissionsvolumina bis zu 25 Mio. GBP) bis hin zu maximal 15.959 Pfund.

2.2.17.3 Alternext an der Euronext (Paris)

Am 17.05.2005 startete die Vierländerbörse (Amsterdam, Brüssel, Paris, Lissabon) Euronext, Paris, angelehnt an den dortigen Freiverkehr (Marché Libre/ Free Market) das Handelssegment **Alternext** für kleine und mittlere Unternehmen. Alternext ist somit wie die anderen europäischen Freiverkehrs- und hierauf aufbauenden Handelssegmente kein EU-regulierter, organisierter Markt und keine »Börse«, sondern ein ausschließlich privatrechtlich organisierter, »exchange-regulated market«.

Alternext wurde aus dem gleichen Grund wie andere europäische auf dem Freiverkehr aufbauende Segmente (wie z.B. der Frankfurter Entry Standard) geschaffen: einerseits das Bemühen, auch kleineren Unternehmen eine Börsenplatzierung bzw. Börsennotiz zu erschwinglichen Einmal- und laufenden Kosten zu ermöglichen und andererseits Investoren eine etwas höhere Transparenz als im einfachen Freiverkehr zu bieten.

Handelssegment Alternext

Die **Anforderungen für ein IPO mit Notiz im Alternext** sind wie folgt:
- Mindestalter zwei Jahre (zwei Jahresabschlüsse),
- Mindest-Freefloat 2,5 Mio. €,
- von einer EU-Aufsichtsbehörde gebilligter Prospekt,
- Verpflichtung eines Listing Sponsors (Investment-/Corporate-Finance-Dienstleister, Wirtschaftsprüfungsgesellschaft oder Anwaltskanzlei: Mittler zwischen Unternehmen und Börse, Nachweis einer angemessenen due diligence-Prüfung des Emittenten, Mitarbeit an Prospekt etc.) und/oder eines für die Platzierung verantwortlichen Brokers.

Für ein **reines Listing** ohne Emission müssen Unternehmen folgende Anforderungen erfüllen:
- Mindestalter zwei Jahre (zwei Jahresabschlüsse),
- Nachweis der Platzierung von mindestens 5 Mio. € bei mindestens fünf Investoren während der vergangenen zwei Jahre,
- Vorlage eines »offering circular« (ein unter Verantwortung des Unternehmens und des Listing Sponsor erstelltes Unternehmensexposé).

Die **Folgepflichten** beinhalten:
- Publizierung testierter Jahresabschlüsse und ungeprüfter Halbjahresabschlüsse spätestens vier Monate nach Bilanzstichtag,
- unverzügliche Publizierung wichtiger, preis-sensitiver Unternehmensnachrichten,
- unverzügliche Publizierung von directors trades (Geschäften von Organen bzw. Leitenden Angestellten in Aktien des Unternehmens),
- Verpflichtung eines Listing Sponsors, der für mindestens zwei Jahre die Einhaltung der Folgepflichten überwacht,
- Publizierung bei der Erreichung/Über-/Unterschreitung bestimmter Meldeschwellen (50 bzw. 95 % Anteilsbesitz),
- Beachtung des Marktmissbrauchs- und Preismanipulationsverbots,
- Beachtung des Insiderhandelsverbots.

Die **Zulassungsgebühren** bemessen sich in Abhängigkeit von der Marktkapitalisierung wie folgt:

Zulassungsgebühren am Alternext (Euronext, Paris)		
Marktkapitalisierung auf Basis des IPO-Preises in Mio. €	Satz	Maximalkosten in €
Bis zu 10	7.500	7.500
10 bis 100	0,6 ‰	61.500
100 bis 500	0,4 ‰	221.500
500 bis bis 1.000	0,3 ‰	371.500
1.000	0,1 ‰	Max. 3.000.000

Für IPOs kommt noch eine **Centralisation fee** (»Commission de centralisation«) in Höhe von **0,3 % des effektiven Emissionsvolumens** (Anzahl platzierter Aktien multipliziert mit dem Platzierungspreis) hinzu.

Die folgende Tabelle zeigt die **laufenden jährlichen Listungsgebühren**:

Jährliche Listungsgebühren am Alternext (Euronext, Paris)	
Anzahl Aktien (nicht kumulativ)	Nicht kumulative Kosten in €
Bis zu 2.500.000	3.000
2.500.000 bis 5.000.000	4.000
5.000.000 bis 10.000.000	8.000
10.000.000 bis 50.000.000	12.000
50.000.000 bis 100.000.000	16.000
Über 100.000.000	20.000

Gebühren der Listung am Alternext

Gemäß Eigeneinschätzung der Euronext »it (Alternext) will become the reference market for small and midsized companies throughout the euro zone« (www.alternext.com).

Angesichts der relativ (z.B. im Vergleich zum Entry Standard/FWB) hohen Einmal- und laufenden Kosten stellt sich die Frage, wie erfolgreich Alternext mit diesem Gebührenmodell im Wettstreit europäischer Handelsplätze in der Zukunft sein wird.

Anfang 2006 waren rund zwei Dutzend Gesellschaften am Alternext notiert.

2.2.18 Dual Listing/Doppelnotiz
Dual Listing, Doppelnotiz in den USA, Europa, Deutschland

Die Alternative einer ausschließlichen Notiz in Deutschland versus einer ausschließlichen Notiz z.B. an der NASDAQ dürfte sich heute aus bereits oben genannten Gründen nur noch in Ausnahmefällen stellen. Von nach wie vor praktischer Relevanz dürfte dagegen vielmehr die Fragestellung einer eventuellen Doppelnotiz sein.

Von potentieller Relevanz für ein Zweitlisting deutschstämmiger Unternehmen sind, von sehr seltenen, weiter oben skizzierten Ausnahmen abgesehen, die NASDAQ, für etabliertere deutsche Unternehmen auch die NYSE, sowie die Freiverkehrssegmente AIM (London) bzw. Alternext (Euronext, Paris).

Zweitlisting

Unternehmen, deren wesentlicher Markt in den Vereinigten Staaten liegt (z.B. bei speziellen Internet-bezogenen Produkten/Dienstleistungen) oder/und die z.B. maßgebliche US-Gesellschaften zu ihren Kunden bzw. US-Beteiligungsgesellschaften zu ihren Gesellschaftern zählen, können vor der Frage stehen, ob ein gleichzeitiges Going Public in Deutschland und den USA zielführend ist und sich unter Abwägung der längeren Vorbereitungszeit, der stärkeren Management-Kapazitätsbindung, der (auch hierdurch verursachten) höheren Kosten (etwa doppelt so hoch wie in Deutschland), der hohen durch das Sarbanes Oxley Gesetz verursachten laufenden Aufwendungen und Risiken für das Management bzw. der Zersplitterung des Handels/der Handelsliquidität auf mehrere Märkte rechnet. Letzterer Aspekt dürfte allerdings aufgrund der unterschiedlichen Handels-Zeitzonen eher zugunsten eines Dual Listings an der NASDAQ im Vergleich zu einem Dual Listing an einem weiteren europäischen Markt sprechen.

Um den Liquiditätssplittungseffekt aufgrund der Notizaufnahme an zwei verschiedenen Hauptbörsenplätzen in erträglichen Grenzen zu halten, sollten Börsenaspiranten erst ab einer Marktkapitalisierung der Erstemission von mindestens rund 50 Mio. € eine Doppelnotiz erwägen.

Pro und Contra Zweitlisting

Da jeder (erstmalige) Börsengang für Gesellschafter wie Gesellschaft ohnehin erheblichen Zeitaufwand bzw. Kapazitätsbindung bedeutet, sollte sehr genau geprüft werden, ob ein gleichzeitiges Going Public nicht nur in Deutschland, sondern auch z.B. an der NASDAQ anzuraten ist. In jedem Falle wird zusätzlicher Beratungs-, Prüfungs-, Publizitäts- und Abstimmungsaufwand bei einem gleichzeitigen »Dual Listing« entstehen. So gelten beispielsweise unterschiedliche Anforderungen hinsichtlich der Zwangs- bzw. freiwilligen Publizität im Vorwege eines geplanten IPOs in Deutschland versus USA. Um das gleichzeitige Listing in den USA nicht zu gefährden, können u.U. für den Börsengang in Deutschland üblicherweise erforderliche bzw. erwartete Publikationen nicht im ansonsten wünschenswerten Ausmaß erfolgen.

Ein Dual Listing in Deutschland und z.B. am AIM oder Alternext dürfte sich aus bereits oben diskutierten Gründen (ähnlich wie an der seinerzeitigen EASDAQ) regelmäßig kaum auszahlen.

Insgesamt betrachtet, sollten im Regelfalle nur größere, etabliertere Unternehmen mit entsprechenden personellen Kapazitäten und dem nötigen zusätzlichen zeitlichen (und damit Cashflow)-Freiraum überhaupt ein paralleles Going Public in Deutschland und den USA in Erwägung ziehen.

2.3 Zusammenfassung

1. Als wesentliche Kriterien für eine gegebene wirtschaftliche Börsenreife gelten insbesondere: ein überzeugendes, erfahrenes, operativ starkes und strategisch visionäres (Gesellschafter-)Management; ein möglichst kräftig wachsendes Markt(nischen)umfeld, die Existenz nachhaltiger Wettbewerbsvorteile, ein klares Unternehmensprofil möglichst mit Alleinstellungsmerkmalen (»USPs« Unique Selling Propositions), ein transparentes, tiefgehendes und zeitnahes Finanz-/Rechnungswesen und Controlling sowie die Vorlage eines detailliert ausgearbeiteten plausiblen Drei- bis Fünfjahres-Businessplans.
2. Die technische Börsenreife leitet sich aus Gesetzen, Börsenvorschriften, Banken- und Anlegerakzeptanz bzw. Usancen (ungeschriebenen Platzierungs-/Wertpapierhandelsgepflogenheiten) ab. Elementarste »technische« Grundvoraussetzung für einen Börsengang bildet (abgesehen von den sonstigen kapitalmarktfähigen europäischen Rechtsformen) die Rechtsform einer AG oder selten KGaA, die z.B. durch Rechtsformumwandlung, Neugründung mit und ohne Sacheinbringung, Erwerb einer bestehenden AG bzw. Kauf einer bereits börsennotierten AG erlangt werden kann.

3. Mindest-Altervorschriften gelten nur im Amtlichen Markt (General und Prime Standard), als Soll-Bestimmung im Geregelten Markt (General und Prime Standard), am GATE-M Stuttgart (AM, GM), im M:access München sowie bedingt am START UP MARKET Hamburg. Als Platzierungspartner kommen sowohl Banken als auch Wertpapierhandelshäuser infrage, während als Zahl- und Anmeldestelle nur eine Bank (Vollbanklizenz) fungieren darf.
4. Hinsichtlich der Art zu emittierender Aktien kann grundsätzlich zwischen Inhaber- und (vinkulierten) Namensaktien, Stamm- und Vorzugsaktien sowie zwischen Nennbetrags- und Stückaktien gewählt werden. Vorzugsaktien können im Rahmen einer Neuemission aufgrund einschlägiger Vorschriften bzw. Usancen jedoch nur an bestimmten Börsensegmenten platziert werden. Die Verbriefung der Aktien erfolgt in nahezu allen Fällen in Form einer oder mehrerer Globalurkunden. Mindestvorgaben an das Eigenkapital bzw. das Gezeichnete Kapital kennen zzt. nur der Amtliche Markt (bedingt), das Münchner Segment M:access sowie der START UP MARKET Hamburg (bedingt).
5. Das Mindestvolumen zu platzierender Aktien richtet sich nach börsen-/handelssegment-spezifischen Anforderungen, wird jedoch durch die zur Ermöglichung eines liquiden Handels empfehlenswerten Emissionsvolumina (gerechnet in Aktienstückzahl wie auch effektivem Emissionsvolumen) z.T. noch merklich übertroffen. Die zu platzierenden Aktien können grundsätzlich sowohl aus einer Kapitalerhöhung als auch aus einer Teilabgabe von Altaktionärsbesitz stammen. Mindest-Streubesitzquoten geben nur den Amtlichen Markt und die hierauf basierenden Börsen- bzw. Handelssegmente vor.
6. Die anlässlich des Börsengangs erforderliche »Einmal-Publizität« und auch die laufende Publizitätspflicht sieht je nach Börsen-/Handelssegment unterschiedliche Details vor. Die Einzelheiten ergeben sich insbesondere aus AktG, BörsenG, BörsZulVO, den jeweiligen Börsenordnungen, EU-Prospektverordnung, HGB, PublG, WPHG, WpPG sowie einzelnen Börsensegment-Regelwerken.
7. Der Hamburger START UP MARKET ist derzeitig das einzige noch verbliebene deutsche Handelssegment, für das noch Mindesthaltevorschriften (»Lock-up-Perioden«) für die Aktien von Altaktionären gelten, die faktisch teilweise auf freiwilliger Basis, teilweise – weil von den Platzierungspartnern verlangt – noch merklich übertroffen werden.
8. Unternehmen, die an der FWB im fortlaufenden Handel gelistet werden bzw. bei Erfüllung der sonstigen Voraussetzungen in einen Auswahlindex aufgenommen werden möchten, müssen mindestens einen »Designated Sponsor« (»Betreuer«, »Market-Maker«) verpflichten, wenn die Aktie nicht bereits bestimmten Liquiditätsanforderungen genügt.
9. Unter den derzeit acht deutschen Wertpapierbörsen nimmt die Frankfurter Börse eine führende Rolle ein. Einzelne Regionalbörsen sind bemüht, ihre Position durch Innovationen und Spezialisierungen zu festigen.
10. Parallel zu einem Börsengang in Deutschland besteht die Möglichkeit eines Private Placement nach Rule 144A an institutionelle Investoren in den USA – ohne Notizaufnahme in den USA. Nur für sehr große, international

tätige deutschstämmige Unternehmen kommt ein (Parallel-)Listing auch an der NYSE New York Stock Exchange infrage. Für alle anderen deutschstämmigen Börsenkandidaten spielt die Technologie-/Wachstumswertebörse NASDAQ unter Dual-Listing-Aspekten, der Londoner AIM bzw. der Alternext der Euronext-Börse unter alternativen Listungsaspekten, eine Rolle. Ein alleiniger, paralleler bzw. sukzessiver Börsengang in Deutschland oder/und in den USA bzw. am AIM oder Alternext wird sich nur unter spezifischen Voraussetzungen lohnen.

3 Phase 3: Planung, Strukturierung und Vorbereitung des IPO bis zum Abschluss des Emissionsmandatsvertrages

An jedem Börsengang sind neben den unternehmensinternen personellen und sonstigen Ressourcen eine Reihe von Partnern beteiligt, die wesentliche Schritte des IPOs mitgestalten bzw. durchführen. Hierzu zählen insbesondere Wirtschaftsprüfer, Steuerberater, Rechtsanwälte und Notare, Banken oder/und Wertpapierhandelshäuser, Emissionsberater sowie PR- und Werbeagenturen.

3.1 Auswahl der Partner

3.1.1 Kriterien für die Partnerauswahl

Da die Auswahl leistungsfähiger und -williger Partner einen, wenn nicht **den** zentralen Beitrag zum Gelingen eines IPOs darstellt, sollen im Folgenden die aus praktischer Erfahrung besonders wesentlich erscheinenden Kriterien für die Partnerauswahl, wie auch (potentiell) auftauchende Interessenkonflikte und Möglichkeiten zu deren Identifizierung und Lösung, dargestellt werden.

3.1.1.1 Reihenfolge der Partnerauswahl

Das börsengangwillige Unternehmen bzw. seine Gesellschafter stehen regelmäßig vor folgenden beiden Fragen:
1. Zu welchen Zeitpunkten sind Entscheidungen hinsichtlich der Verpflichtung einzelner Partner notwendig?
2. Anhand welcher Kriterien sollten Partnergesellschaften ausgewählt werden?

Timing und Sorgfalt der Partnerwahl

Um von Beginn an über einen den Gesamt-IPO-Prozess überblickenden Partner zu verfügen, sollte sich das Unternehmen bzw. dessen Gesellschafter möglichst zunächst eine Emissionsberatungsgesellschaft aussuchen. Diese ist regelmäßig dazu prädestiniert, den Mandanten auch hinsichtlich der Einbeziehung der weiteren Partner (zeitlich wie funktionell) zu beraten. Auf Basis eines durch den Emissionsberater erstellten Emissionskonzepts, verbunden mit einer detaillierten Unternehmensdarstellung (»Banken-Factbook«), wird sodann die Auswahl einer Lead-Bank bzw. eines Lead-Wertpapierhandelshauses, ggf. auch weiterer Konsortialmitglieder zu treffen sein. Wenn die platzierende Bank/das Wertpapierhandelshaus feststeht, beginnt die eigentliche technische Umsetzungsphase des IPO. Sollte zu diesem Zeitpunkt noch kein Wirtschaftsprüfer für die Gesellschaft tätig sein, weil z.B. bislang noch keine Prüfungspflicht vorlag, empfiehlt es sich sodann, spätestens nunmehr einen solchen auszuwählen.

Emissionsberatungsgesellschaft

Auswahl von Partnern der Emission

Gleiches gilt hinsichtlich der Entscheidung für eine leistungsfähige Steuerberatungsgesellschaft sowie eine Rechtsanwaltssozietät bzw. eine Notariatskanzlei. Als weitere wesentliche am Going Public beteiligte Partner steht sodann die Entscheidung für eine PR-/Investors-Relations- bzw. eine Werbeagentur an.

3.1.1.2 Emissionsberater

Gründe für Emissionsberatung

Emissionsberatung als eine von der Aktienplatzierungsfunktion unabhängige, komplexe Beratungs- und Betreuungsfunktion bei der Vorbereitung und Durchführung eines geplanten Börsengangs ist eine noch relativ junge Dienstleistung. Dies hat mehrere Gründe:

1. Gab es bis Mitte der Neunzigerjahre nur jeweils wenige, bis etwa zwei Dutzend Börsengänge in Deutschland pro Jahr,
2. wurde bis dahin die Vorstrukturierung, Planung und Koordinierung von IPOs als eine originäre Aufgabe der platzierenden Institute (bis dahin ausschließlich Banken und keine Wertpapierhandelshäuser) gesehen, mögliche Interessenkonflikte wurden kaum thematisiert oder problematisiert,
3. schließlich handelte es sich bei den IPOs bis Mitte der Neunzigerjahre fast ausnahmslos um Börsengänge langjährig existenter, etablierter Unternehmen, meist aus Traditionsbranchen, mit Umsätzen von i.d.R. mindestens rd. 25 Mio. €. Börsengänge aus Hi-Tech-, Hochwachstumsbranchen, bzw. IPOs noch sehr junger Unternehmen mit geringen oder noch gar keinen Umsätzen waren – zumindest in Deutschland – unbekannt.
4. Sind die Auswahl- und Gestaltungsmöglichkeiten z.B. hinsichtlich Partnern, Börsen- und Börsensegment- bzw. Handelssegmentwahl seit Mitte der Neunzigerjahre um Dimensionen gestiegen.
5. Ist die Komplexität insbesondere von Börsengängen sowohl im In- als auch im Ausland erheblich gewachsen.

Mittlerweile kann daher mit Koch/Wegmann (Koch/Wegmann: Praktikerhandbuch, 1998, S. 176 f.) konstatiert werden: »Die Gesellschaft ist gut beraten, wenn sie sich bei der Emission von einem Emissionsberater begleiten lässt. Die in Deutschland im Emissionsgeschäft tätigen Banken verfügen zwar ebenfalls über ein umfangreiches Know-how, sie können aber im Zuge der Emissionsverhandlungen als Partei nicht unabhängig beraten«.

Aufgabe des Emissionsberaters

Die Aufgabe des Emissionsberaters besteht darin, den Mandanten (das börsengangwillige Unternehmen bzw. dessen Gesellschafter) insbesondere zu beraten und zu begleiten bei

- der Feststellung der grundsätzlichen Börsenfähigkeit,
- der Festlegung von Maßnahmen bzw. der Hinführung des Unternehmens zur Börsenfähigkeit,
- der möglichen Prüfung potentieller (zeitweiliger oder längerfristiger) Finanzierungsalternativen,
- der Erstellung eines Emissionskonzepts,
- der Präsentation gegenüber und Verhandlungen mit Platzierungspartnern (Banken, Wertpapierhandelshäusern) sowie weiteren IPO-Partnern,
- der Koordination der Partner und Maßnahmen zur technischen Umsetzung des geplanten Börsengangs.

Unabhängige Emissionsberatung

Im Regelfalle wird sich die Tätigkeit der Emissionsberatungsgesellschaft auf die Zeit bis zur ersten Notiz erstrecken. Auf Wunsch des Emittenten sollte die Emissionsberatungsgesellschaft darüber hinaus in der Lage sein, ihn auch in der Zeit nach Börsengang weiter zu beraten. Gegenstand der Beratung können z.B. Publizitätsfragen (klassischerweise allerdings eine Domäne der betreuenden Banken), der weitere Auf- und Ausbau der IR(Investor-Relations)-Strukturen sowie Corporate Finance/Finanzierungsfragen, insbesondere in Fällen geplanter weiterer Inanspruchnahmen des Kapitalmarkts, sowie bei Unternehmenskäufen, sein.

Interessenkonflikte des Beraters

Die Dienstleistung des Emissionsberaters wird – analog zu anderen Partnern – nur so »objektiv«, d.h. ausschließlich dem Mandanteninteresse verpflichtet, sein können, wie der Emissionsberater frei von möglichen oder faktischen Interessenkonflikten ist. Mögliche Interessenkonflikte können z.B. sein:

- Beteiligungsinteresse an der Gesellschaft ex ante,
- Festlegung (z.B. aufgrund bestehender Beteiligungsverhältnisse) auf spezifische weitere Partner wie z.B. nur eine und nur diese Bank/Beteiligungsgesellschaft/Wirtschaftsprüfungs-/Steuerberatungs-/Rechtsanwalts-/Notariatssozietät etc.,
- Cross-Fee-(Honorarbeteiligungs-)Vereinbarungen mit sonstigen Partnern.

Bei der Auswahl des Emissionsberaters sollte sich der Börsenkandidat daher an folgenden Kriterien orientieren:

Checkliste

> ✔ Besitzt der Berater fachliche Erstklassigkeit, nämlich Kapitalmarkt-, Börsen-, Unternehmensbewertungs-, Gesellschaftsrechts- und Steuer-Know-how?
> ✔ Hat der Berater einen Erfahrungshintergrund möglichst aus der Industrie und dem Banken- und Börsenbereich?
> ✔ Welchen »Track record« möglichst bereits erfolgreich durchgeführte IPOs kann der Berater vorweisen?
> ✔ Ist die möglichst weitgehende Unabhängigkeit/Freiheit des Emissionsberaters von »Conflict of Interest« gewährleistet?
> ✔ Stimmt die »persönliche Chemie« zwischen Berater und Emittenten und dessen Gesellschaftern?
> ✔ Es sollte ein absolutes Vertrauensverhältnis bestehen.

Da zudem in zahlreichen Fällen Beteiligungsgesellschaften als Pre-IPO-Finanziers in die Gesellschaft aufgenommen werden sollen/müssen, kann es sich für den Emittenten als doppelt nützlich erweisen, wenn er eine Emissionsberatungsgesellschaft engagiert, die auch über maßgebliches Beteiligungs-/Mergers & Acquisitions-Know-how verfügt.

Vor- und Nachteile so genannter Rundum-Sorglos-Pakete

Gegebenenfalls offerierte »Rundum-Sorglos-Pakete« sollte der Emittent hinsichtlich ihrer möglichen Vorteile, »alles aus einer Hand«, feststehende Partner, Erfolgsgarantie?) und Nachteile (höhere Kosten, niedrigere Erträge, Weggabe erheblichen Anteilsbesitzes vor IPO zu vergleichsweise niedrigen Preisen, Ausschluss von Wettbewerb etc.) genauestens analysieren.

3.1.1.3 Bank/Wertpapierhandelshaus

Partner Bank/Wertpapierhandelshaus

Gestützt auf ein Banken-Factbook, d.h. eine detaillierte Unternehmensdarstellung, die idealerweise auch bereits die Eckdaten der geplanten Emission enthalten sollte, wird der Emittent gemeinsam mit seinem Emissionsberater in die Phase des gegenseitigen »Beauty Contest«, der Eigen- und Fremdpräsentation mit Banken eintreten.

Um den Emittenten und seine geplante Emission nicht »zu verbrennen«, wird darauf zu achten sein, regelmäßig nur eine kleinere Zahl »handverlesener« und sich für den spezifischen Börsengang grundsätzlich eignender sowie potentiell hieran interessierter Banken oder/und Wertpapierhandelshäuser anzusprechen. Der Emittent sollte sich hierbei auf die Marktkenntnis und Erfahrung seines Emissionsberaters stützen. Dieser wird für ihn die Erstansprache der Emissionsinstitute, die Organisation eines ersten gegenseitigen Kennenlernens und Vorstellens übernehmen sowie Folge-Verhandlungen begleiten.

Kriterien der Auswahl

Die Auswahl anzusprechender Banken bzw. Wertpapierhandelshäuser wird sich insbesondere an folgenden grundsätzlichen Gegebenheiten orientieren:
- Größe der Emission,
- geplantes Börsensegment,
- Börsengang im Inland oder/und Ausland.

Aufgrund ihres potentiellen Platzierungsvolumens bei Emissionsinstituten besonders gern gesehene Emissionen werden solche im Amtlichen Handel/Prime Standard sein. Dagegen wird die Auswahlmöglichkeit betreffend Platzierungspartnern im Falle von Emissionen, die sich für den Geregelten Markt/General Standard oder Freiverkehr (bzw. die hierauf aufbauenden Sonderhandelssegmente) eignen, stets kleiner sein.

Bestimmte, insbesondere international tätige Banken werden sich nur für Emissionen interessieren, die ein Mindest-Emissionsvolumen von über 25 Mio. €, andere wiederum von über 50 Mio. € erwarten lassen.

Verbesserte Auswahlmöglichkeit

Insbesondere für noch besonders junge Unternehmen, die einen IPO ausschließlich im Freiverkehr platzieren können, wie auch unter allgemeinen Wettbewerbsaspekten ist es zu begrüßen, dass die durch die europäische und deutsche Gesetzgebung ermöglichte Kapitalmarktöffnung eine merkliche Zahl neuer Marktteilnehmer (Wertpapierhandelshäuser) hat entstehen lassen. Mittlerweile hat ein Emittent daher eine i.d.R. erfreuliche Auswahl unter kleineren, mittleren, wie auch international renommierten Banken sowie Wertpapierhandelshäusern, die als Platzierungsinstitut bzw. zusammen als Konsortium infrage kommen.

Bei der Auswahl der Bank/des Wertpapierhandelshauses sollte der Emittent insbesondere folgende Kriterien beachten:

Checkliste

- ✓ Markt-Standing/Renommee des Instituts.
- ✓ Zahl, Qualität und bisherige Performance sowie Referenzen bereits platzierter IPOs.
- ✓ Wille und Potenz, eine Emission – nach Wahl des Emittenten – auch in schlechteren Börsenphasen umzusetzen.
- ✓ Intensität, mit der sich die Vertreter des Instituts im Vorwege (vor Vertragsabschluss) mit der Emission befassen und auseinandersetzen.
- ✓ Engagement und Expertise des mit dem konkreten IPO befassten Teams.
- ✓ Platzierungsstruktur (welche Investoren(gruppen) sollen bedacht werden).
- ✓ Nationale bzw. internationale Platzierungsausrichtung.
- ✓ Platzierungskraft bei Institutionellen und Privatinvestoren (möglichst einschließlich Internet-Fazilitäten).
- ✓ Zeitfahrplan bis zum IPO.
- ✓ Vertragsqualität, Stärke der Verpflichtungen hinsichtlich Risikoübernahme, Zeitfahrplan (welche Abbrüche bzw. Verschiebungen welcher IPOs bislang?).
- ✓ Fähigkeit zur Übernahme der Designated Sponsor-/Betreuer-/Market-Maker-Funktion, sofern eine Notierung im fortlaufenden Handel bzw. eine potentielle Aufnahme in einen FWB-Auswahlindex anvisiert wird.
- ✓ Exzellentes Research.
- ✓ Honorargestaltung/-höhe.
- ✓ Bewertung des Going Public-Kandidaten.
- ✓ Wille und Potential zur Nachbetreuung (Designated Sponsor-Funktion, Research, Beratung in Kapitalmarktfragen, Organisation von Analystentreffen und Roadshows sowie Hauptversammlungen).

Bis etwa zur Mitte der Neunzigerjahre, als in Deutschland Festpreisemissionen Standard waren, war die (indikative) Bewertung des Emittenten durch das an einer Platzierung interessierte Institut meist ein, wenn nicht der entscheidende Wettbewerbsfaktor unter den Platzierungsbanken. Im Zuge der nunmehr fast ausschließlich im Wege des »Bookbuilding« (die Aktien werden innerhalb einer Preisspanne zum Erwerb angeboten) stattfindenden Emissionen ist der »Preis-Wettbewerb«, wenn nicht entfallen, so doch im Vergleich zu anderen Auswahlkriterien merklich in den Hintergrund gerückt. Die Lead-Bank bzw. das Konsortium verpflichtet sich mittlerweile nicht mehr bereits Wochen vor dem Börsengang zu einem Mindest- oder garantierten Festplatzierungspreis, vielmehr wird eine Preisspanne (**Bookbuildingspanne**) und diese i.d.R. erst rund ein bis zwei Wochen vor der geplanten ersten Notizaufnahme – orientiert an den jeweils aktuellen Marktgegebenheiten – in Abstimmung zwischen Emittent und Bank festgelegt. Ohnehin gilt, dass sowohl Emittent wie Emissionsbank ein denkbar großes, gemeinsames Interesse an einem – auch gerade nachhaltig – erfolgreichen Börsengang der Gesellschaft haben.

Pre-Marketing-Phase

Zudem verfügen sämtliche als Platzierungspartner infrage kommenden Banken und Wertpapierhandelshäuser »über den gleichen Rechenschieber«. Bereits in der so genannten Pre-Marketing-Phase zeigt sich ohnehin, ob und in welchem Maße Institutionelle bereit sind, der von Emittent und Lead-Bank angesetzten Unternehmensbewertungsspanne zu folgen. Teilweise gehen Lead-Bank und

Emittent zunächst auch ohne jegliche »Preis-Range« auf »Roadshow« und legen die Bookbuildingspanne erst im Anschluss bzw. in der Endphase dieses »Pre-Marketing« fest.

Letztere, noch jüngere Vorgehensweise bezeichnet man als **beschleunigtes Bookbuilding**. Keine Unternehmensbewertung wird sich dem Vergleich mit »Peers« bzw. »Peergroups« (Unternehmen vergleichbarer Branchen, an vergleichbaren Märkten etc.) sowie aktuellen Marktentwicklungen entziehen können. Dennoch verbleibt ein gradueller Interessengegensatz zwischen Bank/Wertpapierhandelshaus und Emittent dahingehend, dass das platzierende Institut – nicht zuletzt aus Prospekthaftungs-, Kurssteigerungspotential- sowie Gründen der Befriedigung institutioneller Anlegerinteressen – im Zweifelsfalle eher zu einer niedrigeren, als der möglicherweise realisierbaren Bewertung raten wird. Je größer (und damit alleine bereits automatisch attraktiver) ein potentieller Börsenkandidat für die Banken ist, umso mehr sollte damit gerechnet werden, dass sich die Banken beim »Beauty Contest« mit ihren Wertindikationen beim Emittenten gegenseitig überbieten – um möglicherweise hierdurch den Zuschlag zu erhalten. Somit gilt es entsprechend klug umzugehen.

Zügiger oder späterer IPO

Banken und Wertpapierhandelshäuser werden sich teilweise noch mehr darin unterscheiden, welches **Timing** sie hinsichtlich des IPOs vorschlagen bzw. für angemessen halten. Der Emittent wird u.U. die Erfahrung machen, dass gerade größere Institute eher einen weiter in der Zukunft liegenden Platzierungszeitraum empfehlen werden. Hiergegen ist grundsätzlich nichts einzuwenden, sofern dies auch den Intentionen des Emittenten entspricht. Strebt der Emittent dagegen stattdessen einen möglichst frühzeitigen Börsengang an, kann der Aspekt »Timing« oder »Zeitfahrplan bis zum IPO« zu einem maßgeblichen Entscheidungskriterium für die Wahl der Lead-Bank werden.

Die erste gegenseitige Präsentation von Emittent und Bank(en) wird zusammen mit dem Emissionsberater erfolgen, da dieser die Banken angesprochen und mit der Unternehmensstudie (Banken-Factbook) im Vorfeld versorgt hat. Zu den später stattfindenden Verhandlungsterminen sollte des Weiteren nach Möglichkeit ein versierter, IPO-erfahrener Rechtsanwalt des Mandanten hinzugezogen werden.

Lead-/Joint-Lead-Mandat

Stehen nach Durchführung des Beauty Contests die Banken/Wertpapierhandelshäuser fest, die in die engere Wahl des Emittenten kommen, wird der Emittent mit einem, seltener parallel mit zwei Instituten (sog. »Co-Lead« oder »Joint Lead« = gemeinsame Konsortialführung) einen **Emissionsvertrag/Platzierungsmandatsvertrag (auch »Letter of Engagement«, »Memorandum of Understanding« oder »Grundlagenvereinbarung«)** aushandeln, der u.a. beinhaltet

- die Lead-Funktion der Bank/des Wertpapierhandelshauses,
- weitere voraussichtliche Konsortialpartner,
- das Leistungsspektrum des Konsortialführers,
- das angestrebte Timing bis zum Börsengang,
- die Transaktionsstruktur, einschließlich des voraussichtlich zu platzierenden Anteils an der Gesellschaft,
- eine »indikative« »absolute« Unternehmensbewertung zum derzeitigen Zeitpunkt bzw. eine an bestimmten betriebswirtschaftlichen oder/und kapitalmarktbezogenen Größen orientierte »relative« Unternehmensbewertung,

- das gewählte Börsensegment bzw. die Börse/n, an der/denen die Aktien platziert werden sollen,
- Kostenregelungen (Due Diligence, »out-of-pocket«-Auslagen etc.),
- Honorargestaltung,
- Haftungsübernahmen und Rücktrittsrechte.

Außerdem werden sonstige wesentliche, vonseiten des Konsortialführers und des Emittenten noch zu leistende Punkte festgeschrieben, wie z.B.

Due Diligence, SWOT-Analyse

- eine durch die Bank bzw. von ihr – in Abstimmung mit dem Emittenten - beauftragte Dritte durchzuführende »Due Diligence« (= gebotene Sorgfaltsprüfung), meist aufgeteilt in eine wirtschaftliche/«commercial«, steuerliche/ «tax«, rechtliche/«legal«, Finanz-/«financial«, teilweise zusätzlich auch technische Due Diligence einschließlich einer so genannten SWOT-Analyse (SWOT = Strenghts Weaknesses Opportunities Threads),
- noch vor IPO durchzuführende Kapitalmaßnahmen,
- möglichst klar und erschöpfend fixierte Faktoren, die einen IPO ganz oder auch nur im geplanten Zeitraum gefährden könnten,
- Übernahme der Designated Sponsor-Funktion, sofern erforderlich,
- Nachbetreuung.

Nach Abschluss eines derartigen Platzierungs-/Emissionsmandatsvertrages mit einer Bank/einem Wertpapierhandelshaus beginnt die technische Umsetzungsphase des geplanten Börsengangs.

3.1.1.4 Wirtschaftsprüfer

Einige Börsenkandidaten verfügen bereits über eine/n die Abschlüsse der Gesellschaft testierenden Wirtschaftsprüfer/WP-Gesellschaft. Wenn das Management des Unternehmens bzw. die Gesellschafter mit der Arbeit ihres Wirtschaftsprüfers (WP) zufrieden sind, besteht kein Grund, nur wegen des geplanten IPOs einen WP-Wechsel vorzunehmen. Bei Börsengängen an einen der EU-regulierten Märkte (Amtlicher Markt bzw. Geregelter Markt und hieran jeweils anknüpfende Segmente) bzw. eine US-Börse ist aufgrund der Notwendigkeit eines Reportings auch nach IFRS/IAS bzw. US-GAAP möglicherweise ein Wechsel der Wirtschaftsprüfungsgesellschaft angesagt, wenn diese noch über keine oder wenig entsprechende Erfahrung verfügt. Da sich die internationalen Rechnungslegungsgrundsätze jedoch immer mehr durchsetzen und gleichzeitig annähern, dürften sowohl die Tage der HGB-Rechnungslegung als auch der (zumindest großen) Unterschiede zwischen IFRS/IAS und US-GAAP gezählt sein. Wirtschaftsprüfer werden daher mit diesen Rechnungslegungsvorschriften immer vertrauter. Die Auswahl einer besonders großen, auch international renommierten Wirtschaftsprüfungsgesellschaft kann – insbesondere für noch kleine, unbekannte Emittenten –, muss aber keine Standingvorteile bringen. Stets wird es vielmehr darauf ankommen, dass die final ausgewählte Wirtschaftsprüfungsgesellschaft über ein Team exzellenter Fachexperten mit einschlägiger AG-, Going Public- bzw. IFRS-IAS-/US-GAAP-Erfahrung verfügt, die sich – z.B. bei Krankheitsfällen – ausreichend gegenseitig ergänzen und vertreten können, so dass die wirtschaftsprüfungsbezogenen Pre-IPO-Aufgaben nicht zu einer Verzögerung des Börsenfahrplans führen.

Auswahl des Wirtschaftsprüfers

Experten mit AG-, IPO-, IFRS-IAS-/ US-GAAP-Erfahrung

Due Diligence

Mit der von der Lead-Bank üblicherweise beauftragten emittenten-unabhängigen »Due Diligence« (vgl. hierzu insbesondere Koch/Wegmann Koch: Die Due Diligence, 1999, sowie Koch/Wegmann: Praktikerhandbuch Due Diligence, 1998) werden meist ebenfalls Wirtschaftsprüfungsgesellschaften/Steuerberatungsgesellschaften bzw. Anwaltskanzleien sowie hinsichtlich der technischen Due Diligence externe Branchen-Experten betraut. Gutmeinende Emittenten gehen gelegentlich davon aus, dass eine vorab z.B. von ihrer Wirtschaftsprüfungsgesellschaft eingeholte Due Diligence ausreiche, um auch die Konsortialbanken davon zu überzeugen, dass »keine Leichen im Keller liegen«. Dies dürfte jedoch regelmäßig ein kostenverursachender Trugschluss sein, da die Banken derartige Wirtschaftsprüferanalysen (da vom Emittenten beauftragt) als nicht unabhängig und damit als vollends objektiv einstufen. Gleichwohl wird ein guter »hauseigener« WP den bankseitig eingeschalteten WPs die Arbeit erheblich erleichtern und damit den Emittenten und seine Spezifika näher bringen können.

Eine von Drittinteressen und »same old boys network« (nicht Network!) freie Emissionsberatungsgesellschaft wiederum wird auf Bitten des Emittenten nach Möglichkeit stets mehrere Wirtschaftsprüfer (WPs) bzw. WP-Gesellschaften – und nicht nur eine(n) – empfehlen (können).

3.1.1.5 Steuerberater

Auswahl des Steuerberaters

In Zeiten zunehmender, selbst von Experten kaum noch zu durchschauender Komplexität des (deutschen) Steuerrechts und im internationalen Vergleich hoher deutscher Steuersätze, dürfte es sich mehr denn je auszahlen, – bereits in einer sehr frühen Phase der Vorstrukturierung des IPO unter Führung des Emissionsberaters – die besten Steuerberater, möglichst mit einschlägiger AG-, Going Public- bzw. IFRS-IAS-/US-GAAP-Erfahrung, zu verpflichten. Der steuerbedingte, plastische »Unterschied zwischen 50 Cent und 1 €« zeigt beeindruckend, dass es für den Unternehmer letztendlich rational ist, genauso viel Zeit und Mühe darauf zu verwenden, legale steuergünstige Lösungen umzusetzen wie seinem eigentlichen Geschäft nachzugehen, wenn ihm dies die Chance bietet, hierdurch noch einmal den gleichen Nachsteuerbetrag wie durch seine unternehmerische Kerntätigkeit zu »verdienen«.

Steuerliche Betreung des IPO

Da bei den meisten Börsengängen sowohl die Steuerebene des Unternehmens als auch der Gesellschafter (insbesondere auch Erbschaft- und Schenkungssteuerthematik) berührt sein dürfte, kann es sinnvoll sein, den IPO und die ihn vorbereitenden gesellschaftsrechtlichen Maßnahmen steuerlich »aus einer Hand« betreuen zu lassen.

Bei allem Bemühen, legale steuerlich günstige Konstellationen zu finden und umzusetzen, sollte jedoch nicht außer Acht gelassen werden, dass sich eine primäre Ausrichtung der IPO-Struktur nach steuerlichen Erwägungen für den Börsengang insgesamt als sehr schädlich erweisen kann.

Steuerliche Folgen auf Unternehmens- und Gesellschaftsebene

Das Beispiel eines im Jahre 1999 an den Neuen Markt gegangenen Unternehmens zeigt dies eindrucksvoll. In diesem Falle verkauften die Gesellschafter der operativ tätigen GmbH deren Geschäftsanteile an eine (neue) AG zu einem zweistelligen Millionenbetrag. Dem aktivseitigen Buchwert stand passivseitig eine Darlehensverpflichtung der an die Börse zu führenden AG in gleicher beträchtlicher Höhe gegenüber. Nachdem sich diese Lösung kurze Zeit nach der Platzierung bei Anlegern herumgesprochen hatte, gab es ein kursmäßig »böses

Erwachen«: Der Kurs der Gesellschaft ging nachhaltig, zeitweise auf bis rd. ein Drittel des Emissionskurses, zurück. So sinnvoll die von den Gesellschaftern und ihren steuerlichen Beratern unter mutmaßlich primär steuerlichen Aspekten (seinerzeit letztmalige Nutzungsmöglichkeit der hälftigen Besteuerung bis zum Jahresende 1998) entwickelte Einbringungslösung gewesen sein mag, so fatal wirkte sie sich durch die offensichtlich unterschätzte negative Anlegerakzeptanz und damit Öffentlichkeitswirkung aus.

Stets gilt es daher in Abstimmung aller Beteiligten, des Emittenten (Unternehmen und Gesellschafter), der Emissionsberatungsgesellschaft, der Banken/Wertpapierhandelshäuser, der Steuerberater, Wirtschaftsprüfer und Anwälte eine unter Abwägung einer Vielzahl miteinander komplex verbundener Aspekte ein »Gesamt-Optimum« und nicht nur ein »Teil-Optimum« für den geplanten IPO zu finden.

Ziel: Gesamt-optimaler IPO

3.1.1.6 Rechtsanwalt

Wie beim ggf. bereits vorhandenen »Haus«-WP bzw. -Steuerberater bereits ausgeführt, sollte der »Hausanwalt« als Kenner des Unternehmens, häufig auch der Spezifika einzelner Gesellschafter (u.a. Erbschaft- und Schenkungsteuer-Konstellationen), in die Vorbereitungen des IPO mit einbezogen werden. Unter anderem wird er ein wertvoller Gesprächspartner und zeitsparender Faktor bei der Begleitung der im Bankenauftrag von externen Dritten durchzuführenden juristischen Due Diligence sein können.

Auswahl des Rechtsanwalts

Insofern und soweit rein IPO-spezifische Rechtsfragen auftauchen, wie z.B. die juristischen Feinheiten eines Emissionsmandatsvertrages, kann es sehr hilfreich sein, punktuell – in Ergänzung zum Haus-Anwalt – Experten auf diesem Gebiet einzuschalten. Das gleiche gilt für eventuell erforderliche komplexe Neustrukturierungen im Gesellschafterkreis vor IPO, die noch dazu häufig mit schwierigen Steuerfragen einhergehen: Hier und insgesamt sollte sich der Emittent des Rates und der Begleitung von (möglichst auch Steuer-versierten) Gesellschaftsrechts-Experten mit AG- und IPO-Erfahrung versichern.

3.1.1.7 Notar

Wie bei Banken, Emissionsberatern, Anwälten, Wirtschaftsprüfern, Steuerberatern und anderen Beratern schwanken auch die Qualitäten von Notar(skanzlei) zu Notar(skanzlei) – erfahrungs- und schwerpunktbedingt – teilweise ganz erheblich. Verfügt die Gesellschaft über einen guten, gesellschaftsrechtlich besonders versierten Notar mit zusätzlich guten Verbindungen zu dem für die Gesellschaft zuständigen Handelsregisterrichter, besteht grundsätzlich kein IPO-bezogener Grund zum Wechsel. Darüber hinaus gilt: Je besser die juristische Vorbereitung der im Vorwege des IPO durchzuführenden gesellschaftsrechtlichen Beschlüsse durch eine einschlägig erfahrene Rechtsanwaltskanzlei gestaltet wurde, desto leichter wird sich auch jeder Notar mit der Beurkundung und daran anschließenden Abstimmung mit dem Registerrichter tun.

Auswahl des Notars

Von ganz wesentlicher Bedeutung für die **fehlerminimale, zeitplankonforme** Vorbereitung des IPO ist die reibungslose Abstimmung und Zusammenarbeit zwischen Gesellschaft, Lead-Bank, Wirtschaftsprüfungsgesellschaft, Steuerberatungsgesellschaft sowie Anwälten und Notar der Gesellschaft insbesondere in den letzten Wochen vor Börsengang. In nicht seltenen Fällen haben sich für

Zeitkritische Schnittstelle Notar-Handelsregister

den Börsengang unabdingbar notwendige Eintragungen gesellschaftsrechtlicher Beschlüsse u.U. um Wochen oder sogar Monate verzögert, weil sie nicht gänzlich abgestimmt, lückenhaft oder/und vom Handelsregisterrichter mit (teilweise mehrfachen) Änderungswünschen kommentiert zurückgewiesen wurden.

Zu Beginn von den meisten Emittenten unterschätzt, stellt daher die »Nahtstelle« Notar/Handelsregistereintragung eine der potentiell zeitplan-gefährdendsten Pre-IPO-Arbeitsstufen dar, der nicht genug Aufmerksamkeit gewidmet werden kann.

3.1.1.8 PR-/Werbeagentur

Auswahl der PR-/Werbeagentur

Selbst sehr gute Fullservice-Werbeagenturen sind nur in eher seltenen Fällen auch gleichzeitig ausgezeichnete Presse-/PR (Public Relations = Öffentlichkeitsarbeit)/IR- (Investor-Relations) Agenturen mit spezifischen Kontakten zur Public Financial Community (IPO-relevanten Zeitungen, Zeitschriften, Nachrichtendiensten, unabhängigen Finanzjournalisten, Finanzanalysten, Fondsmanagern, Radio, TV etc.) und einschlägigen IPO-Begleitungserfahrungen. Das von diversen Börsenkandidaten empfundene Pressearbeitsdefizit bei klassischen Werbeagenturen dürfte sich zu einem guten Teil daraus erklären, dass die Anzahl von Börsengängen im Vergleich zu der sonstigen Kundenzahl von Fullservice-Agenturen immer noch verschwindend gering ist.

Tandem-Lösung: Werbeagentur sowie Presse-/PR-/IR-Agentur

Emittenten dürften daher, trotz höheren Abstimmungsbedarfs, mit einer »Tandem-Lösung«, d.h. einem Neben- und Miteinander von Presse-/PR-/IR- und Werbeagentur oft am besten bedient sein.

Eine solide Presse-/PR-/IR-Arbeit im Vorfeld des IPOs und danach wird zu einem, gemessen an der Input-/Output-Relation (Aufwand zu Ertrag), mit Abstand effektivsten/preiswertesten Werbeeffekt führen. Daher kann der PR-/Pressearbeit, gerade auch in Zeiten immer zahlreicher werdender IPOs, nicht genug Bedeutung beigemessen werden.

Parallel hierzu sollte der Emittent zügig nach Mandatierung der Lead-Bank eine Werbeagentur aussuchen. Diese kann wiederum, sofern sie über Finanz-/IPO-Werberfahrung verfügt, deckungsgleich mit einer eventuell bereits vorhandenen »Haus-Agentur« sein. Primäre Aufgabe der Werbeagentur wird es sein, eine der Corporate Identity des Unternehmens konforme, die financial community ansprechende, das Unternehmen sowie seine Produkte/Dienstleistungen und Zeichnungsattraktivität plastisch vor Augen führende Print-, Radio- bzw. TV-Werbekampagne zu konzipieren und in Abstimmung mit dem Mandanten umzusetzen. Des Weiteren kann sich die vorbeugende Entwicklung von »Schubladenplänen« gegen potentielle Negativkampagnen (möglicherweise induziert durch Wettbewerber, ehemalige Angestellte etc.) empfehlen.

Referenzen verlangen

Wie bei allen Partnern, mit denen das Unternehmen auf dem Wege an die Börse zusammenarbeitet, gilt auch bei der Auswahl der Presse-/PR-/IR- bzw. Werbeagentur, dass Größe nicht alles bzw. »Masse« nicht automatisch gleichbedeutend mit »Klasse« ist. Wesentlich erscheint, dass sowohl Presse-/PR-/IR- bzw. Werbeagentur über einschlägige Erfahrungen mit IPOs (Referenzliste) bzw. Kapitalmarktusancen-Kenntnisse verfügen.

3.1.1.9 Eventuelle Pre-IPO-Beteiligungspartner

Hinsichtlich der Aufnahme von Pre-IPO-Beteiligungspartnern sei im Detail auf die obigen Ausführungen zu Alternativen bzw. Zwischenschritten zum Börsengang verwiesen. Je zeitlich näher der Börsengang in Abstimmung zwischen Emittent, Emissionsberater und Lead-Bank durchgeführt werden kann und soll, desto weniger dürfte sich grundsätzlich die Hereinnahme eines oder mehrerer (weiterer) Pre-IPO-Beteiligungspartner für das Unternehmen bzw. seine Gesellschafter als attraktiv darstellen, da die Börse – von seltenen Ausnahmen abgesehen – stets einen höheren Preis als Einzel-Pre-IPO-Investoren zu zahlen bereit sein dürfte. Gleichwohl kann es die Vorsicht gebieten, noch relativ kurz (einige wenige Monate) vor IPO einen/mehrere Beteiligungspartner aufzunehmen, wenn absehbar ist, dass die Liquidität des Unternehmens im Falle einer eventuellen, z.B. kapitalmarktbedingten Verschiebung des IPOs um einige Monate für das weitere Wachstum nicht ausreichen würde. Ein weiteres Motiv für die Hereinnahme eines weiteren externen Gesellschafters kann der mit einer besonders renommierten Beteiligungsgesellschaft verbundene, auf die bevorstehende Emission positiv ausstrahlende Imagegewinn für das Unternehmen sein.

Auswahl der Pre-IPO-Beteiligungspartner

Ist ein Börsengang bereits vor oder zum Zeitpunkt der Aufnahme eines externen Beteiligungspartners konkret geplant, hat es sich als empfehlenswert erwiesen, dieses Faktum im Übernahmevertragswerk bereits zu berücksichtigen, so dass sich Unternehmen und Altgesellschafter der uneingeschränkten Mitwirkung des Beteiligungspartners in Richtung IPO sicher sein können. Des Weiteren sollte bereits beim Einstieg des Beteiligungspartners festgeschrieben werden, ob bzw. falls ja, in welchem Maße der Beteiligungspartner einen Teil oder sogar seinen gesamten Beteiligungsbestand (hätte eher negative Öffentlichkeitswirkung) in die Emission einbringen kann.

3.1.1.10 Sonstige Partner

An jedem Börsengang sind in unterschiedlicher Intensität noch eine Reihe weiterer Partner beteiligt, ohne dass deren Rolle hier aus Platzgründen näher beleuchtet werden soll. Insbesondere zählen dazu u.a. folgende, großenteils externen Dritten übertragene Aufgaben:

- Neugestaltung bzw. Erweiterung des Internet-Auftritt des Unternehmens um den Themenkreis »IPO«/»Investor-Relations«,
- Presse-/Analysten-/TV-Coaching des Vorstands durch Börsen-/Medienexperten,
- Einrichtung einer Börsen-Telefon-Hotline, meist in Form eines gut zu schulenden Call-Centers.

Internet-Auftritt, TV-Training, Börsen-Hotline

3.1.2 Identifizierung und Lösung möglicher Interessenkonflikte bei (potentiellen) Partnern

Die einzelnen bereits für das Unternehmen und seine Gesellschafter tätigen bzw. potentiellen (Kooperations-)Partner verfolgen im Verhältnis zu den Gesellschaftern verständlicherweise unterschiedliche, teilweise entgegengesetzte, eigene Interessen. Aber auch unter den Altgesellschaftern selbst kann es divergierende Interessen geben. Interessenkonflikte sind daher sehr wahrscheinlich.

3.1.2.1 Divergierende Altgesellschafter-Interessen

Problemlösung durch den Börsengang

Je nach Alter oder Familienstand der Beteiligten und Höhe der Beteiligung am Unternehmen, aktiver oder passiver Teilhaberschaft, der Höhe des privaten und gewerblichen Vermögens oder z.B. sonstiger persönlicher Präferenzen können die Interessen der (Alt-)Gesellschafter eines potentiellen Börsenaspiranten erheblich divergieren.

Hier zunächst ein Beispiel, wie durch einen Börsengang divergierende Interessen in Einklang gebracht werden können: Ein Gesellschafter, der in den vergangenen fünf Jahren eine weniger als 1 %ige (in den steuerlich »besseren Zeiten« ehemals 10 %ige) Beteiligung an einer Kapitalgesellschaft im Privatvermögen gehalten hat, kann aus Alters- und/oder Steuergründen bestrebt sein, seinen Anteil nach Ablauf der (derzeit noch geltenden) einjährigen Spekulationsfrist steuerfrei zu veräußern, während der oder die sonstigen Gesellschafter keine Anteile abgeben möchte(n). Im Regelfall wird sich dieser Konflikt gerade durch einen Börsengang lösen lassen, indem die Emission aus einer Kapitalerhöhung sowie den Anteilen des abgabebereiten Gesellschafters dargestellt wird. Der Minderheitsgesellschafter wird auf diesem Wege einen mit höchster Wahrscheinlichkeit deutlich höheren Erlös erzielen als im Wege eines – ohnehin nur sehr bedingt, wenn überhaupt realisierbaren – freihändigen Verkaufs.

Im Folgenden ein Beispiel, wie der geplante IPO divergierende Interessenlagen möglicherweise erst zutage treten lässt: Ein zu einer zukünftigen Anteilsschenkung bereiter Mitgesellschafter kann u.U. eine Börsengangentscheidung mit dem durchaus stichhaltigen Argument blockieren, dass eine Vererbung oder Schenkung von Anteilen nach dem Börsengang aufgrund der deutlich höheren steuerlichen Bemessungsgrundlage (Kurswert der Aktien) »zu teuer« käme. Hier könnte eine Lösung darin bestehen, den betreffenden Gesellschafter zu einer frühzeitigen Schenkung noch vor Börsengang zu bewegen.

3.1.2.2 Hausbank und sonstige (Emissions-)Banken

Von der Nehmer- zur Geberseite, gestärkte Verhandlungsposition

Die Hausbank wird einen Börsengang des Mittelständlers möglicherweise zwiespältig betrachten: Einerseits steigt die Bonität ihres Kunden durch den Börsengang und die damit verbundene Eigenkapital-/Liquiditätszufuhr, wodurch ihr Kreditengagement sicherer wird. Andererseits wird das Unternehmen in die Lage versetzt, bisherige Fremdmittel voll oder z.T. zurückzuführen, was auf einen Verdienstausfall für die Bank hinausliefe. Zudem dürfte die Verhandlungsposition des Unternehmens durch den Börsengang gestärkt werden. Möglicherweise würde es daher ganz zu einer oder mehreren anderen Bankadressen »abwandern« bzw. nur zu (deutlich) verbesserten Konditionen zu einer Fortsetzung der Zusammenarbeit bereit sein. Diese Aspekte gilt es im Auge zu behalten, wenn die Hausbank in einem Gespräch über die – vielleicht noch vagen – Börsenpläne diese eher »skeptisch« kommentieren sollte.

Ist die Hausbank gleichzeitig ein größeres Institut mit eigenen Platzierungsaktivitäten, wird sie aller Voraussicht nach versuchen, das Platzierungsmandat zu erhalten.

So sehr es zwar grundsätzlich auch im Interesse des Unternehmens und seiner Gesellschafter liegt, von der Hausbank wie auch anderen Banken hinsichtlich eines Platzierungsmandats umworben zu werden, stellt sich allerdings die Frage nach der möglichen »Objektivität« einer gleichzeitigen »Emissionsberatung« durch die Bank. Weder Hausbank noch externe Banken werden ein gesteigertes Interesse daran haben, zugunsten des Emittenten eine Markt-/Wettbewerbs-/Konditionstransparenz herzustellen, da sie zwar potentieller Partner, aber eben auch »Verhandlungsgegner« des Emittenten mit gegenläufigen Interessen sind. Im Eigeninteresse der Bank liegt u.a. die Erzielung eines möglichst hohen Platzierungsvolumens und damit -honorars bzw. aus Haftungs- und Imagegründen einer eher niedrigeren Emissionspreisspanne.

Die für größere Bankinstitute wirtschaftlich interessante Grenze für die Durchführung einer Aktienplatzierung liegt derzeit bei einem Emissionsvolumen von mindestens 25 Mio. €, teilweise sogar von mindestens 50 Mio. €. Emissionen im Freiverkehr oder auch Geregelten Markt werden von größeren Banken klassischerweise ohnehin nicht durchgeführt. Die Gesellschafter eines potentiellen Emittenten dürfen sich daher nicht wundern, wenn sie – trotz objektiv gegebener Börsenreife – von den meisten (größeren) Banken gebeten werden sollten, doch noch ein oder mehrere Jahre mit einem Börsengang zu warten, da eine Platzierung aus derzeitiger Bankensicht nicht infrage komme. Wesentlich erscheint somit, dass sich der/die börsengangwillige/n Gesellschafter nicht nur mit einer (ihrer) Bank bezüglich der Börsenpläne unterhalten, sondern zusätzlich zumindest eine »second opinion« einholen. Erfahrene Emissionsberatungsfirmen verfügen über die erforderlichen Kenntnisse zur Beurteilung einer grundsätzlichen Börsenreife sowie über eine ausreichende Marktübersicht u.a. hinsichtlich möglicher Emissionspartner, wie z.B. auch kleinerer Banken oder/und Wertpapierhandelshäuser einschließlich solcher, die sich auch Emissionen im Freiverkehr und Geregelten Markt annehmen.

Emissionsvolumenabhängiges Bankeninteresse

Die Lösung der primären Interessenkonflikte mit Haus- und externen Banken wird für den Emittenten im Fazit darin bestehen können, Emissionsberatungs- und Platzierungsfunktion möglichst strikt zu trennen und zu mandatieren und sich nicht in einem zu frühen Zeitpunkt an eine bestimmte Bank zu binden und damit fruchtbaren Wettbewerb auszuschließen.

Überprüfung der Börsenreife

3.1.2.3 Steuerberater/externer Jahresabschlussbetreuer

Viele mittelständische Unternehmen stellen unter Betreuung eines externen Steuerberaters (bzw. einer Steuerberatungsgesellschaft) ihren Jahresabschluss auf, ohne ihn testieren zu lassen. Der Steuerberater wird ein natürliches Interesse daran haben, sein Buchhaltungsbetreuungs-/Jahresabschlusserstellungs-Mandat zu behalten, das meist mit dem eigentlichen Steuerberatungsmandat eng verbunden ist. Der Börsengang gibt dem Unternehmen allerdings möglicherweise Anlass, sein Rechnungs-, Finanzwesen und Controlling personell zu verstärken, um den besonderen Anforderungen an zeitnahe Abschlüsse, Quartals- bzw. Zwischenberichte etc. nach dem Börsengang gerecht werden zu können.

Wechsel des Steuerberaters?

Dies könnte zu einer Beendigung des Jahresabschluss-Betreuungsmandats zulasten des Steuerberaters/der Steuerberatungsgesellschaft führen. Insbesondere dann, wenn ein Börsengang an einem EU-regulierten, organisierten Markt (alle Nicht-Freiverkehr-basierten Segmente) vorgesehen ist, der einen Abschluss auch nach IFRS/IAS-Standards (ggf. zusätzlich US-GAAP) erfordert, wird sich dem Unternehmen die Frage stellen, ob bzw. inwieweit eine Betreuung des (doppelten oder sogar dreifachen) Jahresabschlusses durch die bisherige Adresse

Risiko des Mandatsverlusts

gewährleistet werden kann. Beide Aspekte könnten den bisherigen Jahresabschlussbetreuenden zumindest nachdenklich und hinsichtlich der Börsengangpläne des Unternehmens ambivalent stimmen. Da die nachträgliche Prüfung und Testierung des letzten bzw. vorletzten Geschäftsjahres durch einen Wirtschaftsprüfer/eine Wirtschaftsprüfungsgesellschaft Grundvoraussetzung für ein Going Public ist, wird der durch den Steuerberater miterstellte Jahresabschluss durch die WP-Prüfung einem »Qualitätstest« unterzogen. Nicht selten ergeben sich im Verlaufe der WP-Prüfung noch merkliche Ergebnis- bzw. Bilanzveränderungen (oft Ergebnisverschlechterungen, bestenfalls zeitliche Verschiebungen). Letzteres könnte beim Emittenten Fragezeichen hinsichtlich der bisherigen Jahresabschluss-Betreuungsqualität aufwerfen und in letzter Konsequenz ebenfalls zu einer Mandatsaufkündigung führen.

Für Emittenten wird darüber hinaus zumindest mittelfristig der Auf- und Ausbau eines unternehmensinternen Rechnungswesens unumgänglich sein.

Im Fazit bedeuten die Börsengangpläne für den externen Jahresabschlussbetreuer daher aller Voraussicht nach deutlich mehr Risiko denn Chance im Hinblick auf eine Fortsetzung seines Mandatsverhältnisses. Echte »Begeisterung« für Börsengangpläne darf der Emittent von seinem Haus-Steuerberater/seiner Steuerberatungs-/Buchhaltungsgesellschaft daher tendenziell eher weniger erwarten.

3.1.2.4 Wirtschaftsprüfer

Wirtschaftsprüferwechsel?

Lassen die Gesellschafter, sei es auf freiwilliger oder gesetzlich erforderlicher Basis, den Jahresabschluss ihres Unternehmens bereits von einem Einzelwirtschaftsprüfer oder einer kleineren WP-Kanzlei prüfen und testieren, kann es sein, dass der derzeitige Hausabschlussprüfer sein Mandat – angesichts eines teilweise (z.B. bei Konsortialbanken oder auch Beteiligungsgesellschaften) verbreiteten »Drangs zu größeren WP-Adressen« im Zuge der Vorbereitung eines Börsengangs – gefährdet sieht. Dem wirkt allerdings entgegen, dass ein Wechsel des WP, zumindest im engen zeitlichen Zusammenhang mit dem Börsengang, durch Außenstehende, insbesondere Gläubiger und potentielle Aktionäre, eher kritisch aufgenommen würde. Die Gesellschafter haben es, ggf. unter Hinzuziehung externer Berater, in der Hand, über die Fortsetzung des Mandatsverhältnisses frühzeitig zu entscheiden und – im für den bisherigen WP positiven Fall – einen möglicherweise noch stärkeren Förderer des beabsichtigten Going Public hinzugewinnen. Zudem zählen sicherlich, wie in anderen Fällen, so auch hinsichtlich der Auswahl von Steuerberatern und WPs primär Erfahrung und Effizienz bzw. der bereits weiter oben angeführte Grundsatz »lieber Klasse statt Masse«. Zudem ist der seit nunmehr einigen Jahren eingeführte **gegenseitige »Peer-Review«** der Wirtschaftsprüfer/-prüfungsgesellschaften zu bedenken, der tendenziell zu einer weiteren Anhebung der durchschnittlichen Prüfungsqualität beitragen dürfte. Gleiches gilt für die durch das BilKoG seit 1.1.2005 eingeführte **DPR Deutsche Prüfstelle für Rechnungslegung** (FREP Financial Reporting Enforcement Panel).

DPR Deutsche Prüfstelle für Rechnungslegung

3.1.2.5 Beteiligungsgesellschaften

Zahlreiche junge Wachstumsunternehmen, aber auch etablierte mittelständische Unternehmen werden bereits durch z.B. still, atypisch still bzw. am Gezeichneten Kapital Beteiligte, u.a. in Gestalt von Beteiligungsgesellschaften, begleitet oder derzeit von diesen »akquiriert«. Beteiligungsgesellschaften füllen dabei u.a. die dankenswerte Aufgabe als Eigenkapital-/Finanzierungspartner auf Zeit aus; eine wichtige Rolle, die sowohl betriebs- als auch volkswirtschaftlich nicht genug gewürdigt werden kann. Das Dritte Finanzmarktfördergesetz hatte seinerzeit weitere entscheidende Verbesserungen der Betätigungsmöglichkeiten von Beteiligungsgesellschaften geschaffen. Obgleich »Partner« des am Börsengang interessierten Unternehmens und an seinem nachhaltigen Erfolg interessiert, verfolgen auch Beteiligungsgesellschaften/-partner ihre eigenen, nicht unbedingt mit denen der Gesellschaft bzw. der (sonstigen) Gesellschafter übereinstimmende Interessen. Im Falle eines bereits bestehenden Beteiligungsengagements wird die Beteiligungsgesellschaft – auch angesichts eines objektiv börsenreifen Unternehmens – möglicherweise (u.a. abhängig von der Art und Ausgestaltung der Beteiligungsverträge) die Tendenz haben, den eigenen (Kapital-)Gewinn dadurch zu maximieren, dass sie den Börsenkandidaten lieber noch etwas länger »reifen« lassen möchte. Gibt sie ihre (eventuell vertraglich erforderliche) Zustimmung zu einem frühzeitigen Börsengang nicht, hat sie noch bessere Möglichkeiten, sich durch die Verauslagung zusätzlicher Beteiligungsmittel zur Wachstumsfinanzierung (sehr) »preiswert« (im Vergleich zu einem Kurs-Gewinn-Verhältnis bei einer zügigen öffentlichen Aktienplatzierung) weiter in das Unternehmen »einzukaufen«. Besteht darüber hinaus ein Konzernverhältnis zu einer Emissionsbank, kommen noch die weiter oben ausgeführten Interessenkonflikte hinzu. Zusammenfassend dürfte die Förderung eines frühzeitigen Börsengangs durch Beteiligungsgesellschaften eher die Ausnahme als die Regel darstellen.

Eine Ausnahme ist in den Fällen gegeben, in denen die Bank/das Wertpapierhandelshaus, die/das das Platzierungsmandat erhalten hat, auch am Unternehmen beteiligt ist.

Die Gesellschafter eines möglicherweise bereits börsenreifen Unternehmens sollten daher mit entsprechender Aufmerksamkeit die Beteiligungsangebote von Beteiligungsgesellschaften oder sonstigen Beteiligungspartnern, die sich als »Zwischenfinanziers« empfehlen, prüfen. Hierbei werden die Gesellschafter – ggf. unter Hinzuziehung externer M&A- und börsengangerfahrener Berater – genau zu prüfen haben, ob sich ein derartiges Angebot (noch) rechnet oder ob u.U. doch eine denkbar teuere Form der (Eigen-)Kapitalbeschaffung als Alternative z.B. zu einem baldigen Börsengang darstellt.

Marginalien:

Finanzierung durch Beteiligungsgesellschaften

Starker Partner mit Eigeninteresse; Konfliktpotenziale

Pro und Contra (Bank)beteiligung vor Börsengang

> **Tipp**
>
> - Um gesellschafts- und gesellschafteroptimale Problemlösungen herbeizuführen, ist eine genaue Analyse möglicher individueller/institutioneller Interessenlagen von eminenter Wichtigkeit. Ein Erkennen potentieller oder tatsächlicher Interessenkonflikte bedeutet bereits einen erheblichen (wirtschaftlichen) Vorteil für die Gesellschafter. Lohnenswert erscheint daher regelmäßig die Prüfung der Frage, ob sich nicht durch die frühzeitige Hinzuziehung externer – von Sekundärinteressen möglichst freier – M&A-/Beteiligungs- bzw. Going-Public-Experten erheblich verbesserte Lösungen konzipieren und umsetzen lassen. Lösungsmöglichkeiten hängen von der Art (potentieller) Partner und deren mutmaßlicher Interessenlagen im Abgleich mit den Interessenlagen der Altgesellschafter bzw. des Unternehmens ab.
> - Grundsätzliche Alternativen für die Lösung von Interessenkonflikten können darin bestehen
>   - Expertenrat bei der Beurteilung möglicher Interessenkonflikte und deren Vermeidung bzw. Minimierung einzuholen bzw.
>   - im Zweifelsfall auf die Zusammenarbeit nur mit einem oder mehreren bestimmten festen Partnern zu verzichten und stattdessen andere Partner auszuwählen.
> - Achten Sie auf eine möglichst saubere Trennung einzelner Funktionsbereiche/Spezialisierungen.
> - Setzen Sie entsprechende vertragliche Absicherungen und Handlungsspielräume durch.

3.2 Festlegung der IPO-Struktur

Unabhängige Emissionsberatung als junge Dienstleistung

Börsengänge bis zur Mitte der Neunzigerjahre waren u.a. dadurch gekennzeichnet, dass die IPO-Struktur im Wesentlichen durch die platzierenden Banken geprägt bzw. vorgegeben wurde. Im Zuge der immer komplexer gewordenen Kapitalmarktstrukturen und -usancen, der wachsenden Zahl an Banken und Wertpapierhandelshäusern, die für die Übernahme einer Platzierungsfunktion infrage kommen, sowie insgesamt einer um Dimensionen gewachsenen Anzahl an Handlungsalternativen für Emittenten und deren Gesellschafter, übertragen zahlreiche Emittenten mittlerweile die Aufgabe der IPO-Struktur-Planung darauf spezialisierten Emissionsberatungsgesellschaften. Die Emissionsberatung wird die IPO-Struktur in Abstimmung mit dem Mandanten entwickeln, schriftlich im Kontext einer Unternehmensstudie (»Banken-Factbook«) fixieren und diese dann Banken/Wertpapierhandelshäusern zusammen mit der Emittentin präsentieren.

3.2.1 Equity Story

Equity Story, Investment-Case

Unter der so genannten »Equity Story« ist die Gesamtheit der durch das Unternehmen nach außen kommunizierten Argumente zu verstehen, die begründen, warum ein Investment in die Aktien der Gesellschaft für (private wie institutionelle) Anleger interessant sein dürfte. Die Equity Story sollte insbesondere folgende Kernfragen beantworten:

- Um was für ein Unternehmen in welchen Märkten mit welchen Wachstumsperspektiven handelt es sich?
- Welches sind die Hauptunterschiede zu anderen, vielleicht vergleichbaren, börsennotierten Unternehmen bzw. worin bestehen »Alleinstellungsmerkmale«/»Einzigartigkeiten«/«USPs«?
- Als Kerninhalt und Ziel der Equity Story plakativ zusammenfassend: Warum sind die Aktien des Unternehmens eine attraktive Anlage?

Equity Story-Aussagen sollten sich nach Möglichkeit in einigen wenigen (drei bis fünf) Kurzaussagen betreffend die »Highlights« der Gesellschaft bündeln lassen. Beispielhafte Inhalte könnten z.B. sein:
- Marktwachstum über die nächsten (z.B.) fünf Jahre von mindestens .... % p.a.,
- Marktführer auf dem Gebiet der ...,
- Technologieführerschaft durch ...-Patente,
- größter (europäischer) Anbieter von ...,
- in Deutschland/Europa führend bei ...,
- erstes Unternehmen aus dem Bereich ... im Prime Standard,
- Wettbewerbsvorsprung durch ...,
- Geplantes Gewinnwachstum im Durchschnitt der nächsten zwei bis fünf Jahre von ... % p.a.

In Vorbereitung der in der Endphase eines IPO durchzuführenden Roadshows (diverse Unternehmenspräsentationen vor wechselndem Publikum im In- und Ausland) bei Analysten und institutionellen Anlegern, der Analysten- und Pressekonferenz wird die Equity Story noch einmal im »Finetuning« zwischen Emittent, Emissionsberater, Konsortialbanken sowie PR- bzw. Werbeagentur öffentlichkeitswirksam und unter Einbeziehung jüngster Entwicklungen abzustimmen sein. Je stärker ein jeweiliger Strom der an deutsche Börsen strebenden Unternehmen in einer Zeitspanne ist, desto mehr Bedeutung wird einer klaren Profilierung des Emittenten in Form seiner Equity Story zukommen. Sowohl Analysten als auch künftige Aktionäre sind darauf angewiesen, sich in möglichst kurzer Zeit einen prägnanten Eindruck von dem ganz spezifischen Profil des Emittenten – gerade auch im Vergleich zu anderen – zu verschaffen.

Roadshows

3.2.2 Rechtsform
Bei Börsengängen an deutschen Börsen ist die (deutsche) AG vorherrschend.
Das Beispiel der Fluggesellschaft Air Berlin zeigt allerdings, dass auch für deutsche Unternehmen, die einen Börsengang in Erwägung ziehen, andere europäische Rechtsformen (neben ihrer rechtlichen Zulässigkeit) interessant sein können. So entschloss sich Air Berlin 2005/2006 zur Umwandlung in eine PLC (Public Limited Company) nach dem Recht Großbritanniens. Nach Presseberichten geschah dies aus primär zwei Gründen: 1. die mit dem Rechtsform- und Sitzwechsel verbundenen längeren Abschreibungsmöglichkeiten für Flugzeuge sowie 2. dem Wegfall der deutschen Mitbestimmung.
Da die KGaA, abgesehen von der Abwägung sonstiger (z.B. steuerlicher) Unterschiede, Vorteile bei der Sicherung eines nachhaltig dominanten (Familien)-einflusses bieten kann, haben einige wenige börsennotierte Unternehmen diese

Rechtsform AG, KGaA oder eine der anderen europäischen kapitalmarktfähigen Rechtsformen?

Wege zur AG bzw. zu einer kapitalmarktfähigen Gesellschaftsform

Rechtsform gewählt. Beispielhaft seien genannt: Borussia Dortmund GmbH & Co. KGaA, Eurokai, Henkel, Kupferberg, Lindner Holding, Merck, Merkur Bank KGaA, Mühlbauer Holding AG & Co. KGaA, Gabriel Sedlmayer Spaten Franziskaner Bräu, VCH Best-of-VC GmbH & Co. KGaA.

KGaA-Beispiele

Neuemissionen von KGaAs in jüngerer Zeit waren Advantec Wagniskapital KGaA, Leonardo Venture GmbH & Co. KGaA, Heliad Equity GmbH & Co. KGaA, Jupiter Technologie GmbH & Co. KGaA, Cobracrest AG & Co. KGaA, und AIG Internat. Real Estate KGaA.

Bei Neuemissionen ist die KGaA wohl deshalb so gut wie nicht vertreten, da sich die Kehrseite der Altaktionärsfamilien-Vorteile in Form beschränkter Einflussmöglichkeiten externer Aktionäre i.d.R. in einem merklich reservierten Zeichnungsinteresse (bzw. geringeren Bewertungen) niederschlägt.

Aufgrund der geringen, im Wesentlichen von nachhaltig familienorientierten Unternehmen geprägten Verbreitung von KGaAs sollen sich die folgenden Ausführungen auf die AG als mit weitem Abstand an deutschen Börsen dominierende Rechtsform konzentrieren.

Um die Rechtsform einer AG zu erhalten, sind folgende grundsätzlich gangbare – und je nach Einzelfall mehr oder weniger geeignete – Vorgehensweisen möglich:

1. Rechtsformumwandlung

Rechtsformumwandlung

Die deutschen gesetzlichen Regelungen hinsichtlich des Rechtsformwechsels in eine AG finden sich im AktG und UmwG. Die in der Praxis bedeutsamen Varianten sind der **Formwechsel** und die **Verschmelzung** (§§ 190 ff. bzw. § 2 UmwG) sowie die **Sachgründung** oder **(Sach-)Einbringung** (§§ 27 ff. und 183 ff. AktG).

Die Rechtsformumwandlung durch **Formwechsel** (gem. §§ 190 ff. UmwG) in eine (z.B.) AG ist in der Praxis der häufigst gewählte Weg, da bei Geschäftsstart zunächst meist noch nicht an einen Börsengang gedacht wurde.

Firmiert das börsengangwillige Unternehmen z.B. aktuell (noch) als GmbH, kann es im Wege der beurkundungspflichtigen Rechtsformumwandlung in eine AG (KGaA) umgewandelt werden (Mindestvoraussetzung u.a. ist ein GK von 50.000 €). Existiert es bislang als Einzelfirma, kann allerdings keine Rechtsformumwandlung, sondern nur eine Einbringung der Vermögens- und Schuldpositionen der Einzelfirma in eine (neue) AG erfolgen.

Die **Sachgründung** erfolgt dadurch, dass die AG durch die Einbringung des operativen Unternehmens als Sacheinlage gegen Gewährung von Aktien der neu gegründeten AG in diese eingebracht wird (§§ 27 ff. AktG). Im Rahmen einer Gründungsprüfung ist die Werthaltigkeit der eingebrachten Sacheinlage durch einen WP zu bestätigen (§§ 33 f. AktG).

Ähnlich, nur ein wenig zeitversetzt, verläuft die **(Sach-)Einbringung/Sacheinlage**. In diesem Falle wird zunächst eine AG mit Barmitteln gegründet und danach/später die operative Gesellschaft wiederum gegen Gewährung von Aktien eingebracht (§§ 27, 179, 183 ff. AktG). Bei völliger bzw. weitgehender Identität der Gesellschafter sind die Nachgründungsvorschriften des AktG zu beachten (§ 52 f. AktG). Die Werthaltigkeit der eingebrachten Sacheinlage ist wiederum durch einen WP zu bestätigen (§ 183 AktG). Zum Sacheinlagenmodell s. auch nächstes Kap.

Bei der **Verschmelzung** nimmt entweder eine (u.U. neu gegründete) AG das Vermögen der operativen Gesellschaft auf (§ 2 Abs. 1 UmWG), so dass Letztgenannte als eigene Rechtsperson erlischt oder es wird eine AG dadurch neu gegründet, dass mindestens zwei Gesellschaften aufeinander verschmolzen werden (§ 2 Abs. 2 UmwG; s. auch §§ 36 ff. und 73 ff. UmwG). Eine Verschmelzung ist gem. § 17 Abs. 2 UmwG bis zu acht Monaten nach Bilanzstichtag rückwirkend möglich. Die Aufdeckung stiller Reserven kann – sofern z.B. zur Erhöhung des Kapitals erwünscht – durch den Ansatz des Vermögens des übertragenden Unternehmens zu Zwischenwerten oder Verkehrswerten erfolgen. Aufgedeckte stille Reserven werden nach HGB entweder als Firmenwert (gem. § 255 Abs. 4 HGB über höchstens vier Jahre oder durch Verteilung auf die voraussichtlichen Nutzungsjahre abzuschreiben) bilanziert oder erhöhen den Buchwert der einzelnen Vermögensgegenstände (ebenfalls Ergebnisbelastung durch die entsprechend höheren Abschreibungen in den Folgejahren).

Im Falle der **Sacheinlage von Anteilen an einer Kapitalgesellschaft i.S.v. § 5 Abs. 4 bzw. § 27 AktG bei Gründung einer Kapitalgesellschaft sowie der Einbringung von Anteilen an einer Kapitalgesellschaft** sind als Folge der hier geltenden Maßgeblichkeit der Handelbilanz für die Steuerbilanz **aufgedeckte stille Reserven grundsätzlich gem. § 20 Abs. 4 S. 1 UmwStG zu versteuern.**

Auf der Ebene einer einbringenden **natürlichen Person** ist jedoch zu berücksichtigen, dass für den Veräußerungsgewinn das **Halbeinkünfteverfahren § 3 Nr. 40c EStG** Anwendung findet.

Zur steuerlichen Behandlung umwandlungsrechtlicher Transaktionen vgl. auch das **BMF-Schreiben vom 16.12.2003** (IV A2-S 1978-16/03), das zu Zweifelsfragen zu den Änderungen durch das Steuersenkungsgesetz (StSenkG) und das Gesetz zur Fortentwicklung des Unternehmenssteuerrechts (UntStFG) im Hinblick auf die Anwendung des Umwandlungssteuergesetzes Stellung nimmt und den sog. »**Umwandlungssteuererlass**« (BMF-Schreiben vom **25.03.1998**, BStBl 1998 I S. 268) ändert bzw. ergänzt.

Des Öfteren ist zu beobachten, dass wohlmeinende Altgesellschafter »Schritt b) vor Schritt a)« vollziehen, z.B. bereits eine Rechtsformumwandlung ihrer (z.B.) GmbH in eine AG vorgenommen haben, ohne vorherigen Rat bei Experten (Emissionsberatern, Wirtschaftsprüfern, Steuerberatern, Anwälten) einzuholen. Zu spät wird dann festgestellt, dass es zielführender gewesen wäre, z.B. ein Sacheinlagemodell/Einbringungsmodell (Einbringung z.B. aller Geschäftsanteile der operativ tätigen GmbH – alternativ die Einbringung der Vermögens- und Schuldpositionen – in eine (neue) AG) zu realisieren, um hierdurch in Vorbereitung des IPOs – ohne zusätzliche Bindung liquider Mittel – ein höheres Gezeichnetes Kapital darzustellen.

Keine voreilige Rechtsformumwandlung

Da es nur in wenigen Fällen sinnvoll ist, sowohl über eine an die Börse zu führende Holding-AG als auch eine operativ tätige Tochter-Gesellschaft in der Rechtsform der AG zu verfügen, muss u.U. eine unnötig zeitraubende und Kosten verursachende erneute Rechtsformrückumwandlung der Tochter-AG z.B. zurück in die Rechtsform der GmbH vollzogen werden.

Gefahren einer vorzeitigen Umwandlung

2. Neugründung

Hierbei sind folgende Fälle zu unterscheiden

- Bei erstmaliger Geschäftsaufnahme: die Neugründung einer AG mit sukzessivem Auf-/Ausbau des Geschäfts (sinnvoll, sofern und soweit die unmittelbare Außenwirkung der AG-Rechtsform geschäfts-/kundenspezifisch erforderlich erscheint).
- Bei bereits bestehender operativ tätiger Gesellschaft wie vorangehend bereits ausgeführt: die Neugründung einer AG, in die bei der Gründung oder später die komplette operativ tätige Gesellschaft oder im Wege der Verschmelzung deren Vermögens- und Schuldpositionen eingebracht werden.

3. Erwerb einer existierenden AG

Statt des zeitlich längeren Wegs der Neugründung einer AG kann an den Erwerb einer bereits existierenden, anderweitig tätigen oder einer noch nicht geschäftlich in Erscheinung getretenen (Vorrats-)AG gedacht werden. Existiert diese bereits länger als zwei Jahre, ist es von Vorteil, bei einer nachfolgenden Sacheinlage bzw. eines Erwerbs von Assets (z.B. Maschinen, Immobilien, Unternehmen), deren Gesamtkaufpreis mehr als 10 % des Gezeichneten Kapitals der AG ausmacht, nicht noch eine ansonsten unumgängliche sog. Gründungsprüfung/Nachgründungsprüfung durchführen zu müssen. Sog. Vorrats-AGs halten eine ganze Reihe von Banken, größere Anwaltssozietäten bzw. auf die Gründung und den Weiterverkauf spezialisierte Gesellschaften bereit.

4. Kauf einer bereits börsennotierten AG

Dieser grundsätzliche Weg ist zwar theoretisch gangbar, gleichwohl aufgrund der nur geringen Zahl potentiell infrage kommender und zudem für die Altgesellschafter noch bezahlbarer, bereits börsennotierter AGs, in der Praxis kaum realisierbar. Bei dem sukzessiven Erwerb von Aktien ist im Übrigen die 30 %-Grenze nach WpÜG zu beachten, ab der (abgesehen von den Meldevorschriften bei Erreichung, Über- oder Unterschreitung bestimmter Schwellenwerte) ein Übernahmeangebot für sämtliche Aktien zu erfolgen hat.

5. Reverse IPO

Schließlich ist noch die sehr selten anzutreffende Möglichkeit eines sog. Reverse IPO zu erwähnen. Hiervon spricht man dann, wenn eine Gesellschaft in eine bereits börsennotierte Gesellschaft eingebracht bzw. auf diese verschmolzen wird – gegen Gewährung von Aktien der börsennotierten Gesellschaft für die bisherigen Gesellschafter der eingebrachten/verschmolzenen Gesellschaft.

Varianten-Vielfalt Die grundsätzlich denkbaren Varianten sind je nach Ausgangssituation und Ziel ausufernd vielfältig: z.B. Rechtsformumwandlung (von welcher Rechtsform in AG oder KGaA oder gar eine andere europäische kapitalmarktfähige Rechtsform?, bei einer Einzelfirma allerdings wiederum nicht möglich), Neugründung (AG oder KGaA) oder Erwerb, mit und ohne Einbringung in Teilen (Vermögens- und Schuldpositionen) oder im Ganzen (Geschäftsanteile), vorherige Fusion von Tochter-/Schwestergesellschaften etc.

Da die Darstellung sämtlicher denkbarer bzw. in der Praxis vorkommender individueller Varianten mit ihren Vor- und Nachteilen sowie technischen Einzelheiten den Umfang eines eigenen Buches in Anspruch nehmen würde, muss an dieser Stelle auf eine detaillierte gesellschaftsrechtliche Würdigung und Darstellung der wirtschaftlichen bzw. rechtlicher Einzelschritte verzichtet werden.

Für den Emittenten bleibt festzuhalten: Welche Transaktionsform, ggf. in welcher Reihenfolge der Einzelschritte, im jeweiligen Falle passgenau/optimal sein dürfte, werden Gesellschaft und Gesellschafter sinnvollerweise durch einen erfahrenen Emissionsberater in Abstimmung mit Steuerberater, Wirtschaftsprüfer und Rechtsanwalt entwickeln lassen.

Notwendiger Überblick verbunden mit Detailkenntnis

Der Emissionsberater wird im Regelfalle in einer ersten Stufe den Status Quo aufnehmen, in einer zweiten Stufe die Vorstellungen und Ziele des Emittenten und seiner Gesellschafter ausloten und hierauf aufbauend in einer dritten Stufe hiermit konforme Lösungsalternativen mit Darstellung ihrer Vor- und Nachteile erarbeiten und diese dem Mandanten entscheidungsvorbereitend präsentieren. Ist eine entsprechende Transaktionsstruktur erarbeitet, wird diese zusammen mit den anderen den Emittenten betreffenden Informationen an einer Emission interessierten Platzierungspartnern (Banken oder/und Wertpapierhandelshäusern) vorgestellt. Aus Zeitersparnisgründen kann es sinnvoll sein, die geplante Struktur (z.B. die Realisierung eines Sacheinlagemodells) bereits vor der Entscheidung für ein Lead-Platzierungsinstitut umzusetzen. Gleichwohl besteht hierzu meist keine Notwendigkeit bis die eigentliche »technische Umsetzungsphase« (nach Mandatierung der Lead-Bank) beginnt.

Vorstellung der Transaktionsstruktur

3.2.3 Konzern-/Beteiligungsstruktur und das Sacheinlage-/Einbringungsmodell

In der überwiegenden Zahl der Fälle besteht der Emittent aus einer Gesellschaft, die über keine Beteiligungen verfügt und bietet damit eine für Analytiker, Banken und die Finanzöffentlichkeit denkbar transparente Konstellation. In anderen Fällen ist der Emittent eine (Holding-)Gesellschaft (in Vorbereitung des IPO als AG oder – selten – KGaA) mit einer oder mehreren Beteiligungen, die zusammen einen Konzern bilden. Hierbei sollte darauf Wert gelegt werden, dass die Konzern-/Beteiligungsstruktur gleichermaßen erschöpfend wie transparent nach außen vermittelt werden kann. Der Kapitalmarkt schätzt keine schwer oder undurchschaubaren »Konglomerate«. Als Faustregel sollte ebenso wie aus betriebswirtschaftlichen Gründen gelten: so wenige Gesellschaften wie möglich und nur so viele wie nötig.

Klare Strukturen

Eine in der Praxis öfter anzutreffende Konstellation ist die einer (Holding-)Gesellschaft (mit entweder reiner Holding- oder auch zusätzlich operativer Funktion) mit einer 100 %igen operativ tätigen Tochtergesellschaft. Diese Struktur kann auch auf das weiter oben bereits angesprochene, in Vorbereitung eines Börsengangs durchgeführte »Sacheinlagemodell«/»Einbringungsmodell« zurückzuführen sein. Primäres Ziel des Sacheinlagemodells ist die Aufstockung des bisherigen Gezeichneten Kapitals in Vorbereitung des Börsengangs – ohne zusätzliche Bindung von Liquidität. Es sei anhand folgenden **Beispiels** näher erläutert:

Sacheinlagemodell

Gründungs-/Nachgründungsprüfung

> **Beispiel:**
> Ausgangspunkt sei eine operativ tätige, an einem Börsengang interessierte GmbH, die über ein Gezeichnetes Kapital von z.B. 50.000 € verfüge. Vor Börsengang soll ein Gezeichnetes Kapital von z.B. 2 Mio. € dargestellt werden, ohne dass die Altgesellschafter weitere liquide Mittel in entsprechender Größenordnung aufbringen müssen. Die Altgesellschafter gründen daher eine neue AG unter gleichzeitiger oder späterer Einbringung ihrer sämtlichen Geschäftsanteile an der operativen tätigen GmbH in die AG zu einem Beteiligungsbuchwert von 2 Mio. €. Das Aktienrecht schreibt für diesen Fall eine Gründungsprüfung/Nachgründungsprüfung vor, in der u.a. ein Wirtschaftsprüfer bescheinigen muss, dass der Wert der in die AG eingebrachten GmbH »den Wert von 2 Mio. € erreicht«. Grafisch verdeutlicht sieht dies dann wie folgt aus:

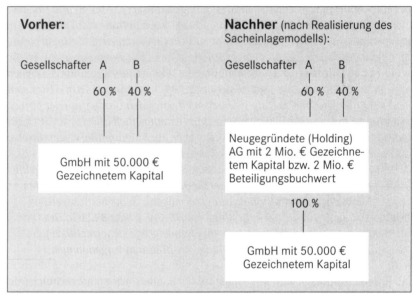

Abbildung 20: Beispiel zum »Sacheinlagemodell« (Einbringung von Geschäftsanteilen)

Statt des skizzierten Sacheinlagemodells hätten die Altgesellschafter zur Vorbereitung des Börsengangs klassischerweise wenige Wochen vor IPO die GmbH in eine AG umgewandelt und das Kapital durch Bareinzahlung um 1.950.000 € auf 2 Mio. € erhöht. Da jedoch nur die wenigsten Altgesellschafter über entsprechende, über das ohnehin in ihrer Gesellschaft bereits gebundene Kapital hinausgehende, Mittel verfügen, stellt das Sacheinlagemodell eine nicht uninteressante Alternative dar.

Sacheinlagemodell, steuerliche Konsequenzen

Steuerlich betrachtet (s. vorheriges Kap.) sind die durch die Höherbilanzierung »aufgedeckten stillen Reserven« gem. § 20 UmwStG grundsätzlich zu versteuern, obwohl beispielsweise die Aktionärsstruktur der AG die gleiche ist wie die vor Einbringung bestehende Gesellschafterstruktur der operativen Gesellschaft.
Der durch Offenlegung stiller Reserven realisierte Einbringungsmehrwert würde somit im vorliegenden Beispiel berechnet als Wertdifferenz von 2 Mio. € Einbringungswert abzüglich Anschaffungskosten von hier unterstellten 50.000 €

(= Gezeichnetes Kapital der eingebrachten GmbH), mithin in Höhe von 1.950.000 €. Den Altgesellschaftern wird - um die mutmaßlich geforderten Steuern (Halbeinkünfteverfahren bei Privaten) zahlen zu können - häufig nichts anderes übrig bleiben, als im Zuge des Börsengangs eine merkliche Zahl ihrer Aktien in die Emission einzubringen, obwohl sie sie gerne halten würden.

Steuerlicher Missstand

Betrachtet der Leser die Sichtweise und Auswirkungen des Umwandlungssteuerrechts bzw. der Finanzverwaltung (UmwStG und BMF-Schreiben/-Erlasse), wird er aller Voraussicht nach zu dem Schluss kommen, dass diese mit dem Gedanken der Förderung des deutschen Kapitalmarkts und insbesondere der Förderung von Börsengängen junger Wachstumsunternehmen schwerlich zu vereinbaren ist. Gesetzgeber bzw. Finanzverwaltung bleiben daher gefordert, diesem Missstand abzuhelfen.

Geschäfts-/ Firmenwert

Hinsichtlich künftiger Gewinn- und Verlustrechnungen ist zu beachten, dass in Höhe der Wertdifferenz zwischen Beteiligungsbuchwert (2 Mio. €) und Höhe des GK der eingebrachten Gesellschaft (50.000 €), somit in Höhe von 1,95 Mio. € im Konzernabschluss Firmenwertabschreibungen vorzunehmen sind. Handelsrechtlich ist der bei einem entgeltlichen Erwerb eines Unternehmens aktivierte Geschäfts- oder Firmenwert in jedem folgenden Geschäftsjahr zu mindestens einem Viertel durch Abschreibungen zu tilgen (§ 225 Abs. 4 Satz 2 HGB). Dies stellt keine planmäßige Abschreibung, sondern eine nur den Geschäfts- oder Firmenwert betreffende Mindestabschreibung dar. Der entgeltlich erworbene Geschäfts- oder Firmenwert kann handelsrechtlich aber auch planmäßig abgeschrieben werden in den Jahren, in denen er voraussichtlich genutzt wird (§ 255 Abs. 4 Satz 3 HGB), zwischen rund 5–20 Jahren. Steuerrechtlich zählt der entgeltlich erworbene Geschäfts- oder Firmenwert u.a. von Gewerbebetrieben zu den abnutzbaren Wirtschaftsgütern des Anlagevermögens. Seine betriebsgewöhnliche Nutzungsdauer wird auf 15 Jahre fingiert (§ 7 Abs. 1 Satz 3 EStG). Des Öfteren wird daher von Käuferunternehmen eine handels- wie steuerrechtlich parallele Geschäfts- bzw. Firmenwertabschreibung von 15 Jahren vorgenommen.

DVFA-Ergebnis-Relevanz

Der jeweilige Jahresgewinn fällt somit sowohl handels- wie steuerrechtlich (nicht bei Konzernabschlüssen, da Konzerne keine Steuersubjekte sind) entsprechend geringer aus. Allerdings gestatten die im Jahre 1999 neu überarbeiteten DVFA/SG- Regeln, dass neben dem üblichen DVFA-Ergebnis (um Sonderfaktoren bereinigter Jahresüberschuss), das bereits unter Abzug der Firmenwertabschreibung gebildet wurde, ein weiteres DVFA-Ergebnis (»DVFA-Ergebnis vor Firmenwertabschreibung«) ausgewiesen wird (vgl. Busse von Colbe/u.a.: Ergebnis je Aktie nach DVFA/SG, 2000, Ziffer 173, S. 69).

Firmenwertabschreibungen spielen nicht nur im Sacheinlagemodell, sondern in nahezu sämtlichen Fällen eine Rolle, in denen ein (börsen- oder nicht börsennotiertes) Unternehmen zu einem höheren Kaufpreis erworben wird, als es Eigenkapital ausweist – ein Faktum, das angesichts der Freude über eine attraktive Kaufgelegenheit gelegentlich übersehen wird.

3.2.4 Kapitalstruktur vor Börsengang

Höhe und Stückelung des Gezeichneten Kapitals vor Börsengang werden sich insbesondere an folgenden Zielen ausrichten:
- Wahl des Börsensegments,

Notwendige absolute Höhe des Gezeichneten Kapitals und dessen Stückelung

- Erhalt der Gesellschaftermehrheit auch nach Börsengang,
- Anzahl zu platzierender Aktien um einen liquiden Handel zu gewährleisten,
- Platzierungspreis, der von Anlegern als optisch niedrig und damit attraktiv angesehen wird,
- Einwerbung eines für die nächsten etwa sechs bis 24 Monate ausreichenden Kapitals,
- Schaffung eines ausreichenden, aber auch nicht unnötig hohen Gezeichneten Kapitals.

Das von einzelnen Börsensegmenten vorgeschriebene **Mindest-Kapital** (Gezeichnetes Kapital der Gesellschaft, teilweise auch Eigenkapital, bzw. das nominale, respektive effektive Mindest-Emissionskapital) in Verbindung mit Vorschriften über einen **Mindest-Streubesitz** nach Börsengang ist in den entsprechenden Kap. über die Anforderungen der einzelnen Börsen bzw. Börsen-/Handelssegmente nachzulesen.

Mehrheitserhalt

Der **Erhalt der Gesellschaftermehrheit** bzw. eines möglichst hohen Anteils an der Gesellschaft auch nach Börsengang stellt regelmäßig eines der legitimen Ziele der Altgesellschafter und gleichzeitig eine der zentralen Aufgaben der Börsengangstrukturierung dar, denen sich insbesondere der vom Emittenten hinzugezogene Emissionsberater widmen sollte. Haben die Altgesellschafter zudem bereits im Vorwege eines Börsengangs – teilweise erheblichen – Anteilsbesitz durch die Aufnahme einer oder mehrerer Beteiligungsgesellschaften direkt (durch Verkauf von Anteilen) oder indirekt (im Wege der Zeichnung einer Kapitalerhöhung durch die Beteiligungsgesellschaft) abgegeben, wird sich der Druck, auch nach IPO einen möglichst hohen Anteilsbesitz zu erhalten, für die Altgesellschafter noch erhöhen.

Eine der Möglichkeiten zum Erhalt der Altgesellschaftermehrheit bzw. eines möglichst hohen Anteils auch nach Börsengang stellt – zumindest bei kleineren Unternehmen - die Realisierung des oben skizzierten Sacheinlagemodells dar.

Mindeststückzahl

Die **Anzahl mindestens zu platzierender Aktien** sollte unter dem Aspekt der Ermöglichung eines liquiden Handels möglichst 400.000 bis 500.000 Stücke nicht unterschreiten. Unterstellt man des Weiteren das Ziel eines Streubesitzes von nur 20–25 % (s. Erfordernisse der einzelnen Börsen- bzw. Handelssegmente), lässt sich hieraus errechnen, dass das Gezeichnete Kapital vor Börsengang zwischen 1,6 und 2,5 Mio. € ausmachen müsste um beiden Kriterien zu genügen. Ist der Emittent bereit, mehr als 20–25 % zu platzieren, kann das vor Börsengang zu schaffende Gezeichnete Kapital auf rund 1–1,5 Mio. € beschränkt werden.

Optisch attraktiver Platzierungspreis

Die Frage eines **auch optisch ansprechenden Platzierungspreises bzw. einer Platzierungspreis-(Bookbuilding-)Spanne** ist eine wichtige Aufgabenstellung bei der Strukturierung jedes Börsengangs. Platzierungspreise oberhalb von 50 €, erst recht oberhalb von 100 € gelten derzeit als kaum »marktfähig«. Daher wird grundsätzlich versucht, ein Gezeichnetes Kapital darzustellen, das eine so hohe Gesamtzahl an Aktien verbrieft, dass unter Zugrundelegung des Gesamtunternehmenswerts die Platzierungspreisspanne sogar möglichst unter 50 € liegt. Insgesamt ist davon auszugehen, dass eine Platzierungsspanne von z.B. 15–18 € von zahlreichen Anlegern als »günstiger«/»preiswerter« angesehen wird, als eine solche von z.B. 42–50 €, obgleich betriebswirtschaftlich betrachtet genau das Gegenteil der Fall sein kann. Hierzu folgendes Beispiel:

> **Beispiel:**
> *Die Aktie der Gesellschaft A weise für das Folgejahr des Börsengangs ein DVFA/ SG-Ergebnis je Aktie von 0,27 € aus und werde zu 8-10 € angeboten, die Aktie einer Gesellschaft B weise ein entsprechendes Ergebnis von 2,67 € mit einer Bookbuildingspanne von 40-50 € auf. Auf den ersten Blick sieht die Aktie A wegen der niedrigeren »Bookbuildingspanne« optisch »preiswerter«/billiger aus als Aktie B. Berechnet man jedoch – als eine der zahlreich möglichen Bewertungsverfahren (s. Kap. 3.3.1 Unternehmensbewertungsmethoden) – das Kurs-Gewinn-Verhältnis (KGV), zeigt sich, dass die A-Aktie mit einem KGV von 29,62-37,04 bewertet wird, die B-Aktie jedoch nur mit einem KGV von 14,98-18,73. Die Attraktivitätsreihenfolge verhält sich somit umgekehrt zur (nur scheinbaren) optischen Preiswürdigkeit.*

Der zu platzierende Anteil am GK ist schließlich daran auszurichten, dass – ohne einen sehr hohen Anteil bei der Erstemission zu platzieren – das durch den Börsengang eingeworbene Kapital ausreicht um den **Kapitalbedarf der Gesellschaft für die nächsten rund sechs bis 24 Monate** abzudecken.

Kapitalbedarfsplanung und -deckung

Insgesamt stellt die Schaffung eines minimal ausreichenden (als unterer Punkt eines Akzeptanzkorridors) Gezeichneten Kapitals vor Börsengang aus mehreren Gründen eine wesentliche Aufgabenstellung bei der Vorstrukturierung des IPO dar:

1. Eine **Unterkapitalisierung** ist zu vermeiden, damit der IPO nachhaltig erfolgreich gelingen kann (für liquiden Handel ausreichende Zahl gestreuter Aktien, optisch ansprechender Platzierungspreis).
2. Eine **Überkapitalisierung** sollte ebenso vermieden werden, weil sie regelmäßig zu viel Cash verschlingt: Falls eine zu hohe Kapitalerhöhung zur Vorbereitung des Börsengangs vorgenommen wird, müssen die Altaktionäre hierfür unnötig hohe liquide Mittel aufwenden. Letztere sind meist kreditfinanziert und durch Mitplatzierungen von Aktien im Rahmen des Börsengangs wieder zurückzuzahlen. Aufgrund der hierdurch eintretenden Steuerlasten würde sich die Überkapitalisierung dann doppelt teuer auswirken.
3. Überkapitalisierungstendenzen von interessierter Seite sollte entgegengewirkt werden, da eine Überkapitalisierung der Gesellschaft bzw. den Altaktionären hohe Opportunitätsertragseinbußen bescheren kann: Falls das Ziel-GK unzweckmäßig hoch angesetzt würde, besteht die Wahrscheinlichkeit, dass Pre-IPO-Beteiligungspartner möglicherweise im Zuge börsengangvorbereitender Kapitalerhöhungen unnötig hohe Anteile, zu deutlich unter Platzierungspreisniveau liegenden Konditionen, erhalten würden.

Über- und Unterkapitalisierung

Die folgenden Beispiele sollen Konstellationen verdeutlichen, in denen tendenziell (da nicht exakt abgrenzbar) erstens ein zu niedriges GK, zweitens ein zu hohes GK, drittens ein angemessenes GK vor Börsengang vorhanden ist bzw. geschaffen wurde. Folgende Annahmen seien getroffen: Der Unternehmenswert zum Zeitpunkt des IPO betrage 120 Mio. €, die Ziel-Streubesitzquote 25 %, wovon 20 Prozentpunkte aus einer Kapitalerhöhung und fünf Prozentpunkte aus Altaktionärsabgabe gespeist werden sollen. Das GK der Gesellschaft sei in Stückaktien à rechnerisch 1 € aufgeteilt.

Beispiel 1:
Ein tendenziell »zu niedriges« Gezeichnetes Kapital vor Börsengang:
Annahme: Das Gezeichnete Kapital (GK) betrage vor IPO (und vor finaler Kapitalerhöhung zum Zwecke der Börsenplatzierung) 0,8 Mio. €. Die vor Börsengang zum Zwecke der Platzierung vom Bankenkonsortium zu zeichnende und zu übernehmende finale Kapitalerhöhung beträgt dann gem. der o.g. Annahmen 20 % der Gesellschaft, somit 0,2 Mio. €. Das GK zum Zeitpunkt des Börsengangs beläuft sich damit auf 1,0 Mio. €, eingeteilt in 1,0 Mio. Stückaktien à rechnerisch 1 €. Diese 1,0 Mio. Stückaktien repräsentieren einen Unternehmenswert von – wie angenommen – 120 Mio. €. Eine Stückaktie hat damit einen Platzierungswert von rechnerisch (120 : 1,0 = 120 €). Der mutmaßliche (mittlere) Platzierungspreis läge somit über der von den meisten Marktteilnehmern als »magisch« angesehenen Grenze von 100 € – die Aktie wäre somit aller Voraussicht nach »optisch zu schwer« um sie mit Erfolg platzieren zu können. Hinzu kommt, dass insgesamt nur 250.000 Stücke (annahmegemäß 20 % = 0,2 Mio. aus Kapitalerhöhung sowie 5 % = 50.000 aus Altaktionärsbestand) platziert würden – mithin nach Marktusancen zu wenige Stücke um einen liquiden Handel zu ermöglichen.

Beispiel 2:
Ein tendenziell »zu hohes« Gezeichnetes Kapital vor Börsengang:
Annahme: Das Gezeichnete Kapital betrage vor IPO (und vor finaler Kapitalerhöhung zum Zwecke der Börsenplatzierung) 4,8 Mio. €. Die vor Börsengang zum Zwecke der Platzierung vom Bankenkonsortium zu zeichnende und zu übernehmende finale Kapitalerhöhung beträgt dann gem. der o.g. Annahmen 20 % der Gesellschaft, somit 1,2 Mio. €. Das GK zum Zeitpunkt des Börsengangs beläuft sich damit auf 6 Mio. €, eingeteilt in 6,0 Mio. € Stückaktien à rechnerisch 1 €. Diese 6,0 Mio. Stückaktien repräsentieren einen Unternehmenswert von – wie angenommen – 120 Mio. €. Eine Stückaktie hat damit einen Platzierungswert von rechnerisch (120 : 6,0 = 20 €). Der mutmaßliche (mittlere) Platzierungspreis läge somit im »optisch akzeptablen«, »marktgängigen« Bereich von möglichst unter 50 €. Auch die Anzahl platzierter Aktien von insgesamt 1,5 Mio. Stücken (20 % = 1,2 Mio. aus Kapitalerhöhung und 5 % = 0,3 Mio. aus Altaktionärsbestand gem. Annahme) wäre usancengerecht und würde einen liquiden Handel ermöglichen. Gleichwohl kann die Gesellschaft, gemessen an Höhe und Stückelung des Gezeichneten Kapitals, als tendenziell »überkapitalisiert« eingeschätzt werden, da die geplante Emission auch mit einem z.B. nur halb so hohen GK bewerkstelligt werden kann, wie das abschließende dritte Beispiel zeigt.

Beispiel 3:
Ein tendenziell »angemessenes« Gezeichnetes Kapital vor Börsengang:
Annahme: Das Gezeichnete Kapital betrage vor IPO (und vor finaler Kapitalerhöhung zum Zwecke der Börsenplatzierung) 2,4 Mio. €. Die vor Börsengang zum Zwecke der Platzierung vom Bankenkonsortium zu zeichnende und zu übernehmende finale Kapitalerhöhung beträgt dann gem. der o.g. Annahmen 20 % der Gesellschaft, somit 0,6 Mio. €. Das GK zum Zeitpunkt des Börsengangs beläuft sich damit auf 3 Mio. €, eingeteilt in 3 Mio. € Stückaktien à rechnerisch 1 €. Diese 3,0 Mio. Stückaktien repräsentieren einen Unternehmenswert von – wie

angenommen – 120 Mio. €. Eine Stückaktie hat damit einen Platzierungswert von rechnerisch (120 : 3,0 = 40 €). Der mutmaßliche (mittlere) Platzierungspreis läge somit im optisch akzeptablen Bereich von möglichst unter 50 €. Auch die Anzahl platzierter Aktien von insgesamt 0,75 Mio. Stücken (20 % = 0,6 Mio. € aus Kapitalerhöhung und 5 % = 0,15 Mio. € aus Altaktionärsbestand gem. Annahme) wäre usancengerecht und würde einen liquiden Handel ermöglichen. Die Gesellschaft läge somit, gemessen an der Höhe und Stückelung des Gezeichneten Kapitals, im grundsätzlich akzeptablen – weder »über-« noch »unterkapitalisierten« – Bereich.

Fazit: Die **Schaffung eines ausreichenden, aber auch nicht unnötig hohen Gezeichneten Kapitals vor Börsengang in geeigneter Stückelung** wird somit Resultat einer intensiven Berechnung verschiedenster Varianten/Alternativen durch den Emissionsberater sein, dessen Aufgabe es ist, ausgehend von den gesellschaftlichen Gegebenheiten, dem anzusetzenden Wert des Unternehmens, den Zielen der Altgesellschafter, den Anforderungen der Banken und des Kapitalmarkts ein Gesamtoptimum zu definieren. Dieses Optimum wird nur in seltenen Fällen eindeutig zu definieren sein, sondern wird sich meist als Lösungsvorschlag innerhalb eines »Akzeptanzkorridors« bewegen.

Schaffung eines ausreichend hohen Gezeichneten Kapitals

3.2.5 Wahl der Börse(n)

Eignet sich das Unternehmen z.B. für den Amtlichen Markt mit besonderen Zulassungsfolgepflichten »Prime Standard«, so erübrigt sich die Frage nach der Börse, da es dieses Handelssegment nur an der Frankfurter Börse/Deutsche Börse AG gibt. Üblicherweise werden darüber hinaus von Skontroführern/Freimaklern ohne Zutun des Unternehmens bzw. ohne eine Möglichkeit, dies zu unterbinden, weitere Zulassungen für den parallelen Handel im Freiverkehr anderer deutscher Börsen gestellt, was für kleinere Emissionen unter dem Aspekt eines möglichst liquiden Handels u.U. wenig förderlich sein wird.

Börsenplatzwahl

Sofern das Unternehmen als Wert für den Amtlichen Markt oder Geregelten Markt infrage kommt, sollte es sich neben einer regionalen Orientierung entsprechend des eigenen Geschäftssitzes eine oder mehrere Börsen aussuchen, die über besonders hohe Umsätze verfügen (s. Kap. 2.2.16.1 Überblick über die acht deutschen Börsenplätze) um einen möglichst liquiden Handel in der Aktie zu gewährleisten und ggf. besondere Teilsegmente mit erhöhter Investoren-Visibilität offerieren. Je größer die Marktkapitalisierung eines Unternehmens ist, umso weniger schädlich wird eine eventuelle Mehrfachlistung an verschiedenen Börsenplätzen für die Handels-Liquidität sein.

Mehrfachlisting

Liquider Handel

Für Emissionen im Freiverkehr empfiehlt sich – neben der Regionalorientierung – ebenfalls das Kriterium eines möglichst vitalen, liquiden Handels. Entscheidet sich das Unternehmen für ein Primärlisting an einer der deutschen Regionalbörsen, sollte unter Liquiditätsaspekten ein paralleles Listing an der mit Abstand umsatzstärksten deutschen Börse, der Frankfurter Wertpapierbörse, in Betracht gezogen werden.

3.2.6 Wahl des Börsen- bzw. Handelssegments

Ist die Grundsatzentscheidung für einen IPO an einer deutschen Börse gefallen, wird zunächst zu entscheiden sein, für welches Börsensegment sich der Emit-

Segmentwahl

Amtlicher Markt tent am besten eignet. Größere, langjährig etablierte Unternehmen aus Traditionsbranchen mit höheren Emissionsvolumina (ab etwa 25 Mio. €) werden am besten im **Amtlichen Markt (an der FWB als General Standard oder mit zusätzlichen Folgepflichten Prime Standard betitelt)** aufgehoben sein. Selbst im bisherigen IPO-Rekordjahr 1999 wurden im Amtlichen **Markt** nur mehr fünf Emissionen mit weniger als 25 Mio. € Gesamtvolumen platziert. Die folgenden Beispiele geben die Emissionen von 1985 bis 2005 (Ende Oktober) wieder, die in den einzelnen Jahren unter 25 Mio. € lagen:

Beispiele:
2002-2005*: keine
2001*: Essanelle Hair Group 14,45, Vivacon 8,2
2000*: Euwax Broker 10,5, Mdisana 21,7, Geratherm Medical 13,3, Maier & Partner 6,0
1999*: Procon Multimedia 24,25, Dr. Scheller Cosmetics 18,2, Heinkel AG 10,2, Knorr Capital 17,6, Porta Systems 19,0
1998*: Allbecon 22,9, Tecis Holding 15,3
1997*: keine
1996*: keine
1995*: IFA Hotel & Tour 13,5
1994*: keine
1993*: keine
1992*: keine
1991*: keine
1990*: Gold-Zack-Werke 17,3
1989*: Honsel-Werke 10,2
1988*: keine
1987*: GMN G. Müller 17,4
1986*: Technocell 15,8 und Sixt 15,4
1985*: Fuchs Petrolub 9,0, Brillantleuchten 5,2 sowie Koenig & Bauer 22,8

* in Mio. €; 2005 bis einschl. Oktober; Quelle: Löhr & Cie.-Datenbank

---

Geregelter Markt Kleinere, mittelständische Unternehmen aus Traditionsbranchen mit kleineren bis mittleren Emissionsvolumina dürften sich am ehesten für eine Notiz am Geregelten Markt bzw. ein hierauf aufbauendes Handelssegment (eher General als Prime Standard) empfehlen. Feststehende Abgrenzungen zwischen einer Eignung für den Amtlichen Markt versus Geregelten Markt gibt es nicht.

Freiverkehr Für den **Freiverkehr/Open Market bzw. eines der hierauf aufbauenden Segmente** werden insbesondere noch kleinere, jüngere Unternehmen, gleich ob aus einer Traditions- oder Wachstumsbranche, infrage kommen, die sich nicht oder noch nicht für eines der EU-regulierten, organisierten Marktsegmente (Amtlicher Markt, Geregelter Markt und hierauf aufbauende Teilsegmente) eignen bzw. die die zusätzlichen Kosten eines EU-regulierten Segments scheuen.

Für Unternehmen, die sich noch nicht für ein EU-reguliertes Segment eignen, gleichwohl höheren als den im Freiverkehr geltenden Qualitätsansprüchen genügen können und wollen bzw. über einen regionalen Bezug zur Berliner,

Münchner, Hamburger oder Stuttgarter Börse verfügen, kann sich die Frage nach einer Notiz im Entry Standard Frankfurt, GATE-M Stuttgart, KMU-Markt Berlin bzw. M:access München stellen.

Spätere **Segmentwechsel** von einem Börsensegment in ein »höheres« sind für Emittenten grundsätzlich möglich. So wird es Unternehmen geben, die ihr Going Public im Freiverkehr starten, um möglicherweise schon bald nach Erstnotiz in den Geregelten Markt oder sogar Amtlichen Markt »aufzusteigen«. Entsprechend kann sich für Unternehmen aus dem Geregelten Markt ein späterer Segmentwechsel in den Amtlichen Markt anbieten.

Segmentaufstieg

3.2.7 Ermittlung des Kapitalbedarfs – Herkunft der zu platzierenden Aktien

Bei der Strukturierung des IPOs wird festzulegen sein, wie hoch der Kapitalbedarf der Gesellschaft für die voraussichtlich nächsten etwa 6–24 Monate sein wird. Nicht zuletzt hieraus wird abzuleiten sein, ob die Erstemission ausschließlich aus einer Kapitalerhöhung (dies sieht der Kapitalmarkt am liebsten, weil ausschließlich der Gesellschaft Mittel zufließen), im anderen Extrem ausschließlich aus Altaktionärsabgabe (in einzelnen Börsensegmenten unerwünscht und auch nicht mehr »zeit- bzw. usancengerecht«) oder sowohl aus Kapitalerhöhung vor Börsengang wie Altaktionärsabgabe erfolgt.

Je niedriger der Anteil der Erstemission, der aus Altaktionärsabgabe gespeist wird, ausfällt, umso positiver wird die Emission von Banken-, Analysten-, Presse- und Anlegerseite aufgenommen werden, da sich nicht der Eindruck eines »Kasse machens« breit macht. Gleichwohl ist es Usus, dass sich z.B. Altaktionäre von einem kleinen Teil ihres Bestandes trennen, um – vielleicht seit Jahren erstmalig – einen unternehmensunabhängigen finanziellen Spielraum zu erhalten oder/und auch um z.B. Steuerverpflichtungen (s. z.B. Sacheinlagemodell) erfüllen zu können. Des Weiteren bietet ein IPO den an der Gesellschaft möglicherweise beteiligten institutionellen Investoren eine notwendige (Teil-)Exitmöglichkeit, da sie primär davon leben ihr Kapital »umzuschlagen« und »Performance« in Form realisierter Wertzuwachsgewinne zu zeigen.

Kapitalbedarf des Unternehmens und der Altaktionäre

Derzeit gelten Altaktionärsabgaben, die deutlich unter 50 % des Erstemissionsvolumens ausmachen, unabhängig von Vorgaben eines Börsensegments noch als »marketable«/akzeptabel, wenn sie gut begründet sind (z.B. Steuerschuld aus Inanspruchnahme einer Brückenfinanzierung/Bridge Financing durch Altaktionäre). Im Rahmen der für einen nachhaltigen Emissionserfolg entscheidenden »Gesamtoptik« des IPO kommt diesem Aspekt insofern eine mitentscheidende Bedeutung zu.

Verhältnis von Kapitalerhöhung und Altaktionärsabgabe

3.2.7.1 Kapitalerhöhung zum Zwecke der Börsenplatzierung

Wenige Wochen vor Börsengang wird der Emittent in Umsetzung der durch die Emissionsberatergesellschaft entwickelten IPO-Struktur in Abstimmung mit seinen Konsortialbanken eine (vor Börsengang finale) Kapitalerhöhung zum Zwecke der Platzierung durchführen. Diese Kapitalerhöhung wird durch die Konsortialbanken mit der Maßgabe gezeichnet (Übernahmevertrag), sie im Zuge des IPO interessierten privaten und institutionellen Investoren anzubieten. Meist findet der Abschluss des Übernahmevertrages erst statt, wenn das Bookbuilding bereits abgeschlossen ist.

Möglichst über 50 % des Gesamtemissionsvolumens sollten aus einer solchen Kapitalerhöhung stammen. Da die Kapitalerhöhung auf Ebene der Gesellschaft stattfindet, ist auch sie Begünstigte/Empfängerin der über den Börsengang – unter Abzug der Bankenhonorare – eingeworbenen Mittel. Diese stehen dem Unternehmen dann für das weitere Wachstum zur Verfügung. Der Hauptversammlungsbeschluss sollte möglichst als Beschluss einer »Kapitalerhöhung um bis zu ...« gefasst werden um die Notwendigkeit einer erneuten HV-Beschlussfassung zu vermeiden, wenn – wider Planung und Erwartung – nicht alle Aktien (in Höhe des maximalen Kapitalerhöhungsbetrages) während der Zeichnungsfrist platziert worden sein sollten.

3.2.7.2 Abgabe von Aktien der Altaktionäre

Aktienverkauf durch Altaktionäre

Im Zuge des erstmaligen Börsengangs trennen sich institutionelle Investoren üblicherweise zumindest von einem Teil ihres Bestandes um die diesbezüglichen Mittel wieder an ihre (Fonds-)gesellschafter ausschütten bzw. hiermit weitere Investitionen tätigen zu können. Auch den privaten Altgesellschaftern (in den meisten Fällen Geschäftsführende/Vorstands-Aktionäre) steht die grundsätzliche Möglichkeit der Abgabe eines kleineren Teils ihres Besitzes im Rahmen des IPO offen. Durch Börsensegment-Vorgaben bzw. Kapitalmarktusancen geprägte »Schamgrenzen« der Abgabe aus Altaktionärsbestand sollten jedoch nicht überschritten werden. Emittenten sind insgesamt gut beraten, wenn sich der Emissionsvolumensanteil aus Altaktionärsabgabe auf möglichst (deutlich) unter 50 % beläuft.

3.2.7.3 Zuteilungsreserve (»Greenshoe«)

Greenshoe/ Zuteilungsreserve/ Mehrzuteilungs-Option/Überzuteilungs-Option/Over-Allotment Option

Der so genannte »Greenshoe« (erstmalig angewendet im Februar 1963 von der Greenshoe Manufacturing Co., Boston; auch »**Over-Allotment Option**« (OAO) oder »**Mehrzuteilungs-Option**« bzw. »Überzuteilungs-Option«) ist eine auch auf dem deutschen Kapitalmarkt in der zweiten Hälfte der 1990er Jahre aus dem Angelsächsischen Investmentbanking übernommene Gepflogenheit, einen Teil der Emission bei entsprechend vorhandener zusätzlicher Nachfrage als Zuteilungsreserve entweder gleich mitzuplatzieren oder zunächst (bis zu üblicherweise etwa 30–45 Tagen, der sog. »Stabilisierungsphase«) nach Erstemission zurückzuhalten und dann (nachträglich) zu platzieren. Er ermöglicht einen besseren Ausgleich von Nachfrage und Angebot im Falle der (mehrfachen) Überzeichnung. Kleinere Emissionen werden meist ohne Greenshoe offeriert, größere zum überwiegenden Teil mit Greenshoe. Der Greenshoe macht üblicherweise – bezogen auf das Emissionsvolumen ohne Greenshoe – rund 10–15 % aus (Extremfälle Ende der 1990er Jahre waren die Emission der Hunzinger AG mit 1 % bzw. der MWB Wertpapierhandels AG mit 21 % sowie der Mobilcom mit 25 %).

Die **EU** hat mit der EWR-weit geltenden **Verordnung Nr. 2273/2003 vom 22.12.2003 (betreffend Ausnahmeregelungen für Rückkaufprogramme und Kursstabilisierungsmaßnahmen)** einen **maximalen Greenshoe von 15 %** des ursprünglichen Angebots verfügt (s. Kap. 11).

Relativ hohe prozentuale Greenshoes könnten – soweit sie aus einer Kapitalerhöhung gespeist werden – die Investmentgemeinde insofern verunsichern, als die Höhe des – bei voller Greenshoe-Ausübung – zu erwartenden Verwässerungseffekts (mehr Aktien verkörpern die gleiche Gesellschaft) bis zur tatsächlichen Ausübung oder Nichtausübung offen bliebe. Die Beurteilungen von Emissionsbanken zum notwendigen Grad der Überzeichnung, damit der Greenshoe bereits bei der Zuteilung abgerufen wird – ohne dass ein größerer preisperformanceschädlicher Flow Back (schneller Verkauf durch die bedachten institutionellen Investoren) eintreten dürfte, liegen zwischen dem rund zweifachen bis zu einer Überzeichnungsquote von rund 350 % (vgl. Jakob, 1998, S. 222). Die Zuteilung der Greenshoe-Tranche erfolgt üblicherweise nach dem bei der ursprünglichen Zuteilung verwandten Zuteilungsschema; Sonderzuteilungen an einzelne Key-Investoren dürften sich auf Ausnahmefälle beschränken. Die Nichtausübung der Greenshoe-Option dürfte »marktpsychologisch« regelmäßig als negatives Signal gewertet werden.

(Nicht)-ausübung

3.2.8 Stückzahl zu platzierender Aktien
Einzelne Aspekte der Frage nach der Stückzahl der sinnvollerweise zu platzierenden Aktien sind bereits weiter oben beleuchtet worden. Die Stückzahl zu platzierender Aktien wird insbesondere abhängig sein von:

Zahl der zu platzierenden Aktien

- der (rechnerischen) Stückelung des Gezeichneten Kapitals der Gesellschaft,
- dem Ziel der Ermöglichung eines liquiden Handels in der Aktie,
- dem Primat eines optisch ansprechenden, für Zeichner attraktiven Preises je Aktie sowie
- technisch gesehen der Speisung des Emissionsvolumens aus Kapitalerhöhung bzw. Altaktionärsbestand sowie schließlich
- der Frage, ob eine feste oder nachfrageabhängige Stückzahl angeboten werden soll.

3.2.8.1 Stückelung des Gezeichneten Kapitals der Gesellschaft
Im Falle von Nennwertaktien beläuft sich die kleinste Stückelung auf 1 €, ansonsten auf ein gerades Vielfaches hiervon, im Falle von Stückaktien auch auf jedes rechnerisch beliebig gebrochene Vielfältige von 1 €. So ist z.B. die – aus der Umstellung von DM auf € resultierende – Konstellation denkbar, in der jede Stückaktie einen rechnerischen (nicht wie bei einer Nennwertaktie nominal ausgewiesenen) Wert von rd. 2,56 € aufweist.

Die in der IPO-Praxis seit 1998 am häufigsten vorkommende Stückelung ist die (rechnerische) 1-€-Stückaktie.

Für die Platzierung ist die Höhe der rechnerischen Stückelung (im Falle der Stückaktie) bzw. des Nennwerts je Aktie (im Falle der Nennwertaktie) primär aus folgenden drei Gründen bedeutsam:

1. Bei einer z.B. doppelt so hohen Stückzahl an Aktien, die das Gezeichnete Kapital der Gesellschaft darstellen/verbriefen, ist der Platzierungspreis nur halb so hoch (wie bei einer nur hälftigen Zahl an Aktien). Hinsichtlich der Beurteilung der »Schwere« der Aktie durch den Kapitalmarkt spielt dies eine entscheidende Rolle, da eine Aktie, die zu z.B. 90 € zugeteilt wird, als (deutlich) teurer »empfunden« wird, als eine solche zu 45 €. Hiermit in Zusammenhang steht, dass von nicht wenigen Anlegern die absoluten Ergebnisse je Aktie als Grundlage für eine Investitionsentscheidung herangezogen werden. So wird eine Aktie mit einem voraussichtlichen Ergebnis von z.B. 1 € je Aktie häufig als »besser«/attraktiver eingestuft als eine solche mit z.B. 0,50 €, ob-

Preis je Aktie

gleich nach der für eine Beurteilung notwendigen Einbeziehung des Preises je Aktie genau das Gegenteil der Fall sein kann.

Liquider Handel

2. Werden dem Markt mehr Aktien-Stücke im Rahmen der Erstemission zur Verfügung gestellt, hilft dies der »Liquidität« (des Handels) in der Aktie.

Stock-Split/ Gratisaktien

3. Wird anlässlich des IPOs die gesetzlich kleinstmögliche Stückelung (1 €) gewählt, gibt es keine Möglichkeit mehr, durch einen späteren so genannten »Stock Split« (Aktiensplittung = Umstellung auf eine kleinere Stückelung) den Preis der Aktie »optisch« zu verbilligen, oder – wie es im Börsenjargon heißt – »leichter« zu machen.

3.2.8.2 Ermöglichung eines liquiden Handels

Hohe Umsätze versus »ausgetrockneter« Handel mit eratischen Kursschwankungen

Um die Chance auf einen möglichst vitalen Handel in der Aktie zu wahren (notwendig, aber nicht hinreichend), sollte eine möglichst hohe Stückzahl an Aktien platziert werden. Von Ausnahmen kleinerer und kleinster Emissionen abgesehen, gelten etwa 400.000–500.000 Stücke diesbezüglich als ausreichend. Gelegentlich weisen Investmentbanken aber auch darauf hin, dass man derzeitig »der Optik halber« – die Öffentlichkeit lässt sich allzu gerne und zu oft durch »Optik« blenden – auf eine zu platzierende Stückzahl von möglichst über 1 Mio. (»dies sieht nach was aus«) kommen solle. Neben der Anzahl platzierter Stücke wird auch der Gesamtemissionswert ein ausschlaggebender Faktor zur Ermöglichung eines liquiden Handels sein. So forderte z.B. der ehemalige Neue Markt ein Mindest-Emissionsvolumen von 5 Mio. €, wobei Vertreter der Deutsche Börse AG regelmäßig darauf hinweisen, dass mit Blick auf die Handelsliquidität eher möglichst mindestens das Doppelte dieses Betrages platziert werden sollte.

3.2.8.3 Entscheidende Optik – der Kurs je Aktie

Bookbuildingspanne

Das zwar aus rechnerischer/betriebswirtschaftlicher Sicht nicht haltbare, gleichwohl in der Praxis weit verbreitete, und deswegen wiederum »rational« und ernst zu nehmende Phänomen ist die Beurteilung der Attraktivität einer Emission insbesondere auch nach absoluter Höhe des Emissionspreises bzw. der Emissionspreis-/Bookbuildingspanne. Eine Aktie, die zwischen z.B. 15 und 18 € angeboten wird, dürfte fast stets als »billiger«, »leichter« und damit attraktiver eingeschätzt werden, als eine Bookbuildingspanne für die Aktie derselben Gesellschaft von z.B. 80–96 €.

Wenn nicht sehr gewichtige Gründe dagegen sprechen, ist insbesondere von Emissionspreisspannen oberhalb von 100 € abzuraten. Auch der Bereich zwischen 50 und 100 € gilt in Investmentbankkreisen als nicht unbedenklich, so dass empfehlenswert sein dürfte, die Emissionspreisspanne möglichst (merklich) unterhalb von 50 € anzusiedeln.

3.2.8.4 Kapitalerhöhung und Altaktionärsabgabe

Anteil der Altaktionärsabgabe

Steht fest, wie hoch der voraussichtliche Kapitalbedarf der Gesellschaft über die nächsten etwa sechs bis 24 Monate sein wird und welcher Bedarf auf Altaktionärsseite (Geschäftsführende/Vorstands-Aktionäre, Beteiligungsgesellschaften, andere) an einer (Teil-)abgabe ihres Besitzes besteht, errechnet sich die Stückzahl zu platzierender Aktien (in Abhängigkeit der Stückelung des Gezeichneten Kapitals und des Gesamtunternehmenswerts) als Resultante. Emittenten sollten allerdings darauf achten, dass der Anteil der Altaktionärsabgabe am Gesamtemissionsvolumen möglichst gering bleibt, um so das Vertrauen in das Wachstumspotential der Gesellschaft vertretbar zu demonstrieren.

3.2.8.5 Feste und nachfrageabhängige Stückzahl

Die Stückzahl zu emittierender Aktien wird entweder als ausschließlich feste Größe fixiert oder im Falle mittlerer und größerer Emissionen um eine zusätzliche, nachfrageabhängig von den Konsortialbanken auszuübende Greenshoe-Tranche (rund 10 bis – seit Ende 2003 [EU-Verordnung 2273/2003] maximal 15 % des Emissionsvolumens ohne Greenshoe) angereichert. Der Greenshoe/ die Mehrzuteilungs-Option bzw. Zuteilungsreserve wird von den Konsortialbanken bis zu rund einem Monat nach erfolgter Erstemission immer dann ausgeübt werden, wenn die »Emission gut läuft«, d.h. im Falle mehrfacher Überzeichnungen sowie einer guten Kursperformance nach Börsengang. Die aus der Platzierung des Greenshoe eingeworbenen Mittel können entweder nur der Gesellschaft (zusätzliche Kapitalerhöhung), nur Altaktionären oder beiden zugute kommen.

Aktienstückzahl

Greenshoe

3.2.9 Art der zu platzierenden Aktien – die verschiedenen Aktiengattungen

Spätestens einige Wochen vor Börsengang wird festzulegen sein, aus welcher Art von Aktien sich das Gezeichnete Kapital der Gesellschaft bzw. die geplante Platzierung zusammensetzen soll. Entsprechend verschiedener Unterscheidungskriterien sind folgende Aktiengattungen zu differenzieren:

Unterscheidungskriterium:	Art der Aktien:
Stimm- und Gewinn- oder Liquidationsanteilsrechte	Stamm- bzw. Vorzugsaktien
Eigentumsrechtserlangung bzw. -nachweis	Inhaber- bzw. Namensaktien
Absolute oder anteilige Wertverbriefung	Nennwert- bzw. Stückaktien
Gesamtunternehmens- oder Divisionsbezogenheit	Einheitsaktien/Tracking Stocks

Aktientypen

Als Gegenstück zu voll stimmberechtigten **Stammaktien** bestimmt § 139 AktG, dass für Aktien, die mit einem nachzuzahlenden Vorzug bei der Gewinnverteilung ausgestattet sind, das Stimmrecht ausgeschlossen werden kann (Vorzugsaktien ohne Stimmrecht). Wird der Vorzugsbetrag in einem Jahr nicht bzw. nicht vollständig gezahlt und auch im darauf folgenden Jahr zusammen mit dem auf dieses Jahr entfallenden Vorzugsbetrag nicht oder nicht vollständig (nach-)gezahlt, lebt das Stimmrecht der stimmrechtslosen Vorzugsaktien bis zur vollständigen Zahlung auf (§ 140 Abs. 2 AktG). Ansonsten gewähren Vorzugsaktien gem. § 140 Abs. 1 AktG die jedem Aktionär aus der Aktie zustehenden Rechte. Vorzugsaktien dürfen bis zu 50 % des gesamten Gezeichneten Kapitals ausmachen.

Stammaktien

Vorzugsaktien

Aufhebung oder Beschränkung des Vorzugs bedürfen gem. § 140 Abs. 1 AktG der Zustimmung der Vorzugsaktionäre. Das gleiche gilt gem. § 140 Abs. 2 Satz 1 AktG für Beschlüsse über die Ausgabe von Vorzugsaktien, die bei der Gewinn- oder Gesellschaftsvermögensverteilung (Liquidation) den Vorzugsaktien ohne Stimmrecht vorgehen oder gleichstehen (§ 140 Abs. 2 AktG), es sei denn die Aktienausgabe ist anlässlich der Einräumung des Vorzugs oder bei späterem Ausschluss des Stimmrechts ausdrücklich vorbehalten worden und das Bezugsrecht der Vorzugsaktionäre ist gegeben (§ 140 Abs. 2 Satz 2 AktG).

Arten des Dividendenvorzugs

Zum Ausgleich der Stimmrechtslosigkeit sind Vorzugsaktien somit mit einem **Dividenden- oder Liquidationsvermögensvorzug** ausgestattet. Der Dividendenvorzug kann folgende Formen annehmen: Vorzugsaktien mit prioritärem Dividendenanspruch (Vorabdividende), Limitierte Vorzugsaktien, Vorzugsaktien mit Überdividende sowie kumulative Vorzugsaktien.

Auslaufmodell Mehrstimmrechtsaktien

Gem. § 12 Abs. 2 AktG ist die Emission von **Mehrstimmrechtsaktien (Stimmrechtsvorzugsaktien)** in Deutschland unzulässig. Sofern und soweit solche Mehrstimmrechte bestanden, sind sie gem. § 5 Abs. 1 EGAktG am 01.06.2003 erloschen, es sei denn, die Fortgeltung wurde mit mindestens einer Dreiviertelmehrheit der Hauptversammlung beschlossen.

Aufgrund des nicht vorhandenen Stimmrechts notieren Vorzugsaktien gewöhnlicherweise rd. 5–20 % unter den Stammaktien (sofern gelistet) des gleichen Unternehmens. Entsprechende Wertabschläge sind von Emittenten ins Kalkül zu ziehen.

Eine Erstemission nur oder auch von Vorzugsaktien gilt im Freiverkehr und Geregelten Markt derzeit als nicht markt-/usancengerecht. Schon der ehemalige Neue Markt verpflichtete Emittenten sowohl bei der erstmaligen als auch bei späteren Emissionen ausschließlich zur Ausgabe von Stammaktien. Für IPOs spielt daher insgesamt die Emission von Vorzugsaktien keine nennenswerte Rolle mehr.

Inhaberaktien Namensaktien

Während bei **Inhaberaktien** derjenige als Aktionär gilt, der Inhaber der Aktie ist, lauten **Namensaktien** auf den Namen des jeweiligen Aktionärs (oder dessen Treuhänders) im **elektronischen Aktienregister**.

Vorteile von Namensaktien

Der Vorteil von Namensaktien liegt für international tätige und auch an ausländischen Börsen gelistete Gesellschaften darin, dass die weltweite Listung der Aktie vereinfacht wird. Des Weiteren besteht für Gesellschaften mit Namensaktien insbesondere darin ein Vorteil, jederzeit zu wissen, wer Aktionär der Gesellschaft ist und entsprechend zielgenaue Investor-Relations betreiben zu können. Zudem sind sukzessive Aufkäufe und eventuelle Kumulierungen von Aktienbeständen bei einzelnen Aktionären oder -gruppen für die Gesellschaft möglicherweise (sofern nicht Treuhänder für Dritte im Aktienbuch eingetragen sind) besser und schneller zu erkennen, was das Risiko einer unerwarteten **feindlichen Übernahme (»Unfriendly Takeover«)** reduziert.

Vinkulierte Namensaktien

Den stärksten Schutz gegen feindliche Übernahmen bieten **vinkulierte Namensaktien**, da die Gesellschaft jedem einzelnen Aktientransfer zustimmen muss, damit der neue Aktionär rechtskräftiger Eigentümer wird. Aufgrund der Schwerfälligkeit in der Abwicklung gilt die vinkulierte Namensaktie als wenig zeitgemäßes bzw. wenig Shareholder-Value-orientiertes Instrument.

Nennwertaktie

Bei der **Nennwertaktie** oder Nennbetragsaktie verbrieft jede Aktie einen bestimmten, auf der Aktienurkunde aufgedruckten »nominellen« Wert (z.B. 1 €

oder ein glattes Vielfaches hiervon). Mittlerweile hat sich in Deutschland allerdings im Zuge der Umstellung auf den Euro die **Stückaktie** durchgesetzt, die jeweils einen bestimmten Teil des Gezeichneten Kapitals verbrieft. Eine Stückaktienurkunde gibt keinen Nominalbetrag, sondern ausschließlich eine Stückzahl von Aktien wieder. Besteht das Gezeichnete Kapital aus beispielsweise 1 Mio. Stücken à rechnerisch 1 € und hält ein Aktionär z.B. 10.000 Stücke (Stückaktien), so ist er mit 10.000/1.000.000 = 1 % an der Gesellschaft beteiligt. Die Stückaktie bietet der Gesellschaft somit Vorteile im »Handling« bei der Durchführung von Kapitalmaßnahmen: Wenn beispielsweise eine Kapitalerhöhung aus Gesellschaftsmitteln durchgeführt wird, müsste eine Gesellschaft, deren GK aus Nennbetragsaktien besteht, zusätzliche Aktienurkunden, die auf einen Nennbetrag lauten, an Aktionäre ausgeben. Im Falle von Stückaktien braucht keine Veränderung der Aktienurkunden vorgenommen zu werden, wenn die Stückzahl ausgegebener Aktien trotz höheren GKs unverändert bleibt.

Stückaktie als Standard

Die so genannten »**Tracking Stocks**«, auch »**Targeted Stocks**«, »**Alphabet Stocks**«, »**Designer Stocks**« oder »**Letter Stocks**« (vgl. hierzu und im Folgenden Baums, o.J.) sind eine aus den USA stammende und dort seit Ende der 1990er Jahre deutlich häufiger vertretene, nach dem Platzen der »dot.com-Blase« in ihrer Bedeutung wieder deutlich reduzierte Aktienform, bei der sich die Gesellschaftsrechte (insbesondere das Stimmrecht) auf das gesamte Gesellschaftsvermögen beziehen, aber Eigentums-/Vermögensrechte (einschließlich des Gewinnbezugsrechts) auf eine Tochtergesellschaft oder Unternehmenssparte/-division richten. Typischerweise finden sich Tracking Stocks bei stark diversifizierten bzw. divisionalisierten Unternehmen (vornehmlich produkt- oder regional-bezogene Sparteneinteilung).

Tracking Stocks

Von den seit 1984 (erstes Unternehmen: GM) in rund 20 Jahren in den USA emittierten 38 Tracking Stocks notieren nur noch wenige (fünf laut Matt Krantz, USA Today, 20.09.2004).

Vorteile der Ausgabe von Tracking Stocks können sein:
- spartenbezogene Erfolgspartizipation von alten bzw. neuen Aktionären (die z.B. ihr bisheriges Unternehmen in ein anderes einbringen) und damit eine effizientere Kapitalversorgung des Unternehmens,
- fokussierte Portfoliostrategien für Investoren,
- vergrößerte Transparenz hinsichtlich stiller Reserven,
- Möglichkeit, Management und Mitarbeiter einzelner Sparten zusätzlich durch Tracking-Stock-Aktienoptionen zu entlohnen,
- gleichzeitige Nutzung von Kostenvorteilen (das Unternehmen bleibt als »ein Ganzes« erhalten),
- Aufrechterhaltung unternehmerischer Flexibilität (einschließlich potentieller Umkehrbarkeit der einmal durchgeführten Spartenbildung),
- potentielle Steuervorteile durch Ausgleich von Gewinnen und Verlusten in verschiedenen Sparten aufgrund der Beibehaltung des Ein-Unternehmens-Konzepts,
- Steigerung des Shareholder Value durch eine nach Einführung von Tracking Stocks mutmaßlich höhere Gesamtbewertung des Unternehmens.

Vorteile von Tracking Stocks

Nachteile von Tracking Stocks

Entsprechende Nachteile können liegen in:
- potentiellen Interessenkonflikten (»Spartenegoismus«, »Loyalitätskonflikten« z.B. im Falle unter den Sparten konkurrierender Investitionsprojekte, interner Leistungsverrechnung bzw. Höhe und Bemessungsgrundlage für Konzernumlagen),
- höheren Kosten, da nach der Einführung von Tracking Stocks mindestens drei verschiedene Jahresabschlüsse (Gesamtgesellschaft sowie mindestens zwei Sparten) notwendig sind.

Gründe für die Schaffung von Targeted Stocks

Neben dem generellen Zweck einer Shareholder-Value-Steigerung lassen sich insbesondere folgende **Anlässe für die Ausgabe von Targeted Stocks** identifizieren:
1. Übernahmen anderer Unternehmen,
2. Umgestaltung oder Neuschaffung von Sparten oder
3. Abwehrmaßnahmen gegen feindliche Übernahmeversuche.

Beispiele für Übernahmen anderer Unternehmen:
General Motors (GM), die im Jahre 1984 im Zuge der Übernahme von EDS Tracking Stocks für die bisherigen EDS-Aktionäre einführten, damit diese weiterhin am – separat zu ermittelnden und im Vergleich zum GM-Kerngeschäft als profitabler eingeschätzten – Gewinn der künftigen EDS-Sparte von GM partizipieren konnten. 1985 fügte GM im Zuge der Übernahme der Hughes Aircraft Company eine weitere Gattung von Tracking Stocks hinzu.

Beispiele für die Umgestaltung oder Neuschaffung von Sparten:
USX-Stahlgruppe (1991 Aufteilung in die Sparten Stahl und Öl) und Ralston Purina (1993 Segmentschaffung Backwarenproduktion). AT&T legte im Jahre 2000 zunächst Trackings Stocks auf die AT&T Wireless (Mobilfunksparte) auf und realisierte im darauffolgenden Jahr eine komplette Ausgliederung (»Spin-Off«) aus AT&T.

Beispiel für Abwehrmaßnahmen gegen feindliche Übernahmeversuche:
NL Industries, die im Zuge des Übernahmeangebots der Simmons Group 1986 Tracking Stocks für die NL Chemicals-Sparte schufen.

Die Ausgestaltung von Tracking Stocks entspricht qualitativ hinsichtlich des Stimmrechts und auch der Eigentümerposition Stammaktien. Nur das Gewinnbezugsrecht, teilweise auch der Liquidationserlösanteil bemessen sich nach dem Ergebnis/Wertanteil der betreffenden Unternehmenssparte. Allerdings kann selbst im Falle des Gewinns der Tracking-Stock-Sparte eine Gewinnausschüttung dann ausscheiden, wenn das Gesamtunternehmen keinen Gewinn bzw. einen Verlust ausweist.

Close und Loose Tracking Stocks

Je nach Striktheit der Anbindung des Gewinnbezugsrecht an die betreffende Sparte lassen sich »**Close Tracking Stocks**« und Mischformen (»**Loose Tracking Stocks**«) unterscheiden. Bei letzteren kann z.B. jede Aktiengattung mit einem speziellen Vorzug bei der Gewinnverteilung versehen werden, der sich nach der Profitabilität der jeweiligen Sparte richtet.

Da sich die Werte der jeweiligen Tracking- und sonstigen Aktien, trotz gleichen, einheitlichen Stimmrechts, im Laufe der Zeit erheblich auseinanderentwickeln können, besteht die Möglichkeit, die an die jeweilige Aktienkategorie gebundenen Stimmrechte von Zeit zu Zeit den (neuen) Wertverhältnissen anzupassen.

Üblicherweise werden Tracking Stocks für den Fall einer Veräußerung der betreffenden Unternehmenssparte mit Umwandlungsrechten (in andere Aktien der Gesellschaft oder z.B. auch einer (möglicherweise erst noch auszugliedernden Tochtergesellschaft) versehen.

In **Deutschland** spielen Tracking Stocks (bislang noch) keine Rolle. Näheres zu den Umsetzungsmöglichkeiten von Trackings Stocks nach deutschem Aktienrecht kann u.a. den Arbeiten von Tonner (2002) und Wunsch (2002) entnommen werden.

3.2.10 Gewinnberechtigung

Erstmalig ausgegebene Aktien werden üblicherweise mit vollem Gewinnbezugsrecht für das Geschäftsjahr, in dem sie platziert werden, ausgestattet. Abweichungen hiervon sind grundsätzlich möglich, gleichwohl nur mit sehr stichhaltigen Gründen rechtfertigbar.

Gewinnbezugsrecht

3.2.11 Dividendenpolitik

Anlässlich von Neuemissionen werden auch im Wertpapierverkaufsprospekt regelmäßig Aussagen zur geplanten Dividendenpolitik getroffen. Abgesehen von der mittlerweile seit Jahrzehnten international geführten akademischen Diskussion über die aus Sicht der Gesellschaft wie der Aktionäre zu beurteilenden Sinn- oder Nicht-Sinnhaftigkeit von Dividendenausschüttungen (eine Mehrheit neigt der These zu, dass Dividendenausschüttungen, weil für das Unternehmen »zu teuer«, unterbleiben sollten), kann anhand der praktizierten Dividendenpolitik börsennotierter Unternehmen Folgendes festgestellt werden:

Überhaupt Dividenden?

1. Die durchschnittliche Dividendenrendite deutscher börsennotierter Aktiengesellschaften (DAI: Factbook 2005) belief sich in den Jahren 2002/2003/2004 auf 3,14 %/1,90 %/1,34 %. Die durchschnittliche Dividendenrendite im Zeitraum 1987 bis 1998 betrug (ohne Steuergutschrift) 2,37 % mit einem seitdem nicht mehr erreichten Spitzenwert von 3,39 % im Jahre 1987.
2. Die Ausschüttungsquoten liegen bei etablierten Gesellschaften klassischerweise zwischen etwa 1/3 und 50 % des Gewinns.
3. Bei Neuemissionen im Zeitraum 1985–1997 machte die durchschnittliche Dividendenrendite bezogen auf den Emissionskurs 2,8 % (vgl. Blättchen: Börseneinführung, 1999) aus.
4. Gerade bei noch besonders jungen, stark wachsenden und nachhaltigen Kapitalbedarf ausweisenden Neuemissionsunternehmen (insbesondere am ehemaligen Neuen Markt und in den Freiverkehrs- bzw. Freiverkehrs-bezogenen Segmenten) ist es seit Ende der 1990er Jahre durchaus üblich geworden, die Aussage zu treffen, zumindest in den nächsten Jahren voraussichtlich keine Dividenden auszuschütten, um das geplante Wachstum aus eigenem Cashflow finanzieren zu können. Auf den Erfolg dieser Emissionen hatten derartige Ankündigungen keinen belegbar positiven oder negativen Einfluss.

Dividendenrendite

Rückkauf von Aktien

5. Als (teilweiser) Ersatz von Dividendenzahlungen kann der nach § 71 Abs. 1 Nr. 8 AktG unter Festlegung des niedrigsten und höchsten Gegenwerts bis zu 10 % des GK und für maximal 18 Monate zulässige und von der Hauptversammlung zu bewilligende Rückkauf eigener Aktien praktiziert werden, da hierdurch ceteris paribus der Kurs der Aktien des Unternehmens steigt.

Aus Analysten- und Anlegersicht sind darüber hinaus noch folgende Punkte zu berücksichtigen:

Verschiedene Aspekte der Dividendenpolitik/ des Ausschüttungsverhaltens

1. Signalfunktion:
Die Ausschüttung von Dividenden setzt gleichzeitig mehrere, z.T. gegenläufige Signale:
a) die Aktionäre werden mit einer Dividende »belohnt« (= »positiv«),
b) das Unternehmen benötigt die erwirtschafteten Mittel nicht in vollem Umfang zur weiteren Expansion – bzw. »es mangelt« ihm offensichtlich an hinreichend hoch rentierlichen geschäftsspezifischen Anlage-/Investitionsmöglichkeiten (= »negativ«),
c) andererseits bedeutet die fortgesetzte »Vorhaltung« hoher überschüssiger, »unterverzinslicher« Mittel eine klare Vernichtung von Shareholder-Value, so dass im Zweifelsfalle stets eine Ausschüttung zu präferieren ist, wollen sich Vorstand und Aufsichtsrat nicht dem Shareholder-Value-Vernichtungs-Vorwurf ausgesetzt sehen (= »positiv«).

2. Die steuerliche Seite aus Sicht des Anlegers:
Aus steuerlichen Gründen müssten zumindest deutsche Anleger die für sie nach einem Jahr (noch) potentiell steuerfreien Kursgewinne gegenüber den (nach Halbeinkünfteverfahren) zu versteuernden Dividendenzahlungen präferieren. Grundvoraussetzungen eines (derzeit noch) steuerfreien privaten Veräußerungsgeschäfts sind, dass der Anleger die Aktie im Privatvermögen hält und seine Beteiligungshöhe (während der letzten fünf Jahre) unter 1 % liegt (ab 1 % Beteiligung wird er nach deutschem Steuerrecht dagegen als ›Großkapitalist‹ eingestuft – eine für Emittenten und deren Altaktionäre wie etwas größere Neuinvestoren nicht gerade standortfreundliche Regelung).

»Großkapitalist« ab 1 % Beteiligung

3. Unternehmensbewertung:
Der Unternehmenswert (und damit die Grundlage für die Emissionspreisfindung) wird kleiner oder größer ausfallen, je nachdem welche Ausschüttungspolitik in den Annahmen zugrunde gelegt wird.

4. Shareholder-Value-Orientierung:
Hohe Ausschüttungsquoten können möglicherweise die Shareholder-Value-Orientierung des Managements verstärken, da das Unternehmen bei künftigem, über den verbleibenden Cashflow hinausgehendem Kapitalbedarf stärker auf künftige Kapitalerhöhungen angewiesen ist als im Falle einer vollständigen oder hohen Gewinnthesaurierung.

5. Kontinuitätserfordernis:
Dividendenkontinuität wird – nicht nur, aber insbesondere am deutschen Kapitalmarkt – geschätzt. Daher sind gerade auch Neuemissionsunternehmen mit potentiell stark schwankenden Gewinnjahren gut beraten, zu Beginn eine eher vorsichtig-niedrige Ausschüttungsquote zu realisieren.

6. Höhe der Dividendenrendite als Kauf- bzw. Haltekriterium:
Da Aktien mit einer relativ hohen Dividendenrendite von Anlegerseite als

eher »konservative«, »weniger schwankungsanfällige« Werte (mit niedrigem »Beta« = Marktkorrelationsfaktor) angesehen werden, werden insbesondere konservative Anleger Hochdividendenrenditenwerte bei ihren Anlageentscheidungen bevorzugen. Die Existenz einzelner Wertpapierfonds, die sich auf den Kauf von Unternehmen mit den jeweils höchsten Dividendenrenditen spezialisiert haben, schließlich auch der von der Deutsche Börse zum 1.3.2005 aufgelegte DivDAX-Index (enthält die 15 DAX-Werte mit der höchsten Dividendenrendite) sowie die am DivDAX orientierten Anlageprodukte legen hiervon Zeugnis ab.

DivDAX-Werte

Im **Fazit** wird die Dividendenpolitik des einzelnen Emittenten primär von seinen spezifischen Gegebenheiten, aber auch den Anlegererfordernissen, abhängig sein:

Anlagekriterium Dividendenrendite

1. Jüngere, besonders stark wachsende und hohen nachhaltigen Kapitalbedarf ausweisende Unternehmen werden in Anfangsjahren, ohne mutmaßlichen »Schaden« für ihr Image oder ihren Börsenkurs, auf Dividendenzahlungen verzichten können.
2. Etablierte Unternehmen mit beträchtlichen Cashflow-Überschüssen werden – im Vergleich zu anderen, ähnlichen Unternehmen und deren Dividendenpolitik sowie unter Berücksichtigung der in Dividendenrendite-Kategorien denkenden und handelnden Analysten- und Anlegerkreise – Ausschüttungsquoten in den o.g. Größenordnungen nicht ohne triftige Gründe vermeiden können.

3.2.12 Platzierungsverfahren (Festpreis, Bookbuilding, Auktion)

Beim so genannten **Festpreisverfahren** werden die Aktien des Unternehmens zu einem feststehenden Preis angeboten. Über viele Jahrzehnte war das Festpreisverfahren in Deutschland Standard.

Festpreisverfahren

Dies hat sich jedoch, beginnend mit der ersten Bookbuilding-Emission, der SGL Carbon AG, im Jahre 1995 geändert. So waren in den letzten Jahren nur noch relativ wenige **Festpreisemissionen** zu verzeichnen.

> **Beispiele:**
> *2005: keine*
> *2004: Klassik Radio, VEM Aktienbank, Mifa Mitteldeutsche Fahrradwerke*
> *2003: keine*
> *2002: AIG Int. Real Estate, VCH Best-of-VC, UNIPROF Real Estate Holding, Börse Inside*
> *2001: Vivacon, B.A.U.M., Softship, Essanelle Hair Group, Windwelt und Deutsche Euroshop*
> *2000: Q-Soft, Sattler & Partner, Michael Zäh Verlags AG, LHA Krause, Sauter Holding, BMP Pharma Trading, Schneider-Neureither und Trius*
> *1999: Versiko, Merkur Bank, Pankl Racing Systems, Nordwest sowie Schnigge*
> *1998: Kling Jelko Dr. Dehmel, Sparta Beteiligungen, Herzog Telecom, INCAM sowie Artificial Life*
> *1997: STADA Arzneimittel und Bechstein*
> Quelle: Löhr & Cie.-Datenbank

Phase 3: Planung, Strukturierung und Vorbereitung des IPO

Bookbuilding-verfahren

Bookbuilding-spanne

Festzustellen ist somit, dass sich seit der zweiten Hälfte der Neunzigerjahre das so genannte **Bookbuildingverfahren** durchgesetzt hat. Das **Bookbuildingverfahren** hat der Deutsche Kapitalmarkt – ähnlich wie bei diversen anderen Marktusancen – vom angelsächsischen Markt übernommen. Hierbei werden die Aktien des Neuemittenten innerhalb einer vorgegebenen Preisspanne, der so genannten **Bookbuildingspanne**, während der Bookbuildingphase Institutionellen und Privaten angeboten. Das »Book« ist das von dem oder den Konsortialführern geführte Zeichnungsbuch, in das sämtliche Zeichnungsaufträge von Institutionellen mit Mengen und Preisen während der Bookbuildingphase, die sich üblicherweise über rund vier bis zehn Tage erstreckt, eingetragen werden. Die permanente Aktualisierung des elektronischen Orderbuchs vermittelt dem Bankkonsortium volle Transparenz im Hinblick auf »Nachfragequalität« (gemessen an der Anlagestrategie/Langfristigkeit des Investitionsinteresses, Teilnahme am Pre-Marketing/Roadshow) und Preissensitivität (welche Institutionellen zu welchen Preisen welche Mengen nachfragen). Die Zeichnungsnachfrage privater Anleger wird während des Bookbuildingverfahrens aus Datenschutzgründen nicht namentlich, sondern ausschließlich »en bloc« erfasst.

Beschleunigtes Bookbuilding

Seit etwa 2005 ist des Öfteren auch das sog. »**beschleunigte Bookbuilding**« anzutreffen, das früher nur bei Paketplatzierungen im Sekundärmarkt bzw. bei reinen institutionellen Platzierungen zur Anwendung kam. Hierbei wird die Preisspanne/Bookbuildingspanne erst in den letzten Tagen der Roadshow festgelegt.

Zuteilungs-verfahren

Das anschließende **Zuteilungsverfahren** gestaltet sich üblicherweise wie folgt:

Institutionelle Anleger

- Institutionelle Anleger werden entsprechend der Kriterien Investorqualität, regionale Schwerpunkte und Pricing sowie Ordervolumen bedient. Mit den Konsortialpartnern häufiger zusammenarbeitende/befreundete Institutionelle werden hierbei i.d.R. bevorzugt bedient werden.

Family & Friends

- »Family & Friends«: Die in den meisten Fällen (in sehr guten Börsenphasen bei nahezu sämtlichen IPOs) anzutreffende so genannte »Family & Friends«-Tranche wird vom Emittenten (Altaktionäre/Vorstand) bis zu einer usancengerechten Höhe von 10 % des Gesamtemissionsvolumens für Mitglieder der Familien der Altaktionäre, Mitarbeiter und Geschäftsfreunde der Gesellschaft bzw. der Altaktionäre reserviert. Sodann splittet der Emittent das vorgesehene »Family & Friends«-Volumen auf die verschiedenen zu bedenkenden und an einer Zeichnung interessierten natürlichen bzw. juristischen Personen auf. Falls die vom Emittenten für »Family & Friends« vorgesehene Tranche von den Begünstigten komplett wie vorgesehen gezeichnet wird, erhalten diese – selbst im Falle der Überzeichnung – die ihnen jeweils vom Emittenten zugedachten und vom Begünstigten georderten Stücke zugeteilt.

Privatzeichner

- Für Privatzeichner gilt: Falls genügend Aktien für die Zeichnungswünsche privater Anleger vorhanden sind, werden alle Orders entsprechend der Höhe ihrer Zeichnung zugeteilt. Wenn eine Überzeichnung vorliegt, werden in der Praxis folgende alternative Wege beschritten (vgl. Steffen: Das Zuteilungsprocedere, 1999):

Zuteilung bei Überzeichnung

  – Das Los entscheidet über die zugeteilten Aktien. Dabei können entweder alle Orders in gleicher Höhe bedient werden oder die ausgelosten Neuaktionäre erhalten Aktien im Verhältnis ihrer Ordergrößenklassen (einheit-

licher Zuteilungsschlüssel innerhalb der Klasse).
- Sämtliche Orders werden quotal bedient, d.h. alle erhalten den gleichen Prozentsatz ihres Gesamtordervolumens.
- Sämtlichen Orders wird die gleiche Stückzahl zugeteilt.

In diesem Zusammenhang hat sich aufgrund teilweiser öffentlicher Kritik an der »Undurchsichtigkeit« des Zuteilungsprocedere mancher Emission (insbesondere solcher mit höheren Zeichnungsgewinnen) die Forderung nach »gläsernen Emissionen«, d.h. der völligen Offenlegung und Nachvollziehbarkeit des Zuteilungsschlüssels, erhoben. Gläserne Emissionen sind, beginnend Anfang 1999, zumindest hinsichtlich der Zuteilungskriterien bei Privatzeichnern, mittlerweile zum Soll-Standard geworden. Eine Orientierung für die Zuteilung von Aktien an Privatanleger bieten die Empfehlungen der Börsensachverständigenkommission beim Bundesministerium der Finanzen, die sich an Emittenten und platzierende Banken wenden. **Gläserne Emission**

Emittenten und den platzierenden Instituten bietet das Bookbuildingverfahren insofern eine Erleichterung bei der Platzierung, als unterschiedlich hoch ausfallender Nachfrage durch eine entsprechend flexible Zuteilung zum oberen, zu einem innerhalb der Bookbuildingspannbreite liegenden oder gar zum unteren Preis der Bookbuildingspanne begegnet werden kann. Allerdings wäre es ein Trugschluss, hieraus zu schließen, dass der schlussendliche Zuteilungspreis stets innerhalb der vom Bankenkonsortium (zunächst) vorgegebenen Spanne liegen müsse. In der Vergangenheit hat es immer wieder vereinzelte Fälle gegeben, in denen die Bookbuildingspanne (als Reaktion auf erste Markteinschätzungen bzw. vorbörsliche Kurse) sowohl nach unten als auch nach oben angepasst wurde. Teilweise hat es **Zuteilungen unterhalb des untersten Rands der Bookbuildingspanne** gegeben. **Bookbuildingspanne als Datum?**

Von der »unfreiwilligen« Heruntersetzung des ursprünglich als Minimalpreis anvisierten Betrags sind bewusste **Zeichnungsrabatte** zu unterscheiden (Bsp.: Telekom-Neuemission 1996, Linde/Kapitalerhöhung 1999). Hierbei werden »Frühzeichnern« i.d.R. Rabatte von rund 1-3 % gewährt. **Frühzeichnerrabatte**

Aus der Zeit nahezu »automatischer« Zeichnungsgewinne (z.B. über mehrere Monate bis etwa Mitte 1999) stammen verschiedentliche Vorschläge dahingehend, die Erlöse aus Neuemissionen dadurch zu steigern (und damit hohe Zeichnungsgewinne zu reduzieren), dass Neuemissionen im Wege eines (»reinen«) **Auktionsverfahrens/ Tenderverfahrens** (z.B. im Wege des sog. »holländischen Auktionsverfahrens«, bei dem alle Bieter mit dem gleichen Preis bedient werden (die letzte berücksichtigte Kauforder bestimmt den einheitlichen Ausgabepreis) oder im Wege des sog. »**amerikanischen Auktionsverfahrens**«, bei dem jeder berücksichtigte Bieter seinen individuellen Angebotspreis zu zahlen hat) angeboten werden sollen. Streng genommen handelt es sich beim Bookbuilding auch um ein – allerdings durch die vorgegebene Preisspanne begrenztes – »Auktionsverfahren«. **Auktions-/ Tenderverfahren**

An der **Pariser Börse** werden neben dem Festpreisverfahren (**Offre à prix ferme (OPF)**) sowie dem Bookbuildingverfahren (»**Preplacement**« oder »**Placement garanti**«) zwei alternative »reine« Auktions-/Tenderplatzierungsverfahren (vgl. Blättchen/Jacquillat, 1998) ermöglicht: das **Cotation directe-Verfahren**, als Mindestpreisvorgabe mit der Möglichkeit, sowohl Billigst- als auch limitier- **Cotation directe-Verfahren**

Offre à prix minimum-Verfahren

te Kaufangebote zu unterbreiten sowie das Verfahren **Offre à prix minimum (OPM)** als das meistgewählte Auktionsverfahren mit Mindestpreisvorgabe und der ausschließlichen Möglichkeit, limitierte Kaufangebote zu unterbreiten.

Der wohl bekannteste Fall eines Börsengangs im Auktionsverfahren in den **USA** war der von Google im Jahre 2004. In **Deutschland** hat es bilang fast keine Neuemissionen unter Anwendung des Auktionsverfahrens gegeben (Ausnahmen Trius/2000 und Hydrotec Gesellschaft für Wassertechnik AG/2001). Beiden angeführten Emissionen war allerdings kein (besonderer) Erfolg beschieden.

> **Beispiel: Erfahrungen mit Auktionsverfahren in Deutschland:**
> *Die erste deutsche Neuemission im Auktionsverfahren überhaupt, Trius (holländisches Verfahren) erhielt Gebote zwischen dem Mindestpreis von 28 € und 50 €. Der errechnete Zuteilungspreis belief sich auf 36,50 € (damit immerhin 30 % über dem vorgegebenen Mindestpreis). Trotz des angewendeten Auktionsverfahrens konnten signifikante Zeichnungsgewinne am ersten Handelstag (mit Kursen teilweise über 52 €) nicht verhindert werden. Danach ging der Kurs noch in der ersten Handelswoche unter den Emissionkurs zurück.*
> *Hydrotec konnte (zum Emissionskurs von 13,90 €) nur weniger als ein Drittel der angebotenen Aktien überhaupt absetzen (CDC Capital 2005).*

In der **Schweiz** wurden in der zweiten Hälfte der 1980er Jahre zwei Auktions-/Tenderverfahrens-Platzierungen (LEM Holding AG/Mai 1986 sowie Calida Holding AG/April 1987) durchgeführt. Bei Calida wurde ein Mindestpreis, eine maximal durch Privatanleger erwerbbare Aktienstückzahl (40) sowie ein Maximum von drei Limitdifferenzierungen i.R. der Höchstzahl erwerbbarer Aktien vorgegeben (vgl. Jakob, 1998).

Im Vergleich zum Bookbuilding, bei dem auch Faktoren wie z.B. Investoren-Qualität/Auswahl und – in Maßen – bewusstes Underpricing eine Rolle spielen (sollen), sind Auktionsverfahren i.W. auf die Maximierung des Platzierungspreises/-erlöses fokussiert – eine möglicherweise nicht zu einem nachhaltigen Gesamterfolg der Emission beitragende, eindimensionierende Vereinfachung. Darüber hinaus weist Jakob darauf hin, dass durch das im Gegensatz zum reinen Auktionsverfahren beim Bookbuilding mögliche »bundling of current and future offerings« (Jakob, 1998, S. 320) eine höhere Effizienz erreichbar sei. Unter der Bündelung aktueller und künftiger Emissionsofferten wird der zugunsten eher schwächer einzuschätzender Emissionen wirkende Effekt verstanden, dass institutionelle Investoren aufgrund langjähriger guter Geschäftsbeziehungen bei der/den gleichen Investmentbank/en regelmäßig sowohl besonders attraktive als auch weniger erfolgversprechende Emissionen ordern.

Obgleich das Auktionsverfahren für Emittenten somit einen möglicherweise insgesamt höheren Emissionserlös generieren könnte, wird jedoch dem Anleger in gleichem Maße Zeichnungsgewinn-Phantasie weggenommen, die stets eine wichtige Triebfeder für die Zeichnung von Neuemissionen darstellt. Zudem können beim Festpreis- bzw. Bookbuildingverfahren auch außerpreisliche Faktoren, wie insbesondere die Investoren-Qualität – ohne Durchbrechung der Systematik – Berücksichtigung finden. Es verwundert daher nicht, dass sich Auktionsverfahren international wie in Deutschland bislang nicht (geschweige denn als State of the Art-Preisfindungs-/Zuteilungsverfahren) durchsetzen konnten.

Fazit: Bis auf weiteres – d.h. bis zur Entwicklung neuer theoretischer Alternativen bzw. Varianten und deren erfolgreicher Erprobung – dürfte insgesamt betrachtet das Bookbuildingverfahren für die absehbare Zukunft – wie im »Stammland« der IPOs, USA – der voraussichtliche Standard auch für in Deutschland stattfindende Neuemissionen bleiben.

Bookbuildingverfahren Standard in Deutschland

3.2.13 Platzierungsmix und -weg

Die Platzierungskraft der Banken und Wertpapierhandelshäuser bzw. des Gesamtkonsortiums hängt entscheidend zum einen von ihren Verbindungen zu potentiellen institutionellen Anlegern, zum anderen jedoch – insbesondere was die Platzierung bei Privaten angeht – von den Distributionskanälen ab.

Platzierung der Aktien

3.2.13.1 Platzierung einer Family & Friends-Tranche

Sofern und soweit ein Family & Friends-Programm (s. Kap. 3.2.12 Platzierungsverfahren) mit üblicherweise bis zu 10 % des Gesamtemissionsvolumens aufgelegt wird und die vom Emittenten – nach vorheriger Ansprache – benannten Begünstigten die ihnen zugedachten Aktien mittels Zeichnungsschein auch rechtskräftig zeichnen, braucht sich das Bankkonsortium diesbezüglich ausschließlich um die technische Abwicklung mit den Begünstigten und deren Hausbanken zu kümmern. In vielen Fällen sind somit bereits bis zu 10 % einer Emission – vor Bekanntgabe der Bookbuildingspanne, d.h. im Vorfeld der offiziellen Zeichnungsphase – »platziert«. Emittent und Lead-Bank/»BookRunner« sollten Wert darauf legen, dass keine »late Family & Friends«-Zeichnungen angenommen werden. Als late Family & Friends- (Spätzeichnungen) sind solche Zeichnungen von Family & Friends-Begünstigten zu sehen, die erst dann erfolgen, wenn die ersten »Graumarktkurse«/«vorbörsliche Kurse« (im sog. »vorbörslichen Handel« oder »Handel per Erscheinen«, z.B. unter www.schnigge.de oder www.quotecenter.de) einen (merklichen) Kursanstieg der Aktie gegenüber dem mutmaßlichen Emissionspreis (der erst nach Abschluss der offiziellen Zeichnungsfrist festgelegt werden kann) erwarten lassen. So sehr eine derartige Zeichnungspraxis aus wirtschaftlicher Sicht des einzelnen Family & Friends-Begünstigten verständlich erscheint, sollte der Nachteil der Noch-Nicht-Kenntnis vorbörslicher Kurse durch Family & Friends mit Blick auf den vom Emittenten eingeräumten Vorteil der definitiven Zeichnungsmöglichkeit »im Vorfeld« hingenommen werden.

Family & Friends und Graumarktkurse

3.2.13.2 Platzierung bei institutionellen Anlegern

Bereits im Zuge der sog. Roadshow im In-, teilweise auch im Ausland, stellen sich Gesellschaft und Vorstand in Begleitung der Lead-Bank(en) interessierten institutionellen Investoren vor, um diese für die Zeit des anschließenden Bookbuilding als Investoren zu gewinnen. Meist erfolgen bereits während der Roadshow erste Vorreservierungen bzw. mündliche Zusagen vonseiten der Institutionellen hinsichtlich eines beabsichtigten Zeichnungsvolumens (Aktienstückzahl und Preis). Aufgrund ihres professionellen Analysepotentials liefern sie somit den Konsortialbanken bereits in einer sehr frühen Phase ein wertvolles »Feedback« darüber, wie die Emission insgesamt vom Markt aufgenommen werden wird.

Roadshows

Starke und schwache Hände

Klassischerweise werden Neuemissionen zu 40–60 % bei Institutionellen (Wertpapierfonds, Beteiligungsgesellschaften, Banken, Pensionskassen, Versicherungen etc.) platziert, der verbleibende Teil bei Privaten. Institutionelle investieren im Durchschnitt mit Beträgen zwischen 0,5 bis etwa 1,5 Mio. €, so dass für eine Institutionellen-Tranche von z.B. 10 Mio. € etwa zehn Institutionelle als Zeichner benötigt werden. Von Institutionellen erhoffen sich Konsortialbanken wie Emittent üblicherweise »stabile« Verhältnisse, da sie i.d.R. gerade auch unter längerfristigen Gesichtspunkten investieren und sich meist von kurzfristigen Gesamtmarkt- oder unternehmensbezogenen Kursveränderungen kaum beeindrucken lassen. Andererseits ist festzustellen, dass diese deshalb so genannten »starken Hände« in jüngsten Jahren verstärkt dazu übergegangen sind, sich möglicherweise doch sehr schnell von ihren Beständen zu trennen, während Privatinvestoren, die im Gegensatz hierzu gerne als »schwache Hände« bezeichnet wurden/werden, im Verlauf gegenläufiger Markt- und Einzelkursentwicklungen mehr und mehr langfristig-strategisches Anlageverhalten zeigen und »durchhalten«. Letzteres steht nicht in Kontradiktion zu dem bei fast jeder Emission feststellbaren Teil derjenigen Privatzeichner, die sich regelmäßig bereits am ersten Notiztag oder kurz danach unter Mitnahme kurzzeitiger Zeichnungsgewinne wieder von ihren Aktien »verabschieden«.

Platzierungsmix

Allerdings muss konstatiert werden, dass eine gezielte Direktansprache privater Aktionäre (ausgenommen im Falle von Namensaktien) z.B. in Krisensituationen im Vergleich zu Institutionellen kaum bewerkstelligt werden kann. Nicht zuletzt aus diesem Grund dürfte sich das bei kleineren Emissionen angebrachte Platzierungsverhältnis Institutionelle zu Privaten bei etwa 70:30 bewegen.

Bei der Auswahl der Lead-Bank(en) sowie der Zusammenstellung des Bankkonsortiums sind Emittenten insgesamt gut beraten, die Platzierungskraft der Institute gerade auch bei institutionellen Anlegern kritisch zu hinterfragen.

3.2.13.3 Platzierung bei privaten Anlegern

Filialnetz, vermögende Private

Die Platzierungen von Neuemissionen bei Privatanlegern erfolgen üblicherweise über die klassischen Bankkanäle, d.h. den Schalter bzw. die telefonische Kundenberatung. Institute mit einem breiten Filialnetz bzw. einer größeren Anzahl angeschlossener Verbandsinstitute haben hier naturgemäß entsprechende Vorteile gegenüber filiallosen oder nur mit wenigen Niederlassungen ausgestatteten Instituten. Letztere verfügen jedoch u.U. in besonderem Maße über Zugang zu vermögenden Privatkunden, die auch für die Zeichnung größerer Beträge infrage kommen.

Internet-Placement

Aktienplatzierungen über das Internet sind mittlerweile auch in Deutschland an der Tagesordnung. Zum einen gibt es hierauf besonders spezialisierte Investmentbanken/Wertpapierhandelshäuser, zum anderen verfügen diverse Banken und Wertpapierhandelshäuser mittlerweile über eigene Internet-Placement-Möglichkeiten, die in einem erheblichen Maße ein möglicherweise nur dünnes Filialnetz ersetzen können. Das Placement von Aktien via Internet – als die klassischen Distributionskanäle ergänzendes Instrument – sollte insbesondere immer dann in Erwägung gezogen werden, wenn

Gründe für Internet-Placement

- der Emittent Konsortialbanken/Wertpapierhandelshäuser als Platzierungspartner gewonnen hat, die über kein oder nur ein kleines Filialnetz verfügen,

- das Geschäftsfeld des Emittenten sich im Bereich internetbezogener Dienstleistungen bewegt.

3.2.13.4 Mitarbeiterbeteiligung/Aktienoptionspläne

Im Folgenden werden solche Beteiligungsmöglichkeiten betrachtet, die eine Beteiligung am Gezeichneten Kapital der jeweiligen Gesellschaft verkörpern. Darüber hinaus gibt es diverse andere »Beteiligungsmöglichkeiten«, z.B. in Form einer Beteiligung am Ergebnis der Gesellschaft, stille bzw. atypisch stille Beteiligungen, Genussscheine, Gewinnschuldverschreibungen etc., auf die hier jedoch aus Platzgründen nicht näher eingegangen werden soll.

Instrument der Beteiligung von Führungskräften und Mitarbeitern

Management-/Führungskräfte- bzw. Mitarbeiterbeteiligungen stellen ein besonders interessantes Instrument dar, um
- Mitarbeiter längerfristig an das Unternehmen zu binden und neue hinzuzugewinnen bzw.
- Eigentümer-/Shareholder- wie Mitarbeiterinteressen (soweit beides nicht ohnehin – zumindest teilweise – deckungsgleich ist) gleichermaßen zu fördern.

Entsprechend nutzen immer mehr – auch nicht börsennotierte – Unternehmen die Möglichkeit, ihr Management sowie die Mitarbeiter zu beteiligen. Börsennotierte Unternehmen verfügen aufgrund des täglichen Handels in der Aktie und damit der kontinuierlichen Preisfindung (»Wertnachweis«) sowie der Fungibilität (jederzeitigen Verkaufbarkeit) der Anteile über besondere Vorteile. Nicht wenige börsennotierte Unternehmen haben mittlerweile Mitarbeiterbeteiligungsmodelle (z.B. in Form von **Belegschaftsaktien- bzw. Aktienoptionsplänen**) aufgelegt bzw. arbeiten daran, um die bereits für das Unternehmen tätigen wie auch neu hinzuzugewinnende Mitarbeiter an das Unternehmen zu binden und zu motivieren. In bestimmten Branchen, die besonders stark um qualifiziertes Personal konkurrieren, wie z.B. im IT-Sektor, kann speziell das Vorhandensein eines Aktienoptionsplans entscheidend dafür sein, überhaupt neue Mitarbeiter anzuziehen. In noch stärkerem Maße gilt dies für in USA tätige Gesellschaften.

Belegschaftsaktien mit und ohne Arbeitgeberdarlehen

Die Ausgabe so genannter »**Belegschaftsaktien**« zu meist gegenüber dem Börsenpreis verbilligtem Bezugspreis stellt ein seit vielen Jahren bewährtes Instrument dar. In den meisten Fällen sind Belegschaftsaktienprogramme allerdings ohne »Hebel« (anders als im Falle von Aktienoptionen) ausgestattet. Nur in wenigen Fällen (z.B. Continental AG: »Conti 100«; Deutsche Telekom AG: »Commit«; SGL Carbon AG: »Leveraged Executive Asset Plan«) sind Belegschaftsaktienprogramme in Form so genannter »**Leverage**-Modelle« (Leverage = Hebel) anzutreffen, bei denen die Gesellschaft z.B. 80–90 % der zum Erwerb notwendigen Mittel als (zinsgünstiges) Arbeitgeberdarlehen vergibt. Gesellschaften bieten ihren Beschäftigten im Rahmen von Belegschaftsaktienprogrammen üblicherweise Jahr für Jahr die Möglichkeit, eine bestimmte Maximalzahl an Aktien zu bestimmten Terminen zu einem Preis, der um einen bestimmten Absolut- oder Prozentbetrag unter dem aktuellen Kurs liegt, zu erwerben (ein »**unbedingtes**«, d.h. unmittelbar auszuführendes und durch Zahlung des Erwerbspreises sowie Lieferung der Aktien abzuschließendes **Geschäft**). Zu den steuerlichen Konsequenzen gilt das gleiche wie bei den unten genannten Aktienoptionsmodellen.

Leverage-Modelle

Unbedingtes Geschäft

Bedingtes Geschäft, Wandel- und Optionsanleihen

Wollten erstmalig zu notierende oder bereits an der Börse gehandelte Unternehmen ihren Belegschaften die **Möglichkeit eines optionalen (d.h. bedingten und nicht unmittelbaren) Aktienbezugs** einräumen, gab es bis zum März 1998 in Deutschland nur die Möglichkeit, dies über den relativ schwerfälligen (weil für die Betroffenen erhebliche Mittel bindenden) Weg von **Wandelanleihen/Optionsanleihen** zu bewerkstelligen. Management bzw. Arbeitnehmer hatten bis dahin im Rahmen entsprechender vom jeweiligen Unternehmen aufgelegter Programme nur die Möglichkeit Wandel/Optionsanleihen zu zeichnen, die das Recht beinhalteten, nach bzw. innerhalb bestimmter Fristen seit Zeichnung durch Wandlung bzw. Optionsausübung Aktien zu beziehen. Neben dem Liquiditätsaufwand für die Zeichnung entsprechender Anleihetranchen ging bzw. geht mit einer Darlehenslösung zudem stets ein kumulatives (Arbeitsplatz- und Verlust-)Risiko des Arbeitnehmers einher.

Nackte Optionsrechte

Seit In-Kraft-Treten des Gesetzes zur Kontrolle und Transparenz im Unternehmensbereich (**KonTraG**) zum 27.04.1998 ist auch in Deutschland, wie z.B. in den USA bereits seit vielen Jahren, die Ausgabe so genannter »**nackter Aktienoptionsrechte**« (»naked warrants« – »nackt«, da keine zusätzliche Anleihekomponente erforderlich ist) möglich – die mittlerweile meist genutzteste Variante der Mitarbeiterbeteiligung bei börsennotierten Gesellschaften.

Echte und Phantom-Aktienoptionen, SARs, Wertsteigerungsrechte

Grundsätzlich gibt es zur Ausgabe nackter Optionsrechte die Möglichkeit,

- »**echte Aktienoptionen**« (auf den faktischen Bezug von Aktien) oder so genannte
- »**Phantom Stock Options**«/»**Phantom Stocks**« (Phantomaktien) (auch **SARs** »**Stock Appreciation Rights**« = **Wertsteigerungsrechte** bzw. »**virtuelle**« oder »**synthetische Optionen**«) bzw.
- auch eine Kombination aus beidem aufzulegen.

Während die Begünstigten im Falle »**echter Optionsrechte**« das ausschließliche Recht eingeräumt bekommen, – unter bestimmten Bedingungen – Aktien unter Entrichtung eines Kaufpreises zu erwerben, besteht im Falle von »**Phantom Stocks**«/»**SARs**«/»**virtuellen Optionen**« bei Erreichen bestimmter Erfolgsziele (z.B. Aktienkursentwicklung, Ergebnis je Aktie, GuV-Kennziffern) das Recht auf den Bezug eines zum Zeitpunkt der Optionsausübung errechenbaren Mehrwerts der Option (z.B. Differenz zwischen Bezugs- und Kurswert je Aktie, multipliziert mit der Anzahl der Optionsrechte) in Form einer **Zahlung in Cash oder Aktien** an den Berechtigten.

Aktienoptionsmodelle können auch so konstruiert sein, dass z.B. nach Wahl des jeweiligen Berechtigten entweder **ein Kauf von Aktien (echte Optionsrechte) oder/und** (alternative bzw. kumulative Variante) **die Zahlung eines Mehrwerts in Geld oder Aktien erfolgt.**

Die Ausgabe von Phantomaktien/virtuellen Optionen/Wertsteigerungsrechten drängt sich insbesondere bei nicht bzw. noch nicht börsennotierten Unternehmen auf. Aber auch bei börsennotierten Unternehmen sind Phantom Stocks/Options anzutreffen. Die SGL Carbon AG legte 1996 als erstes deutsches Unternehmen Phantomaktien auf.

Phantomaktien

Da die Einräumung und Ausübung von **Phantomaktien/virtuellen Optionen/Wertsteigerungsrechten** im Gegensatz zu echten Aktienoptionen **kein**

Investment erfordern (fällig werdende Steuerzahlungen können vom jeweils Begünstigten durch die vom Unternehmen erhaltene Zahlung bestritten werden), werden sie teilweise parallel zu echten Aktienoptionsplänen ausgegeben, um den Begünstigten zu weiteren Mitteln zu verhelfen, die diese wiederum zum Ankauf von Aktien aus dem echten Aktienoptionsprogramm verwenden können.

Während Optionen auf den Erwerb von Aktien (echte Aktienoptionen) das Ergebnis der Gesellschaft nach HGB nicht (zu beachten sind zudem die unterschiedlichen Regelungen der IFRS/IAS und ggf. der US-GAAP) beeinflussen, stattdessen aber den Gewinn »verwässern« (der Gewinn verteilt sich auf mehr Aktien), erhöhen die aufgrund von Phantomaktien/virtuellen Optionen/ Wertsteigerungsrechten an die Begünstigten auszuzahlenden Beträge den **Personalaufwand**, verringern dadurch das zu versteuernde Unternehmensergebnis und vermeiden eine Gewinnverwässerung. Weisen Phantom Stock-Programme kein oberes Limit auf, können sich ungeplante/unkalkulierbare, u.U. extrem hohe Personalmehraufwendungen für das Unternehmen ergeben. Dem kann durch Abschluss entsprechender Sicherungsgeschäfte begegnet werden.

Konsequenzen für die Gewinn- und Steuersituation

Als vorteilhaft mag bei Phantomaktien auch der Umstand gelten, dass zu ihrer Einräumung **kein** potentiell anfechtbarer **Hauptversammlungsbeschluss** vonnöten ist, da es sich wie im Falle von Tantiemen um eine Form der erfolgsabhängigen Bezahlung der Begünstigen handelt.

Hinsichtlich der konkreten Ausgestaltung eines **Aktienoptionsprogramms zum Erwerb echter Aktien** sind primär die in folgender Checkliste festgelegten Eckdaten zu beachten bzw. im Einzelnen festzulegen:

- ✓ **Kreis der gesetzlich grundsätzlich Berechtigten:** Dieser ist gem. AktG auf »Arbeitnehmer des Konzerns« beschränkt. Mitgliedern des Aufsichtsrats, Beratern, Lieferanten, Kunden etc. dürfen entsprechend keine Aktienoptionen eingeräumt werden.
- ✓ **Herkunft** der durch Optionen (maximal) beziehbaren Aktien: entweder aus der Schaffung eines **»bedingten« Kapitals** (gem. § 192 Abs. 3 AktG; 75 %-Mehrheitsbeschluss der HV, Ausschluss des Bezugsrechts der Aktionäre, maximal 10 % des GK) oder/und aus **Rückkauf eigener Aktien** i.R. der derzeit maximal möglichen Rückkaufquote von 10 % des GK (seit Gültigkeit des KonTraG ab 27.04.1998; gem. § 202 ff. AktG, maximaler Ermächtigungszeitraum durch HV 18 Monate) oder/und aus **genehmigtem Kapital** § 202 Abs. 4 AktG) während maximal fünf Jahren.
- ✓ **Entscheidung, ob noch vor oder erst nach IPO** ein Aktienoptionsprogramm aufgelegt werden soll.
- ✓ **Volumen: Anzahl** insgesamt (in absoluten Zahlen und bezogen auf das Gezeichnete Kapital – üblicherweise rund 4-8 %) auszugebender **Optionsrechte**.
- ✓ **Erwerbszeiträume:** Bestimmung der Zeiträume, innerhalb derer die Optionen den Begünstigten gewährt werden, einschließlich der **Aufteilung** der Aktienoptionstranche auf noch **vor IPO bzw. nach IPO** (vorzugebende Zeitfenster) auszugebender Optionen.

Checkliste

Eckdaten bei Aktienoptionsmodellen

- ✔ **Aufteilung** der Anzahl insgesamt auszugebender Optionsrechte **auf die Gruppen** Vorstand, Führungskräfte und Mitarbeiter sowie Führungskräfte und Mitarbeiter verbundener Unternehmen.
- ✔ **Anzahl der je Optionsrecht beziehbaren Aktien** (meist berechtigt eine Option zum Bezug einer Aktie).
- ✔ **Basispreis:** Kurs/Preis, zu dem die jeweiligen Aktien vom Begünstigten bezogen werden dürfen (z.B. der Durchschnitt der Kassakurse/Schlusskurse der letzten fünf/zehn/30 Tage vor Einräumung der Optionsrechte).
- ✔ **Mindestwartefrist bis zur Ausübung der Option:** gesetzlich derzeit zwei Jahre.
- ✔ **Abruf-Tranchen bzw. Wartefristen (»Vesting Periods)«:** z.B. bis zu 40 % des dem jeweiligen Begünstigten gewährten Gesamt-Aktienoptionsvolumens nach zwei Jahren Mindestwartefrist, bis zu 60 % nach drei Jahren, bis zu 80 % nach vier Jahren, bis zu 100 % nach fünf Jahren.
- ✔ **Ausübungshürden/Erfolgsziele:** z.B. falls der Kurs der Aktie um mindestens X % je Jahr gestiegen ist (kann den Nachteil rein marktbedingter, von den Berechtigten unbeeinflussbarer »Windfall-Profits« oder »Windfall-Losses« aufweisen) oder/und die Kopplung an eine »Benchmark« (börsennotierter Vergleichsmaßstab wie z.B. die Entwicklung eines bestimmten Aktien-Branchenindex) dergestalt vorliegt, dass der Berechtigte die Option nur dann ausüben darf, wenn z.B. die Kursentwicklung der Aktie mindestens die Benchmarkentwicklung erreicht oder um einen bestimmten Prozentsatz pro Jahr übertrifft. Ebenso – auch in Kombination denkbar – könnte die Erreichung bestimmter anderer Erfolgskriterien, wie z.B. einer Mindest-Eigenkapitalrendite oder/und eines bestimmten Gewinns je Aktie vorgegeben werden.
- ✔ **Ausübungszeiträume:** z.B. jeweils einmal pro Jahr innerhalb von z.B. einer Woche nach der ordentlichen Hauptversammlung bzw. nach der Vorlage von Geschäfts- oder Zwischenberichten oder nach einer Bilanzpressekonferenz.
- ✔ **Befristung:** Festlegung der maximalen Laufzeiten bzw. des Verfalls der Optionen. Die Laufzeit des Gesamtoptionsprogramms erstreckt sich meist über fünf bis zehn Jahre.
- ✔ **Übertragbarkeit und Regelungen bei Tod oder Ausscheiden des Berechtigten:** Eine Übertragbarkeit wird in den meisten Fällen (aus Gründen der langfristigen Mitarbeiter-Motivation wie auch aus steuerlichen Gründen) ausgeschlossen. Im Falle des Ausscheidens verfallen üblicherweise die noch nicht fälligen bzw. noch nicht ausgeübten Optionsrechte.

Ausschließlich Vorstand und Mitarbeiter begünstigbar

In der praktischen Handhabung wird eine **Hauptversammlung** über die grundsätzliche Verabschiedung und Eckdaten eines Aktienoptionsprogramms befinden und darüber hinaus den Vorstand bzw. Aufsichtsrat ermächtigen, die konkrete Ausgestaltung im eigenen Ermessen vorzunehmen. Für die Ausgabe von Aktienoptionen an Mitarbeiter ist jeweils der Vorstand, für die Ausgabe von Aktienoptionen an die Mitglieder des Vorstands der Aufsichtsrat zuständig. Etwa 20-40 % des Gesamtoptionsvolumens entfallen typischerweise auf Mitglieder des Vorstands.

Die **Gewährung (nackter) Optionsrechte von der Gesellschaft an Mitglieder des Aufsichtsrats** ist mit den derzeit geltenden aktienrechtlichen Vorschriften unvereinbar.

Auf Basis der im Jahre 2001 ergangenen BFH-Urteile vom 20.06.2001, Az: VI R 105/99 und vom 24.01.2001, Az: I R 100/98 und I R 119/98 sowie bundeseinheitlichen Länderfinanzerlassen (z.B. FinMin NRW vom 27.03.2003, OFD Chemnitz vom 19.05.2003) ist in Deutschland mittlerweile weitestgehende Rechtssicherheit hinsichtlich der Besteuerung von Mitarbeitern unentgeltlich oder verbilligt eingeräumten Aktienoptionen gegeben.

Die Besteuerung von Mitarbeiter-Aktienoptionen hängt davon ab, ob dem Arbeitnehmer ein **handelbares** oder ein **nicht handelbares Optionsrecht** eingeräumt wird. Die Finanzverwaltung betrachtet Aktienoptionsrechte nur dann als handelbar, wenn sie an einer Börse gekauft bzw. verkauft werden können (d.h. unabhängig von ihrer grundsätzlichen Marktgängigkeit bzw. faktischen Handelbarkeit).

Steuerpflicht auf Ebene der Begünstigten

1. Nicht handelbare Aktienoptionsrechte

Als geldwerter Vorteil wird im Falle nicht an einer Börse gehandelter Aktienoptionsrechte **nicht der Wert des Optionsrechts** erfasst, sondern der auf die Aktie gewährte Nachlass (Vermögensbeteiligung i.S.v. § 19a EStG). Maßgebender **Besteuerungszeitpunkt** ist weder der Zeitpunkt der Einräumung des Optionsrechts noch der Zeitpunkt der erstmaligen Ausübbarkeit der Option, sondern erst (und zwar unabhängig von jeglichen evtl. Regelungen zur Übertragbarkeit bzw. Vererblichkeit oder z.B. Sperrfristen) der **Zeitpunkt des späteren tatsächlichen Aktienerwerbs** (»Realisationszeitpunkt« oder »Zeitpunkt der Erfüllung des Optionsanspruchs«). Als **Bewertungsstichtag** gilt der Tag, an dem der **Beschluss über die Gewährung der Optionsrechte** getroffen wird. Liegen zwischen dem Beschlussfassungstag und dem Tag der Überlassung der Aktien mehr als **neun Monate**, ist für die Ermittlung des geldwerten Vorteils der **Tag der Überlassung** (= Tag der Ausbuchung der Aktien aus dem Depot des Überlassenden) maßgebend (§ 19a Abs. 2 Satz 5 EStG).

Die Höhe des zu versteuernden Arbeitslohns (»geldwerter Vorteil im Zuflusszeitpunkt«) bemisst sich als Differenz zwischen dem Kurswert der überlassenen Aktie am maßgebenden (vorgenannten) Bewertungsstichtag und den Aufwendungen des Arbeitnehmers für die überlassenen Aktien.

Höhe der steuerfreien Vorteilsgewährung

Eine maximale Vorteilsgewährung pro Begünstigtem und Jahr von maximal 50 % des Verkehrswertes der Aktie sowie maximal 135 € pro Jahr bleibt nach den derzeitigen steuerlichen Vorschriften (§ 19a EStG) steuerfrei (ab 01.01.2002 hatte der Gesetzgeber die frühere sechsjährige Sperrfrist aufgehoben).

Wenn es sich um Vergütungen für mehrjährige Tätigkeiten handelt, kommt die Tarifermäßigung nach § 34 EKStG infrage.

2. Handelbare Aktienoptionsrechte

Im Falle an einer Börse gehandelter Aktienoptionsrechte ist der Wert des Optionsrechts zu erfassen (keine Vermögensbeteiligung i.S.v. § 19a EKStG) und sodann die Differenz zwischen dem Geldwert des Optionsrechts und einem ggf. vom Arbeitnehmer gezahlten Entgelt als Arbeitslohn zu versteuern. Der Zeitpunkt des Sachbezugs in Form des Aktienoptionsrechts ist der so genannte Abgabetag. Dieser ist der Tag, an dem der Arbeitnehmer das Optionsrecht erwirbt.

In konsequenter Anlehnung an die vorgenannten zu Mitarbeiter-Aktienoptionen (nackten Optionsrechten) ergangenen BFH-Urteile hat der BFH schließlich mit Urteil vom 23.06.2005 (BStBl 2005 II, 770) zum Lohnzufluss bei Wandeldarlehen (Wandelanleihen) Folgendes entschieden: Ein Zufluss von Arbeitslohn wird nicht bereits durch die Hingabe des Arbeitnehmer-Darlehens an den Arbeitgeber begründet, sondern im Falle der Ausübung des Wandlungsrechts durch den Arbeitnehmer erst dann, wenn dem Arbeitnehmer durch die Erfüllung des Wandlungsanspruchs das wirtschaftliche Eigentum an den Aktien verschafft wird (Realisationsprinzip wie im Falle nicht handelbarer Aktienoptionen). Analog gilt für den Fall des Verkaufs des Wandlungsrechts gegen Entgelt vom Arbeitnehmer auf einen Dritten, dass ein geldwerter Vorteil erst im Zeitpunkt der Übertragung entsteht.

Unabhängig von den vorgenannten steuerlichen Regelungen bleibt es dem Arbeitgeber/der Gesellschaft überlassen, ob bzw. falls ja, in welchem Ausmaß er/sie die auf potentiell höhere Vorteilsgewährungen entfallenden Steuern für den jeweiligen Mitarbeiter übernimmt.

Gewinn- und Verlustauswirkungen von Aktienoptionsprogrammen

Neben den bei der Einräumung echter und unechter Aktienoptionsprogramme stets im Einzelnen zu bedenkenden steuerrechtlichen Implikationen sollten Unternehmen, die (auch) nach IFRS/IAS (seit 01.01.2005 Pflicht für an EU-regulierten Märkten/Börsen notierte Unternehmen) bzw. US-GAAP (wegen Notiz an US-Börsen) bilanzieren, die GuV-Auswirkungen von Aktienoptionsprogrammen im Vorhinein genauestens prüfen lassen, um möglicherweise unangenehmen Überraschungen (hohen ungeplanten Personalaufwendungen) vorzubeugen. So sehen die Bilanzierungsvorschriften nach IFRS 2 Share-Based Payment und US-GAAP (mittlerweile) zwingend eine Aufwandsverrechnung vor.

Kapitalmarkterfahrene Wirtschaftsprüfer-/Steuerberatungs- und Anwaltskanzleien, Banken, bzw. Emissionsberatungsgesellschaften werden regelmäßig in der Lage sein, den Emittenten hinsichtlich der Konstruktion eines betriebswirtschaftlich sowie gesellschafts- und steuerrechtlich zeitgemäßen, die spezifischen Bedürfnisse bzw. Intentionen der Gesellschaft, ihrer Altaktionäre sowie der potentiell zu Begünstigenden treffenden Management- und Mitarbeiterbeteiligungsprogramms zu beraten.

Realoptionen-Konzepte

Von Aktienoptionen als einer Form der Mitarbeiterbeteiligung grundsätzlich zu unterscheiden sind so genannte »**Realoptionen**«-Konzepte, noch jüngere betriebswirtschaftliche Bewertungs-, Steuerungs- und Erfolgsmessungsansätze, mit denen die einem Unternehmen bzw. einzelnen Unternehmensbereichen möglichen Handlungs-/Investitionsalternativen in Anlehnung an die Optionspreistheorie und -praxis bewertet, gesteuert und gemessen/kontrolliert werden.

3.2.14 Zeitplanung

3.2.14.1 Aufstellung eines Zeitplans

Ein erster grober Zeitplan wird zu Beginn der Arbeiten an der Vorstrukturierung des Börsengangs i.d.R. durch den Emissionsberater in enger Abstimmung mit dem Emittenten entwickelt und wird sich insbesondere an folgenden Faktoren orientieren:

- Vorstellungen des Emittenten hinsichtlich eines möglichst baldigen bzw. eines mittel- bis langfristigen IPOs,
- Feststellung der Börsenfähigkeit des Emittenten bzw. Identifizierung der ggf. zur Herstellung einer grundsätzlichen wirtschaftlichen und technischen Börsenfähigkeit noch durchzuführenden Maßnahmen,
- Abwarten steuerlicher Fristen,
- Umsetzungszeit für gesellschaftsrechtliche Umstrukturierungen und die entsprechenden Handelsregistereintragungen,
- Wahl der Börse bzw. des Börsensegments,
- Erstellung der börsengangvorbereitenden Unternehmensstudie (Banken-Factbook),
- Auswahl der für einen gegenseitigen »Beauty Contest« infrage kommenden Banken bzw. Wertpapierhandelshäuser und Festlegung eines zeitlichen Ziels für den Abschluss eines Platzierungsmandats-/Konsortialvertrages.

Sofern
- eine grundsätzliche wirtschaftliche Börsenreife (s. Kap. 2.1 Wirtschaftliche Börsenreife) gegeben ist,
- die technische Börsenreife (s. Kap. 2.2 Technische Börsenreife) entweder bereits gegeben oder kurzfristig herbeiführbar ist und
- der Emittent alsbald möglich an die Börse strebt,

kann zwischen der Entscheidung für einen Börsengang/Engagement des Emissionsberaters und der ersten Börsennotiz mit einem Zeitraum von rund sechs bis zwölf Monaten gerechnet werden. Sogar eine Unterschreitung der Frist von sechs Monaten kann in optimal präparierten Einzelfällen möglich sein. Der Emittent sollte sich jedoch darüber im klaren sein, dass im Zweifelsfalle eine zwar zügige, aber solide abgewogene IPO-Vorbereitung sinnvoller sein kann, denn: jeder Börsengang verschlingt ohnehin einen erheblichen, in fast allen Fällen von Emittenten stark unterschätzten Teil der Management-Kapazität, die für diesen Zeitraum bei den eigentlichen Kernaufgaben verloren geht.

Zeitraum zwischen Entscheidung für und Realisierung des Börsengangs

Visiert der Emittent aus bestimmten Gründen einen Börsengang erst zu einem späteren Zeitpunkt an, ist es mit Blick auf zwischenzeitliche (gesellschaftsrechtliche) Entscheidungen wie z.B. Kapitalmaßnahmen, Rechtsformänderungen, konzerninterne Umstrukturierungen, Ausrichtung des Rechnungs-/Finanzwesens und Controllings sinnvoll, möglichst früh mit den ersten IPO-Planungen unter Einbindung eines IPO-Beraters zu beginnen. Hierdurch kann der Emittent sicherstellen, dass entsprechende Maßnahmen möglichst konform zu bzw. bereits in Vorbereitung des IPOs getroffen werden.

Vorbereitung auf späteren Börsengang

3.2.14.2 Besonders zeitkritische Schritte

Als besonders zeitkritisch können sich in der Vorstrukturierungs- und Umsetzungsphase des Börsengangs insbesondere folgende Faktoren erweisen:

Zeitkritische Faktoren des Börsengangs

Die Eintragung von Hauptversammlungsbeschlüssen in das Handelsregister

> **Beispiel:**
> Es wurde von einem Fall (der so oder ähnlich sicher kein Einzelfall ist) berichtet, bei dem der zuständige Handelsregisterrichter die Eintragung einer Kapitalerhöhung ablehnte, weil ein (!) Wort in der Anmeldung des Vorstands zum Handelsregister fehlte. Im Falle einer Barkapitalerhöhung hat der Vorstand zu Anmeldezwecken stets schriftlich zu bestätigen, dass »der Gesellschaft das Kapital uneingeschränkt zur Verfügung steht«. Im besagten Falle fehlte das Wort »uneingeschränkt«. Unter Berücksichtigung von Reaktions- und Schreibzeiten im Handelsregisterbüro sowie der »Reparierung« durch die Vorlage einer erneuten – entsprechend korrigierten – Vorstandsbestätigung hat sich der Börsengang um annähernd zwei Monate verzögert.

Tipp
- Wählen Sie sowohl eine Rechtsanwaltskanzlei als auch ein Notariat, die über exzellente Gesellschaftsrechtsexperten verfügen und möglichst auch mit den Spezifika einer AG, die an die Börse strebt, vertraut sind.
- Fragen Sie den Notar Ihrer Wahl, ob bzw. wie gut er den zuständigen Handelsregisterrichter kennt und mit ihm eine möglichst gute »working relationship« pflegt.

Die Durchführung von Sacheinlagemodellen mit den hiermit verbundenen Sonderprüfungserfordernissen

Im Falle von Sacheinlagemodellen können durch die erforderlichen Wertermittlungen und Prüfungsbestätigungen sowie die handelsrichterlichen Eintragungsnotwendigkeiten Wochen und Monate vergehen, selbst wenn diesbezüglich ein sehr straffes Zeitmanagement umgesetzt wird.

Die erstmalige Prüfung und Testierung von Jahresabschlüssen bzw. die Erstellung von IFRS/IAS- bzw. US-GAAP-Abschlüssen

Die erstmalige Prüfung und Testierung einer Gesellschaft – noch komplexer eines Konzerns – ist naturgemäß wesentlich zeitaufwendiger als die jährlichen Nachfolgeprüfungen. Treten darüber hinaus noch Kapazitätsprobleme – meist zu für den Emittenten unpassender Zeit – auf, können sich größere Verzögerungen beim Börsenfahrplan ergeben. Steht ein Börsengang an einem der EU-regulierten Märkte an, sind zusätzlich noch IFRS/IAS- bzw. bei einem (zusätzlich) in den USA geplanten Börsengang US-GAAP-Abschlüsse vorzulegen, was weiteren Zeitaufwand erfordert. Emittenten sollten diesem Aspekt daher besondere Aufmerksamkeit widmen und spätestens nach Mandatierung der Lead-Bank, im Idealfalle noch deutlich vorher, entsprechende WP-Prüfungsmandate erteilen und auf eine zügige Erledigung drängen.

Tipp
Wählen Sie möglichst frühzeitig einen guten und erfahrenen Wirtschaftsprüfer/WP-Gesellschaft aus und sprechen Sie die Kapazitätsfrage und -planung an, um möglichst sicherzustellen, dass die Prüfungen auch beginnen können, wenn es voraussichtlich notwendig wird.

Die Auswahl einer Lead-Bank bzw. eines Lead-Wertpapierhandelshauses

Die Qualität einer Lead-Bank/eines Lead-Wertpapierhandelshauses wird sich nicht zuletzt daran messen lassen, wie stringent sie – es sei denn, dass sich größere unerwartete Hindernisse z.B. im Rahmen der etwa vier- bis sechswöchigen Due Diligence auftun – an einem einmal verabschiedeten Zeitplan festhält. Sollte sich der Gesamtmarkt wie beispielsweise ab der zweiten Hälfte des Jahres 1999 und in den Baissejahren danach für Neuemissionen nicht besonders aufnahmebereit darstellen, werden erstklassige Institute dem Mandanten die Wahl lassen, ob er nach wie vor das IPO – zu einer niedrigeren Bewertung – durchführen oder lieber auf einen einige Wochen oder Monate späteren Zeitpunkt verschieben möchte. Wenig hilfreich wird es dagegen für Emittenten sein, von der Lead-Bank »vor vollendete Tatsachen« (»wir müssen den Börsengang verschieben«) gestellt zu werden.

> **Tipp**
>
> Sprechen Sie beim »Beauty Contest« der Lead-Banken/Wertpapierhandelshäuser gemeinsam mit ihrem Emissionsberater die Frage an, welche IPOs vom jeweiligen Institut bislang verschoben wurden. Eine Rückfrage/Referenz bei den betreffenden Unternehmen sollte für den Emittenten zudem möglich sein, um aus erster Hand das Zeitfahrplan-Management der Bank und Verhaltensweisen hinsichtlich zeitlicher Verschiebungen von IPOs bewerten zu können.

Richtiges und falsches IPO-»Timing«

Strategisches Timing

Auch bei Börsengängen gilt die Regel: »Für ein Going Public ist es selten zu früh, aber oft zu spät«. Spät oder »zu spät« kommt der Börsengang einer in einer sehr spezifischen Marktnische tätigen Gesellschaft z.B. dann, wenn ein Konkurrent aus dem gleichen, bislang – zumindest »in Reinkultur« – noch nicht an der Börse vertretenen Geschäftsfeld vor ihm an die Börse bzw. in ein bestimmtes Handelssegment geht. In diesem Falle Zweiter zu sein, ist zwar »keine Schande«, gleichwohl wird dem Ersten durch den Novitätseffekt eine mutmaßlich ungleich höhere Aufmerksamkeit von Banken-, Analysten- und Anlegerseite zuteil werden (können).

In Zeiten rapide steigender IPO-Zahlen fällt es der Anlegerseite wachsend schwerer, einzelne Emissionen (gerade auch z.B. am ehemaligen Neuen Markt) differenzierend (im Sinne einer absoluten Einschätzung oder/und einer Attraktivitätsrangfolge) wahrnehmen bzw. analysieren zu können.

Jahreszeitliches Timing

Agiert das börsengangwillige Unternehmen zudem in einer eher durch starken Verdrängungswettbewerb gekennzeichneten Traditionsbranche, kann ein **jahreszeitlich falsches »Timing«**, nämlich in einer Phase, wenn das Gros der Börsenkandidaten an den Markt strebt – z.B. im März/April – bestenfalls zu kräftigen Preiszugeständnissen, schlimmstenfalls – wie in Einzelfällen geschehen – sogar zu einem Abbruch der Neuemission führen.

Tipp
- Ist noch kein Unternehmen aus dem gleichen (engen, spezifischen) Marktbereich an einer deutschen Börse notiert, spricht der Aspekt, »der erste sein zu können« sehr für einen möglichst frühzeitigen IPO.
- Gerade für nicht besonders wachstumsstarke Unternehmen aus Traditionsbranchen, aber auch für besonders kleinere, junge und unbekannte empfiehlt sich ein innerjährliches IPO-Timing, das die eigene Emission in Perioden weniger zahlreicher Emissionen einplant (z.B. gleich zu Beginn eines Jahres, im Januar oder Februar), um den für einen Platzierungserfolg notwendigen Aufmerksamkeitsgrad erreichen zu können.

3.2.15 Gesamtbewertung der Gesellschaft und voraussichtliche Platzierungspreisspanne

Errechnung des Platzierungspreises

Anhand einer zu ermittelnden Gesamtunternehmenswertspanne (s. Kap. 3.3 Erlöse aus dem Börsengang) und der Anzahl Aktien, die das Gezeichnete Kapital der Gesellschaft darstellen, errechnet sich eine Spanne für den Platzierungspreis der zu emittierenden Aktien.

Beispiel:
Beträgt die von Emissionsberater, Konsortialbanken und Analysten ermittelte Unternehmenswertspanne unter Berücksichtigung eines Zeichnungsanreizes (Wertabschlages) beispielsweise 80–100 Mio. € und beläuft sich das Gezeichnete Kapital auf beispielsweise 4 Mio. €, eingeteilt in 4 Mio. Stückaktien à rechnerisch 1 €, so errechnet sich für jede Aktie eine Wertspanne (Bookbuildingspanne) von 20–25 €. Wäre bei gleichem Unternehmenswert das Gezeichnete Kapital von 4 Mio. € dagegen in 2 Mio. Stückaktien à rechnerisch 2 € eingeteilt, würde sich eine Wertspanne je Aktie von 40–50 € errechnen (hälftige Anzahl Aktien ergibt einen doppelten so hohen Preis je Aktie).

3.3 Erlöse aus dem Börsengang

Zusammensetzung des effektiven Emissionsvolumens

Der Bruttoerlös (brutto = vor IPO-Kosten) aus dem Börsengang, der als »Emissionsvolumen«, zutreffender: »effektives Emissionsvolumen« bezeichnet wird, richtet sich nach
- der Gesamtunternehmensbewertung,
- dem Anteil platzierter Aktien aus einer Kapitalerhöhung am gesamten Gezeichneten Kapital,
- dem Anteil platzierter Aktien aus Altaktionärsbestand am gesamten Gezeichneten Kapital

und errechnet sich als mathematisches Produkt aus Stückzahl platzierter Aktien und Platzierungspreis je Aktie. Der Teil des Gesamt-Emissionserlöses, der aus einer Kapitalerhöhung stammt, fließt der Gesellschaft zu, während der Teil des Gesamt-Emissionserlöses, der aus Altaktionärsabgabe stammt, den Altaktionären zugute kommt.

> **Beispiel:**
> Ein Börsenkandidat habe einige Monate vor Börsengang ein *Gezeichnetes Kapital* von 4 Mio. €, eingeteilt in 4 Mio. Stückaktien à rechnerisch 1 €. Zum Zwecke des Börsengangs und der erstmaligen öffentlichen Aktienplatzierung beschließt die Gesellschaft wenige Wochen vor Börsengang eine Kapitalerhöhung um 0,75 Mio. € auf dann 4,75 Mio. €. Neben dieser Kapitalerhöhungstranche sollen zusätzlich aus Altaktionärsbestand 250.000 Stückaktien à rechnerisch 1 € platziert werden. Insgesamt sollen somit 1 Mio. Aktien platziert werden. Die von den Konsortialbanken in Abstimmung mit dem Emittenten und dessen Emissionsberater ermittelte Unternehmenswertspanne betrage z.B. 95-114 Mio. €. Da die Gesellschaft durch 4.750.000 Aktien repräsentiert wird, entfällt somit auf jede Aktie ein Wert/Preis von 20-24 € (95 Mio. €./. 4,75 Mio. Stücke bzw. 114 Mio. € ./. 4,75 Mio. Stücke). Das Gesamtemissionsvolumen (»effektives Emissionsvolumen«) beträgt daher 20-24 Mio. € (1 Mio. zu platzierender Stücke x 20-24 € je Aktie). Hiervon entfällt auf die Kapitalerhöhung ein Volumen von 15-18 Mio. € (750.000 Stücke x 20-24 € je Aktie), das an die Gesellschaft fließt. Des Weiteren erhalten die Altaktionäre 5-6 Mio. € (250.000 Stücke x 20-24 € je Aktie).

3.3.1 Unternehmensbewertungsmethoden/Ermittlung eines angemessenen Emissionspreises

Einige der zentralen Bewertungsfragen bei jedem Going Public entnehmen Sie bitte folgender Checkliste:

Checkliste

> ✔ Mit welchem Wert können wir im Falle eines Börsenganges rechnen?
> ✔ Wie hoch ist die **derzeitige Bewertung der Gesellschaft unter der Annahme eines baldigen IPO** einzuschätzen?
> ✔ Welche Faktoren bestimmen die hierauf aufbauende spätere **Bewertung zum geplanten Zeitpunkt** des IPO?

Der Businessplan: Grundlage jeder Bewertung

Die Antwort auf die Frage nach der möglichen Höhe der Bewertung kann zunächst nur lauten: »Es kommt darauf an«. Da der Kaufmann und auch der Anleger an der Börse »für die Vergangenheit nichts gibt«, wird stets die Zukunftsplanung (einschließlich der Erwartungen für das laufende Geschäftsjahr), kondensiert in Form des **Businessplans** der Gesellschaft, Grundlage jeglicher Unternehmensbewertung sein. **Nur wer den Businessplan, sofern ein solcher überhaupt bereits existiert, kennt, kann den seriösen Versuch einer Unternehmensbewertung wagen.** Der Businessplan sollte möglichst den in der Checkliste dargestellten Kriterien genügen:

Checkliste

- ✔ Ausweis der Plan-GuV, Spartenergebnisse, ggf. Deckungsbeiträge der Geschäftsbereiche, möglichst auch der Plan-Bilanzen der nächsten drei bis fünf Jahre.
- ✔ Nachvollziehbare Herleitung der Zukunftszahlen (im Kontext zur bisherigen Geschäftsentwicklung).
- ✔ Möglichst hoher Detailgrad der Businessplanung, insbesondere was die Ertragsseite angeht.
- ✔ Solides begleitendes Argumentarium unter besonderer Würdigung der Markt- und Wettbewerbssituation.
- ✔ Mitarbeiterplanung.
- ✔ Investitionsplanung.

Aufbauend auf dem Businessplan für die nächsten zwei bis fünf Jahre, einschließlich der voraussichtlichen Zahlen des laufenden Geschäftsjahres, kann sodann die Bewertungsfrage angegangen werden.

Der Emissionsberater wird dem Emittenten Unterstützung bei der (Fein-)Erstellung des Businessplans leisten und hieran anschließend eine voraussichtliche, aus Emittenten-, Banken- und Anlegersicht mutmaßlich akzeptable Unternehmenswertspanne eruieren.

Beauty Contest

Die zum Beauty Contest eingeladenen Banken/Wertpapierhandelshäuser werden ihrerseits i.d.R. bei einem zweiten Termin üblicherweise »erste Indikationen für eine mögliche Unternehmensbewertung« oder auch bereits detailliertere, fundierte Unternehmenswertberechnungen vorlegen.

3.3.2 Grundsätzliches zur Unternehmensbewertung von Börsenkandidaten

Folgen einer zu hohen Bewertung

Die Bewertung von Unternehmen (Emittenten) gehört zu den schwierigsten, gleichzeitig aber auch zu den wichtigsten Aufgaben der Vorbereitung und Gestaltung des IPO. Liegen Gesellschaft, Emissionsberater bzw. Banken/Wertpapierhandelshäuser bei der Bewertung falsch, kann sich dies im schlimmsten Fall zu einem »Desaster« für alle Beteiligten entwickeln, wenn der Börsengang möglicherweise »in letzter Stunde«, während der Bookbuilding-Phase, abgesagt bzw. auf unbestimmte Zeit verschoben oder vom Pricing her deutlich nach unten korrigiert werden muss. Die Folgen sind bzw. können sein: Imageverlust, hohe Doppelaufwendungen (z.B. aufgrund bereits getätigter IPO-Werbung), zunehmende Kapitalknappheit aufgrund nicht zufließender Börsenmittel, der hieraus möglicherweise resultierende Zwang zur Findung und Realisierung anderweitiger, u.U. für Gesellschaft oder/und Gesellschafter sehr teurer (Eigenmittel-) Finanzierungsalternativen.

Absolute Bewertungsverfahren

Relative Bewertungsverfahren

In der Praxis haben sich verschiedene, mehr oder weniger häufig angewendete bzw. allgemein anerkannte Bewertungsverfahren zur Unternehmenswertfindung entwickelt. Grundsätzlich zu unterscheiden sind hierbei »absolute Bewertungsverfahren«, bei denen das jeweilige Unternehmen ausschließlich anhand seiner eigenen (Plan)zahlen eingeschätzt wird, bzw. »relative Bewertungsverfahren«, die auch als »**Marktvergleichsbewertungsverfahren**«, »**Peergroup-Vergleich**«-Verfahren«, »**Multiplikatoren**«- bzw. »**Kennzahlen**«-Verfahren bekannt sind. Emissionsberater, Banken, Wertpapierhandelshäuser, Analysten und

Research-Unternehmen wenden bei der Bewertung gewöhnlicherweise parallel mehrere Verfahren an, um ein Spektrum unterschiedlicher Unternehmenswertspannen hieraus abzuleiten und damit letztendlich zu einer »Kern-Bewertungsspanne« zu gelangen. Der Vorteil bei der Bewertung von Emissionskandidaten liegt insbesondere darin, dass es fast immer gelingt, zumindest eine kleine Gruppe (annähernd) vergleichbarer börsennotierter Unternehmen zu finden, deren »objektivierter Wert« täglich an der Börse ermittelt.

Bewertungsspannen

Eine der volkswirtschaftlichen Schlüsselgrößen, die eine maßgebliche Bedeutung bei Mehrperioden-bezogenen Unternehmensbewertungen (DCF Discounted-Cashflow-Methode) spielt, ist das jeweilige, den finanzmathematisch notwendigen Abzinsungsprozessen zugrundegelegte Zinsniveau am Geldmarkt bzw. Kapitalmarkt.

3.3.3 Absolute/Stand-alone-Bewertungsmethoden
3.3.3.1 Discounted Cashflow

Das Konzept der diskontierten Cashflows (hinsichtlich einer Darstellung einzelner Untermodelle wie **Entity- und APT-Methode** vgl. insbesondere Drukarczyk, 2005) baut auf der Frage auf, wie hoch in Summe die dem Unternehmen zur freien Verfügung stehenden Cashflows in der Zukunft sein werden. Da ein Geldbetrag im nächsten Jahr weniger wert ist, als in diesem Jahr, und so fort, müssen die künftig jährlich erwarteten »Free Cashflows« auf heute abgezinst werden.

Discounted Cashflow

Free Cashflows

Grundlage der Berechnung der Free Cashflows je Jahr bildet zunächst das Ergebnis vor Zinsen und Steuern, das sog. **EBIT** (= Earnings Before Interest and Taxes). Von diesem werden fiktive Ertragsteuern abgezogen, um so zum Nettobetriebsgewinn (= operatives Nettoergebnis) (**NOPAT** = Net Operating Profit after Taxes; auch **NOPLAT** = Net Operating Profit Less Adjusted Taxes) zu gelangen. Unter Hinzurechnung der Abschreibungen und sonstiger nicht zahlungsrelevanter operativer Aufwendungen errechnet sich der **NOCFAT** (= Net Operating Cashflow After Taxes). Nach Abzug der Investitionen in Working Capital und Sachanlagen ergibt sich der abzuzinsende **Free Cashflow** in dem jeweiligen (Zukunfts-)Jahr. Üblicherweise werden z.B. im Falle der Bewertung eines Börsenkandidaten im Jahre X die Free Cashflows der Jahre X bis X+4 (konkrete Planperiode) auf einer jährlich genauer berechneten Basis zugrunde gelegt. Für den Zeitraum danach (ab Jahr X+5) gilt es, eine realistische Annahme über das durchschnittliche fortgesetzte Wachstum der Free Cashflows zu treffen, um die Periode ab X+5 finanzmathematisch (**Ewige-Renten-Formel**) als »Endwert« (»**Terminal Value**«) zu errechnen. Die Summe der abgezinsten Free Cashflows je Jahr von Jahr X bis X+4 sowie des auf das Jahr X+5 errechneten Terminal Value ergibt den **Barwert der Free Cashflows**. Vom Barwert des Free Cashflows ist sodann noch die **Nettofinanzverschuldung** abzuziehen, um zum **Unternehmenswert vor Zufluss der Mittel aus dem Börsengang zu gelangen**.

EBIT

NOPAT/NOPLAT

NOCFAT

Unternehmenswert vor Zufluss der Mittel aus dem Börsengang

Die Höhe des gewählten bzw. zu wählenden **Diskontierungssatzes** hat maßgeblichen Einfluss auf die Höhe des Free Cashflows. Moderne Discounted-Cashflow-Bewertungsverfahren wählen als Abzinsungssatz den gewichteten Kapitalkostensatz (**WACC = Weighted Average Cost of Capital**). Zur Ermittlung der unternehmensspezifischen WACC sind zunächst die **Eigenkapitalkosten** zu kalkulieren. Hierbei bildet der **Zinssatz für risikolose Anlagen** (die Durch-

Unternehmensspezifische Kapitalkosten

CAPM

schnittsrendite langfristiger Bundes-/Staatsanleihen) die Grundlage. Sodann ist die **Risikoprämie für risikobehaftete Anlagen** wie Aktien zu ermitteln. Schließlich ist noch zu berücksichtigen, dass die durchschnittliche Marktrisikoprämie nicht für alle Arten von Aktien gleichermaßen gilt, sondern nur für solche, die in ihren Wertschwankungen mehr oder weniger permanent exakt mit dem Gesamtmarkt schwanken. Solche Aktien weisen (theoretisch in Form des **CAPM Capital Asset Pricing Modell** u.a. von Markowitz in den USA entwickelt) ein so genanntes »**Beta**« von 1,0 auf. Dagegen gibt es auch Aktien, die sich bei Gesamtaktienmarkt-/Indexveränderungen über-, unterproportional oder auch konträr zur Marktentwicklung verhalten. So schwankt eine Aktie mit einem Beta von z.B. 1,2 stets um 20 % stärker als der Markt, eine solche mit einem Beta von z.B. 0,8 nur 80 % so ausgeprägt wie der Markt, während eine Aktie mit einem Beta von z.B. ./. 2,0 bei einem Markt-/Indexanstieg von z.B. 10 % selber das Doppelte, somit 20 %, an Wert verliert.

Beta-Faktor

Der **Risikoaufschlag (= erwartete Marktrendite abzgl. Zinssatz für risikolose Anlagen)** muss daher noch mit dem voraussichtlichen Beta der zu bewertenden Aktie multipliziert werden. Die Addition von risikolosem Zinssatz sowie dem mit dem unternehmensindividuellen Beta multiplizierten Marktrisikoaufschlag ergibt dann den unternehmensspezifischen Eigenkapitalkostensatz.

Die folgende Abbildung zeigt die über unterschiedliche Zeiträume – gemessen am DAX – erzielten Durchschnittsrenditen.

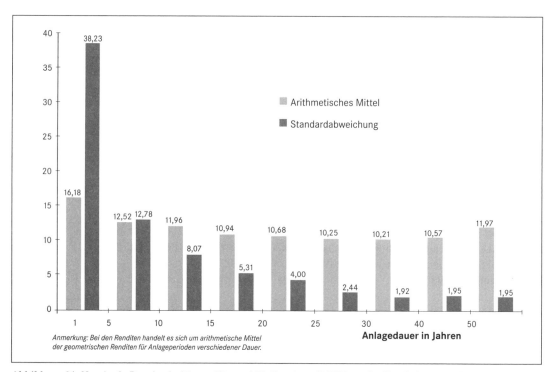

Abbildung 21: Nominale Durchschnittsrendite und Risiko eines DAX-Portefeuilles bei unterschiedlichen Anlagehorizonten; Quelle: DAI Factbook 2005

Das DAI Deutsche Aktieninstitut hat ermittelt, dass das Mittel der Aktienrenditen von 1954 bis 1996 rund 9 % betrug (DAI: Factbook 2005). Ob letztere Zahl als **erwartete Marktrendite** und damit zur Ableitung des **Risikoaufschlags** dienen kann, erscheint jedoch fraglich. Rappaport führt zum Thema Berechnung der **Risikoprämie** aus: »Die Prämie sollte auf künftigen Renditen basieren und nicht auf historischen Durchschnittsrenditen. Dieser Ansatz ist von zentraler Bedeutung, da infolge der erhöhten Volatilität der Zinssätze in den vergangenen zwei Jahrzehnten das Risiko von (amerikanischen; d. V.) Bundesanleihen relativ zugenommen hat, wodurch die Risikoprämie auf ein Maß von 3 bis 5 % abnahm. Diejenigen, die die Risikoprämie als langfristigen Mittelwert der Überrenditen von Aktien gegenüber Bundesanleihen betrachten, erhalten eine Zahl im Bereich zwischen 7 bis 9 %. Dieser historische Ansatz übersieht den Umstand, dass die Risikoprämien im Laufe der Zeit variieren und gegenwärtig zu einer gravierenden Unterschätzung führen kann« (Rappaport, 1999, S. 47). Um die erwartete Rendite zu schätzen, schlägt Rappaport dagegen vor, »die Prognosen von Analysten bezüglich Gewinnen und Auszahlungen miteinander zu kombinieren, um kurz- wie auch langfristige Dividendenprognosen zu erstellen. Der Diskontsatz, bei dem sich die prognostizierten Dividendenausschüttungen und der gegenwärtige Aktienpreis decken, entspricht der impliziten oder erwarteten Rendite« (ebenda). Entsprechende monatliche Zahlen für den US-Aktienmarkt publiziert Merrill Lynch (Merrill Lynch: Quantitative Profiles – Monthly Insights for Equity Management).

Vom Markt erwartete Rendite für risikobehaftete Assets

Empirische Ermittlung der erwarteten Marktrendite

Gleichwohl existiert derzeit bislang kein einheitlicher, allgemein als Standard akzeptierter Berechnungsmodus für die **erwartete Marktrendite**. Vielmehr finden die diverse, mit mehr oder weniger gewichtigen Gründen belegte Ansätze Verwendung (zum Thema Eigenkapitalkosten vgl. insbesondere auch Cornell, 1999).

In den meisten Researchstudien wird als **Zinssatz für risikofreie Anlagen**
- entweder ein selbst über längere Zeit kaum veränderlicher langfristiger Durchschnittszinssatz (i.d.R. für langlaufende – z.B. zehn bis 30-jährige – Staatsanleihen) zwischen rund 6-8 %
- oder das aktuell zum Zeitpunkt der Researcherstellung geltende langfristige Zinsniveau angesetzt.

Zinssatz für risikofreie Anlagen

Betrüge die ermittelte erwartete Marktrendite z.B. 10-12 %, würde sich bei Unterstellung eines langfristigen durchschnittlichen Langfristzinsniveaus von 6-8 % ein Risikoaufschlag von 2 bis 6 Prozentpunkten errechnen. Hintergrund für die Verwendung eines Zinssatzes »am langen Laufzeitende« ist die Bewertung des Unternehmens als theoretisch »ewig« existierende Wirtschaftseinheit.

Das folgende Rechenbeispiel verdeutlicht die Berechnung der kalkulatorischen Eigenkapitalkosten.

> **Beispiel:**
> *Bei einem anzunehmenden/empirisch zu ermittelnden »normalisierten Langfristzins« von 6 % p.a., einer anzunehmenden/empirisch zu ermittelnden Marktrisikoprämie von 4,5 % p.a. sowie einem angenommenen/erwarteten Beta von 1,5 würden sich folgende Eigenkapitalkosten (EK-Kosten) errechnen:*
>
> *EK-Kosten = 6 % + 4,5 % x 1,5 = 13 %.*

Fremd-
kapitalkosten

Im Vergleich zur Berechnung der Eigenkapitalkosten stellt sich die Ermittlung der durchschnittlichen Fremdkapitalkosten auf das Fremdkapital dagegen in Kenntnis der Höhe von z.B. Bankdarlehenszinsen vergleichsweise einfach dar. Allerdings muss berücksichtigt werden, dass der Fremdkapitalkostensatz auf (kalkulatorischer) Nachsteuerbasis zu berechnen ist, um der Entlastungswirkung durch den Teil des Fremdkapitals, der steuerlich abzugsfähig ist, gerecht zu werden.

Stehen somit sowohl die Höhe des Eigenkapitals – vor Zufluss der Börsengangmittel – als auch die Höhe des Fremdkapitals sowie die Eigenkapital- und Fremdkapitalkosten fest, können die gewichteten Kapitalkosten (WACC) errechnet werden. Beträgt das Eigenkapital vor Zufluss der Mittel aus dem Börsengang z.B. 5 Mio. € und der errechnete Eigenkapitalkostensatz (wie im obigen Beispiel) z.B. 13 %, das Fremdkapital z.B. ebenfalls 5 Mio. € und der durchschnittliche (Nachsteuer-)Fremdkapitalkostensatz 7 %, so errechnet sich ein gewichteter Kapitalkostensatz (WACC) von 10 % (13 % x 50 % + 7 % x 50 %).

DCF-Bewertung

Zur Verdeutlichung des Gesamtkonzepts folgt eine aus einer Researchstudie entnommene Fallstudie zur Anwendung der Discounted-Cashflow-Bewertung.

> **Beispiel/Fallstudie: Discounted-Cashflow-Bewertung eines Börsenkandidaten**
>
> *Die Researcher gehen hinsichtlich der WACC von einem risikolosen Zinssatz von 5,14 % (damalige Marktkonditionen; Stand erste Hälfte November 1999) und einer (Markt-) Risikoprämie von 4,5 % sowie einem unternehmensspezifisch erwarteten Beta von 1,35 aus. Hieraus errechnet sich ein Eigenkapitalkostensatz von 11,2 % (5,14 % + 4,5 % x 1,35). Die zusätzliche Berücksichtigung der Nettofinanzverbindlichkeiten mit deren spezifischen Kosten führt die Researcher zu einem »Kernszenario« für den Abzinsungssatz von 11,0 % – 11,5 %. Um Analytikern die Möglichkeit zu bieten, möglichst einfach ablesen zu können, in welchem Maße sich die Bewertung der Gesellschaft bei einer Änderung des Zinsniveaus verhält (Sensitivitätsanalyse), gilt der Ausweis alternativer Zinssatzszenarien als »state of the art«. Hinsichtlich der Jahre ab X+5 (2004) nehmen die Researcher ein fortwährendes Wachstum der Free Cashflows der Gesellschaft von 5 % an:*

DCF-Modell zur Bewertung eines Börsenkandidaten

- in 1.000 € -	Jahr X (Jahr des Börsengangs)	Jahr X+1	Jahr X+2	Jahr X+3	Jahr X+4	Jahr X+5
Umsatz	997	10.865	27.814	41.619	58.850	78.790
EBIT	./. 9.641	./. 15.473	./. 2.820	8367	17.231	26.552
Umsatzrendite	./. 967,0 %	./. 141,7 %	./. 10,2 %	20,1 %	29,3 %	33,7 %
./. Ertragsteuern	0	0	0	0	./. 1.083	./. 11.030
+ Abschreibungen	535	1.986	2.534	2901	3579	4.448
= NOCFAT	./. 9.106	./. 13.487	./. 286	11.268	19.727	19.970
+/./. Veränderung						
Working Capital	./. 102	./. 1.023	./. 1.432	./. 1.585	./. 1.841	./. 2.147
Investitionen	./. 8.918	./. 3.837	./. 2.418	./. 2.158	./. 1.892	./. 1.790
= Free Operating Cash nach Steuern	./. 18.126	./. 18.347	./. 4.136	7.525	15.994	16.033
x Diskontierungsfaktor (11,2 %)	0,95	0,89	0,84	0,79	0,75	0,70
= Abgezinste Free Cashflows	./. 17.220	./. 16.418	./. 3.486	5.975	11.965	11.296
Terminalwert bei langfristigem Free Cashflow-Wachstum von 5 % ((11.296/(11,2 % ./. 5 %))						181.464
= Wert des operativen Geschäfts (Summe aller abgezinsten Free Cashflows einschließlich Terminalwert)						173.576
./. Nettofinanzschulden						./. 6.084
+ Wert der Beteiligungen						0
= Unternehmenswert in Mio. €						167,5
Sensitivitätsanalyse: Abhängigkeit des Unternehmenswerts von verschiedenen Diskontierungsfaktoren:						
Diskontierungsfaktor	9,5 %	10 %	10,5 %	11,0 %	11,5 %	12,0 %
Unternehmenswert in Mio. €	265,0	229,1	200,0	175,8	155,4	137,9
Wert je Aktie (in €/Aktie)	37,86	32,74	28,57	25,11	22,19	19,70

Quelle: Eigene Berechnungen in Anlehnung an Oppenheim Finanzanalyse zur Tomorrow Internet AG, 1999

Die unteren Zeilen der Tabelle (»**Sensitivitätsanalyse**«) geben einen Eindruck des ganz erheblichen Einflusses des jeweils angesetzten Abzinsungs-/Diskontierungszinssatzes. In der Fallstudie schwankt die Bewertung des Gesamtunternehmens bei Abzinsungssätzen (WACC) von 9,5 % bis 12,0 % zwischen 265 und 138 Mio. €. Das heißt: Ein nur um 2,5 Prozentpunkte höherer Diskontierungszinssatz führt zu einer annähernden Halbierung des rechnerischen Unternehmenswerts.

Zins als entscheidender Werttreiber

3.3.3.2 Wertschöpfungs-/Shareholder-Value-/Economic-Value-Added-(EVA)-Analyse

ShareholderValue-Wertschöpfungsanalyse

Die **Wertschöpfungsanalyse, SVA (= Shareholder Value Analysis) oder EVA (Economic Value Added)** fußt auf der Annahme, dass ein Unternehmen, das exakt seine Opportunitätskosten (gewichtete Kapitalkosten, WACC = Weighted Average Cost of Capital) seines investierten Kapitals (Capital Employed) verdient, soviel wert sein sollte wie das eingesetzte schuldenfreie Vermögen (= Eigenkapital). Insofern und soweit der Verdienst (Return) auf das eingesetzte Vermögen (ROCE = Return on Capital Employed) die gewichteten Kapitalkosten (WACC) über- bzw. unterschreitet, ist hierauf ein Aufschlag bzw. Abschlag gerechtfertigt/angebracht.

Vorteile der Wertschöpfungsanalyse

Im Vergleich zu anderen Bewertungsmethoden, wie insbesondere den unten skizzierten relativen (Marktvergleichs-, Multiplikatoren- oder Kennzahl-)Methoden, weist die SVA insbesondere zwei Vorteile auf:
- Die SVA berücksichtigt im Gegensatz zu Einperiodenmodellen bzw. solchen, die sich lediglich auf einige wenige Zukunftsjahre stützen, die Totalperiode der Unternehmensplanung/voraussichtlichen Unternehmensentwicklung.
- Aus Über- (Hausse) oder Untertreibungsphasen (Baisse) resultierende Extrembewertungen börsennotierter Vergleichsunternehmen (Peer-Group) fließen im Gegensatz zu Marktvergleichs-/ Multiplikatoren-/Kennzahl-Bewertungen nicht in die SVA-Bewertung ein.

Adjusted Profit After Taxes

Zunächst sind bereinigte **adjustierte Nachsteuerergebnisse**, auch **APAT (Adjusted Profit After Taxes)** genannt, für einen konkreten Planungszeitraum zu ermitteln. Es handelt sich bei diesem Ergebnis um einen Gewinn vor Finanzierungszinsen – diese sind bereits in den Opportunitätskosten berücksichtigt – und nach Steuern. Der **konkrete Planungszeitraum** kann beispielsweise neben dem Jahr des Börsengangs die beiden nächsten bis hin zu den nächsten fünf Jahren umfassen. Hinsichtlich des sämtliche weitere Jahre betreffenden

Terminal Value

Endwerts (Terminal Value) sind Annahmen über das in dieser »Rest-Periode« zu erwartende Wachstum des »Capital Employed« (= eingesetztes Kapital) und den voraussichtlich erzielbaren ROCE zu treffen. In manchen Fällen rechnen Researcher für den Zeitraum im Anschluss an die konkrete Unternehmensplanung mit zwei »Rest-Perioden«, einer ersten über wenige Jahre mit einer meist höheren Wachstumsrate X, einer zweiten bis ins Unendliche reichenden mit der Wachstumsrate Y, die sich oft am langfristig erwarteten Wachstum der Branche oder des Bruttosozialprodukts orientiert. Je einzelnem konkretem Planjahr bzw. en bloc bezüglich des Endwerts sind dann die **gewichteten Kapitalkosten (WACC)** von den ermittelten Nachsteuerergebnissen abzuziehen. Ist die **Diffe-**

Wertschöpfung oder Wertvernichtung

renz (Wertschöpfung) positiv, schafft das Unternehmen einen Wert; ist sie negativ, wird Wert vernichtet. Die Addition der auf das Vorjahresende abgezinsten Wertschöpfungen der einzelnen konkreten Planungsjahre bzw. der Endwertperiode ist schließlich noch monats-/wochengenau auf den geplanten Investitionszeitpunkt (Zeitpunkt des Mittelzuflusses aus dem Börsengang, der im Vergleich

Fairer aktueller Marktwert

zum Bewertungszeitpunkt in der Zukunft liegt) aufzuzinsen. Als Ergebnis erhält man den **fairen aktuellen Marktwert des Eigen- und Fremdkapitals.**

Um zum fairen Wert des Eigenkapitals zu gelangen, sind noch die aktuellen (meist per letztem Bilanzstichtag) Nettoverbindlichkeiten zu subtrahieren.

Zur Illustration im Folgenden eine **beispielhafte Wertschöpfungs-/SVA-/EVA-Berechnung** zur Bewertung einer auf kundenspezifisch entwickelte optoelektronische Sensoren/Sensor-Chips spezialisierten Hi-Tech-Gesellschaft:

Beispiel:
Ermittlung der fairen Börsenkapitalisierung der Silicon Sensor International AG auf Basis der SVA (Shareholder Value Analysis), entnommen aus: LRP Landesbank Rheinland-Pfalz, Neuemissionsstudie Silicon Sensor, Juli 1999

Bewertung nach SVA Shareholder-Value-Analyse			
Economic-Value-Added-Bewertung		Free Cashflow-Bewertung	
Barwerte	Mio. €		Mio. €
1999e	0,9		(3,7)
2000e	0,3		0,8
2001e	0,4		0,0
Terminal/Continuing Value	15,6		25,3
= Summe künftiger Wertschöpfung	17,2		
+ Capital Employed (CE) (1998)	5,2		
= Fairer Wert (EK+FK)	22,4		22,4
Fairer aktueller Wert = Fairer Wert x Adjustierungsfaktor (1,049)	23,5		
./. Verbindlichkeiten (1998)	(2,2)		
= Fairer aktueller Wert des Eigenkapitals	21,3		
= Marktkapitalisierung	21,3		
./. Abschlag in %	0		
Fair Value je Aktie (€/Aktie)	12,50		
Modell-Parameter/Annahmen:		mittelfristig	langfristig
		in %	in %
ROCE		13,0	12,0
Wertschöpfungswachstum p.a.		10,0	5,0
Veränderung CE/adjustiertes Ergebnis		76,9	41,7
Dauer der mittelfristigen Periode (in Jahren)		5	
Gewichtet (Ziel-)Kapitalkostensatz nach Steuern			8,1
Quelle: LRP Landesbank Rheinland-Pfalz 1999			

Wie allgemein im Leben, so gehen speziell erkennbar auch an der Börse die Einschätzungen über unternehmensspezifische Entwicklungen wie volkswirtschaftliche Größen teilweise erheblich auseinander. Um diesem ebenso natürlichen wie fruchtbaren Faktum – denn ohne unterschiedliche Meinungen und Einschätzungen gäbe es keine Börsenumsätze – Rechnung zu tragen, weisen

Jeder ist sein eigener Bewerter: What-if-Analyse

Auswirkungen von Sensitivitätsanalysen

führende Researcher ergänzend zu ihren Bewertungen möglichst auch **Sensitivitätsanalysen** aus, um dem Leser, sei er nun Analytiker oder/und potentieller Aktionär, weitere Beurteilungsmöglichkeiten an die Hand zu geben.

Im Wesentlichen sind es drei Größen, die von verschiedenen Personen im Kontext einer SVA unterschiedlich eingeschätzt werden können:
- die zu erwartende Entwicklung des ROCE (Return On Cash Employed),
- die zu erwartende Entwicklung des Zinsniveaus,
- das für die Gesellschaft zu erwartende Beta (Marktkorrelationsfaktor).

Wie stark die Auswirkung z.T. selbst geringfügiger Änderungen dieser Größen auf die Höhe der Unternehmensbewertung sein können, zeigen beispielhaft die im Folgenden hinsichtlich der Bewertung der Silicon Sensor International AG von der LRP Landesbank Rheinland-Pfalz errechneten **Sensitivitäten**.

Starke Hebelwirkung einzelner Bewertungsparameter

> **Beispiel:**
> *Sensitivitätsanalysen hinsichtlich des Einflusses von ROCE, Zinsniveau und Beta-Faktor auf die Unternehmensbewertung am Beispiel der Silicon Sensor International AG, Berlin*

ROCE-Sensitivitätsanalyse (Fallstudie)

Marktprämie in Abhängigkeit vom mittelfristigen ROCE:

					LRP				
Mittelfristiger ROCE (%)	11	11,5	12	12,5	13	13,5	14	14,5	15
Marktprämie (%)	5	4	2	1	0	./. 1	./. 2	./. 3	./. 4

Marktprämie in Abhängigkeit vom mittelfristigen ROCE:

					LRP				
Mittelfristiger ROCE (%)	10	10,5	11	11,5	12	12,5	13	13,5	14
Marktprämie (%)	51	34	20	9	0	./. 8	./. 14	./. 20	./. 25

Quelle: LRP 1999

Zins-Sensitivitätsanalyse (Fallstudie)

Marktprämie in Abhängigkeit einer Zinsänderung:

					LRP				
Zinsänderung (%-Punkte)	./. 2	./. 1,5	./. 1	./. 0,5	0	0,5	1	1,5	2
Langfristiger Kapitalmarktzins (%)	2,6	3,1	3,6	4,1	4,6	5,1	5,6	6,1	6,4
Gewichtete Kapitalkosten (%)	6,2	6,7	7,2	7,6	8,1	8,6	9,0	9,5	10,0
Marktprämie (%)	./. 68	./. 54	./. 38	./. 20	0	23	49	79	114

Quelle: LRP 1999

Beta-Sensitivitätsanalyse (Fallstudie)								
Marktprämie in Abhängigkeit vom Beta:								
					LRP			
Beta	0,8	0,9	1	1,1	**1,2**	1,3	1,4	1,5
Gewichtete Kapitalkosten (%)	6,8	7,2	7,5	7,8	**8,1**	8,4	8,7	9,0
Marktprämie (%)	./. 50	./. 39	./. 27	./. 14	0	15	32	50
Quelle: LRP 1999								

Aus den Übersichten lässt sich Folgendes ablesen bzw. ableiten:

1. **ROCE-Sensitivität:** Da der Endwert (Terminal Value) im Falle des von der LRP unterstellten Szenarios rund 73 % des fairen Werts des Eigenkapitals ausmacht, hängt die Bewertung auch dieser Gesellschaft in besonderem Maße von den langfristig angenommenen ROCE (Returns On Cash Employed) ab. Würde man statt des langfristig unterstellten ROCE von 12 % nur einen solchen von 11 % annehmen, wäre die Gesellschaft (im Vergleich zur Einschätzung der LRP) 20 % »zu hoch« bewertet. Betrüge der langfristige ROCE dagegen stattdessen 13 %, wäre die Gesellschaft 14 % zu niedrig bewertet.

2. **Zinssensitivität:** Die im langfristigen Vergleich relativ niedrigen Zinsen (langfristiger Kapitalmarktzins zum Zeitpunkt der Erstellung der LRP-Studie von 4,6 %) begünstigen zum einen generell jegliche Aktienbewertung aufgrund des niedrigen Diskontierungssatzes. Neben diesem Effekt wirkt sich ein vergleichsweise niedriger Zins auch auf die auf das Capital Employed ermittelten kalkulatorischen Kapitalkosten aus. So würde die »Marktprämie« (d.h. der Bewertungsaufschlag im Vergleich zu dem zum Zeitpunkt der Erstellung der Researchstudie ermittelten Unternehmenswert) bei einem Anstieg des langfristigen Zinsniveaus um z.B. 1 %-Punkt immerhin 49 % betragen.

3. **Beta-Sensitivität:** Bei vielen Hitech-Werten werden von Researchseite ex ante (d.h. vor Aufnahme der Börsennotierung) häufig relativ hohe, teilweise deutlich über 1,0 (= Marktdurchschnitt) liegende Beta-Faktoren unterstellt. Für die Silicon Sensor International AG wurde von der LRP die Annahme eines Beta-Faktors von 1,2 unterstellt. D.h. es wurde angenommen, dass der Kurs der Silicon-Sensor-Aktie jeweils durchschnittlich 20 % stärker als der Markt reagiert. Bei der Annahme eines Beta-Faktors von demgegenüber nur 0,8 hingegen betrüge die »Marktprämie« ./.50 %, d.h. die Aktie wäre um 50 % unterbewertet. Tatsächlich wies die Aktie gemessen an der Kursentwicklung im Spätherbst 1999 (ca. drei bis vier Monate nach IPO) Beta-Werte zwischen rd. 0,5 und 0,7 aus. Allerdings kann jeweils erst nach etwa rund einem Jahr ein »aussagefähiges« Beta ermittelt werden. Per Anfang 2006 weist die nunmehr im Prime Standard notierte Aktie für ein und drei bzw. fünf Jahre Betas von 0,63 und 0,27 bzw. 0,36 aus (Quelle: www.comdirect.de). Dies zeigt rückblickend betrachtet, dass das Researchhaus zum damaligen Zeitpunkt (kurz vor damaligem IPO) eine sehr wertkonservative Beta-Schätzung vorgenommen hat.

3.3.4 Relative (Marktvergleichs-/Multiplikatoren-/Kennzahl-) Methoden

Auch wenn absolute Bewertungsmethoden wie die vorgenannte Discounted-Cashflow- sowie Wertschöpfungs-/SVA-/EVA-Methode die bereits erwähnten Vorteile gegenüber relativen Bewertungsmethoden aufweisen, werden i.d.R. ergänzend auch die Kennzahlen/Multiplikatoren vergleichbarer, bereits börsennotierter Unternehmen in die Bewertung eines Emissionskandidaten einbezogen.

3.3.4.1 Die Kunst der Peergroup-Bildung

Mit einem Emittenten »vergleichbare« Unternehmen zu identifizieren fällt nicht immer leicht, da jedes Unternehmen seine teilweise ausgeprägten Besonderheiten aufweist, manchmal auch gar kein direkt vergleichbares börsennotiertes Unternehmen (z.B. der gleichen Branche oder Marktnische) existiert. Daher gilt es, Kriterien zu definieren, die – wenigstens eine ungefähre – Vergleichbarkeit gewährleisten. Bei unserer Fallstudie Silicon Sensor International AG waren dies (vgl. LRP, 1999) z.B. die Kriterien, die sich aus dem vom Börsenkandidaten ausgesuchten Marktsegment bzw. der Geschäftsphilosophie und der Marktstellung ableiten ließen:

Vergleichbare Unternehmen
- Notiz der Vergleichsunternehmen am Neuen Markt,
- technologiegetriebene Geschäftstätigkeit,
- (möglichst) mittelständische Unternehmensgröße,
- starke Stellung in eng abgegrenzten Märkten bzw. Nischenmärkten,
- diversifiziertes Produktportfolio,
- ausgeprägte Kundenorientierung.

Erstellung von Kriterienkatalogen

Independent Research hat anlässlich der Erstellung der Researchstudie zum Silicon-Sensor-Börsengang ebenfalls eine Peergroup zusammengestellt, die u.a. das Kriterium »kundenspezifische Lösungen im Mikroelektronikumfeld« auszeichnet (vgl. Independent Research, 1999).

So wird von Researchseite für jedes zu bewertende, demnächst börsennotierte Unternehmen ein eigener Kriterienkatalog zu erarbeiten sein, anhand dessen bereits börsennotierte Unternehmen als Vergleichsgesellschaften ausgewählt werden.

3.3.4.2 Marktkapitalisierung und »Enterprise Value« im Verhältnis zu Gesamtleistung, Umsatz, EBITDA, EBIT, DVFA-Ergebnis

Aufgrund der diversen von bereits börsennotierten Unternehmen bekannten Vergleichszahlen lassen sich zur Bewertung eines Börsenkandidaten unterschiedlichste Kennziffern ausgesuchter Peergroup-Unternehmen heranziehen.

Kennzahl-Methoden

Bei Multiplikatoren- oder Kennzahl-Methoden spielen bei der Quotientenbildung die **Zähler**
- **Marktkapitalisierung** (= Börsenbewertung = Wert des Eigenkapitals) bzw. der
- **»Enterprise Value«** (= Marktkapitalisierung - Nettoverbindlichkeiten)

Enterprise Value

eine Rolle. Der »**Enterprise Value« (EV oder EPV)** errechnet sich als Unternehmensgesamtwert (= Marktkapitalisierung = Gesamt-Börsenbewertung) abzüglich der Nettoverschuldung.

Als **Nenner** bei der Quotientenbildung fungieren gewöhnlicherweise die Größen
- Gesamtleistung,
- Umsatz,
- EBITDA (Earnings Before Interest, Taxes and Depreciation = Ergebnis vor Zinsen, Steuern und Abschreibung),
- EBIT (Earnings Before Interest and Taxes = Ergebnis vor Zinsen und Steuern),
- EBT (Earnings Before Taxes = Ergebnis vor Steuern) bzw.
- das um Sonderfaktoren bereinigte (»adjustierte«) Nachsteuerergebnis (gem. DVFA/SG-Richtlinien).

Die aus dem Peergroup-Vergleich entsprechend gewonnenen Multiplikatoren/ Kennziffern können sodann auf die Planzahlen des Börsenkandidaten, gewöhnlicherweise für das Jahr des Börsengangs sowie das folgende, teilweise auch das übernächste Jahr nach Börsengang, angewendet werden, woraus sich unterschiedliche Bewertungsspannen ableiten.

Das folgende Beispiel zeigt die von der LRP für die Silicon Sensor International AG seinerzeit (vgl. LRP, 1999) anhand des Peergroup-Vergleichs ermittelten diversen Bewertungsspannen (in Mio. €). Jeweils für das Jahr nach dem bevorstehenden Börsengang sowie das darauf folgende Jahr, in dieser Fallstudie also die Jahre 2000 bzw. 2001, wurden anhand folgender aus dem Schaubild zu ersehender **Kennzahlen** Unternehmensbewertungsspannen ermittelt: **MK/GL** (Marktkapitalisierung zu Gesamtleistung), **KGV** (Kurs-Gewinn-Verhältnis), **EV/EBITDA** (Enterprise Value zum Ergebnis vor Zinsen, Abschreibungen und Steuern), **EV/EBIT** (Enterprise Value zum Ergebnis vor Zinsen und Steuern).

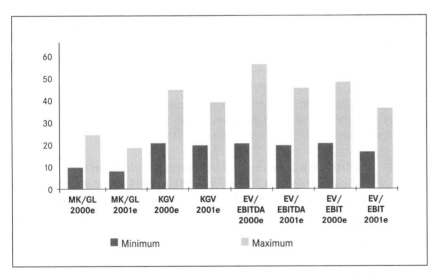

Abbildung 22: Bewertungsspannen aus Peergroup-Vergleich; Quelle: LRP 1999

Phase 3: Planung, Strukturierung und Vorbereitung des IPO

Internationale Vergleichsgröße EBITDA

Die in absteigender GuV-Reihenfolge ausgewiesenen Größen verfügen jede einzeln über eine spezifische Aussagekraft. So weist beispielsweise die Größe **EBITDA** den Vorteil auf, ein Ergebnis darzustellen, das unabhängig ist von

- Finanzierungskosten (und damit der Kapitalstruktur),
- Abschreibungen (und damit der Investitionsintensität) und
- Ertragsteuern (wodurch eine auch internationale Vergleichbarkeit ermöglicht wird).

3.3.4.3 KGV (Kurs-Gewinn-Verhältnis) – PE (Price Earnings) als häufigst genutzter Spezialfall

KGV/PE

Die international meistverbreiteste und zudem in einer einfach nachzuvollziehenden Zahl ausgedrückte Bewertung börsennotierter Gesellschaften ist das Kurs-Gewinn-Verhältnis (KGV bzw. PE = Price Earnings als Kehrwert der EPS Earnings per Share). Das KGV wird berechnet als Gesamtkurswert von Vergleichsunternehmen (»Peergroup«) geteilt durch den Jahresüberschuss, bzw. den um Sonderfaktoren bereinigten Jahresüberschuss in der Definition des DVFA-Ergebnisses (vgl. Busse von Colbe, u.a., 2000).

Üblicherweise spielen bei einer KGV-Bewertung das Jahr des Börsengangs sowie das darauffolgende, möglicherweise (teilgewichtet) auch noch das übernächste Jahr eine Rolle.

Findet der IPO gem. Planung in der **ersten** Jahreshälfte statt, bilden das Jahr des Börsengangs und das Folgejahr die KGV-Referenzjahre. Findet der IPO dagegen gem. Planung in der **zweiten** Jahreshälfte statt, sind die Referenzjahre die Jahre 1 und 2 nach Börsengang.

Für alle börsennotierten Unternehmen, die profitabel sind, lässt sich das KGV errechnen. Zum Teil kursieren **unterschiedliche KGVs für die gleiche Gesellschaft**, was daher herrührt, dass die Gewinnschätzungen diverser Analysten/Researcher entsprechend differieren.

Unangebrachte KGV-Bewertungen

Für **Verlustunternehmen**, die auch für die nächsten beiden Jahre noch Verluste planen, kommt daher eine KGV-Betrachtung nicht infrage.

Befindet sich ein Börsenkandidat im **Break-even-Bereich**, kann eine ungefilterte Anwendung des Vergleichs von KGVs bereits börsennotierter Unternehmen betriebswirtschaftlich-analytisch falsche Ergebnisse produzieren. So erlangt der KGV-Vergleich seine volle Aussagekraft erst dann, wenn das zu bewertende Unternehmen eine im Verhältnis zum Umsatz einigermaßen »stabile«, branchentypische Profitabilität erreicht hat. Börsenkandidaten ist aufgrund dessen zu raten, im Zweifelsfalle lieber auf den Planungsausweis eines »leicht positiven« Ergebnisses für das Jahr des Börsengangs bzw. das Folgejahr zu verzichten, um sich nicht einer ansonsten automatisch einsetzenden KGV-Bewertung mit sowohl analytisch falschem, als auch für den Emittenten wenig hilfreichem Ergebnis aussetzen zu müssen. »Weniger« kann in diesem Sinne »mehr« sein.

Bewertungsabschlag als Zeichnungsanreiz

Kommen Emissionsberater, platzierende Banken bzw. unabhängige Researcher/Analysten anlässlich eines Peergroup-Vergleichs z.B. auf ein durchschnittliches KGV von 20, kann der Emittent – abgesehen von dem Ergebnis anderer zu berücksichtigender Bewertungsmethoden – davon ausgehen, dass zwecks **Zeichnungsanreiz** i.d.R. ein **Bewertungsabschlag/Emissionsabschlag** in Höhe von 10, 20 oder auch mehr % – bezogen auf das ermittelte Peergroup-KGV von 20 – vorzunehmen sein wird.

Obgleich die Verwendung von KGV-/PE-Multiplikatoren auch im supranationalen Vergleich börsennotierter Unternehmen aus verschiedensten Ländern üblich ist, ist zu konstatieren, dass aufgrund der expliziten Berücksichtigung von Ertragssteuern (die bekanntlich von Land zu Land erhebliche Unterschiede aufweisen können) gewissermaßen »Äpfel mit Birnen verglichen« werden. Die Leistungsfähigkeit und Profitabilität eines Unternehmens sollte eher weltweit – unabhängig davon, wo es seinen steuerlichen Sitz hat – betriebswirtschaftlich gleich bewertet werden. Weil dies so ist, haben Bezugsgrößen wie **EBT** (Earnings Before Taxes) bzw. **EBIT** (Earnings Before Interest and Taxes) oder/und **EBITDA** (Earnings Before Interest, Taxes and Depreciation), respektive die hierauf aufbauenden Multiplikatoren, eine – im internationalen Vergleich betriebswirtschaftlich gesehen – höhere Aussagekraft.

EBT
EBIT
EBITDA

Internationale Vergleichbarkeit

3.3.4.4 Dynamische, gewinnwachstumsbezogene Bewertung (PEG Price Earnings Growth)

Aus dem Nachteil der Kennziffer KGV (PE), eine statische Ein-, bestenfalls Zwei- bis Drei–Periodengröße zu sein, resultiert, dass in Folgejahren besonders stark wachsende Plangewinne eines Börsenkandidaten keine Berücksichtigung finden. Um diesem Missstand abzuhelfen, wird daher vielfach eine weitere Kennziffer, das **Wachstum des Kurs-Gewinn-Verhältnisses (= PEG = Price Earnings Growth)** herangezogen, die als so genanntes **CAGR** (Compounded Annual Growth, durchschnittliches Wachstum) über z.B. drei, vier oder fünf Jahre ermittelt wird.

Die PEG-Kennziffer kann wiederum – wie bei der »einfachen« KGV-Betrachtung – nur bei Unternehmen angewendet werden, die bereits Gewinn machen, bzw. in den nächsten Jahren Gewinne planen.

Besondere Vorsicht ist bei der – unreflektierten – Verwendung des PEG dann geboten, wenn es sich um ein zu bewertendes Unternehmen handelt, das sich gerade erst der Break-even-Schwelle nähert bzw. diese erreicht hat: Ein mathematisch zwar korrektes, gleichwohl betriebswirtschaftlich-analytisch wenig aussagefähiges bzw. sinnvolles Ergebnis wäre die Folge, wie folgendes Beispiel zeigt.

Gewinn-wachstumsrate

CAGR

PEG

> **Beispiel:**
> *Eine Gesellschaft A weise im Jahr des Börsengangs ein bereinigtes (DVFA/SG) Nachsteuerergebnis von 20.000 €, in den Folgejahren 40.000 €, 80.000 €, bzw. 160.000 € aus. Die PEG (das PEG-CAGR) beträgt somit durchschnittlich 100 % pro Jahr. Eine zweite börsengangwillige Gesellschaft B zeige Plangewinne von 2, 4, 8 bzw. 16 Mio. € und somit ein gleich hohes PEG von 100 %. Während die Kennziffer PEG im Peergroup-Vergleich für die zuletzt genannte Gesellschaft B ein analytisch aussagefähiges Ergebnis liefert, sollte aus unmittelbar plakativ einsichtigen Gründen (Basiseffekt-bedingt optisch hohes PEG) von einem PEG-Peergroup-Vergleich für die erstgenannte Gesellschaft A abgesehen werden. Würden dies Analysten tun, müssten sie sich aller Voraussicht nach und zu Recht einen »Kunstfehler« vorwerfen lassen.*

Praktikerformel: KGV = PEG

Als »Faustregel« oder »Praktikerformel« unter zahlreichen »Börsianern« hat sich seit einiger Zeit die jedoch theoretisch (bislang) nicht fundierte – Einschätzung verbreitet, dass ein Emittent ein Bewertungs-KGV in der Höhe seines PEG rechtfertige. Wächst das KGV somit z.B. innerhalb eines Zeitraums von drei, vier oder fünf Jahren – beginnend mit dem Jahr des geplanten Börsengangs oder des Folgejahrs – mit durchschnittlich 100 %, sollte dies entsprechend eine Bewertung zum jetzigen Zeitpunkt – gemessen am Gewinn des laufenden/Börsengangjahres bzw. des Folgejahres – mit einem KGV von 100 rechtfertigen. Dennoch wird ein derart hohes KGV schon alleine aus optischen Gründen bei einer Erstplatzierung kaum durchsetzbar sein.

3.3.4.5 Wert zu Eigenkapital/Price to Equity oder Price to Book

Unternehmenswert zu Eigenkapital

In Ergänzung zu den vorgenannten Bewertungsverfahren findet teilweise auch der Wert-zu-Eigenkapital-Multiplikator Verwendung. Dahinter steht die Frage, mit dem wievielfachen ihres Eigenkapitals der Markt vergleichbare (Peergroup)-Unternehmen bewertet und ist Ausdruck des Gesamtertragswerts (gemessen an der Börsenkapitalisierung) im Verhältnis zur Nettovermögenssubstanz. Um eine Vergleichbarkeit des Neuemittenten zu bereits börsennotierten Unternehmen herzustellen, bedarf die Eigenkapitalberechnung des Emittenten der Einbeziehung der durch den Börsengang netto (nach Abzug der Börsengangkosten) als Zufluss beim Emittenten erwarteten Mittel.

3.3.4.6 Special: Bewertung von internet-bezogenen Unternehmen

Die Bewertung von Internet- bzw. Internet-bezogenen Unternehmen stellt insofern spezielle Anforderungen, da nicht wenige Unternehmen, oftmals auch noch längere Zeit nach Börsengang, nur geringe Umsätze sowie hohe Anlaufverluste, die sich über Jahre in die Zukunft erstrecken können, ausweisen. Klassische, auf die Bewertung von Gewinn ausweisenden Gesellschaften fokussierte Bewertungsverfahren (insbesondere KGV-Betrachtungen) versagen in derartigen Fällen.

Potentialbewertungen bei Internet-Unternehmen

Neben den weiter oben dargestellten Methoden **Discounted Cashflow** sowie **Enterprise Value zu Umsatz** findet bei Internet-Unternehmen i.d.R. insbesondere eine **Potentialbewertung auf Basis von »Unique Usern«, »Site-Visits« oder »PageImpressions«** statt. Hierzu werden die Marktkapitalisierungen (Gesamtbörsenbewertungen) vergleichbarer Unternehmen (»Peer-Group«) ins Verhältnis zu den drei genannten Potentialzahlen gesetzt. Unter Herausrechnung von oberen und unteren Extremen lassen sich auf diese Weise Multiplikatoren, d.h. in $ oder € ausgedrückte Durchschnittswerte je »Unique User«, »Site-Visit« bzw. »PageImpression«, errechnen. Wendet man diese aus dem Peergroup-Vergleich gewonnenen Multiplikatoren auf die Planzahlen von »Unique Users«, »Site-visits« bzw. »PageImpressions« des zu bewertenden Unternehmens an, ergeben sich rechnerische Unternehmenswerte für den Börsenkandidaten.

Site-Visits, Unique-User-Zahlen

Bei Domains, die sich im Wesentlichen durch Werbeeinnahmen finanzieren, eignen sich PageImpressions (oder »Page-Views«) relativ gut zur Bewertung, da sie über den Tausend-Kontakt-Preis (TKP) in direkter Verbindung mit den zu erzielenden Einnahmen in Verbindung stehen (vgl. hierzu und im Folgenden Oppenheim Finanzanalyse, 1999). Im Falle von E-Commerce-Unternehmen werden dagegen Site-Visits oder Unique-User-Zahlen als aussagekräftiger angesehen, da sie die Reichweite des Angebots am besten abbilden. Der Wert je Unique User betrug Anfang November 1999 bei einer Gruppe analysierter Internet-Unternehmen im Mittel 175 US-$.

Bewertung von Internet-Gesellschaften nach Unique Usern				
Unternehmen	Kurs in US-$	Marktkapitalisierung in Mio. US-$	Unique User	Marktkapitalisierung in US-$ pro User
Amazon.com	78,00	26.302	12.042	2.184
Cdnow	13,06	395	4.211	94
C/NET	52,44	3.823	8.338	458
FortuneCity.com	9,84	273	5.113	53
Lycos	58,81	5.132	27.619	186
Sportsline USA	37,75	859	4.655	184
Theglobe.com	11,13	295	3.083	96
Xoom.com	61,38	1.113	7.477	149
ZDNet	20,94	1.509	8.636	175
Median				**175**
Quelle: Oppenheim Finanzanalyse und Media Metrix, aus: Oppenheim Finanzanalyse 1999				

3.3.4.7 Weitere Bewertungsansätze

Die in den vorangegangenen Abschnitten behandelten Methoden zur Bewertung von Emittenten gibt das Spektrum klassisch angewendeter IPO-Bewertungsverfahren wieder.

Überholte Bewertungsmethoden

Im Vergleich hierzu ist die gelegentlich anzutreffende **Ertragswertmethode nach kaufmännischer Kapitalisierungsformel** in der Form des »Einperiodenmodells« vergleichsweise wenig aussagekräftig, insbesondere wenn es sich um besonders dynamisch wachsende Unternehmen handelt. Dies liegt daran, dass bei der Ertragswertmethode nach kaufmännischer Kapitalisierungsformel ein »**nachhaltig erzielbares Ergebnis**« des Unternehmens anzunehmen/zugrunde zu legen ist. Das »nachhaltig erzielbare Ergebnis« wird hierbei meist als Durchschnittsgröße aus den vergangenen etwa ein bis drei Jahren oder/und den zukünftig geplanten Ergebnissen der nächsten z.B. ein bis drei Jahre gebildet. Hohen mittelfristig geplanten Wachstumsraten wird eine solche Durchschnittsergebnisgröße kaum gerecht werden können, nicht zuletzt deswegen, weil die Höhe der Gewichtung der einzelnen in die Durchschnittsbildung einbezogenen Jahre der Willkür unterliegt: Auch eine gleiche Gewichtung der einzelnen Jahresergebnisse oder die Annahme des Planergebnisses z.B. des übernächsten Jahres als »nachhaltig erzielbares Ergebnis« bliebe »willkürlich« und theoretisch-analytisch nicht eindeutig überzeugend zu begründen. Das Ergebnis der Unternehmensbewertung wird entsprechend unbefriedigend und im Vergleich zu oben skizzierten modernen Methoden **in der Tendenz fast immer zu niedrig** liegen. Ein zweiter Grund für die analytische Angreifbarkeit der Ertragswertmethode nach kaufmännischer Kapitalisierungsformel liegt meist noch in der **Wahl des Abzinsungssatzes**. Grundlage bildet zwar regelmäßig der Kapitalmarktzins für risikolose Anlagen, wobei sich jedoch die Frage stellt, ob der Unternehmensbe-

Ertragswertmethode nach kaufmännischer Kapitalisierungsformel

werter z.B. **das aktuelle Niveau oder das langfristige Durchschnittsniveau** unterstellt. Zusätzlich stellt sich dem Bewertenden die Frage nach einem (dem?) **»angemessenen Risikoaufschlag«** (meist gemessen in % des Zinses für risikolose Anlagen). In der Praxis sind – u.a. je nach Anlass der Unternehmensbewertung – Risikoaufschläge zwischen etwa 25–100 % anzutreffen. Die Spannweite der aus der Ertragswertmethode ingesamt resultierenden Bewertungsspannen für das gleiche Unternehmen lässt sich unschwer erahnen.

Unsichere Bewertungen von Null-Umsatz- bzw. Verlustunternehmen

Ein **Sonderfall** stellt die »Bewertung« eines kleinen **Biotechnologieunternehmens** dar, das zzt. des Börsengangs (1998) noch keinen Umsatz generierte und erstmalig für das Planjahr 4 einen (ersten) Plangewinn auswies. Auf die Frage nach der angewandten Bewertungsmethode gab das platzierende Institut zur Kenntnis, dass wie folgt gerechnet worden war:

Zunächst war der Kapitalbedarf für Investitionen und Anlaufverluste für die nächsten Jahre errechnet worden. Des Weiteren wurde eine Ziel-Streubesitzquote (rund 25 %) definiert. Schließlich wurde die Streubesitzquote gleich dem Kapitalbedarf gesetzt, woraus sich **die Gesamtunternehmensbewertung als Resultante** (100 % ÷ Streubesitzquote x Kapitalbedarf) ergab. So »wundersam« dieser Ansatz auch anmuten mag: Die Emission wurde mit Erfolg platziert.

3.3.4.8 Notwendigkeit der Entwicklung zusätzlicher Unternehmensbewertungsmethoden

Fortentwicklungsbedarf

Das vorangegangene Beispiel, aber auch die Vielzahl anlässlich eines Börsengangs zu bewertender Unternehmen, die aus dem klassischen, noch bis etwa Mitte der Neunzigerjahre vertretenen Börsenkandidatenmuster herausfallen, zeigt die Notwendigkeit, überzeugende Bewertungsansätze neu/zusätzlich zu entwickeln und zu erproben.

Die Fortentwicklung bisheriger bzw. die **Entwicklung neuer Bewertungsmethoden** insbesondere für Unternehmen

- mit ausgeprägt starkem Wachstum,
- aus »neuen Märkten/Nischen«,
- mit Nullumsätzen bzw. langjährigen Planverlustphasen

dürfte daher eine sicherlich noch spannende Herausforderung für Theorie und Praxis bleiben.

3.3.4.9 Neuere Entwicklungen bei der Unternehmensbewertung

Die im Jahre 2005 vom IDW (Institut der deutschen Wirtschaftsprüfer) neu gefassten Standards zur Unternehmensbewertung (IDW ES 1 n.F. ersetzte IDW S1) beinhalten insbesondere zwei wesentliche Neuerungen:
1. Der Kalkulationszinsfuß wird statt als bislang auf der Rendite eines festverzinslichen Wertpapiers abgeleiteter Diskontierungssatz nunmehr direkt über eine Aktienrendite als risikoäquivalente Alternativanlage angesetzt.
2. Die Vollausschüttungshypothese wurde aufgrund der Würdigung der unterschiedlichen steuerlichen Behandlung von Dividenden und Kurszuwächsen (hälftiger Dividenden-Steuersatz gegenüber nach einem Jahr i.d.R. steuerfreien Kursgewinnen i.R. privater Veräußerungsgeschäfte für deutsche Steuer-

zahler) ersetzt durch eine unternehmensindividuelle Planung in einer konkreten Planperiode (Phase 1) sowie einer typisierten Ausschüttungsquote für die Bestimmung des Fortführungswerts in Phase 2. Da werterhöhende (Erweiterungs-)Investitionen/Thesaurierungen vorgabengemäß nur in der konkreten Plan-/Prognosephase 1 möglich sind, dürfte dies künftig zu einer merklichen Zunahme der Länge der Prognosephase 1 (Anzahl der Jahre detaillierter Business-Planzahlen) führen (vgl. DVFA Methoden-Kommission, 2005).

3.3.5 IPO-nahes End-Pricing – endgültige Festlegung der Bewertung(sspanne)/Preisfindung

Einen oder einige wenige Tage vor der Presse- und Analystenkonferenz stimmen platzierende Institute, Emittent und Emissionsberater die endgültige Platzierungspreisspanne ab. Diese wird sich insbesondere orientieren an:

Bewertungs-Finetuning kurz vor IPO

- der bei Lead-Mandaterteilung festgelegten Unternehmensbewertungsgrößenordnung (»Pre-Pricing«),
- der Anzahl an Aktien zum Zeitpunkt des Börsengangs (Unternehmenswert ÷ Aktienstückzahl = Preis je Aktie),
- zwischenzeitlichen Änderungen in der Unternehmensentwicklung bzw. Überarbeitungen des Businessplans,
- dem als angemessenen zu sehenden KGV-Basisjahr (insbesondere je nachdem, ob ein Börsengang »noch« im »alten« oder bereits im »neuen« Jahr stattfindet),
- ersten Preis-Feedbacks von institutioneller Seite,
- dem Renomee, der Größe und Platzierungskraft des Konsortiums,
- dem aktuellen Zinsniveau, respektive zwischenzeitlichen Zinsveränderungen,
- der aktuellen Aktienmarktverfassung.

3.3.6 Underpricing und Underperformance

Bei zahlreichen Neuemissionen insbesondere vor und um den Jahrtausendwechsel herum waren – z.T. sehr hohe – Zeichnungsgewinne (Differenz zwischen Ausgabe-/Platzierungs-/Emissionspreis und der Erstnotiz bzw. des Kassakurses oder auch des Schlusskurses am ersten Tag nach der Einführung der Aktie) zu beobachten. Allerdings gab es auch immer wieder Ausnahmen hiervon, wie z.B. der Zeitraum September/Oktober 1999, in dem nicht wenige Emissionen abgesagt bzw. verschoben wurden und zahlreiche Emissionen unter dem Emissionspreis notierten. Das Phänomen überwiegender Zeichnungsgewinne wird in der Literatur auf ein so genanntes **Underpricing**, d.h. die **absichtliche oder unabsichtliche**, z.B. fehlerhafte oder auf unerwartetes, »irrationales« Anlegerverhalten zurückzuführende **Festlegung einer zu niedrigen Bookbuildingspanne bzw. eines zu niedrigen schlussendlichen Emissionspreises** zurückgeführt.

Zu preiswerte Platzierung

Die folgende Tabelle zeigt die Performance (Kursentwicklung) von IPOs als Differenz zwischen Emissionspreis und erstem Kurs bzw. dem Kurs nach drei, sechs, neun und zwölf Monaten.

Performance von IPOs

Absolute Performance von IPOs der Jahre 1983 bis 1997

	Durchschnittliche Veränderung von Emission zu erstem Kurs	bis ein Monat danach	bis drei Monate danach	bis sechs Monate danach	bis neun Monate danach	bis zwölf Monate danach
1983	13,6 %	9,1 %	8,2 %	3,9 %	./. 0,4 %	./. 1,3 %
1984	15,8 %	0,4 %	1,5 %	9,2 %	15,1 %	26,6 %
1985	28,2 %	4,7 %	15,4 %	34,8 %	40,1 %	50,8 %
1986	18,6 %	7,8 %	5,5 %	9,7 %	7,5 %	./. 2,0 %
1987	7,2 %	./. 0,4 %	14,2 %	./. 11,1 %	./. 5,6 %	./. 3,1 %
1988	2,3 %	./. 2,7 %	0,3 %	5,2 %	16,6 %	28,1 %
1989	17,9 %	0,6 %	14,0 %	17,6 %	14,1 %	13,9 %
1990	15,0 %	5,5 %	8,1 %	5,6 %	./. 5,8 %	./. 6,7 %
1991	3,2 %	./. 1,7 %	./. 0,5 %	./. 3,6 %	./. 4,0 %	./. 6,6 %
1992	1,2 %	./. 2,5 %	./. 6,7 %	./. 12,9 %	./. 15,6 %	./. 14,0 %
1993	6,2 %	5,1 %	8,4 %	19,2 %	20,7 %	17,6 %
1994	5,1 %	1,1 %	7,4 %	12,8 %	17,4 %	18,0 %
1995	8,6 %	./. 0,5 %	3,8 %	17,3 %	15,0 %	17,0 %
1996	15,5 %	./. 0,5 %	1,6 %	19,0 %	31,3 %	27,7 %
1997	27,3 %	12,4 %	26,7 %	132,4 %	235,2 %	355,9 %

Quelle: Deutsche Morgan Grenfell: IphOria 1998

Während sich hieraus für die meisten Jahre – teilweise deutliche – Kurzzeit-Zeichnungsgewinne ablesen lassen, ist das Bild der Performance über die weiteren (bis zu zwölf Monate) weniger einheitlich. So zeigen sich in nicht wenigen Jahren mit kurzfristigen Zeichnungsgewinnen mittelfristige Zeichnungsverluste.

Underpricing findet daher im Verlauf der Zeit (im hier beobachteten Zeitraum bis zu einem Jahr) in diversen Jahren ein Pendant in einer Underperformance, d.h. einer im Marktvergleich unterproportionalen Kursentwicklung von Neuemissionen.

Überdurchschnittliche gefolgt von unterdurchschnittlicher Kursentwicklung

Eine ausführliche Darstellung verschiedener Studien zu Underpricing und Underperformance findet sich bei Blättchen/Jacquillat (1998, S. 188–212). Hiernach ist Underpricing für verschiedenste Länder und Zeiträume nachzuweisen, wobei gleichzeitig festgestellt wurde, dass die **Zeichnungsgewinne** (auch als »**Emissionsrenditen**« oder »**Überrenditen**« bezeichnet) im Zeitablauf abnehmen, d.h. aus kurzfristig positiven werden mittel- bis langfristig nachweisbare negative Emissionsrenditen.

Die Höhe der Zeichnungsgewinne (kurzfristige Emissionsrendite) hängt dabei weder von der Wahl des Börsensegments (mit Ausnahme des Freiverkehrs), der Aktiengattung (Stämme oder Vorzüge), der Branche, des Emissionshauses noch der Höhe des Freefloat ab (vgl. ebenda, S. 194).

Underpricing-Ursachen

Als mögliche Gründe für das empirisch nachzuweisende Underpricing haben diverse Studien u.a. unterstellt: **Informationsasymmetrien** zwischen Emittent, Emissionsbank und Anleger, **Risikoaversion der Banken** (Prospekthaftung, Kurspflege, Reputation), **mangelnder Wettbewerb unter den Banken** bzw. **das Agieren spekulativer Nachfrager**. Die empirisch schwierige anteilige Quantifizierung verschiedener möglicher Underpricing-Ursachen führt zu dem Schluss, dass bislang keine Studie eindeutig überzeugende Ergebnisse liefern konnte. Gleichwohl bleibt zu vermuten, dass nicht nur mono-, sondern auch multikausale Zusammenhänge zum Underpricing-Phänomen führen dürften. Entsprechend dürfte es kaum auszuschließen sein, dass es Neuemissionen gibt, die entweder aufgrund bewussten/absichtlichen Handelns, unabsichtlich, möglicherweise aber auch aus einer Kombination von bewussten wie unbewussten Gründen Underpricing unterliegen.

Interessant wäre in diesem Zusammenhang die Untersuchung der Frage, ob bzw. falls ja, inwieweit sich **Notierungen im vorbörslichen Handel** (s. z.B. auf dem Portal www.schnigge.de der DKM Wertpapierhandelsbank AG oder www.quotecenter.de der Lang & Schwarz Wertpapierhandel AG) auf das Anlegerverhalten qualitativ und quantitativ (Entscheidung für oder gegen eine Kauforder, Einflüsse auf Preiseinschätzung der Aktien durch die Anleger, Einfluss auf die späteren ersten Kurse) auswirken.

Vorbörslicher Handel

Ebenso wie kurzfristig positive Emissionsrenditen (Zeichnungsgewinne) lassen sich auch mittel- bis langfristig negative Emissionsrenditen (Underperformance im Vergleich zu Vergleichsportefeuilles bzw. -indizes) – an sämtlichen Kapitalmärkten mit Ausnahme Japans und Koreas – empirisch nachweisen (vgl. ebenda, S. 208 ff.). Hinsichtlich der mittel- bis **langfristigen Underperformance** wurde u.a. festgestellt, dass diese zwischen etwa fünf bis zehn Monaten einsetzt bzw. insbesondere in Jahren mit besonders zahlreichen IPOs auftritt sowie bei älteren Unternehmen, korrespondierend mit geringeren Zeichnungsgewinnen, niedriger ausfällt.

Als **häufigste Erklärungsansätze** werden genannt: die Verbindung bewussten Underpricings mit zu optimistischen Anlegererwartungen (spätere Kurskorrekturen als Folge anfänglicher »Übertreibungen«), mangelnde Informationseffizienz am Sekundärmarkt (erst späte(re) Erkennung von zum Emissionszeitpunkt bewusst zurückgehaltenen »schlechten« Informationen) sowie unzutreffende Risikomessung (falsche Performance-Messung aufgrund unterschiedlicher Risiken des IPO-Kandidaten und des Vergleichsindex bzw. der Vergleichsunternehmen).

Erklärungsansätze

Neuere Studien (u.a.) zum Thema Underpricing stammen von Hunger (2005), Lubig (2004; IPOs am Neuen Markt der Jahre 1997–2003), Tietze (2005; IPOs von 1997–2002) sowie Wunderlich (2004).

Welche **Konsequenzen** können nun Börsenkandidaten aus den empirischen Nachweisen einer kurzfristig positiven (Underpricing), mittel- bis langfristig jedoch negativen Emissionsrendite (Underperformance) und den verschiedenen Erklärungsansätzen bzw. – versuchen ziehen?

Die **Schaffung eines »Zeichnungsanreizes«** z.B. dadurch, dass die Emissionspreisspanne um ca. 10–25 % unterhalb der Kennziffer-/Multiplikatoren-Werte eines Peergroup-Vergleichs, angesetzt wird, dürfte grundsätzlich empfehlenswert sein, denn: eine »positive« Entwicklung des Börsenkurses eines erstmalig börsennotierten Unternehmens in den ersten Tagen und Wochen stellt eine Rückbestätigung für Emittent, Platzierungsbanken sowie bereits engagierte wie potentiell neue Anleger dar, dass es sich um eine »attraktive« (d.h. ansprechend gepreiste) Emission handelt, der – in Fortsetzung des bisherigen Trends – auch weiteres Kurspotential zugetraut wird. Für alle Beteiligten ist eine »lustlose«, »auf der Stelle tretende« Kursentwicklung bzw. erst recht ein längere Zeit unter dem Platzierungspreis rangierender Kurs wenig erfreulich.

Konsequenzen für Emittenten

Faustformel für Börsenkandidaten

Für Börsenkandidaten könnte als Faustformel dienen, dass ihre Emission – ex post betrachtet – dann **in aus Emittenten-Sicht (noch) vertretbarem Maße »underpriced« war, wenn sich der Zeichnungsgewinn des ersten Tages, m.E. besser, da repräsentativer: der Zeichnungsgewinn auf Basis eines Kursdurchschnitts der ersten zwei bis vier Wochen nach Erstnotiz in einer Spannbreite bis zu etwa 20–50 % ausmacht.** Bei hierüber liegenden Werten, die nicht wieder durch die Entwicklung der ersten rund zehn Monate nach Börsennotizaufnahme möglicherweise »nach unten korrigiert« würden, stünde dagegen zu vermuten, dass der IPO für das Unternehmen bzw. die Altaktionäre unter Opportunitätsgesichtspunkten möglicherweise doch (zu) »teuer« gewesen ist, weil ganz offensichtlich »Geld verschenkt« wurde. Um dem vorzubeugen, sollte sich der Börsenkandidat im Vorfeld und sehr intensiv mit Bewertungsfragen auseinandersetzen bzw. die Dienstleistungen eines erfahrenen unabhängigen Emissionsberatungshauses in Anspruch nehmen.

Tipp

> Bitten Sie die zum Beauty Contest eingeladenen Banken bzw. Wertpapierhandelshäuser um eine Darstellung ihrer Neuemissionsplatzierungen mit Emissionspreisspanne, Platzierungspreis, Eröffnungs-/Kassa- bzw. Schlusskursen des ersten Tages bzw. Kursdurchschnitten der ersten Wochen nach Börsennotiz. Aus einer solchen graphischen oder tabellarischen Gegenüberstellung können möglicherweise ausgeprägte Tendenzen zu (je typischer, desto mutmaßlich systematisch herbeigeführtem) und für die Emittentenseite kaum vertretbarem Underpricing erkannt werden.

3.4 Kosten des Börsengangs

Bei den Kosten des Börsengangs sind grundsätzlich einmalige und fortlaufend wiederkehrende Kosten zu unterscheiden.

3.4.1 Einmalige Kosten/Kosten des IPO

Die beiden Hauptkostenpositionen des Börsengangs stellen – von Ausnahmen abgesehen – das Honorar der Banken/Wertpapierhandelshäuser sowie das PR-/ Werbebudget dar. Der Gesamtkostenrahmen dürfte sich im Mittel bei rund 6–10 % des effektiven Emissionsvolumens (Anzahl platzierter Aktien x Platzierungspreis) bewegen.

3.4.1.1 Honorar der Bank/des Wertpapierhandelshauses bzw. des Konsortiums

Das Bankenhonorar bemisst sich üblicherweise als Prozentsatz bezogen auf das effektive Emissionsvolumen. Bei Groß-Emissionen wird von rund 4–5 % auszugehen sein. Mittlere Emissionen dürften rund 5–6 % kosten, während die geforderten und gezahlten Platzierungshonorare für kleinere Emissionen – teilweise merklich – darüber liegen können. Es soll Fälle gegeben haben, in denen Emittenten (nachzulesen in den endgültigen Verkaufsprospekten) Honorare von 10–15 %, teilweise sogar noch darüber gezahlt haben. Je attraktiver die Emission für verschiedene, renommierte Platzierungsinstitute ist, umso weniger werden die Honorarvorstellungen einzelner Institute auseinander klaffen. Nichtsdestotrotz kann es sich stets lohnen zu verhandeln. Neben einem schlichten emissionsvolumenbezogenen Prozentsatz sind der Phantasie bei der »incentive«-bezogenen Gestaltung der Honorarvereinbarungen grundsätzlich keine Grenzen gesetzt. Für den Emittenten dürfte es sich insbesondere lohnen mit der Lead-Bank auch anreizbezogene Vergütungskomponenten zu vereinbaren. Beispielhaft sei hier eine Sondervergütung i.H.v. 0,25 % des effektiven Emissionsvolumens genannt, die vom Emittenten z.B. drei bis zwölf Monate nach der Emission gezahlt wird, wenn er mit der Bank(en)leistung (auch nach Börsengang!) zufrieden war.

Das Bankenhonorar dient insbesondere zur Abdeckung folgender Dienstleistungen: Vorstrukturierung des Börsengangs, Research, (Pre-)Marketing, Platzierung, Prospektmithaftungsübernahme, üblicherweise das Market-Making (Designated Sponsoring) fortlaufend oder nur für eine begrenzte erste Zeit, respektive die Kurspflege, sowie die Nachbereitung des Börsengangs und die Beratung des Emittenten bzgl. Folgepflichten bzw. Kapitalmarktfragen.

Banken – Honorar und Gegenleistung

Teilweise nehmen Banken bzw. Wertpapierhandelshäuser auch eine Aufspaltung ihres Honorars in folgender beispielhafter Form vor:

Bankhonorarkomponenten	
Bankprovision	z.B. 4–6 % des effektiven Emissionsvolumens
Prospekthaftungsübernahme	(üblicherweise) 1 % des Nennkapitals (nicht des effektiven Emissionsvolumens!)
Bankenpauschale für Aufwand, i.R. der Due Diligence-Phase	z.B. 50.000–100.000 €

3.4.1.2 PR-/Werbebudget

Die Aufwendungen für PR- und Werbemaßnahmen sind – eine effizient geplante und durchgeführte Pre-IPO-Kampagne vorausgesetzt – meist gut investiertes Geld im Hinblick auf den angestrebten, möglichst auch nachhaltigen Placement-Erfolg. In der Praxis hat sich als »Faustformel« die Arbeitsannahme herausgebildet, durchschnittlich rund 1 % des geplanten Emissionsvolumens für PR und Werbung auszugeben. Dieser Prozentsatz wird bei kleineren Emissionen eher überschritten, bei sehr großen Emissionen eher unterschritten werden. Je endkonsumentennäher die Produkte bzw. Dienstleistungen des Emittenten sind, desto eher wird sich das Management im Zweifelsfall für ein (deutlich) größeres PR-/Werbebudget entscheiden, um nicht primär nur den geplanten Börsengang zu umwerben, sondern auch gerade die Nachfrage nach den Unternehmensprodukten/-dienstleistungen hierdurch zu forcieren. Unternehmen mit nur wenigen größeren Kunden können sich dagegen »mit gutem Gewissen« auf eine primär IPO-bezogene, »schlanke« Kampagne mit entsprechend geringeren Kosten konzentrieren.

Kosten der Werbung

PR-/Werbekosten fallen insbesondere an für: PR-Agentur, Werbeagentur, Printmedien-Werbung (Fach- und Börsen-Zeitschriften, Zeitungen), TV-Spot-Erstellung, TV-Werbung, ggf. Radiospot-Erstellung bzw. Radiowerbung, Werbung

Schmale oder breite Werbekampagne

vor bzw. in der Börse, (Banner-)Werbung im Internet, Kosten (Reisen, Bewirtung etc.) für die Roadshows im In- und Ausland, Druck von Unternehmensprospekten/-broschüren, Druck von Geschäftsberichten (falls erwünscht bzw. für notwendig erachtet), Erstellung von Presse- und Analysten-Mappen, Veranstaltungskosten für die Presse- und Analystenkonferenz sowie Aufwendungen für »Give-aways« anlässlich der Presse- und Analystenkonferenz bzw. des ersten Tages der Börsennotiz.

3.4.1.3 Beraterhonorare

Kosten für Berater

Bei Vorbereitung und Durchführung des IPOs fallen in den meisten Fällen Kosten insbesondere für folgende Berater(-gruppen) an:
- Rechtsanwälte,
- Wirtschaftsprüfer,
- Steuerberater,
- Emissionsberater,
- PR/Werbung,
- TV-Coaching/Medientrainings.

Gründe für unterschiedlich hohe Kosten

Die Aufwendungen für Rechtsanwälte, Wirtschaftsprüfer (in beratender, nicht prüfender Funktion) und Steuerberater können (unabhängig von Stunden-/Tagessätzen) von Börsengang zu Börsengang merklich differieren, je nachdem
- wie komplex die Emittenten-Struktur (Einzel-AG oder größere Gruppe/Konzern) beschaffen ist,
- in welchem Maße IPO-vorbereitende gesellschaftsrechtliche und steuerliche Prüfungen bzw. Anpassungen auf Gesellschaftsebene vorzunehmen sind (Beispiele: Rechtsformwechsel, Fusionen/Eingehen von Beteiligungen, konzerninterne Umstrukturierungen; Kapitalmaßnahmen, eventuelle Sacheinlagen, Auflegung eines Aktienoptionsplans u.Ä.),
- in welchem Maße IPO-vorbereitende gesellschaftsrechtliche und steuerliche Prüfungen bzw. Anpassungen auf Gesellschafterebene vorzunehmen sind,
- wie umfassend und qualitativ hochwertig die Vorstrukturierung des Börsengangs durch die Emissionsberatungsgesellschaft vorgenommen wurde.

Ein am Emissionsvolumen bzw. dem Unternehmenswert gemessen größerer Börsengang wird nicht notwendigerweise absolut höhere Aufwendungen für Rechtsanwälte, Wirtschaftsprüfer oder Steuerberater verursachen als ein relativ kleines Going Public. In nicht wenigen Fällen wird das Verhältnis sogar eher umgekehrt sein, da die Beratenden bei kleineren Gesellschaften auf insgesamt weniger ausgeprägte professionelle Strukturen treffen.

Anwalt, Wirtschaftsprüfer, Steuerberater

Entsprechend kann sich das Spektrum möglicher Beratungsaufwendungen für Rechtsanwälte, Wirtschaftsprüfer und Steuerberater beginnend bei rund 25.000 € auf bis zu mehrere 100.000 € belaufen. Dem Emittenten kann daher nur geraten werden, die bis zum tatsächlichen IPO notwendigerweise anfallenden Kosten-Verpflichtungen in Konsultation und Abstimmung mit seinem Emissionsberater erst auf Basis einer Dringlichkeitsanalyse und Rangfolgendefinition sukzessive einzugehen. Das Gros entsprechend aufwandverursachender Auftragserteilungen sollte nach Möglichkeit erst bei relativ hoher Wahrscheinlichkeit der technischen Umsetzung des IPO, z.B. nach Kontaktierung der Lead-Bank, getätigt werden.

Die Aufwendungen für eine professionelle Emissionsberatung dürften sich, abhängig   **Emissionsberatung**
- vom vereinbarten Leistungsspektrum,
- von der Quantität und Qualität möglicherweise bereits geleisteter Vorarbeiten (z.B. Detailgrad der GuV-, Investitions-, Bilanz- und Finanzplanung),
- von der vereinbarten Honorierungsstruktur (z.B. Tagessatzbasis, Emissionsvolumenbasis, Pauschalierung, Grad der Erfolgsbezogenheit hinsichtlich Höhe oder/und Zahlungszeitpunkten),
- von einer eventuellen (kritisch zu hinterfragenden) »Mischkalkulation« des Beraters in Kombination aus Emissionsberatung und hiermit möglicherweise im Interessenkonflikt stehender sonstiger Engagements,
- von der Größe der zu erwartenden Emission sowie
- dem Standing des Emittenten

im Mittel zwischen rund 1-3 % des effektiven Emissionsvolumens bewegen. Koch/Wegmann kalkulieren den Aufwand für einen Emissionsberater zwischen 0,25 und 0,75 Mio. € (vgl. Koch/Wegmann, 1998, S. 163), wobei sie darauf hinweisen, dass ein Unter- und Überschreiten dieser Bandbreite denkbar sei.

Die Aufwendungen für die **Einschaltung einer PR- sowie einer Werbeagentur** wurden bereits im Abschnitt zu PR-/Werbeaufwendungen implizit berücksichtigt.   **PR-/Werbeagentur**

Weitere Beratungskosten fallen schließlich im Falle der möglichen - meist aufgrund der vergleichsweise großen Medienunerfahrenheit der Betroffenen empfehlenswerten - Inanspruchnahme eines **TV-/Medientrainings** für die Vorstände des Emittenten an. Der hiermit verbundene zeitliche (i.d.R. ein halber bis ein Tag) wie pekuniäre Aufwand (rd. 1.500 bis 3.000 €) dürfte fast stets die »Mühen« lohnen.   **TV-Trainings**

3.4.1.4 Sonstige Kosten

Weitere mit dem Going Public verbundene Einmalkosten entstehen im Regelfall für:
- Notar (Beurkundungen u.a. von Hauptversammlungen, Anmeldungen zum Handelsregister),   **Notar, Druck, Versand, Zulassung, Hotline**
- Druckkosten sowie Versandkosten für Wertpapierverkaufsprospekt,
- Veröffentlichungskosten (Handelsregister, Bundesanzeiger, Börsenpflichtblätter/»tombstones« = mit dem öffentlichen Aktienangebot und dessen Platzierung in Zusammenhang stehende Ankündigungen bzw. Bekanntmachungen),
- Börsenzulassungsgebühr,
- Telefon-Hotline/Call-Center,
- eventueller Druck von Aktienurkunden.

Die Höhe der Aufwendungen für den **Notar** wird üblicherweise - in Abhängigkeit von der Anzahl und dem Gegenstandswert der beurkundeten Tatbestände - zwischen rund 10.000 und 30.000 € liegen. In Einzelfällen können die diesbezüglichen Aufwendungen noch deutlich darüber liegen.

Die **Druckkosten bzw. Versandkosten für den Wertpapierverkaufsprospekt bzw. ein Exposé** dürften sich - im Wesentlichen in Abhängigkeit von Ausführlichkeit, Layout-Qualität und Auflage – zwischen rund 10.000 und 30.000 € bewegen.

Tombstones

Die mit dem Börsengang verbundene, gesetzlich vorgeschriebene »**Zwangspublizität**« hinsichtlich Veröffentlichungen im Bundesanzeiger bzw. mindestens einem überregionalen »**Börsenpflichtblatt**« (Börsenzeitung, FAZ, Financial Times Deutschland, Frankfurter Rundschau, Handelsblatt, Süddeutsche Zeitung, Die Welt) für die so genannten »**tombstones**« (Erster und Zweiter Nachtrag zum unvollständigen Verkaufsprospekt) wird in Abhängigkeit von der Anzahl der Börsenpflichtblätter, in denen »Tombstones« veröffentlicht werden sowie der gewählten Größe, Aufmachung und Publikationsrubrik – **Veröffentlichungskosten** i.H.v. rund 10.000 bis 50.000 € verursachen.

Die Börsengebühren für Börsenzulassung bzw. Einbeziehung in den Handel betragen z.B. an der FWB (Frankfurter Wertpapierbörse) im Amtlichen Markt 5.500 € (General Standard und Prime Standard), im Geregelten Markt ebenfalls 5.500 € (General Standard und Prime Standard) und im Freiverkehr/Open Market 750 € (im Entry Standard mit Prospekt 750 €, mit Exposé 1.500 €).

Die **BAFin** (s. Wertpapierprospektgebührenverordnung (WpPGebV) vom 29.06.2005) verlangt für die **Prospektprüfung und -hinterlegung** 4.000 €.

BAFin Prospektprüfung und -hinterlegung

Die empfehlenswerte Einschaltung einer professionellen und durch den Emittenten bzw. die platzierenden Banken gut geschulte/informierte **Telefon-Hotline (»Call-Center«)** dürfte in Abhängigkeit von den vereinbarten Service-Leistungen bzw. der tatsächlichen Inanspruchnahme (Zahl beantworteter Anrufe, Weiterleitung von Fragen etc.) Kosten i.H.v. rund 3.000 bis 10.000 € verursachen.

Aktienurkunden

Der Druck von Aktienurkunden kommt aus Kostengründen nur noch in seltenen Ausnahmefällen (Aktien mit »Sammler-Charakter« wie z.B. potentiell bei Fußballvereinen) in Betracht. Als zeitgemäß gilt heute die Verbriefung sämtlicher Aktien in Form nur noch einer bzw. einiger weniger »Globalurkunden«, die meist vom Unternehmen bzw. der Lead-Bank selbst erstellt/gedruckt und vom Vorstand bzw. Aufsichtsratsvorsitzenden durch Unterschrift »legalisiert« werden. Sollen dennoch physische Aktienurkunden entworfen, gedruckt und versandt werden, kann in Abhängigkeit der – freiwillig gestellten – Layout- und Druckanforderungen sowie der Anzahl gedruckter und versandter Stücke mit Kosten i.H.v. rund 20.000 bis 50.000 € gerechnet werden.

Die folgende Tabelle fasst noch einmal die **beispielhafte Kostenkalkulation eines Börsengangs** zusammen. Hinsichtlich der einzelnen Kostenpositionen wurden sowohl die erfahrungsgemäß ungefähr zu kalkulierenden unteren wie auch oberen Werte angesetzt.

Kostenkalkulation Börseneinführung				
Annahmen:				
Platzierung der Aktien im Amtlichen Markt				
Anzahl zu platzierender Aktien (Mio.):		1,0		
Platzierungspreis je Aktie in €:		25		
Effektives Emissionsvolumen in T€		25.000		
	unterer Cirka-Betrag in T€	in % des effektiven Emissionsvolumens	Oberer Cirka-Betrag in T€	in % des effektiven Emissionsvolumens
Bankenprovision	1.000	4,00	1500	6,00
Werbung/PR	200	0,80	350	1,40
Emissionsberatung	200	0,80	300	1,20
Rechtsanwälte	70	0,28	120	0,48
Steuerberater, Wirtschaftsprüfer	50	0,20	100	0,40
TV-/Medientraining	0	0	3	0,01
Notar und Registergericht	10	0,04	30	0,12
Prospekt (Layout, Druck, Versand, Übersetzung)	30	0,12	80	0,32
Veröffentlichungen	10	0,04	15	0,06
Börsenzulassung	5	0,02	5	0,02
BAFin	4	0,02	4	0,02
Telefon-Hotline	3	0,01	10	0,04
Sonstiges	20	0,08	20	0,08
Unvorhergesehenes	20	0,08	20	0,08
Summe	1.622	6,49	2557	10,23

3.4.2 Wiederkehrende Kosten

Nach Börsengang fallen die für eine kapitalmarktfähige Rechtsform typischen Kosten für die Pflicht-Prüfung durch Wirtschaftsprüfer (sofern nicht ohnehin eine größenabhängige Prüfungspflicht bestand), den Aufsichtsrat sowie die Abhaltung von Hauptversammlungen und deren Beurkundung an. Darüber hinaus sind ab Börseneinführung die laufenden Zusatzkosten zu berücksichtigen, die sich aufgrund der Listung an der Börse entsprechend der Gesetze, Regularien der Börsen/Handelssegmente bzw. anderweitiger Anforderungen der Kapitalmarktteilnehmer ergeben.

3.4.2.1 Prüfungskosten

Die Kosten der fortlaufenden (mindestens jährlichen) Prüfung und Testierung können, beginnend bei nur einer Gesellschaft mit rund 10.000 € bis zu – im Falle mehrstufiger Konzerne – mehreren 100.000 € betragen.

Kosten der Besetzung des Aufsichtsrates

3.4.2.2 Aufsichtsrat

Als Aufwendungen für den Aufsichtsrat (AR) fallen an:
- mögliche Suchkosten für die Besetzung einer oder mehrerer AR-Sitze bzw. Suchkosten im Zusammenhang mit Veränderungen in der Besetzung des AR,
- die Aufsichtsratsvergütung,
- der Ersatz von Sachkosten,
- (anteilige) Kosten einer Directors & Officers (D&O)-Versicherung.

Die Gesamtaufwendungen für die Gesellschaften hängen entsprechend ab von:
- der eventuellen Notwendigkeit, mit oder ohne Einschaltung Dritter (Personalberater) erstmalig bzw. (revolvierend oder aus aktuellem Anlass) neue Aufsichtsratsmitglieder zu suchen,
- der Anzahl der Aufsichtsratsmitglieder (mindestens drei bzw. ein gerades Vielfaches hiervon),
- der Höhe des Honorars für die Mitglieder des Aufsichtsrats,
- der Anzahl pro Jahr durchgeführter AR-Sitzungen,
- der mit Sachaufwendungen verbundenen Intensität der AR-Arbeit außerhalb der AR-Sitzungen,
- der Höhe und Qualität des gewünschten D&O-Versicherungsschutzes, der sich üblicherweise auf Vorstand, Leitende Mitarbeiter sowie die Mitglieder des Aufsichtsrates erstreckt.

Insgesamt sind also für die Höhe der Aufwendungen im Zusammenhang mit dem Aufsichtsrat und seiner Arbeit folgende Kostenfaktoren relevant:

Kosten der Besetzung
- **Suchkosten für die Besetzung des Aufsichtsrats:** In den meisten Fällen besteht der Aufsichtsrat bereits seit einiger Zeit vor Börsengang (ohnehin spätestens ab AG/KGaA-Rechtsform) bzw. ist – ohne nennenswerten Suchaufwand – durch die Hauptaktionäre, respektive den Vorstand gefunden, ausgesucht und mit Hauptversammlungsbeschluss bestellt worden. In manchen Fällen nehmen Unternehmen/Gesellschafter die Suche nach erstmaligen bzw. neuen AR-Mitgliedern auch mit Unterstützung von darauf spezialisierten Personalberatern auf, was mit entsprechenden Kosten – in meist unterer bis mittlerer fünfstelliger Euro-Größenordnung pro Kopf – verbunden ist.

Anzahl der Aufsichtsratsmitglieder
- **Anzahl der Aufsichtsratsmitglieder:** Die Mindestzahl an Aufsichtsmitgliedern beträgt gem. AktG drei. Der Aufsichtsrat kann auch mit einem geraden Vielfachen von drei Mitgliedern besetzt sein. Wenn nicht gewichtige Gründe dagegen sprechen, sollte das Unternehmen versuchen, einen möglichst »schlanken« und entsprechend flexibel-handlungsfähigen AR zu bestellen. Der Regelfall für Börsenkandidaten wird daher ein Dreier-AR sein.

Bezahlung des Aufsichtsrats
- **Höhe des Aufsichtsratshonorars:** Die meisten Neuemittenten bezahlen ihre AR-Mitglieder mit – im Vergleich zu etablierten, größeren börsennotierten Gesellschaften relativ niedrigen – Beträgen i.H.v. etwa 2.000 bis 5.000 € p.a. je einfachem Mitglied. Der AR-Vorsitzende erhält üblicherweise das Doppelte, der stellvertretende Vorsitzende üblicherweise das Anderthalbfache dieses Betrages. Für einen mit drei Mitgliedern besetzten AR hat die Gesellschaft somit etwa 9.000 bis 22.500 € aufzuwenden. Allerdings ist im Zuge der ge-

stiegenen und weiter wachsenden Aufgaben der Aufsichtsräte und der nicht unerheblichen, national wie international steigenden Haftungsrisiken ein Trend zu teilweise merklich höheren AR-Honoraren feststellbar. Der DCGK (Deutscher Corporate Governance Kodex) empfiehlt eine Entlohnung des Aufsichtsrates in Form einer fixen und einer am langfristigen Unternehmenserfolg orientierten variablen Vergütung, so dass sowohl der Überwachungsfunktion als auch der Beratungsfunktion des Aufsichtsrates Rechnung getragen wird.

- **Anzahl pro Jahr durchgeführter AR-Sitzungen:** Die ordentlichen Sitzungen des Aufsichtsrats bedingen das physische Zusammentreffen der Mitglieder, was mit entsprechenden, insbesondere Reise-Sachaufwendungen verbunden ist. Dabei ist zu berücksichtigen, dass das AktG für börsennotierte Unternehmen pro Jahr mindestens vier AR-Sitzungen vorschreibt. Müssen alle AR-Mitglieder zur AR-Sitzung weit anreisen, können so leicht p.a. Reiseaufwendungen von über 5.000 € zusammenkommen.

  Aufsichtsratssitzungen

- **Sachaufwendungen** durch die kontinuierliche AR-Arbeit (außerhalb der Sitzungen): Je nach Erfordernis und Intensität der AR-Tätigkeit außerhalb der ordentlichen Sitzungen ergeben sich u.a. Reise- und Kommunikationsaufwendungen, die sich auf mehrere 1.000 € p.a. belaufen können.

  Reisekosten

- Kosten einer **D&O-Versicherung:** Der Abschluss einer Directors & Officers-Vermögensschadenhaftpflichtversicherung, die allerdings neben den AR-Mitgliedern i.d.R. auch die Vorstandsmitglieder sowie leitende Mitarbeiter vor fahrlässigen Pflichtverletzungen und damit verbundenen Vermögensschäden absichert, gilt mittlerweile nicht nur bei börsennotierten Unternehmen als Standard. Nach zahlreichen Haftungsfällen, bei denen Versicherer (zumindest zunächst) die Eintrittspflicht ablehnten bzw. den ggf. durch alle Instanzen gehenden langwierigen und teuren Rechtsweg beschritten, empfiehlt sich parallel noch der Abschluss einer Rechtsschutzversicherung, die auch diesen Fall abdeckt. Für ein derartiges Versicherungspaket sind jährliche Kosten ab rund 10.000 € einzukalkulieren. Bei der Vertragsgestaltung und hinsichtlich der Versicherungsauswahl empfiehlt sich die Zuziehung besonders versierter Versicherungsrechts-/D&O-Experten bzw. D&O Insurance Brokers (www.hendricks-und-partner.de, Düsseldorf). Letztere können insbesondere auch beurteilen, welche Versicherer bislang gezahlt haben und welche nicht.

- Hinsichtlich der **Gesamtaufwendungen für den Aufsichtsrat** wird der Emittent somit zusammenfassend mit mindestens 15.000 bis 25.000 € p.a. rechnen müssen. Bei einer Besetzung mit mehr als drei AR-Mitgliedern sowie höheren als gerade noch rechtfertigbaren AR-Honoraren können die Aufwendungen für den AR auch ein Vielfaches der vorgenannten Mindestaufwendungs-Spanne ausmachen.

3.4.2.3 Notar

Der Vorteil der »kleinen AG«, Hauptversammlungen – abgesehen von registerrichterlich relevanten Beschlüssen – auch ohne notarielle Beurkundung abhalten zu können, besteht bei der börsennotierten AG/KGaA nicht, da diese stets größenunabhängig als »große AG« gilt. Für die notarielle Beurkundung von Hauptversammlungen muss mit etwa 5.000–20.000 €, möglicherweise auch mit noch deutlich höheren Beträgen gerechnet werden.

Notarielle Beurkundung von Hauptversammlungen

3.4.2.4 Vorstand und Mitarbeiter

Personalmehraufwand durch IPO

Die Vorbereitung des IPO bzw. das professionelle Management eines börsennotierten Unternehmens erfordert einen entsprechend besetzten Vorstand, besonders ausgefeilte Strukturen in Rechnungs-/Finanzwesen, Controlling und Reporting/Berichtswesen sowie die Wahrnehmung der Investor-Relations-Arbeit. Entsprechend kommen auf das Emittenten-Unternehmen personelle Zusatzbelastungen zu, die – je nach Ausgangssituation zu Beginn der IPO-Planung – insbesondere bestehen können in:

- der Berufung eines zweiten bzw. dritten Vorstandsmitglieds (besonders wichtig: Finanzvorstand),
- der Aufstockung des Mitarbeiterstamms im Bereich Rechnungs-/Finanzwesen, Controlling bzw. Reporting/Berichtswesen – insbesondere zur Sicherstellung einer zeitnahen Rechnungslegung und Zwischenberichtserstattung, teilweise auch aufgrund einer zukünftig hausinternen versus bisheriger externer Buchhaltung – bzw.
- der Einrichtung und personellen Besetzung einer Investor-Relations-Stelle bzw. eines Investor-Relations-Verantwortlichen.

Der **Going-Public-induzierte Personalmehraufwand** kann somit leicht Größenordnungen von rund 100.000 bis 200.000 € p.a. erreichen bzw. übersteigen.

3.4.2.5 Jahres- und unterjährige Publizität

Geschäfts- und Zwischenberichte, Ad-hoc-Mitteilungen, Internet

Nicht gesetzlich vorgeschriebene, aber durch die Börse bzw. das jeweilige Börsensegment erforderliche oder/und unter Corporate Governance/Investor-Relations-Gesichtspunkten für notwendig erachtete Publizitätskosten entstehen im Wesentlichen für:

- die interne oder/und extern vergebene (PR-/Werbeagentur) Konzeptionierung, Erstellung, Layout sowie den Druck und Versand von Geschäftsbericht, Jahresabschluss, sowie eventuellen Zwischenberichten (Halbjahresberichten bzw. Quartalsberichten) bzw. sonstige Öffentlichkeits-/Aktionärsinformationen,
- die voraussichtliche Einschaltung einer auf Ad-hoc-Publizitäts-Handling spezialisierten Gesellschaft (Geschäftsjahresabschlüsse, unterjähriges Reporting sowie sonstige Ad-hoc-Mitteilungen) bzw.
- die Pflege des Internet-Auftritts.

Die **Gesamtkosten für die freiwillige und durch Börsenregularien vorgesehene Publizität** dürften üblicherweise zwischen rund 15.000 und 25.000 € liegen. Bei einer besonders extensiven und qualitativ hochwerten Publizitätsarbeit können allerdings auch sechsstellige Euro-Beträge anfallen.

3.4.2.6 Amtliche Veröffentlichungen

HV-Einladungen, Bundesanzeiger, Börsenpflichtblätter

Kosten für »amtliche Veröffentlichungen«, d.h. solche die durch Gesetz vorgeschrieben sind, fallen an für:

- Einladungen zu ordentlichen und außerordentlichen HVs,
- Abschlussveröffentlichungen im Bundesanzeiger bzw. in Börsenpflichtblättern,

- Veröffentlichung sonstiger Bekanntmachungen im Bundesanzeiger bzw. in Börsenpflichtblättern.

Die Höhe der Kosten wird davon abhängen,
- wie viele veröffentlichungspflichtige Anlässe in einem Zeitraum anfallen,
- in welchen und wie vielen Publikationsorganen die Veröffentlichungen erfolgen sowie
- in welcher Größe, Aufmachung und Publikationsrubrik die Veröffentlichungen erscheinen.

Insgesamt sollte ein Emittent mit amtlichen Veröffentlichungskosten – »normale«, durchschnittliche Verhältnisse unterstellt – von mindestens rund 10.000 € p.a. rechnen. Gegebenenfalls können sich – abhängig von o.g. Faktoren – im Einzelfall auch deutlich höhere Beträge ergeben.

3.4.2.7 Hauptversammlung

Kosten der Hauptversammlung

Vorbereitung, Organisation, und Durchführung von Hauptversammlungen (»HV«) (mindestens eine ordentliche HV p.a.) führen, abgesehen von den o.g. Aufwendungen für den Notar, im Wesentlichen zu Aufwendungen für:
- die potentielle Einschaltung einer auf die Organisation und Durchführung von HVs spezialisierten Agentur,
- Raummiete,
- Bewirtungsaufwand,
- Bestückung des »HV-Backoffice« (z.B. Anwälte, Steuerberater, Wirtschaftsprüfer oder/und sonstige externe Experten),
- Bereitstellung technischer Geräte und Einrichtungen,
- Spezielle Veranstaltungs-»High-Lights« (z.B. renommierte Gastredner/Honorar, Give-aways).

Je nachdem,
- wie viele Hauptversammlungen das Unternehmen abhält (z.B. u.U. auch mehrere außerordentliche HVs aufgrund aktuellen Entscheidungsbedarfs wie z.B. Kapitalmaßnahmen, größeren Übernahmen etc.),
- mit welcher ungefähren Zahl physisch teilnehmender Aktionäre zu rechnen sein wird und
- welchen grundsätzlichen »Aufwand« (im übertragenen wie pekuniären Sinne) das Unternehmen treiben möchte,

dürften die Kosten für kleinere und mittlere, neu an der Börse notierte Unternehmen bei mindestens etwa 10.000 € bis zu etwa 50.000 € liegen. Bei Weltunternehmen mit vielen tausenden von Aktionären sowie einem entsprechenden Repräsentationsbedarf werden sich die Kosten einer HV dagegen eher im oberen sechs- bis unteren siebenstelligen Euro-Bereich bewegen.

3.4.2.8 Drittaufwand Investor-Relations (IR)

Je nachdem, in welcher Art und welchem Umfang Investor-Relations-Funktionen durch die unternehmensinterne Investor-Relations-Stelle wahrgenommen werden sollen bzw. können, kann die (zusätzliche) Inanspruchnahme externer

Investor-Relations-Funktion

IR-Dienstleistungen sinnvoll erscheinen.

Neben den Aufwendungen für die Einrichtung einer unternehmensinternen Investor-Relations-Stelle/-Funktion können daher insbesondere Aufwendungen für folgende potentiell in Anspruch genommene Leistungen Dritter entstehen:
- Verpflichtung einer IR-/PR-Agentur,
- Auftritt bei/Besuch von Roadshows/Unternehmenspräsentationen,
- Pflege bestehender und Akquisition neuer Kontakte zu institutionellen Anlegern (über Konsortialbanken oder/und sonstige Auftragnehmer).

Falls sich die Gesellschaft für die Wahrnehmung diverser IR-Aufgaben durch Externe entscheiden sollte, kann von Kosten in einer Größenordnung von mindestens rund 10.000 € bis zu einem Vielfachen hiervon ausgegangen werden.

3.4.2.9 Designated Sponsor-/Betreuer-/Market-Maker-Funktion

Designated Sponsors mit einem guten Rating

Die Funktion des Designated Sponsor (auch z.B. als Betreuer oder Market Maker bezeichnet) liegt in der kontinuierlichen Stellung von Kauf- und Verkaufspreisen und damit in der Förderung der Liquidität des Handels in der betreffenden Aktie. Für die Teilnahme am fortlaufenden Handel (Grundvoraussetzung für die Aufnahme in einen FWB-Auswahlindex) schreibt die FWB bei Notierungsaufnahme die Verpflichtung mindestens eines Designated Sponsors so lange vor, bis ggf. ein ausreichend liquider Handel auch ohne Designated Sponsor gegeben ist. Das Designated Sponsoring können Banken bzw. Wertpapierhandelshäuser ausüben. In den meisten Fällen stammt der (die) Betreuer aus dem Kreis der Konsortialbanken.

Die Wahrnehmung der Betreuerfunktion erfolgt für das erste Jahr – von Ausnahmen abgesehen – für den Emittenten üblicherweise ohne zusätzlichen Aufwand, da sie im Platzierungshonorar enthalten ist. Für die Zeit danach sind dann gewöhnlicherweise entsprechend zu honorierende Betreuerverträge abzuschließen. Hinsichtlich der inhaltlichen Ausgestaltungsmöglichkeiten (einschließlich möglicherweise anreizbezogener Vergütungsregelungen) der Betreuerverträge werden Rechtsanwälte und Emissionsberater, aber auch die Börse Unterstützung leisten können.

Je verpflichtetem Betreuer sollte der Emittent – in Abhängigkeit vom vereinbarten Leistungsspektrum und der eventuellen Berücksichtigung von Performance-Parametern – mit einem Jahreshonorar von rund 25.000 bis 50.000 € rechnen.

Tipp | Lassen Sie sich das Designated Sponsor-Rating der Börse vorlegen.

3.4.2.10 Zahl- und Anmeldestelle

Abwicklungsdienstleistungen

Die Wahrnehmung der nur Vollbanken gestatteten Zahl- und Anmeldestellen-Funktion (bis zur Verabschiedung der seit 01.11.2005 gültigen UMAG »Zahl- und Hinterlegungsstelle«) umfasst die banktechnischen Abwicklungsdienstleistungen, die mit dem Handling der Aktien (Dividendenzahlungen, ggf. auch die kaum mehr anzutreffende Einlösung bzw. Neuausgabe physischer Gewinnanteilsscheine) bzw. der Hauptversammlung (Ausstellung von Eintrittskarten) zu tun haben.

Die Gebühren für die Wahrnehmung der Zahl- und Anmeldestellenfunktion sind meist »verhandelbar« und liegen i.d.R. bei pauschal rund 1.500 € bis 10.000 € pro Jahr (bei großen Firmen (DAX) auch bei mehreren 10.000 € p.a.). Teilweise werden Verträge mit einer Pauschale für den vorbereitenden Aufwand (bei größeren Unternehmen z.B. 10.000 €) zzgl. einer Gebühr von z.B. acht bis zehn € je ausgestellter Eintrittskarte ausgestaltet.

Höhe des Bankenhonorars

3.4.2.11 Ad-hoc-Publizitätsservice

Zur Einhaltung der Ad-hoc-Publizitätspflichten sind Emittenten verpflichtet, für eine sichere und schnelle Verbreitung (potentiell) kursbeeinflussender Nachrichten zu sorgen. Dies betrifft zunächst die Börsen, an denen Wertpapiere des Unternehmens notiert sind sowie die zuständigen Aufsichtsbehörden. Sicherzustellen ist u.a. die von den Börsen geforderte Zeitspanne (i.d.R. eine Reaktionszeit von 30 Minuten) zwischen der Vorabinformation und der anschließenden Veröffentlichung einzuhalten. Erst nach Ablauf dieser Frist ist die Meldung des Unternehmens an die Nachrichtenagenturen weiterzuleiten um damit die so genannte Bereichsöffentlichkeit herzustellen. Die Nutzung eines professionellen Ad-hoc-Publizitätsservice (z.B. der DGAP Deutsche Gesellschaft für Ad-hoc-Publizität mbH, München, Businesswire, Frankfurt, Equitystory AG, München, euro adhoc, Hamburg, oder Hugin, Oslo/München) dürfte sich für Emittenten bzw. börsennotierte AGs unter Kosten-/Nutzenaspekten grundsätzlich lohnen. Die DGAP berechnet beispielsweise – abgesehen von Großkunden- und Sonderarrangements – eine Jahresgrundvergütung von 1.000 € sowie pro Meldung 260 € (bei per DGAP-Sendesoftware eingegangener Meldung) bzw. 520 € für die ersten zwei Seiten Meldetext sowie 520 € für jede weitere Seite Meldetext, der per Fax übermittelt wird. Bei z.B. vier Meldungen pro Jahr müsste das Unternehmen daher mit rd. 2.000 € rechnen.

3.4.2.12 Sonstiges

Aus Vorsichtsgründen empfiehlt es sich für Emittenten grundsätzlich, in ihren Businessplänen für die Zeit nach IPO eine Aufwandsposition »Sonstiges/Unvorhergesehenes« bzw. »nicht im Detail geplante Being-Public-Aufwendungen«, abhängig von den spezifisch im Einzelnen bereits geplanten, in einer Größenordnung von mindestens 25.000 € p.a. zu berücksichtigen.

Reserven einplanen

3.5 Zusammenfassung

1. Zur optimalen Wahrnehmung der Chancen eines Börsengangs und der möglichst weitgehenden Minimierung möglicher, unter Kosten- und Ertragsaspekten »teurer« Fehler empfiehlt sich eine besonders sorgfältige Auswahl der am Börsengang, seiner Strukturierung, Vorbereitung und technischen Umsetzung beteiligten Partner.

2. Da versierte Emissionsberatungsunternehmen über den notwendigen Überblick über sämtliche Phasen des geplanten Börsengangs verfügen, sind sie als erster und permanenter Beratungs-Partner und Begleiter des Unternehmens und seiner Gesellschafter prädestiniert.

3. Unternehmen bzw. Altaktionäre sind darüber hinaus gefragt, die einzelnen weiteren am Börsengang beteiligten Partner, wie insbesondere Emissionsbank/Wertpapierhandelshaus (ggf. auch das Konsortium insgesamt) und – sofern nicht ohnehin bereits vorhanden und zur IPO-Begleitung geeignet – die Wirtschaftsprüfer, Steuerberater und Rechtsanwälte, den Notar, die PR-/IR-/Werbeagentur sowie eventuelle Pre-IPO-Beteiligungspartner auszuwählen.
4. Zentrale Auswahlkriterien sollten möglichst einschlägige IPO-Erfahrungen, kapazitive Flexibilität, Konditions- und sonstige Vertragsgestaltungen, erstklassige Referenzen, bisheriger »Track Record« sowie die Fähigkeit und Bereitschaft zu reibungsloser Zusammenarbeit im IPO-Team sein.
5. Neben den genannten Kriterien verdient die Sensibilität des Emittenten für möglicherweise vorhandene bzw. potentiell entstehbare Interessenkonflikte (»Conflicts of Interest«) der in Betracht gezogenen Going-Public-Partner besondere Aufmerksamkeit.
6. Die Festlegung der IPO-Struktur, bei der der Emissionsberater in kontinuierlicher Abstimmung mit dem Emittenten eine klassischerweise zentrale Rolle spielt, beinhaltet die Formulierung der Equity Story, die Art und Weise der Erlangung einer kapitalmarktfähigen Rechtsform, diverse Überlegungen zur Konzern-/Beteiligungsstruktur, die Festlegung der Kapitalstruktur vor Börsengang, die Wahl der Börse(n) sowie des Handelssegments, an der/dem die Platzierung stattfinden soll, die Ermittlung des Kapitalbedarfs der Gesellschaft und des Unternehmenswertes, die Höhe und Zusammensetzung des Emissionsvolumens, die Stückzahl und Art zu platzierender Aktien, die Gewinnberechtigung und geplante Dividendenpolitik, das Platzierungsverfahren, der Platzierungsmix und -weg sowie die Vorbereitung der Entscheidung zum Für und Wider bzw. der detaillierten Ausgestaltung eines möglichen Mitarbeiterbeteiligungsmodells (z.B. Aktienoptionsmodell).
7. Die Ausgestaltung eines Zeitplans von der Entscheidung zugunsten eines Börsengangs bis zur ersten Börsennotiz wird in erster Linie von folgenden Faktoren abhängen: den Vorstellungen und Wünschen des Emittenten hinsichtlich des Zeitpunktes für den erstmaligen Börsengang, der Zahl und Komplexität der zur Erzielung der wirtschaftlichen und technischen Börsenreife noch durchzuführenden Maßnahmen, der Wahl der Börse(n) sowie des Börsensegments, der Erstellung einer umfassenden Unternehmensstudie (Banken-Factbook) zur Vorbereitung des Börsengangs durch den vom Emittenten beauftragten Emissionsberater sowie der Auswahl der für einen gegenseitigen »Beauty Contest« infrage kommenden Platzierungsinstitute.
8. Im Zweifelsfalle dürfte es sich lohnen, die »mittlere Richtzeit« bis zum Börsengang von etwa sechs bis zwölf Monaten zu verlängern, um die Solidität der Gesamtvorbereitung zu erhöhen. Den erfahrungsgemäß besonders zeitkritischen Einzelschritten sollte prioritäre Aufmerksamkeit gewidmet werden. Unabhängig hiervon kann das »grundsätzliche Timing« gesamtentscheidend für den geplanten IPO sein.
9. Die Erlöse aus dem Börsengang (das effektive Emissionsvolumen) errechnet sich als Produkt aus platzierter Aktienstückzahl und Platzierungspreis je Aktie. Das Emissionsvolumen setzt sich aus Aktien, die aus einer Kapitaler-

höhung stammen, ggf. zusätzlich aus der Abgabe von Altaktionärsbestand zusammen.
10. Stehen die Unternehmensbewertungsspanne und die Aktienstückzahl, die das Gezeichnete Kapital der Gesellschaft zum Börsengang repräsentiert, fest, kann die Bookbuildingspanne mittels Division der Unternehmenswertspanne durch die Aktienstückzahl errechnet werden.
11. Die Bewertung von Börsenkandidaten erfolgt meist parallel anhand mehrerer Methoden. Bei den Bewertungsmethoden werden absolute/»Stand-alone«-Methoden und relative (auch Marktvergleichs-, Multiplikatoren- oder Kennzahl)- Methoden unterschieden.
12. Unter den absoluten Bewertungsmethoden dominieren die DCF Discounted-Cashflow- und die Wertschöpfungs-/Shareholder-Value-/Economic-Value-Added-(EVA)-Methode.
13. Bei den relativen Methoden werden verschiedenste Kennziffern bereits börsennotierter, zum Vergleich herangezogener Unternehmen (»Peergroup«) ermittelt und auf die entsprechenden Zahlen des zu bewertenden Börsenkandidaten angewendet.
14. Klassische Kennziffern sind die Größen Marktkapitalisierung (Gesamtbörsenbewertung od. »Wert des Eigenkapitals«) bzw. »Enterprise Value« (EV oder EPV = Marktkapitalisierung – Nettoverbindlichkeiten) zu Gesamtleistung, Umsatz, EBITDA (operatives Ergebnis vor Zinsen, Abschreibungen und Steuern), EBIT (operatives Ergebnis vor Zinsen und Steuern), DVFA/SG-Ergebnis bzw. Eigenkapital (Equity). Die in der Praxis am häufigsten verwendete Kennziffer ist das Kurs-Gewinn-Verhältnis (KGV oder PE Price Earnings) als Quotient aus Gesamtunternehmenswert und Jahresüberschuss nach DVFA/SG.
15. Um dem Nachteil einer statischen (meist auf nur ein Jahr bezogenen) Bewertung bzw. dem z.T. sehr unterschiedlich hohen Wachstum der KGVs von Börsenkandidaten in den Folgejahren Rechnung zu tragen, findet fallweise die Kennziffer KGV-Wachstum (PEG Price Earnings Growth) Verwendung.
16. Trotz in den letzten Jahren entwickelter innovativer Ansätze für die Bewertung von Wachstumsunternehmen (z.B. Internet-, E-Commerce- oder Biotechnologie-Gesellschaften mit hohen Anfangsverlusten) besteht nach wie vor Bedarf an zusätzlichen theoretisch wie praktisch überzeugenden Bewertungskonzepten.
17. Die endgültige Unternehmensbewertung und die hieraus abgeleitete Bookbuildingspanne wird – orientiert an der aktuellen Kapitalmarktsituation sowie indikativer Feedbacks von institutioneller Anlegerseite – regelmäßig kurz vor Börsengang festgelegt.
18. Empirisch nachweisbaren überwiegenden Phasen des Underpricing (Platzierungspreis wird durch die Kursentwicklung der ersten Tage und Wochen deutlich übertroffen) und mittelfristiger Underperformance (schwächere Kursentwicklung des Neuemittenten als der Marktdurchschnitt) stehen Zeiten des Overpricing (Kursentwicklung z.T. deutlich unter Emissionsniveau) gegenüber.
19. Die Einmal-Kosten des Börsengangs betragen bei mittleren Emissionsvolumina zwischen rund 6–10 % des effektiven Emissionsvolumens. Regelmäßig größte Kostenpositionen werden das Bankenhonorar sowie die PR-/

Werbeaufwendungen sein. Daneben fallen neben einer Reihe kleinerer Einzelposten insbesondere Einmal-Kosten für Berater (i.W. Rechtsanwälte, Wirtschaftsprüfer, Steuerberater, Emissionsberater), Notar, Druck- und Versandkosten sowie Veröffentlichungskosten an.

20. Fortlaufende, aus einem Börsengang resultierende Kosten resultieren i.W. aus Wirtschaftsprüfung, Aufsichtsrat, Notar, internem Investor-Relations, Jahres- und unterjähriger Publizität, (amtlichen) Veröffentlichungen, Hauptversammlung, Drittaufwand Investor-Relations sowie der Betreuer-/Designated Sponsor-/Market-Maker-Funktion.

4 Phase 4: Vom Platzierungsvertrag bis zur ersten Börsennotiz

Da die technische Umsetzungsphase (»Phase 4«) in erheblichem Maße von den bis dahin geleisteten (Vor)arbeiten abhängig ist, sollen in den folgenden beiden Abschnitten zunächst noch einmal die ersten vier Phasen eines Börsengangs ganzheitlich und in ihren Interdependenzen, was die handelnden Personen und Institutionen wie auch die zu überwindenden »Meilensteine« angeht, betrachtet werden.

4.1 Verantwortlichkeiten der einzelnen Partner und deren Koordination im Kontext der Phasen 1 bis 4

An dem komplexen Prozess der Vorstrukturierung, Planung und Umsetzung eines Börsengangs sind eine ganze Reihe von Personen und Institutionen beteiligt bzw. einzubinden. Im Wesentlichen sind dies:

Zahlreiche am Going Public Beteiligte

- Geschäftsführer/Vorstände bzw. die Gesellschafter/Altaktionäre des Unternehmens,
- Aufsichtsräte,
- Eventuelle Beteiligungspartner (-gesellschaften),
- Emissionsberatungsgesellschaft,
- Lead-Bank(en)/Wertpapierhandelshaus bzw. das Gesamtkonsortium,
- Wirtschaftsprüfer der Gesellschaft,
- Steuerberater der Gesellschaft und der Gesellschafter,
- Rechtsanwälte des Unternehmens,
- Rechtsanwälte der Bank,
- Due Diligence-Prüfer der Lead-Bank(en) (wirtschaftlich/finanziell/steuerlich: Wirtschaftsprüfer, Steuerberater; rechtlich: Rechtsanwälte; technisch: Industrieexperten),
- PR-/IR-Agentur,
- Werbeagentur,
- BAFin,
- Börse/Zulassungsstelle,
- Börsen-Hotline/Call-Center,
- Drucker,
- Übersetzer,
- Presse,
- Analysten,
- institutionelle Investoren.

Partnereinbindung im Phasenverlauf

In der als »Phase 1« definierten Zeit erster Überlegungen sind im Wesentlichen das Unternehmen (die Geschäftsführer/Vorstände bzw. die (Alt-)Gesellschafter) und die Emissionsberatungsgesellschaft gefragt. Gleiches gilt für die anschließende oder auch parallele »Phase 2« (Abgleich des Unternehmens-Status quo mit den Anforderungen an einen Börsenkandidaten), während das Unternehmen in der »Phase 3« (Planung, Strukturierung und Vorbereitung des IPO bis zum Abschluss des Emissionsmandatsvertrages mit einer Bank bzw. einem Wertpapierhandelshaus) unter Führung des Emissionsberaters zusätzlich die Steuerberater der Gesellschaft bzw. der Gesellschafter, die Rechtsanwälte bzw. – sofern bereits vorhanden – die Wirtschaftsprüfer des Unternehmens verstärkt einbinden wird. Nach Beendigung des gegenseitigen Beauty Contest zwischen Unternehmen und Banken/Wertpapierhandelshäusern und dem Abschluss eines Platzierungs-/Emissionsmandatsvertrages beginnt »**Phase 4**« (Vom Platzierungsvertrag bis zur ersten Börsennotiz). Zu diesem Zeitpunkt übernimmt klassischerweise die Lead-Bank die Projektleitungsfunktion bis zur erfolgreichen Durchführung der Erstemission. Die Emissionsberatungsgesellschaft wird ihre Tätigkeit in dieser Zeit koordinierend, aber auch steuernd und regelnd als wirtschaftlicher Sachwalter des Emittenten fortsetzen.

4.2 »Milestones« und besonders zeitkritische Punkte in den Phasen 1 bis 4

Meilensteine beim Börsengang

Die **wesentlichen »Meilensteine«** eines Going-Public-Kandidaten von den ersten Überlegungen bis zur Erstplatzierung von Aktien sind:
- Beginn und Prozess der Vorüberlegungen hinsichtlich eines eventuellen IPO,
- Entscheidung für den Börsengang,
- Auswahl eines Emissionsberaters,
- Fertigstellung der Börsengangstudie des Emissionsberaters,
- eventueller Eintritt von Pre-IPO-Investoren,
- Entscheidung für oder gegen Sachgründungen/-einlagen mit entsprechenden Gründungs-/Nachgründungsprüfungserfordernissen,
- Platzierungs-/Emissionsmandatsvertragsabschluss mit der/den Lead-Bank(en),
- Fertigstellung und Testierung der Einzel-/Konzernjahresabschlüsse,
- Erfolg der Presse- und Analystenkonferenz,
- Marketing- und Bookbuilding-Phase,
- rechtzeitige Eintragung aller für den Börsengang erforderlichen Gesellschafts- (insbesondere Kapitalerhöhungs-)Beschlüsse in das Handelsregister,
- ein mindestens auf Höhe, besser über der Bookbuildingspanne liegender vorbörslicher Handel (z.B. unter www.schnigge.de oder www.quotecenter.de) in der Aktie.

Zeitkritische Phasen

Folgendes ist zu den typischerweise **besonders zeitkritischen Punkten** zu sagen: Während einige potentielle Emittenten den **Prozess der Vorüberlegungen** vergleichsweise stringent und mit teilweise hohem selbst auferlegten Zeitdruck angehen, benötigen bzw. nehmen sich andere wiederum relativ lange Zeit hierfür. Gegen letzteres ist dann nichts einzuwenden, wenn kein akuter, insbesondere wachstumskapitalbedarf-induzierter Handlungsbedarf besteht. Festzustellen ist allerdings, dass bereits in der Vorüberlegungsphase z.T. erhebliche Zeit und damit auch Freiräume (»Freiheitsgrade«) für möglicherweise alternative Gestaltungen verloren gehen können. Dem kann der Emittent gerade auch dann, wenn er sich (noch) nicht sicher ist, ob bzw. wann und unter welchen Bedingungen ein Börsengang für ihn infrage kommt, durch die möglichst frühzeitige **Verpflichtung eines erfahrenen, unabhängigen Emissionsberaters** am besten vorbeugen, der den gesamten IPO-Prozess als Spezialist überblickt und begleitet. *— Vorüberlegungsphase*

Einen weiteren, erfahrungsgemäß besonders zeitkritischen Aspekt stellt die eventuelle **Suche nach und Einbindung von Pre-IPO-Beteiligungspartnern** dar. Emittenten möchten diese möglicherweise zunächst beteiligen, bevor die Überlegungen in Richtung Börsengang vorangetrieben werden sollen – ein sukzessives, statt paralleles Agieren, was aus langfristiger Sicht für den Emittenten allerdings kaum zweckdienlich, sondern teilweise eher kontraproduktiv sein dürfte. Zudem kann es, je nach spezifischer Interessenlage des/der Pre-IPO-Investors/en, vorkommen, dass diese(r) eigene, von den aus Sicht des Emittenten und dessen Altgesellschaftern abweichende Interessenlagen verfolgt/en, die den Börsengang insgesamt u.U. merklich verzögern können. *— Einbindung von Pre-IPO-Beteiligungspartnern*

Zeitlich anspruchsvoll und einen geplanten IPO im Regelfall zumindest um einige Wochen, manchmal auch Monate verzögernd, ist die Planung und Durchführung eventueller **Sachgründungen bzw. Sacheinlagemodelle**. Unter bestimmten Umständen kann es dennoch sinnvoll sein, dass der Emittent sich hierfür entscheidet. *— Sachgründungen/ Sacheinlagen*

Falls der Emittent seine Jahresabschlüsse anlässlich des geplanten Going-Public erstmals einer Prüfung durch Wirtschaftsprüfer unterwirft, kann sich die **WP-Prüfung und -Testierung** nicht zuletzt unter kapazitiven Aspekten (für das Unternehmen wie die Wirtschaftsprüfungsgesellschaft) zu einem zeitkritischen Faktor entwickeln. Die relativ frühzeitige Auswahl einer leistungsfähigen, möglichst auch IPO-erfahrenen Wirtschaftsprüfungsgesellschaft sowie die frühzeitige Beauftragung und Begleitung entsprechender Prüfungen durch das Unternehmen dürfte sich im Hinblick auf einen kurzen zeitlichen IPO-Fahrplan positiv auswirken. *— Erteilung von Testaten*

Schließlich stellen die bei jedem IPO erforderlichen **Handelsregister-Eintragungsprozesse** ein latentes, möglicherweise in Monaten zu messendes Zeitrisiko dar. Wird beispielsweise die kurz vor Going Public, zum Zwecke der Platzierung beschlossene Kapitalerhöhung nicht rechtzeitig ins Handelsregister eingetragen, muss die gesamte Emission u.U. noch »in letzter Minute« abgebrochen bzw. verschoben werden. Enorme Zeit-, Kosten- und Imageverluste für das Unternehmen wie auch die Konsortialbanken und die anderen am IPO Beteiligten können die Folge sein. *— Handelsregistereintragung*

4.3 Fahrplan der Maßnahmen-Umsetzung ab Platzierungsvertrag bis zur Börseneinführung

Nach Vorstrukturierung und Durchplanung des Going Public, Präsentation des Emittenten bei Banken bzw. Wertpapierhandelshäusern, der Durchführung entsprechender Verhandlungen und dem Abschluss eines Emissionsvertrages/Platzierungsmandatsvertrages (auch »Letter of Engagement«, »Memorandum of Understanding« oder »Grundlagenvereinbarung«) mit der Lead-Bank (ggf. einem Doppel-Lead) beginnt die Kernphase der technischen Umsetzung des Börsengangs.

Detail-Zeitplan der Lead-Bank

In Abstimmung mit Emittent und Emissionsberater legt die Lead-Bank/das Wertpapierhandelshaus einen genauen Zeitplan mit den bis zur ersten Notiz durchzuführenden Maßnahmen fest. Die folgende Übersicht gibt die üblicherweise durchzuführenden bzw. zu bedenkenden Schritte – am Beispiel des Börsengangs eines Emittenten an einem EU-regulierten, »organisierten« Markt – wieder. Allerdings ist zu berücksichtigen, dass einzelne Schritte möglicherweise entfallen können, bereits vorher erledigt wurden, in einer anderen Reihenfolge bzw. auch (teil-)parallel abgearbeitet werden müssen. Insgesamt müssen Emittenten von einem Zeitraum von rund vier bis sechs Monaten zwischen Mandatserteilung an die Lead-Bank(en) und der ersten Börsennotiz ausgehen.

Schritte vom Platzierungsvertrag zur ersten Börsennotiz an einem EU-regulierten, organisierten Markt							
Maßnahme	**Verantwortlich**						
U = Unternehmen, B = Bank, WP = Wirtschaftsprüfer, RA = Rechtsanwälte/Notar, PR = Public-Relations/Werbeagentur, BÖ = Börse, BN = BAFin	U	B	WP	RA	PR	BN	BÖ
Abschluss Platzierungsmandatsvertrag mit Lead-Bank (en)	x	x		x			
Aufstellung Einzel/Konzernabschlüsse (HGB und IFRS/IAS, ggf. US-GAAP)	x						
Prüfung Einzel-/Konzernabschlüsse (HGB und IFRS/IAS, ggf. US-GAAP)			x				
Zwischen-(Quartalsübersicht)	x		x				
Vorlage der Gründungs-/Umwandlungsakte	x			x			
Vorlage der Satzung	x			x			
Vorlage des Handelsregisterauszugs	x			x			
Geschäftsbericht (optional)	x				x		
Vorabansprache des Registerrichters	x			x			
Erarbeitung des Marketingkonzepts/Equity Story	x	x			x		
Wirtschaftliche, rechtliche, steuerliche und ggf. technische Due Diligence	x	x	x	x			
Beginn der Arbeiten am Wertpapierverkaufsprospekt	x	x		x			
Legal Opinion der Anwälte betreffend die Rechtmässigkeit der rechlich relevanten Prospektdarstellungen				x			
Erstellung Presse-Infos bzw. Anzeigen- und Marketingplan	x	x			x		
Termin-/Platzreservierungen für Monatsmagazine	x	x			x		
Veröffentlichung der IPO-Absicht über Verteiler inkl. Internet	x	x		x	x		
Vorabeinladung der Konsortialbanken		x					
Überprüfung des Verkaufsprospektentwurfs durch WP der Gesellschaft/ Comfort Letter		x	x				
Disclosure Opinion (Anwaltsbestätigung, dass Prospekt richtig und vollständig ist)				x			
Einladungen für Analystentreffen der Konsortialbanken		x					
Einladung der Konsortialbanken		x					
Analystentreffen der Konsortialbanken		x					

Fahrplan der Maßnahmen-Umsetzung ab Platzierungsvertrag bis zur Börseneinführung

PR

Maßnahme							
Abschließende Abstimmung des Wertpapierverkaufsprospektentwurfs	X	X	X	X			
Reservierung sowie ggf. Terminvereinbarungen mit Wochenmagazinen	X	X			X		
Zusage der Konsortialbanken		X					
Ansprache diverser Presseorgane über Presseverteiler	X	X			X		
Beginn der Werbe-/Anzeigenkampagne (bis in die Bookbuilding-Phase)	X	X			X		
Antrag auf Billigung des unvollständigen Verkaufsprospekts bei der BAFin	X	X		X		X	X
Englische Übersetzung des Prospekts		X					
Billigung des Wertpapierverkaufsprospekts durch die BAFin		X				X	
Druckfreigabe des deutschen/englischen Verkaufsprospekts	X	X					
Veröffentlichung des Prospekts bzw. der Möglichkeiten ihn zu erhalten	X	X		X	X		
Antrag auf Zulassung z.B. zum Amtlichen Markt	X	X					X
Übersendung des Entwurfes der Zeichnungsunterlagen an die Gesellschaft zwecks Abstimmung mit dem HR-Richter mit Zusage, zum vorgesehenen Zeitpunkt einzutragen		X		X			
Fertigstellung der Vorab-Research-Studien		X					
Einladungen an DVFA-Analysten und Presse	X	X			X		
Vorbereitung der Börseneinführungspräsentation	X	X			X		
Versendung Musterzeichnungsscheine für „Family & Friends"-Tranche	X	X					
Rücklauf aus Family & Friends-Programm (vor Beginn der Bookbuilding-Phase)		X					
Endgültige Emissions-/Researchstudie der Konsortialbanken in deutsch und englisch		X					
Reservierungen für Pflichtveröffentlichungen: Bookbuilding-Hinweis, Verkaufsangebot		X					
Beginn des Pre-Marketing		X					
Durchführung der „Roadshow" (Präsentation bei potentiellen institutionellen Investoren im In- und Ausland)	X	X			X		
Übersendung der Zeichnungsunterlagen an den Notar der Gesellschaft		X		X			
Notierungsaufnahmeantrag und Antrag auf Skontroführung		X					
Festlegung der Bookbuildingspanne	X	X					
Pressekonferenz; Analystenkonferenz	X	X			X		
Übernahmevertrag („Underwriting Agreement") der Bank(en) mit Gesellschaft bzw. Altaktionären über die Zeichnung/Übernahme der Kapitalerhöhung sowie der zu platzierenden Aktien aus Altaktionärsbestand							
Erste Einzahlung auf die Kapitalerhöhung (25 % des Nominalwerts)		X					
Anmeldung zur Eintragung der Durchführung der Kapitalerhöhung in das Handelsregister	X			X			
Veröffentlichung der Hinweisbekanntmachung auf den 1. Nachtrag zum unvollständigen Verkaufsprospekt (= Bookbuildingspanne bzw. Festpreis)		X					
Veröffentlichung des Verkaufsangebots		X					
Eintragung der Durchführung der Kapitalerhöhung in das HR	X			X			
Übermittlung der Eintragungsbestätigung an Lead-Bank	X						
Zweite Einzahlung auf die Kapitalerhöhung (75 % des Nominalwerts)		X					
Zulassungsbeschluss		X					X
Veröffentlichung des Zulassungsbeschlusses	X	X					X
Ende der Zeichnungsfrist/Platzierungsfrist (vorbehaltlich vorzeitiger Schließung)	X	X					
Festlegung des finalen Platzierungspreises	X	X					
Zuteilung der Aktien an die Zeichner		X					
Veröffentlichung des 2. Nachtrags zum unvollständigen Verkaufsprospekt (= endgültiger Platzierungspreis, Zuteilungskriterien, Mitteilung über die Eintragung der Kapitalerhöhung, emissionsvolumenabhängige IPO-Kosten		X					
Aufnahme des Handels z.B. im Amtlichen Markt		X					X
Zahlung des Platzierungspreises durch die Erwerber		X					
Zahlung des Differenzbetrages zwischen Nennbetrag und Platzierungspreis sowie Übertragung des Gegenwertes aus der Kapitalerhöhung an die Emittentin		X					
Zahlung der Provision durch die Gesellschaft	X	X					

Manches Unternehmen hat nahezu sämtliche der vorgenannten Schritte absolviert und den Börsengang dennoch nicht geschafft. Es gibt nicht wenige Beispiele, in denen geplante IPOs »kurz vor dem Ziel« gescheitert sind bzw. zumindest verschoben wurden.

Gründe für den Abbruch bzw. die Verschiebungen von IPOs können u.a. sein:

Gründe des Abbruchs oder der Verschiebung des IPO

- Die Banken-Due-Diligence fördert »Leichen im Keller« zutage – potentieller Abbruch bzw. Verschiebung innerhalb der letzten rund vier bis sechs Monate vor geplantem Börsengang,

Schlechtes Timing

- unerwartet schlechtes, »generelles Timing« in Form einer ungünstigen gegenwärtigen Kapitalmarktsituation (ausgeprägte Börsen-Baisse, Crash-Lage) – potentieller Abbruch bzw. Verschiebung innerhalb der letzten rund ein bis sechs Wochen vor geplanter Erstnotiz,
- schlechtes »saisonales Timing« – Abbruch innerhalb der letzten rund zwei bis sechs Wochen,

Kaum Zeichnungsinteresse

- ein »Durchfallen« des Börsenkandidaten im Rahmen des Pre-Marketing (geringes oder kaum vorhandenes Zeichnungsinteresse vonseiten institutioneller Anleger während der Roadshow bzw. in den sog. »One-to-Ones« (Einzelpräsentationen) aus preislichen oder sonstigen Gründen) – potentieller Abbruch bzw. Verschiebung innerhalb der letzten rund ein bis vier Wochen vor Börsengang,

Zu hohes Pricing

- zu hohes Pricing – potentieller Abbruch bzw. Verschiebung innerhalb der letzten rund zwei bis drei Wochen vor Börsengang,
- eine unerwartet rapide Verschlechterung des Geschäftsgangs des Emittenten – potentieller Abbruch bzw. Verschiebung innerhalb der letzten rund ein bis sechs Monate vor geplantem Börsengang,

Verspätete Handelsregistereintragung

- zu späte bzw. noch nicht erfolgte, für den IPO unabdingbar erforderlicher Handelsregistereintragungen – potentieller Abbruch bzw. Verschiebung innerhalb der letzten rund ein bis acht Wochen vor geplantem IPO.

Jeder Emittent sollte sich daher stets die nur scheinbare Platitude »Man ist erst an der Börse, wenn man an der Börse ist« vor Augen halten. Die Kenntnis der besonders zeitkritischen sowie der insgesamt speziell erfolgssensiblen Faktoren kann jedoch maßgeblich dazu beitragen, die Wahrscheinlichkeit des angestrebten Börsengangs zu erhöhen.

4.4 Zusammenfassung

1. Nach Abschluss des Platzierungsvertrages mit einer (selten zwei, nur bei sehr großen Börsengängen möglicherweise mehreren) Lead-Bank(en) beginnt die Kernphase der technischen Umsetzung des Börsengangs bis zur Platzierung der Aktien bei privaten wie institutionellen Anlegern sowie der ersten Börsennotiz.
2. Die Lead-Bank(en) übernimmt/übernehmen ab dem Zeitpunkt der Mandatierung regelmäßig die Projektleitungsfunktion und in Abstimmung mit dem

Emittenten sowie dessen Emissionsberater die Koordination der weiteren an der technischen Umsetzung des Börsengangs beteiligten Partner.
3. Zu den weiteren am Börsengang beteiligten Partnern zählen im Wesentlichen: eventuelle Beteiligungspartner, Wirtschaftsprüfer der Gesellschaft, Steuerberater der Gesellschaft und der Gesellschafter, Rechtsanwälte des Unternehmens, Rechtsanwälte der Bank, Due Diligence-Prüfer der Lead-Bank bzw. des Konsortiums, PR-/IR-Agentur, Werbeagentur, BAFin, Zulassungsausschuss der Börse, Drucker, Übersetzer, Börsen-Hotline/Call-Center, Presse, sowie in der Pre-Marketing-/Roadshow-Phase Analysten und institutionelle Investoren, potentiell auch Teilnehmer am vorbörslichen Handel.
4. Den erfahrungsgemäß zeitkritischsten Arbeitsschritten (Milestones) sollte von allen Beteiligten besondere Aufmerksamkeit gewidmet werden.
5. Die Lead-Bank wird den vorab bereits durch den Emittenten bzw. dessen Emissionsberater ausgearbeiteten groben Zeitfahrplan um eine Detailplanung bis zum geplanten Termin der Notizaufnahme erweitern.
6. Vielfältige Gründe können – auch in einer bereits sehr weit vorangeschrittenen Phase – zu einer Verschiebung, einem zeitweiligen Einfrieren der technischen Umsetzung, im Extremfall auch der Absage des Börsengangs führen. Emittenten sollten sich daher trotz aller soliden Vorbereitung stets vor Augen halten, dass der Börsengang erst nach erfolgreicher Platzierung und erster Notizaufnahme tatsächlich realisiert ist.

5 Phase 5:
Die Zeit nach der ersten Börsennotiz

Aus dem »Emittenten« ist nunmehr ein börsennotiertes Unternehmen geworden. »Das Ziel«, auf das alle Beteiligten so lange, intensiv, unter Entbehrungen, mit erheblichen Aufwendungen und fast immer auch mit zeitweisen Rückschlägen und Schwierigkeiten hingearbeitet haben, ist erreicht. Gleichwohl stellt sich das »Ziel« bei nüchterner Betrachtung lediglich als »Zweck« zur Erreichung der geschäftlich-strategischen Unternehmensziele dar. Treffend beschrieb dies ein IPO-Werbeslogan: »Der Börsengang ist nicht das Ziel, sondern erst der Anfang«.

5.1 Besonderheit der ersten Wochen nach Aufnahme des Börsenhandels

Ein ganz spezieller Tag wird für das Unternehmen, die Mitarbeiter und das Management, den Aufsichtsrat, die am Börsengang beteiligten Partner sowie Alt- wie Neuaktionäre der Tag der ersten Notiz sein, der in kleiner Runde meist zu Beginn des erstmaligen Handels in der Börse und später in größerer Runde festlich begangen wird.

Der Neuemittent wird schnell feststellen, dass der Börsengang neben den finanziellen Aspekten und der Steigerung des Bekanntheitsgrades bei Kunden und Lieferanten weitere positive Begleiterscheinungen mit sich bringt: Ungefragte Angebote für Unternehmensbeteiligungen bzw. -käufe werden an das Unternehmen herangetragen, neue Mitarbeiter bewerben sich um eine Tätigkeit, alte und neue Banken werben um eine Intensivierung bzw. den Beginn einer Geschäftsbeziehung.

Mitarbeiterbewerbungen, Beteiligungsangebote, Vermögensverwalter

Aber auch als möglicherweise lästig empfundene Randerscheinungen sind wahrscheinlich wie z.B., dass die Management-Altaktionäre von verschiedensten Seiten als neue potente Klientel »entdeckt« und zu akquirieren versucht werden.

Leben in der Öffentlichkeit

Das anschließende Leben als im Fokus der Öffentlichkeit stehende AG, insbesondere der Umgang mit

Neue Pflichten

- dem objektiven bzw. subjektiv empfundenen Erwartungsdruck (»es muss sich etwas tun«),
- der täglichen – vielfach für die Beteiligten kaum erklärlichen bzw. nicht mit der Eigeneinschätzung des Managements/der Altaktionäre übereinstimmenden – Kursentwicklung,
- Pressevertretern und Analysten,

- der Zwangs- und freiwilligen Publizität,
- der kontinuierlichen IR- (Investor-Relations-) und Presse-Arbeit,
- dem Zeitdruck hinsichtlich insbesondere eines unterjährigen (Halbjahres- bzw. Quartals-)Reporting,
- der Abhaltung von Hauptversammlungen mit einer größeren Zahl von Aktionären u.v.m.

will dagegen erst einmal »gelernt« sein.

5.2 Besondere Pflichten nach der Emission

Pflichten nach der Emission

Um das »**Being Public**« oder »**Staying Public**« erfolgreich zu gestalten, bzw. ein mögliches »Delisting« (ein Streichen der Aktie vom Handel/Kurszettel), ggf. auch eine Herabstufung in ein weniger anspruchsvolles Marktsegment sowie sonstige zivil- wie möglicherweise strafrechtlich unerfreuliche Konsequenzen zu vermeiden, sind sowohl Emittent und Altaktionäre als auch sonstige Beteiligte gehalten, rechtliche Bestimmungen einschließlich Börsenregularien genau zu beachten. Darüber hinaus gilt es parallel, die allgemeinen Informationsbedürfnisse der Öffentlichkeit, insbesondere derzeitiger sowie potentieller neuer Aktionäre zu befriedigen.

5.2.1 Generelle Publizität

Publizitätspflichten

Diverse Gesetze (insbes. AktG, BörsenG, HGB, PublG, WpHG, WpPG) und Börsenregularien erfordern die bereits weiter oben (s. Kap. 2.2.11 Publizitätserfordernisse) skizzierte Einhaltung – je nach Börsensegment/Handelssegment unterschiedlich strenger – laufender jährlicher bzw. unterjähriger Publizitätspflichten (Zwischenberichte, Quartalsberichte, Ad-hoc-Publizität/Insiderinformationen). Zu der üblichen Jahrespublizität der (Konzern-)Jahresabschlussrechnungslegung folgen keine weiteren Ausführungen, wohl aber zu Einzelaspekten der unterjährigen freiwilligen und Zwangspublizität, beispielsweise der für alle an EU-regulierten, organisierten Märkten börsennotierten Unternehmen geltenden Ad-hoc-Publizitätspflichten gem. § 15 WpHG.

5.2.2 Insiderüberwachung, Insiderverzeichnisse, Ad-hoc-Publizität

Insidergeschäfte

Für Insiderpapiere gilt das Wertpapierhandelsgesetz (WpHG). Insiderpapiere sind danach alle Finanzinstrumente, die a) an einer inländischen Börse zum Handel zugelassen oder in einen geregelten Markt oder in den Freiverkehr einbezogen sind, die b) in einem anderen EU- bzw. EWR-Staat zum Handel an einem organisierten Markt zugelassen sind oder c) deren Preis unmittelbar oder mittelbar von vorgenannten Finanzinstrumenten abhängt (§ 12 WpHG).

§ 13 WpHG definiert den Begriff **Insiderinformationen (öffentlich nicht bekannte Informationen mit erheblichem kursbeeinflussendem Potential)**, § 14 das **Verbot von Insidergeschäften (Verbotstatbestände)**, § 15 die **Veröffentlichung und Mitteilung von Insiderinformationen**.

Gem. § 14 WpHG verboten sind nicht nur Insidergeschäfte, sei es durch Ausnutzung von Insiderinformationen zum eigenen oder zum Vorteil Dritter, sondern auch die unbefugte Weitergabe von Insiderinformationen.

Wichtig ist an dieser Stelle, noch einmal darauf hinzuweisen, dass dieser Teil der Insiderregeln nicht nur für an einem EU-regulierten, organisierten Markt, sondern **auch an Freivekehrssegmenten** gehandelte Unternehmen gilt.

Gem. § 15 WpHG muss ein Emittent von Finanzinstrumenten, die zum Handel an einem inländischen **organisierten Markt** (also nicht im Freiverkehr) zugelassen sind (oder hierfür die Zulassung beantragt hat) **Insiderinformationen, die ihn unmittelbar betreffen, unverzüglich veröffentlichen,** es sei denn, dass der Schutz seiner berechtigten Interessen dem zuwiderläuft und zudem keine Irreführung der Öffentlichkeit zu befürchten ist und der Emittent die Vertraulichkeit der Insiderinformation gewährleisten kann (§ 15 Abs. 3 WpHG). Dies ist die sog. **Ad-hoc-Publizität**. S. hierzu detailliertere Ausführungen, insbesondere zur »**erheblichen Kursbeeinflussung/Kursrelevanz**« in **Kap. 2.2.11.2.** Vor Veröffentlichung ist die Information an die Börsengeschäftsführung und die BAFin zu übermitteln.

Ad-hoc-Publizität

Die Nutzung eines professionellen **Ad-hoc-Publizitätsservice** (z.B. von DGAP, Businesswire, Equitystory AG, euro adhoc oder Hugin) dürfte sich für Emittenten unter Kosten-Nutzen-Aspekten grundsätzlich empfehlen. Im Prime Standard (AM und GM) schreibt die FWB Ad-hoc-Publizität auch in Englisch vor.

Unternehmen, die unter die Insiderüberwachung fallen, haben gem. § 15b WPHG **Insiderverzeichnisse** zu führen.

§ 37b WpHG regelt den Schadenersatz wegen unterlassener unverzüglicher Veröffentlichung von Insiderinformationen, § 37c WpHG den Schadenersatz wegen Veröffentlichung unwahrer Insiderinformationen, § 38 WpHG schließlich enthält die Insiderüberwachungs-relevanten Strafvorschriften.

Der **Emittentenleitfaden der BAFin** gibt zu Insiderregelungen/Ad-hoc-Publizität detaillierte Informationen und wertvolle Anregungen (u.a. »Insiderüberwachung«: Abschnitt III, »Ad-hoc-Publizität gem. § 15 WpHG«: Abschnitt IV, Insiderverzeichnisse: Abschnitt VII).

5.2.3 Unternehmensnachrichten

Für Unternehmen, die nicht an einem organisierten Markt (einer Börse) notiert sind, gilt die Pflicht zur Ad-hoc-Publizität nicht. Um gleichwohl eine möglichst entsprechende Transparenz für die Finanzöffentlichkeit herzustellen, verpflichten einzelne an den Freiverkehr angelehnte Handelssegmente die Emittenten, wichtige Unternehmensnachrichten unverzüglich zu veröffentlichen: Entry Standard/Frankfurt (Publikation auf Webpage), M:access/München (auf Webpage und über anerkannte Agentur), KMU-Markt Berlin.

5.2.4 Directors Dealings

Personen, die bei einem Emittenten, dessen Aktien an einer inländischen Börse oder in einem EU- oder EWR-Staat zum Handel an einem organisierten Markt zugelassen sind, Führungsaufgaben wahrnehmen, haben gem. § 15a WpHG eigene Geschäfte mit Aktien des Emittenten oder sich darauf beziehenden Finanzinstrumenten dem Emittenten und der BAFin innerhalb von fünf Werktagen mitzuteilen. Ebenso sind den Führungspersonen nahe stehende Personen von der Mitteilungspflicht betroffen.

Im Freiverkehr notierte Firmen fallen somit nicht unter die genannten Offenlegungspflichten des WpHG bezüglich Directors Dealings.

Der **Emittentenleitfaden der BAFin** behandelt die Geschäfte von Führungspersonen in Abschnitt V.

5.2.5 Verbot der Kurs- und Marktpreismanipulation

Abschnitt 4 (§ 20a) des WpHG regelt die Überwachung des Verbots der Kurs- und Marktpreismanipulation. Hiernach ist es verboten, unrichtige oder irreführende Angaben zu machen oder Umstände entgegen bestehenden Rechtsvorschriften zu verschweigen oder Täuschungshandlungen zu begehen oder nicht mit der zulässigen Marktpraxis vereinbare Geschäfte vorzunehmen, die geeignet sind, die Preise für Finanzinstrumente erheblich zu beeinflussen.

Der Handel mit eigenen Aktien (Rückkaufprogramme bzw. Preisstabilisierungsmaßnahmen) gelten dann nicht als Verstoß gegen das Verbot der Kurs- und Marktpreismanipulation, soweit diese entsprechend der EG-Verordnung Nr. 2273/2003 der Kommission vom 22.12.2003 zur Durchführung der Richtlinie 2003/6/EG des Europäischen Parlaments und des Rates (Ausnahmeregelungen für Rückkaufprogramme und Kursstabilisierungsmassnahmen) erfolgen.

Leitfaden der BAFin

Das Verbot der Kurs- und Marktpreismanipulation gilt sowohl in geregelten Märkten als auch im Freiverkehr. Der **Emittentenleitfaden der BAFin** behandelt das Verbot der Marktmanipulation in Abschnitt VI.

5.2.6 Meldeschwellen für Stimmrechtsanteile

Abschnitt 5 (§§ 21 ff.) des WpHG regelt Mitteilungs- und Veröffentlichungspflichten bei Veränderungen des Stimmrechtsanteils an börsennotierten Gesellschaften. Hiernach haben Betroffene bei Erreichung, Über- oder Unterschreitung von Stimmrechtsanteilen (Meldeschwellen) von 5, 10, 25, 50 oder 75 % der Gesellschaft sowie der BAFin unverzüglich, spätestens innerhalb von sieben Kalendertagen darüber Mitteilung zu machen (Name, Anschrift, Höhe des Stimmrechtsanteils, Tag des Erreichens bzw. Über- oder Unterschreitens). Für Neuemittenten und deren Altaktionäre besonders relevant ist die ergänzende Bestimmung des § 21, Abs. 1a WpHG. Hiernach haben Inhaber von 5 und mehr Prozent der Stimmrechte (im Zeitpunkt der erstmaligen Zulassung an einem organisierten Markt in der EU bzw. EWR) dieses der Gesellschaft sowie der BAFin analog zu melden.

Veränderung der Stimmrechtsanteile

Die Gesellschaft wiederum hat gem. § 25 WpHG die Mitteilungen nach § 21 unverzüglich, spätestens neun Kalendertage nach Zugang in einem überregionalen Börsenpflichtblatt zu veröffentlichen. Die BAFin kann auf schriftlichen Antrag von der Veröffentlichungspflicht befreien (bei ansonsten erheblichem Schaden für die Gesellschaft bzw. einem Zuwiderlaufen öffentlichen Interesses).

5.2.7 Überwachung von Unternehmensabschlüssen

Aufgrund des seit 01.01.2005 geltenden Gesetzes zur Kontrolle von Unternehmensabschlüssen (**Bilanzkontrollgesetz – BilKoG**) wurde die Einrichtung und Organisation einer privatrechtlich organisierten Prüfstelle, die die Richtigkeit der Bilanzen börsennotierter Gesellschaften kontrollieren soll, geregelt. Die daraufhin (§ 342b Abs. 1 HGB) eingerichtete **DPR Deutsche Prüfstelle für**

Rechnungslegung (FREP Financial Reporting Enforcement Panel) hat entsprechend zum 01.07.2005 ihre Tätigkeit aufgenommen.

Die Prüfstelle kann aufgrund konkreter Veranlassung oder stichprobenartig die Richtigkeit von (Konzern-)Jahresabschlüssen und (Konzern-)Lageberichten an organisierten Märkten notierter Firmen prüfen. Abschnitt 11 (§ 37n bis § 37u) des WpHG regelt die Überwachung von Unternehmensabschlüssen im Zusammenwirken von Prüfungsstelle und BAFin.

5.2.8 Beachtung des Corporate Governance Kodex
Als Regularium mit aktienrechtlicher Relevanz hat die Regierungskommission Deutscher Corporate Governance Kodex den **Corporate Governance Kodex** (erstmals zum 26.02.2002) kodifiziert. Die unverbindlichen Verhaltensempfehlungen dieses jeweils jährlich auf evtl. Revisionsbedarf zu prüfenden Kodex für die Unternehmensleitung und –kontrolle wurden durch den mit dem **TransPuG** ins AktG neu eingefügten § 161 berücksichtigt. Vorstand und Aufsichtsrat einer börsennotierten AG haben danach einmal jährlich zu erklären, ob sie den im elektronischen Bundesanzeiger veröffentlichten Empfehlungen des Kodex entsprochen haben und entsprechen oder welchen Empfehlungen nicht Folge geleistet wurde (sog. »comply or explain«-(befolge oder erkläre)Regel). Zuletzt hat das Bundesjustizministerium am 20.07.2005 die Neufassung des Deutschen Corporate Governance Kodex im elektronischen Bundesanzeiger förmlich bekannt gemacht.

Comply or explain

5.2.9 Eventuelle Lock-up-Verpflichtungen/Mindest-Haltefristen
Einzelne Börsensegmente (derzeit nur noch der START UP MARKET Hamburg, seinerzeit auch der Neue Markt bzw. der Prädikatsmarkt München), aber auch (teilweise) Konsortialbanken verlangen von Altaktionären die Einhaltung sog. »Lock-up-Verpflichtungen«. Hierbei sind die Unterfälle **»Hard Lock-up«** und **»Soft Lock-up«** zu unterscheiden. Während im ersten Fall Altaktionäre innerhalb der Lock-up-Frist in keinem Falle Aktien verkaufen dürfen, ist dies in letzterem Fall nach vorheriger Zustimmung durch die Leadbank bzw. die Konsortialbanken grundsätzlich möglich.

Lock-up-Verpflichtungen

Die Lock-up-Fristen belaufen sich für Finanzinvestoren und sonstige Altgesellschafter meist auf sechs bis zwölf Monate. Für Nicht-Finanzinvestoren sind teilweise aber noch deutlich längere Bindungszeiten von über vier Jahren bekannt geworden.

Verletzungen der Lock-up-Verpflichtungen können z.B. ein Delisting am betreffenden Handelssegment nach sich ziehen bzw. je nach vertraglichen Verpflichtungen gegenüber den Emissionsbanken z.B. auch Strafzahlungen auslösen. Die Einhaltung der Hard Lock-up-Verpflichtungen wird meist durch die Vergabe nicht an der Börse handelbarer ISIN-Nummern sichergestellt.

5.2.10 Aufstellung und Pflege eines Unternehmenskalenders
Unternehmen im Prime Standard der FWB sowie im Entry Standard (Sondersegment des Freiverkehrs/Open Market der FWB), GATE-M (nur in Transparenzkategorie 1) und M:access sind verpflichtet einen sog. »Unternehmenskalender« zu publizieren, der die wichtigsten Termine der Gesellschaft im laufenden bzw. im folgenden Geschäftsjahr enthält. Als entsprechend wesentliche Termine

Unternehmenskalender

sind insbesondere zu sehen: die Daten für die Hauptversammlung, Veröffentlichungen von Berichtszahlen, Analystentreffen und Investorenveranstaltungen. Darüber hinaus veröffentlichen Unternehmen im Rahmen ihres Unternehmenskalenders auch weitere zu einer Orientierung über die Gesellschaft, ihre Produkte/Dienstleistungen bzw. den Geschäftsgang aufschlussreiche Termine/Veranstaltungen wie z.B. Messe-Termine.

5.2.11 Analystenveranstaltungen

Analystentreffen

Bestimmte Handelssegmente (Prime Standard, ehemals auch Neuer Markt) verpflichten Emittenten mindestens einmal jährlich ein Analystentreffen zu veranstalten (bzw. alternativ an einem solchen von der Börse veranstalteten teilzunehmen: M:access). Die regelmäßige, mindestens jährliche Organisation von Analystenveranstaltungen, sollte gleichwohl von allen Unternehmen – unabhängig an welcher Börse bzw. in welchem Segment sie notiert sind – als Chance zur Shareholder-Value-Steigerung gesehen werden. Solche Treffen können dazu dienen, das Unternehmen mit Außenwirkung zu präsentieren, sich mit kritischen Fragen auseinanderzusetzen, die Grundlage für unabhängige Researchberichterstellungen schaffen und direkt wie indirekt neue Aktionäre zu gewinnen bzw. bisherige Aktionäre in ihrem Engagement zu bestärken.

5.2.12 Research-Berichte

Research-Berichte

Research-Berichte fordert das an den Amtlichen Markt und Geregelten Markt angelehnte Stuttgarter Handelssegment GATE-M (ausführlicher Bericht nach Jahresabschlussveröffentlichung sowie verkürzte Studie nach Zwischenbericht bzw. nach Bericht über das 3. Quartal).

Unabhängig davon, ob Research-Berichte erforderlich oder nicht erforderlich sind, auf Kundenwunsch oder Eigeninitiative des Researchers/Researchhauses angefertigt werden, gelten aufgrund des Anlegerschutzverbesserungsgesetztes (AnSVG) seit 30.10.2004 neue Vorschriften für die Anfertigung derartiger Berichte. Die entsprechenden Regelungen finden sich in Abschnitt 6 des WpHG – Verhaltensregeln für Wertpapierdienstleistungsunternehmen und hinsichtlich Finanzanalysen, Verjährung von Ersatzansprüchen (§§ 31 ff. WpHG). Die BAFin übt die Aufsicht über sämtliche Wertpapieranalysen bzw. Wertpapieranalysten (Research-Dienstleister) aus.

5.2.13 Pflichtangebote bei Kontrollwechsel (WpÜG)

Pflichtangebote/ Kontrollwechsel

Das Wertpapiererwerbs- und Übernahmegesetz (WpÜG) regelt freiwillige oder Pflichtangebote zum Erwerb von Wertpapieren, die von einer Zielgesellschaft ausgegeben wurden und zum Handel an einem organisierten Markt zugelassen sind. Dies bedeutet, dass alle natürlichen und juristischen Personen (einschließlich sämtlicher, auch im Freiverkehr notierter Unternehmen), die Angebote für börsennotierte Unternehmen unterbreiten, hieran gebunden sind. Passiv, d.h. aus Sicht des Übernahmeobjekts betrachtet, bleiben im Freiverkehr notierte Unternehmen hingegen vom WpÜG nicht erfasst.

§ 29 WpÜG definiert Übernahmeangebote als Angebote, die auf den Erwerb der Kontrolle (mindestens 30 % der Stimmrechte) gerichtet sind.

Die Entscheidung zur Abgabe eines freiwilligen Angebots ist unverzüglich zu veröffentlichen (§ 10 WpÜG) und vorab der Börse und der BAFin mitzuteilen.

Abschnitt 5 WpÜG (§§ 35 ff.) regelt Pflichtangebote. Solche müssen bei Erreichen bzw. Überschreiten eines direkten oder indirekten Stimmrechtsanteils von 30 % erfolgen (unverzügliche Veröffentlichung der Kontrollerlangung sowie innerhalb von vier Wochen danach Veröffentlichung eines Angebots).

5.2.14 Investorenkonferenzen
Das Münchner Handelssegment M:access fordert von den entweder im Amtlichen Markt, Geregelten Markt oder Freiverkehr zugelassenen Unternehmen die Teilnahme an mindestens einer jährlichen Investorenkonferenz.

Investorentreffen

5.2.15 PR-/IR-/Allgemeine Öffentlichkeitsarbeit
Zu den PR-/IR-/Öffentlichkeitsarbeits-Instrumenten zählen insbesondere:

Investor-Relations

- Geschäftsbericht,
- Zwischen-/Quartalsbericht,
- Research-Bericht
- Hauptversammlung,
- Roadshow,
- Analystenkonferenz,
- Einzelgespräche mit Analysten/Institutionellen (»one-to-ones«),
- Aktionärsbrief,
- Investorenkonferenz,
- Hotline,
- TV- und Radio-Report, -Interview bzw. -Werbespot,
- Pressearbeit,
- Ad-hoc-Publizität,
- Unternehmens- bzw. IR-Webseite,
- Unternehmenskalender und
- IR-Factbook.

Bereits in den letzten wenigen Wochen vor erster Notizaufnahme, aber gerade auch in den ersten Wochen nach Börsengang wird sich erweisen, wie gut die personellen und organisatorischen Vorbereitungen des Emittenten im Hinblick auf die Kommunikation mit der am Unternehmen interessierten Öffentlichkeit getroffen worden sind. Sinnvoll dürfte in jedem Falle neben der Aufstellung einer einschlägigen »To-do-Liste« und der entsprechenden personellen Ausstattung einer **Investor-Relations-Stelle** die Sicherstellung eines Investorenfreundlichen **Web-Auftritts**, einer zeitnahen Berichterstattung (Zahlenwerk, Begleittext, optische Aufbereitung, Druck etc.) sowie die Art und Weise der Beantwortung von Anfragen (telefonisch, per Fax, per E-Mail, Einrichtung eines Verteilers etc.) sein. Nichts wirkt »hilfloser«, unvorbereiteter und insgesamt unprofessioneller, als wenn keine oder zuwenige Ansprechpartner im Unternehmen zur Verfügung stehen, bzw. Rückrufe oder/und Beantwortungen schriftlicher Fragen zu lange auf sich warten lassen. Diesbezüglich personell und anderweitig »zu sparen« hieße in jedem Falle an der falschen Stelle zu sparen. Da sich schlechte Erfahrungen, auch in der »Financial Community«, bekanntlich schneller herumsprechen als positive, sind langfristig negative Auswirkungen meist vorprogrammiert. Entsprechend wird der spätere Aufwand, ein einmal entstandenes Negativimage wieder zu korrigieren, merklich höher sein, als wenn die »Hausaufgaben« bereits bei der Vorbereitung des IPO befriedigend gelöst worden sind.

Der Deutsche Investor-Relations Verband e.V. (DIRK) bietet als Berufsverband der Investor-Relations-Manager eine Weiterbildung zum »Certified Investor-Relations Officer (CIRO)« an.

5.2.16 Jährliches Dokument gemäß § 10 WpPG

Jeder an einem organisierten Markt (also nicht Freiverkehr) notierte Emittent muss gemäß § 10 WpPG mindestens einmal jährlich ein Dokument veröffentlichen (Art der Veröffentlichung wie beim Prospekt) und bei der Zulassungsstelle (BAFin) hinterlegen, das alle Informationen enthält oder auf diese verweist, die er in den vorausgegangenen zwölf Monaten aufgrund

1. der §§ 15, 15a, 25 oder 26 des WPHG **(Insiderinformationen, Directors' Dealings, Meldeschwellen bei Stimmrechtsänderungen)**
2. des § 39 Abs. 1 Nr. 3 und Abs. 2 des BörsenG i.V. mit dem Zweiten Kapitel der Börsenzulassungs-Verordnung **(angemessene Unterrichtung über den Emittenten und die zugelassenen Werpapiere)**
3. der §§ 42 und 54 des BörsenG i.V. mit einer Börsenordnung **(ggf. von der jeweiligen Börse verfügte zusätzliche Unterrichtungspflichten des Emittenden in Teilbereichen des Amtlichen oder Geregelten Markts)**
4. der den Nummern 1 bis 3 entspredchenden ausländischen Vorschriften

veröffentlicht bzw. dem Publikum zur Verfügung gestellt hat.

5.3 Chancen und Risiken der weiteren Entwicklung

Chancen des Going/Being Public

Chancen und Risiken einer erstmalig börsennotierten Gesellschaft betreffen sowohl die Gesellschaft selbst als auch deren Alt- wie Neuaktionäre. Chancen und Risiken von Neuaktionären sollen hier ausgeklammert werden, da das grundsätzliche Thema genereller Chancen und Risiken von Aktienengagements ein in der Literatur ausführlich abgedecktes Feld darstellt. Des Weiteren ist nicht beabsichtigt, auf die generellen Chancen und Risiken von Unternehmen, sondern ausschließlich auf die sich aus dem Going und Being Public ergebenden einzugehen.

(Vorläufig) keine Kapitalknappheit mehr

Zu den Chancen: Diverse Chancen für eine börsennotierte Gesellschaft und deren Altgesellschafter lassen sich bereits aus den einführenden Kapiteln dieses Buches zu den Vorteilen eines Börsengangs ableiten. Im Folgenden sei daher nur noch einmal auf die wesentlichen Chancen eingegangen.

1. Die besondere Chance des Börsengangs liegt für das wachstumsorientierte Unternehmen und sein (meist Gesellschafter)-Management darin, (zumindest auf Zeit) ungehindert von Kapitalknappheit das geplante Wachstum umsetzen zu können. Das Management kann sich künftig wieder – weg von der teilweise sehr zeitraubenden und insgesamt belastenden Aufgabe kurz-, mittel- und langfristiger Liquiditätssicherung – deutlich mehr der kundennutzenorientierten, Shareholder-Value-bezogenen operativen und strategischen Unternehmensführung zuwenden.

Höheres Medieninteresse

2. Darüber hinaus liegt eine große – von immer noch zu vielen Neuemittenten bedauerlicherweise unterschätzte – Chance darin, das einer börsennotierten

Unternehmung generell ausgeprägt entgegengebrachte öffentliche (Medien-) Interesse für sich und zum Wohle aller mit dem Unternehmen verbundenen Personen und Institutionen im Anschluss an das Going Public zu nutzen. Gelegentliche After-IPO-Werbemaßnahmen für das Unternehmen, seine Produkte und Dienstleistungen sowie nicht zuletzt seine Aktien sind am deutschen Kapitalmarkt – bislang zumindest – eher vernachlässigenswerte Ausnahmen. Es geschieht selten, dass sich ein Going-Public-Unternehmen z.B. (wie eine Partei nach der Wahl) bei seinen Neuaktionären mit einer überschaubaren Werbeaktion für das Vertrauen bedankt. Allzu häufig wird so die großartige Chance der freiwilligen Publizität über Internet, TV, Radio oder/ und Printmedien nicht oder lediglich suboptimal genutzt. Der Vorstand der nunmehr börsennotierten Gesellschaft sollte sich bewusst machen, dass die Anlegerseite zwar Risikobereitschaft – auf der Basis einer erwarteten hohen Unternehmenstransparenz – mitbringt, aber andererseits kaum etwas weniger schätzt als »Sonderrisiken aufgrund besonders hoher Intransparenz« im Sinne einer »black box«.

3. Sofern und soweit das börsennotierte Unternehmen weiter stark wächst und zusätzlichen, über die durch den IPO eingeworbenen Mittel hinausgehenden Kapitalbedarf entwickelt, besteht die grundsätzlich jederzeitige erneute Möglichkeit der Kapitalbeschaffung z.B. durch weitere Kapitalerhöhungen. Je größer die zwischenzeitlich eingetretenen Kurssteigerungen ausfallen, desto attraktivere Konditionen/Emissionskurse wird das Unternehmen bei den ersten und weiteren Kapitalerhöhungen nach dem erstmaligen Börsengang realisieren können. **Weitere Kapitalerhöhungen möglich**

4. Aus Altgesellschafter-/-aktionärssicht liegt die besondere Chance des Börsenhandels in den Aktien der Gesellschaft darin, einen Vermögensstock auf- und auszubauen bzw. nutzen zu können, der ohne IPO nicht in diesem Maße, respektive kaum belegbar (im Gegensatz zum Wertnachweis anhand täglicher Kurse) aufbaubar gewesen wäre. Dies gilt unabhängig davon, ob Altaktionäre ihren Vermögensstock in Aktien des Unternehmens beibehalten, sich zu einem späteren Zeitpunkt (frühestens nach einer eventuellen Mindest-Haltefrist/Lock-up-Periode) von einem Teil oder allen Aktien (z.B. im Wege einer Veroptionierung von Aktien) trennen oder ihren Aktiendepotbestand als Beleihungspotential respektive Bonitätsnachweis zur Finanzierung anderweitiger Vermögensdispositionen, jedoch möglichst keinesfalls weiterer/ getrennter unternehmerischer Aktivitäten, nutzen. **Aufbau eines Vermögensstocks**

Die möglichen **Risiken** in der Zeit als börsennotierte Gesellschaft bestehen im Wesentlichen in Folgendem: **Risiken des Going/ Being Public**

1. Höhere Publizität und dadurch **bessere Analysierbarkeit durch alte und neue Wettbewerber:** Wettbewerber und potentielle Wettbewerber des Emittenten werden durch den Verkaufsprospekt, die sonstigen IPO-Unterlagen sowie die fortlaufende Publizität in die Lage versetzt, weitreichende Informationen über das Unternehmen, seine Geschäftstätigkeit sowie seine Kunden und die (möglicherweise kopierbaren oder auch angreifbaren) Erfolgspotentiale gewinnen. Potentielle Wettbewerber können durch die Tatsache des Going Public insgesamt nicht nur (vermehrt) auf das Unternehmen, sondern möglicherweise auch auf die Attraktivität der Geschäftsnische überhaupt aufmerksam werden. **Unternehmen wird für Konkurrenz besser analysierbar**

Interessenkonflikte zwischen Management und Aktionären

2. **Möglicherweise divergierende Interessen zwischen Management und (Management)-Aktionären:** Falls Vorstand, Führungskräfte und Mitarbeiter der börsennotierten Gesellschaft ganz oder z.T. nicht gleichzeitig (maßgebliche) Aktionäre sind, können bei nicht Shareholder-Value-Ziel-konformer Implementierung von Lenkungsmechanismen (Planung, Steuerung, Kontrolle) bzw. Anreizsystemen/Incentives (vgl. Rappaport, 1999, S. 119 ff., S. 133 ff., S. 192 ff. sowie folgendes Kap. zum Shareholder Value) Interessenkonflikte zwischen diesen und den Aktionären auftreten. Beispielsweise könnten dann primär kurzfristig ausgerichtete Managementaktivitäten die Folge sein. Je ausgeprägter die Handelnden im Unternehmen dagegen gleichzeitig Aktionäre der Gesellschaft sind (Management und Mitarbeiter als Mitunternehmer) bzw. je konsequenter die Implementierung von Shareholder-Value-Denken und -Handeln gelingt, desto geringer wird das sich aus potentiellen Interessenkonflikten ergebende entsprechende Risiko sein.

Managementfehler werden durch fallende Kurse bestraft

3. **Risiko, bei den Anlegern »in Ungnade« zu fallen:** Im Falle deutlicher Management-Fehler, unternehmerisch suboptimalen Managements, aber auch bei einer, nicht notwendigerweise darauf zurückzuführenden, nachhaltig schlechten Kursperformance der Aktie kann es passieren, dass sich breite Anlegerkreise – für längere Zeit – vom Unternehmen und dem dortigen Aktienengagement zurückziehen und dadurch die ohnehin unbefriedigende Kursentwicklung noch weiter verstärken. Hat das Management Grund zu der Annahme, dass es sich um spekulative, sachlich nicht begründbare, zeitweilige Kurseinflüsse handelt, besteht i.d.R. kein nachhaltiger Grund zur Sorge, da die berechtigte Hoffnung und auch Chance auf eine »Richtigstellung« der öffentlichen Einschätzung der Aktie des Unternehmens bzw. der Schließung einer eventuell feststellbaren »Wahrnehmungslücke« besteht. Ist demgegenüber aus verschiedenen Gründen von einer nachhaltig im Markt-/Indexvergleich (»Benchmarking«) unterdurchschnittlichen Kursentwicklung auszugehen, entsteht bzw. wächst das Risiko, künftig notwendig werdende Kapitalerhöhungen – wenn überhaupt – nur zu möglicherweise extrem teuren (weil nur zu deutlich schlechteren Kursen platzierbaren) Konditionen durchführen zu können.

Abberufung von Vorstandsmitgliedern

4. **Risiko einzelner Altaktionärsvorstände, vom Aufsichtsrat als Vorstand abberufen zu werden:** In Extremfällen (hohe unerwartete Verluste, deutliches Management-Fehlverhalten) haben Altaktionärsvorstände damit zu rechnen, dass der dem Altaktionärsvorstand ansonsten »wohlgesonnene« Aufsichtsrat diesen als Vorstand abberuft bzw. die Vorstandskompetenzen/-ressorts neu verteilt. Die operativen Einflussnahmemöglichkeiten des Altaktionärsvorstands auf die Geschicke der Gesellschaft könnten dadurch zumindest auf Zeit (bis zu einer evtl. Neubesetzung des Aufsichtsrats) maßgeblich eingeschränkt werden.

Unfreundliche Übernahme

5. **Risiko einer unfreundlichen Übernahme (»Unfriendly Takeover«):** Das Risiko einer unfreundlichen, d.h. ohne Zustimmung des Managements erfolgenden Übernahme des Mehrheitsaktienbesitzes ist in Deutschland – bislang – gering gewesen: So stellte die unfriendly takeover offer (feindliches Übernahmeangebot) von Vodafone für Mannesmann im November 1999 den in Deutschland ersten derartigen – im angelsächsischen Kapitalmarkt demgegenüber häufiger anzutreffenden – Fall dar. Gelingt ein feindlicher Über-

nahmeversuch (wozu allerdings in den meisten Fällen auch der Verkauf der Altaktionärsaktienpakete erforderlich sein dürfte) – d.h. die Übernahme der einfachen (50 % + 1 Stimme), qualifizierten (75 % + 1 Stimme) bzw. einer noch höheren (Ziel-)Beteiligungsquote, könnte der Übernehmer nicht nur den Aufsichtsrat (nach Auslauf der Mandatszeit) neu besetzen, sondern auch den Vorstand »vor die Tür setzen«. Der beste Schutz gegen eine vom (Altaktionärs-)Management unerwünschte fremde Übernahme stellt die Verfolgung einer konsequenten Shareholder-Value-Strategie dar. Des Weiteren dürfte sich – spätestens in diesem Fall – die Qualität (Anlagestrategie, Anlageverhalten) des institutionellen Aktionärskreises zeigen (vgl. Bookbuilding und Zuteilungsverfahren).

6. **Verlust der Mehrheitsposition der Altaktionäre durch weitere Kapitalerhöhungen:** Selten verfügen Altaktionäre über die finanziellen Möglichkeiten, künftig notwendig werdende Kapitalerhöhungen – insbesondere auf gegenüber Emissionspreis deutlich höherem Kursniveau – voll oder zumindest z.T. mitzeichnen zu können. Andererseits dürfte es unter normalen Verhältnissen (65–75 % Mehrheit der Altaktionäre auch nach Börsengang) einige Zeit dauern, bis a) die Mehrheitsposition unterschritten wird und b) die für eine Hauptversammlungsmehrheit in Deutschland als ausreichend betrachtete 40 %-Beteiligungsquote unterschritten werden dürfte. Doch selbst dann besteht kein Grund anzunehmen, dass der/die Altaktionärsvorstand/vorstände bei gegebener Zufriedenheit der Mitaktionäre abberufen wird/werden.

Kapitalerhöhungen können zum Verlust der Mehrheitsposition führen

Das Being Public bzw. Staying Public birgt somit börsengang-bedingte spezifische Risiken für die Gesellschafter wie auch die Altaktionäre bzw. das Altaktionärsmanagement. Gleichwohl dürften diese Risiken durch die grundsätzlich gegebenen beeindruckenden Chancen deutlich überkompensiert werden.

5.4 Nachhaltiger Shareholder Value

Unter Shareholder Value (Wert für den Aktionär) versteht man den Wert des Eigenkapitals als Teil des Gesamtunternehmenswerts (Unternehmenswert = Fremdkapital + Shareholder Value). Entsprechend bedeutet Shareholder Value-Management wertorientiertes – wertschaffendes, werterhaltendes und wertsteigerndes Management. Die Nicht- oder suboptimale Umsetzung von Shareholder-Value-Management ist daher gleichbedeutend mit wertvernichtendem, Wert(zuwachs) verhinderndem Management.

Die Schaffung nachhaltigen Shareholder Values repräsentiert das, was sich Aktionäre wünschen, wenn sie die Aktien der Gesellschaft aus wirtschaftlichen Gründen erwerben bzw. erworben haben.

Statt des fokussierten Blicks auf den Shareholder ist in den vergangenen Jahren vermehrt auch der so genannte »Stakeholder« (Kunden, Mitarbeiter, Lieferanten, Gesellschafter/Aktionäre, Gläubiger, Fiskus u.a.) in den Vordergrund der Betrachtung gerückt. Kritiker der »reinen« Shareholder-Value-Strategie argumentieren, dass bei einer »ausschließlichen« oder »primären« Berücksichtigung der Aktionärsinteressen die anderen mit dem Unternehmen verbundenen Parteien (stakeholder) zumindest teilweise übergangen bzw. übervorteilt würden.

Shareholder und Stakeholder – ein Regelkreis

Ohne auf die diversen Argumentationen, das Pro und Contra aus Platzgründen an dieser Stelle eingehen zu können, ist hierzu aus Sicht des Verfassers folgendes anzumerken: Versteht man das Unternehmen u.a. auch als Regelkreis aller am Unternehmen direkt oder indirekt partizipierenden Parteien, gibt es m.W. bislang keinen überzeugenden Ansatz, der einen langfristigen bzw. dauerhaften Gegensatz zwischen der Shareholder- und Stakeholder-Betrachtung (analog des antiquierten Postulats vom »Gegensatz zwischen Kapital und Arbeit«) nachweisen könnte. Vielmehr wird eine im Interesse des Aktionärs liegende **dauerhafte Wertsteigerungs-Strategie** – zumindest langfristig – auch immer im Interesse der sonstigen »stakeholder« liegen: Nur national wie international wettbewerbsfähige Unternehmen, die möglichst profitabel arbeiten, werden wachsen und weitere Mitarbeiter einstellen bzw. zumindest den bisherigen Mitarbeiterstamm weiterbeschäftigen können sowie verlässliche Zahler (gegenüber Lieferanten wie sonstigen Gläubigern einschließlich des Fiskus) sein und optimalen Kundennutzen bieten können. Eine wohlverstandene Shareholder-Value-Strategie wird daher nachhaltig stets auch die beste **Stakeholder-Strategie darstellen.**

Shareholder-Value-orientierte Unternehmen verhalten sich zudem zutiefst »sozial«, da sie – um einen von Alfred Herrhausen, dem ermordeten Vorstandssprecher der Deutschen Bank, wiederholt vorgetragenen Gedanken aufzugreifen – die Gemeinschaft so wenig wie möglich belasten.

Würde man allerdings – was nicht Gegenstand dieses Buches sein kann – die wirtschaftliche Betrachtungsweise (mit dem impliziten Ziel der Gewinnmaximierung bzw. »-optimierung«) verlassen und andere Primärziele wie z.B. bei Non-Profit- oder reinen Umwelt-Organisationen vorgeben, könnten sich in der Tat Gegensätze zwischen den Shareholder-Value- und den Interessen anderer Gruppen auftun.

Denjenigen Lesern, die sich über die moderne Shareholder-Value-Theorie und -Praxis eingehend informieren möchten, sei zu dem einschlägigen Standardwerk von Rappaport geraten (**Rappaport: Shareholder Value,** 1999), der sich intensiv u.a. mit den Fragen der **Unzulänglichkeit der Zahlen aus dem Rechnungswesen,** der **Messung von Shareholder Value** sowie der **Implementierung von Shareholder-Value-Denken und -Agieren** auseinandersetzt.

»Werttreiber« für Shareholder Value

Wesentliche »**Werttreiber**« bzw. Bewertungsparameter sind nach Rappaport: **Wachstumsrate des Umsatzes, betriebliche Gewinnmarge, Gewinnsteuersatz, Investitionen ins Umlaufvermögen, Investitionen ins Anlagevermögen, Kapitalkosten sowie die Länge der Prognoseperiode** (s. Kap. 3.3.1 Unternehmensbewertungsmethoden/Ermittlung eines angemessenen Emissionspreises).

5.5 Rückkauf eigener Aktien

Gründe für den Aktienrückkauf

Nach § 71 Abs. 1 Nr. 8 AktG ist der Rückkauf eigener Aktien – einen entsprechenden Hauptversammlungsbeschluss unter Festlegung des niedrigsten und höchsten Gegenwerts vorausgesetzt – bis zu 10 % des Gezeichneten Kapitals der Gesellschaft innerhalb der 18 nach HV-Beschluss folgenden Monate gestattet. Ein Rückkauf eigener Aktien kann sich insbesondere aus folgenden Gründen anbieten:

- Vorstand und Aufsichtsrat sind von einer merklichen, nachhaltigen »Unterbewertung« des Unternehmens überzeugt,

- Beteiligungsakquisitionen sollen durch den Verkauf vorab erworbener eigener Aktien finanziert werden,
- die Gesellschaft kauft eigene Aktien zurück um sie dem Vorstand, Führungskräften und Mitarbeitern des Unternehmens bzw. verbundener Unternehmen im Rahmen eines Aktienoptionsprogramms (s. Mitarbeiterbeteiligungsmodelle Kap. 3.2.13.4) zur Verfügung zu stellen,
- Abwehr krisenhafter Situationen.

Der Handel mit eigenen Aktien (Rückkaufprogramme bzw. Preisstabilisierungsmaßnahmen) gilt dann nicht als Verstoß gegen das Verbot der Kurs- und Marktpreismanipulation nach WpHG, soweit dies entsprechend der unmittelbar in den EWR-Staaten geltenden **EG-Verordnung Nr. 2273/2003** der Kommission vom 22.12.2003 zur Durchführung der Richtlinie 2003/6/EG des Europäischen Parlaments und des Rates (**Ausnahmeregelungen für Rückkaufprogramme und Kursstabilisierungsmaßnahmen**) erfolgt.

Die alleinige Ankündigung beabsichtigter Aktienrückkäufe bewirkt in fast allen Fällen einen Kursanstieg der betreffenden Aktie.

5.6 Berücksichtigung des Emittenten in Börsenindizes

Emittenten werden »automatisch« Teil eines bzw. mehrerer Indizes, bzw. wachsen in bestimmte Indizes aufgrund ihrer Größe (Börsenkapitalisierung und Handelsvolumina in Aktien der Gesellschaft) hinein. Die Zugehörigkeit zu einem bzw. mehreren Indizes kann für den Emittenten und dessen Aktionäre u.a. unter dem Aspekt »Benchmarking« (Benchmark = Vergleichsmaßstab) ebenso interessant sein wie unter dem Gesichtspunkt der Erschließung zusätzlicher Investoren-/Aktionärskreise, da z.B. diverse institutionelle Investoren nur Aktien von Unternehmen aus bestimmten Indizes bzw. ab einer bestimmten Börsenkapitalisierung und Aktienumsatzgröße erwerben. Für die Zugehörigkeit zu einem sog. »**Auswahlindex**« müssen börsennotierte Unternehmen neben z.B. Größenerfordernissen noch bestimmte weitere Anforderungen erfüllen (an der FWB z.B. Teilnahme am fortlaufenden Handel und damit u.U. notwendige Verpflichtung mindestens eines Designated Sponsors je nach Liquidität der Aktie).

Zugehörigkeit zu Indizes

Klassische Deutsche Aktienindizes sind:
- **DAX:** Deutscher Aktienindex der größten **30** deutschen Standardwerte (»Blue Chips«) aus dem Prime Standard (Amtlicher Markt oder Geregelter Markt) der FWB. Auswahlkriterien sind Börsenumsatz und Börsenkapitalisierung. Die Überprüfung der Indexzusammensetzung findet normalerweise einmal jährlich mit Wirkung zum September statt. Nur in bestimmten Fällen kann sich die Zusammensetzung des Index auch unterjährig ändern.
- **MDAX:** Deutscher Aktienindex der dem DAX folgenden **50** größten deutschen oder ausländischen »Midcaps«/»Midcap-Werten« (mittelgroßer Gesellschaften) aus Amtlichem Markt oder Geregeltem Markt der FWB aus klassischen Sektoren. Die sonstigen Auswahlkriterien sind die gleichen wie beim DAX. Anpassungen der Indexzusammensetzung finden halbjährlich zum März und September statt.

Deutsche Aktienindizes

- **SDAX:** enthält die **50** nach der Größe dem MDAX folgenden Unternehmen (bis März 2003 enthielt der SDAX die größten Werte des SMAX-Segments).
- **TecDAX:** enthält die **30** größten deutschen und ausländischen Technologieunternehmen des Prime Standard (Amtlicher Markt oder Geregelter Markt) unterhalb des DAX; kleinerer Nachfolgeindex des ehemaligen Nemax 50.
- **Technology All Share:** alle Prime Standard-Werte unterhalb des DAX aus Technologiebranchen, Nachfolger des NEMAX All Share.
- **Classic All Share:** alle Prime Standard-Werte unterhalb des DAX aus klassischen Branchen.
- **HDAX:** umfasst sämtliche im DAX, MDAX und TecDAX enthaltenen Aktien; Nachfolger des DAX-100.
- **Midcap Market Index:** beinhaltet die **80** MDAX und TecDAX-Firmen.
- **DivDAX:** Dieser Auswahlindex beinhaltet die **15** dividendenstärksten DAX-Unternehmen.
- **CDAX:** erfasst sämtliche deutschen Werte im Prime Standard und General Standard.
- **GEX:** Im GEX sind die eigentümergeführten deutschen Unternehmen aus dem Prime Standard enthalten (sofern maximal seit zehn Jahren börsennotiert und mit einem Mindest-Eigentümeranteil von 25 %).
- **Entry Standard Index:** Nach Start am 25.10.2005 soll dieser Index nach sukzessiver Auffüllung die größten **30** Werte des Entry Standard enthalten.
- **Entry All Share: sämtliche Werte des Entry Standard.**

Ergänzend zu den vorgenannten Indizes gibt es noch u.a. eine Reihe von Branchenindizes. Seit Juni 2002 wurde die Indexberechnung auf Freefloat-Gewichtung umgestellt. DAX, MDAX und TecDAX werden seit 01.01.2006 sekündlich berechnet.

Die Indizes werden jeweils sowohl als **Kursindex** als auch als **Performance-index** geführt. Während ein **Kursindex** ausschließlich die gewichteten Kursänderungen erfasst, finden beim **Performance-Index** sowohl Kursveränderungen als auch Dividendenausschüttungen Berücksichtigung. Basis für die Berechnung der Indizes bilden die jeweiligen Xetra-Kurse (elektronisches Handelssystem der FWB).

Wichtige europäische Indizes

Europäische Aktienindizes mit (potentieller) Relevanz für deutsche Emittenten sind:
- Dow Jones STOXX 50: Europäischer Blue Chip Index der 50 nach Marktkapitalisierung und Börsenumsatz größten Aktien aus Europa.
- Dow Jones EURO STOXX: Europäischer Index, der alle Gesellschaften des Dow Jones STOXX aus Ländern der EWU (Europäische Währungsunion) enthält.
- Dow Jones EURO STOXX 50: Europäischer Blue-Chip-Index der 50 wichtigsten und größten Aktien aus dem Dow Jones EURO STOXX.
- FTSE AIM 100 Index: Index der 100 größten im Londoner Alternative Investment Market AIM notierten Unternehmen.
- FTSE AIM All-Share Index: Index sämtlicher im Londoner Alternative Investment Market (AIM) notierter Unternehmen.

- FTSE techMARK All Share Index: Index sämtlicher am Londoner techMARK (gegründet am 04.11.1999) gehandelter Aktien.
- FTSE techMARK 100: Index der 100 größten am Londoner techMARK gehandelten Aktien.
- FTSE techMARK mediscience: Index der am Londoner techMARK mediscience gehandelten Aktien (ohne FTSE-100-Firmen und Nicht-UK-Gesellschaften ähnlicher Größe).

Als wichtige US-Aktienindizes gelten:

- AMEX Composite Index: Index sämtlicher an der AMEX American Stock Exchange gehandelten Aktien.
- Dow Jones Average 30 Industrial: Dieser Index der Dow Jones & Co. ist einer der ältesten und meist quotierten Indizes. Er enthält 30 der bedeutendsten und bei privaten wie institutionellen Anlegern breit gestreuten Aktien.
- NASDAQ Composite Index: Beinhaltet sämtliche in- und ausländischen Aktien des NASDAQ Handelssystems (derzeit über 3.000).
- NASDAQ 100: Repräsentiert 100 der größten Nicht-Finanz-Werte des NASDAQ Handelssystems.
- NYSE Composite Index: Index sämtlicher an der NYSE New York Stock Exchange gehandelten Aktien.
- Russell 1000: Frank Russell Company Index der 1000 größten an US-Börsen gehandelten Aktien (Large Cap).
- Russell 2000: Frank Russell Company Index der 2000 nächstgrößten an US-Börsen gehandelten Aktien (Small Cap).
- Russell 3000: Frank Russell Company Index der 3000 größten an US-Börsen gehandelten Aktien (Summe aus Russel 1000 und Russel 2000)(»All Cap«).
- S&P 500: Standard & Poor´s Index mit 500 unter den »Large Caps« nach bestimmten Kriterien (s. www.standardandpoors.com) ausgewählten großen an US-Börsen gehandelten Aktien (lt. www.russel.com sind rund 100 der 500 größten US-Unternehmen nicht im S&P 500 enthalten).
- S&P MidCap 400: analog.
- S&P SmallCap 600: analog.
- S&P Composite 1500: analog (Summe aus S&P 500, S&P MidCap 400 und S&P SmallCap 600).
- Value Line Composite Index: Dieser Index ist ein – im Gegensatz zu sonstigen Indizes – nicht kapitalgewichteter, sondern ausschließlich preisgewichteter (und somit kleine wie große Unternehmen gleichgewichtender) Index der Value Line Inc., New York, der rund 1.720 an US-Börsen bzw. der NASDAQ gehandelte und vom Value Line Inc.-Research abgedeckte Werte umfasst (schließt S&P 500-Werte ein).

Wichtige US-Aktienindizes

5.7 Going Private/Delisting

»Going Private«, »Reprivatisierung«, »Delisting« oder auch »Public-to-Private« (»P2P«), d.h. die nicht nur zeitweilige Streichung eines Unternehmens vom Kurszettel, ist als Antipode zum Going Public in Deutschland im Vergleich zu den angelsächsischen Kapitalmärkten noch relativ selten. Obgleich die o.g. Begriffe üblicherweise synonym verwendet werden, kann mit Delisting auch die Streichung der Notiz an nur einer Börse (**partielles Delisting**) oder aber an sämtlichen Börsen (**komplettes Delisting**) gemeint sein. Hier soll Letzteres im Vordergrund stehen.

Gründe für ein Going Private

Gründe für ein Going Private können insbesondere darin liegen,
- die Einbindung eines Unternehmens in einen Konzernverbund (des Hauptaktionärs) zu verstärken,
- flexiblere Gesellschafterentscheidungen treffen zu können,
- eine schwächer bewertete Gesellschaft als dann wieder privates Unternehmen nach Umstrukturierungen an Dritte weiterzuverkaufen/durchzuhandeln bzw.
- die mit einem Börsenlisting verbundenen Kosten zu sparen.

Die genannten Gründe sind meist Folge vorangegangener sukzessiver oder En-bloc-Käufe größerer Aktienpakete durch einen oder mehrere neue oder alte Hauptaktionäre.

Das Delisting kommt entweder als sog. **reguläres Delisting** (durch Widerruf der Börsenzulassung gem. § 43 BörsG) oder als sog. **kaltes Delisting** (durch gesellschaftsrechtliche Umstrukturierungen) zustande.

1. Reguläres Delisting

Reguläres Delisting

Das Börsengesetz (§ 43) gibt der jeweiligen Börsen-Zulassungsstelle das Recht, die Zulassung eines Emittenten in einem geregelten Markt zu widerrufen, wenn ein Emittent auch nach einer ihm gesetzten angemessenen Frist die Zulassungspflichten nicht erfüllt. Näheres regeln die jeweiligen Börsenordnungen. Die Börsenordnung der FWB beispielsweise regelt für den Amtlichen Markt (General Standard) **den Widerruf der Zulassung von Amts wegen** in § 57 BörsO FWB (nach den Vorschriften des Verwaltungsverfahrensgesetzes, nach § 43 BörsG oder wenn ein ordnungsgemäßer Börsenhandel auf Dauer nicht mehr gewährleistet ist), den **Widerruf der Zulassung auf Antrag des Emittenten** in § 58 BörsO FWB. § 73 BörsO FWB fixiert die gleichen Regelungen auch für den **Geregelten Markt**. § 67 BörsO FWB schließlich enthält die Bestimmungen zum **Widerruf der Zulassung im Prime Standard**. Die Ankündigungsfrist bis zum Vollzug des Delisting beträgt bis zu sechs Monate (§ 58 BörsO FWB).

2. Kaltes Delisting

Kaltes Delisting

Beim Kalten Delisting erfolgt meist eine Umwandlung in eine nicht kapitalmarktfähige Rechtsform oder der Ausschluss von Minderheitsaktionären. Folgende grundsätzliche Fälle des kalten Delistings lassen sich unterscheiden:
- Verschmelzung einer börsennotierten Gesellschaft auf eine nicht börsennotierte (§§ 2 ff. UmwG),
- Formwechsel in eine nicht börsennotierbare Rechtsform (§§ 226 ff. UmwG),
- Verkauf von Vermögenswerten (»Asset Deal«) mit anschließender Liquidation der Gesellschaft (§§ 262 und 179a AktG),
- Eingliederung einer börsennotierten Gesellschaft in eine nicht börsennotierte (§§ 319 ff. AktG),
- der sog. »Squeeze out«, der seit Anfang 2002 gem. WpÜG mögliche zwangs-

weise Ausschluss von Minderheitsaktionären gegen Barabfindung (§§ 327a-f AktG) mit anschließendem Delisting.

Hinsichtlich des **Squeeze out** hat der **BGH** in seinem vielbeachteten sog. »Ingram/Macrotron-Urteil« (BGH II ZR 133/01 vom 25.11.2002) zum Schutze von Minderheitsaktionären i.W. festgeschrieben:

- Als Grundlage für ein kaltes Delisting ist ein HV-Beschluss erforderlich.
- Bei Eingliederung und Squeeze out muss ein Aktionär mindestens 95 % des GK halten.
- Der maßgebliche Aktionär bzw. die Gesellschaft muss den verbleibenden Aktionären ein Barabfindungsangebot unterbreiten, das im sog. »**Spruchverfahren**« zu überprüfen sein muss.

Squeeze out

Nicht zuletzt diesem Urteil Rechnung tragend hat der Gesetzgeber mit dem seit 01.09.2003 geltenden **Spruchverfahrensgesetz (SpruchG)** das Spruchverfahren (§§ 1–17 SpruchG) und angemessene Kompensationen geregelt – sei es als Abfindung für das Ausscheiden aus der Gesellschaft oder als Ausgleich beim Verbleib in der (neuen) Gesellschaft. Das SpruchG dient zum einen der **Verbesserung des Minderheitenschutzes**, zum anderen dem **Schutz von Strukturmaßnahmen**, da diese nicht mehr durch Anfechtungsklage unter Berufung auf eine zu geringe Kompensation angegriffen werden können.

Spruchverfahren

Abzufindende Minderheitsaktionäre können grundsätzlich den Verkehrswert ihrer Aktien unter Berücksichtigung des **Börsenkurses** als **Wertuntergrenze** erwarten.

Näheres zum Thema Going Private bzw. Squeeze out findet sich bei Rühland (2004), Huber (2005) bzw. rechtsvergleichend (bzgl. Deutschland und USA) Schwichtenberg (2003).

Going Private muss indes kein Dauerzustand bleiben, wie das Beispiel der Praktiker-Baumarktkette zeigt, die im Jahre 2005 erneut (zum zweiten Male) an die Börse geführt wurde (streng genommen kein IPO, da kein **erstmaliger Börsengang**).

5.8 Zusammenfassung

1. Insbesondere in den ersten Wochen und Monaten nach dem Börsengang werden sich Altaktionäre, (Altaktionärs-)Management und Mitarbeiter an »die neue Situation«, die eine Reihe von positiven, aber auch teilweise als belastend empfundenen Änderungen mit sich bringt, gewöhnen müssen.
2. Besondere Pflichten nach der Emission betreffen – teilweise in Abhängigkeit vom Börsen-/Handelssegment – insbesondere die Beachtung der laufenden und Ad-hoc-Publizität, der Insidervorschriften, der Meldevorschriften für Directors Dealings, des Verbots der Kurs- und Marktpreismanipulation, der Meldeschwellen, des Corporate Governance Kodex sowie eventueller Lock-up-/Mindesthalteverpflichtungen, des Weiteren die Aufstellung und Pflege eines Unternehmenskalenders, die Durchführung von Analysten- und Investorenveranstaltungen, die Generierung von Research-Berichten, die Verpflichtung

von Designated Sponsors und die Einhaltung von Pflichtangeboten bei Kontrollwechseln.

3. Nach erfolgreichem Going Public gilt es, die sich vielfältig bietenden Chancen (s. Kap. 1.2 Motive für einen Börsengang) der weiteren Entwicklung als börsennotiertes Unternehmen auch möglichst konsequent zu nutzen. Beispielhaft seien hier noch einmal genannt: Wachstum – zumindest auf Zeit – ohne Liquiditäts-/Eigenkapitalknappheit realisieren zu können, i.d.R. wieder mehr Zeit für das Management der nicht-liquiditätsbezogenen Kernaktivitäten nutzen zu können, künftig notwendig werdende Kapitalerhöhungen auf möglicherweise – je nach Kursentwicklung – noch deutlich höherem Preisniveau platzieren zu können, Akquisitionen »in eigener Währung« (in eigenen Aktien) bezahlen zu können sowie nicht zuletzt für bisherige und (potentielle) neue Mitarbeiter ein noch attraktiverer Arbeitgeber sein zu können und den durch den IPO gestiegenen Bekanntheitsgrad des Unternehmens bei Lieferanten, Kunden und anderen »Stakeholdern« sukzessive weiter auszubauen.

4. Ein Börsengang beinhaltet für den Emittenten bzw. die Altaktionäre natürlich auch potentielle Risiken, die teilweise von den klassischen Aktienrisiken auch für Neuaktionäre abweichen, teilweise deckungsgleich sind. Hierbei sind zu nennen: die bessere Analysierbarkeit durch Wettbewerber, möglicherweise divergierende Interessen zwischen Managern und Manager-Aktionären, das Risiko einer schlechten Kursperformance, das Risiko für Altaktionärsvorstände als Vorstand abberufen zu werden, das Risiko einer unfreundlichen Übernahme (»Unfriendly Takeover«) bzw. der Verlust der Mehrheitsposition der Altaktionäre durch weitere Kapitalerhöhungen.

5. In Summe dürfte die maßgeblich von Vorstand, Führungskräften und Mitarbeitern beeinflussbare Wahrnehmung von Chancen, gepaart mit einem kontrollierten, sensitiven Risikomanagement einen deutlichen Positiv-Saldo des Going Public generieren.

6. Eine engagierte, wohlverstandene Shareholder-Value-bezogene Führung der Gesellschaft wird langfristig stets auch optimalen »Stakeholder Value« hervorbringen.

7. Ein eventueller späterer Rückkauf eigener Aktien kann sich unter bestimmten Bedingungen empfehlen.

8. Je nach Börsensegment-Zugehörigkeit bzw. Größe des nunmehr börsengehandelten Unternehmens bzw. des Handelsvolumens in seinen Aktien wird das Unternehmen Teil eines oder auch mehrerer Aktienindizes. Die Indexzugehörigkeit kann für das Unternehmen und seine Aktionäre unter Benchmark-(Leistungsvergleichsmaßstab-)Aspekten interessant sein, aber z.B. auch um bestimmte (neue) Aktionärskreise zu erschließen.

9. Ein eventuelles späteres Going Private (»Delisting«; Streichung der Börsennotierung) kann bei Eintritt bestimmter Bedingungen zwangsweise oder auch »freiwillig« erfolgen.

6 Anhang

6.1 Adressverzeichnis Beteiligungsgesellschaften

Anmerkung: Über die im Folgenden genannten, dem BVK (Bundesverband Deutscher Kapitalbeteiligungsgesellschaften) angeschlossenen Beteiligungsgesellschaften hinaus gibt es eine Vielzahl weiterer in- und ausländischer potentieller Beteiligungspartner. Beteiligungskapitalsuchende und an einem Börsengang interessierte Unternehmen/Unternehmer sollten daher bei der Auswahl möglicherweise infrage kommender Beteiligungspartner Berater ihres Vertrauens, z.B. ein entsprechend erfahrenes Emissionsberatungsunternehmen, zu Rate ziehen.

Beteiligungsgesellschaften des Bundesverbandes Deutscher Kapitalbeteiligungsgesellschaften (BVK):

Name	Ort	Straße	Telefon	Fax	Webadresse
3i Deutschland Gesellschaft für Industriebeteiligungen mbH	60325 Frankfurt a.M.	Bockenheimer Landstr. 55	069/ 71 00 00-0	069/71 00 00-113	http://www.3i.com/
ACCERA Venture Partners AG	68161 Mannheim	O3, 11+ 12 (Kunststr.)	06 21/ 18 15 37-0	06 21/18 15 37-99	http://www.accera.de/
AdCapital AG	70771 Leinfelden-Echterdingen	Gutenbergstr. 13	07 11/38 94 00-0	0711/38 94 00-20	http://www.adcapital.de/
Aderhold v. Dalwigk Knüppel – Rechtsanwaltsgesellschaft GmbH	60325 Frankfurt a.M.	Friedrich-Ebert-Anlage 54	069/ 63 14 68 13	069/63 14 68 43	http://www.roelfspartner.de/ra
AIG Europe Direktion für Deutschland	60323 Frankfurt a.M.	Oberlindau 76–78	069/ 971 13-0	069/971 13-290	http://www.aigeurope.com/
Allen & Overy Rechtsanwälte	60311 Frankfurt a.M.	Taunustor 2	069/ 26 48 50 00	069/26 48 58 00	http://www.allenovery.com/
Allianz Capital Partners GmbH	80333 München	Theresienstr. 6	089/ 38 00-70 01	089/38 00-75 86	
Allianz Private Equity Partners GmbH	80802 München	Giselastr.4	089/ 380 01 99 00	089/380 01 94 36	http://www.apep.com/
Alpha Beteiligungsberatung GmbH & Co.KG	60325 Frankfurt a.M.	Niedenau 68	069/ 97 14 94-0	069/97 14 94-22	http://www.alphagruppe.com/
AMR International Ltd.	60329 Frankfurt a.M.	Mainzer Landstr. 51	069/ 24 00 86-0	069/24 00 86-16	http://www.amrinternational.com/
Apax Partners Beteiligungsberatung GmbH	81679 München	Possartstr. 11	089/ 99 89 09-0	089/99 89 09-33	http://www.apax.com/
Arcadia Beteiligungen Bensel Tiefenbacher & Co. GmbH	20457 Hamburg	Kehrwieder 12	040/ 30 70 97-0	040/30 70 97-55	http://www.arcadia.de/
Argantis GmbH	50667 Köln	Breite Str. 80	0221/ 28 06 40	02 21/280 64 10	http://www.argantis.de/
AS Venture GmbH	10888 Berlin	Axel-Springer-Str. 65	030/ 259 17 80 15	030/259 17 80 02	http://www.asventure.com/
Ashurst	60323 Frankfurt a.M.	Oberlindau 54–56	069/97 11 26	069/97 20 52 20	http://www.ashurst.com/

Name	PLZ/Ort	Straße	Telefon	Fax	Web
aspect corporate advisors GmbH	53604 Bad Honnef	Rhöndorfer Str. 80	0 2224/ 989 86 00	0 22 44/989 86-40	http://www.aspectadvisors.com/
Atlas Venture GmbH	80538 München	Widenmayerstr. 16	089/ 45 87 45-0	089/45 87 45-45	http://www.atlasventure.com/
AUCTUS Management GmbH	80333 München	Brienner Str. 7	089/ 21 01 97 30	089/21 01 97 31	http://www.auctus.com/
Aurelia Private Equity GmbH	60431 Frankfurt a.M.	Kurhessenstr. 1–3	069/80 90-0	069/80 90-109	http://www.aurelia-pe.de/
AutoVision GmbH -venture-	38442 Wolfsburg	Major-Hirst-Str. 11	0 53 61/ 897-24 03	0 53 61/897-31 75	http://www.autovision-gmbh.com/
AVIDA Advisers GmbH	80333 München	Kardinal-Faulhaber-Str. 10	089/ 30 76 69 70	089/30 76 69 74	http://www.avida-advisers.com/
AVIDA GROUP c/o Avida Private Equity Partners GmbH	40212 Düsseldorf	Steinstr. 20	0211/ 86289450	02 11/86 28 94 55	http://www.avida-group.com/
AXA Private Equity Germany GmbH	Frankfurt a.M.	An der Welle 4	069/ 505041500	069/505 04 15 50	http://www.axaprivateequity.de/
baF business angel Fondsverwaltung GmbH	30159 Hannover	Osterstr. 60	05 11/ 35 39 96-0	0511/35 39 96-10	http://www.baf-deutschland.de/
BAG Aktiengesellschaft für Industriebeteiligungen	21079 Hamburg	Tempowerkring 6	040/ 79 01 23 45	040/79 01 23 44	http://www.beteiligungs-ag.de/
Baker & McKenzie LLP Rechtsanwälte und Steuerberater	80333 München	Theatinerstrasse 23	089/552 38-0	089/552 38-199	http://www.bakernet.com/
BALTIK AG für Kapitalbeteiligungen	23554 Lübeck	Katharinenstrasse 31	04 51/47 07-0	04 51/47 07-123	http://www.baltik-ag.de/
Bandenburg & Co. GmbH Institut für Eigenkapital	60325 Frankfurt a.M.	Schumannstr. 53	069/74 02 59	069/74 68 43	http://www.bandenburg.de/
Baring Private Equity Partners GmbH	60323 Frankfurt a.M.	Myliusstr. 47	069/71 40 70	069/71 39 80	http://www.bpep.com/
BASF Venture Capital GmbH	67063 Ludwigshafen	4. Gartenweg/ Gebäude Z 25	06 21 60/ 768 01	06 21 60/768 19	http://www.basf-vc.de/
BayBG Bayerische Beteiligungsgesellschaft mbH	80538 München	Bruderstr. 7	089/21 98-02	089/21 98-25 55	http://www.baybg.de/
Bayern Kapital Risikokapitalbeteiligungs GmbH	84028 Landshut	Altstadt 72	08 71/ 923 25-0	08 71/923 25-55	http://www.bayernkapital.de %20+ %20bayern-kapital.com/
BayernLB Private Equity	80333 München	Promenadeplatz 1	089/ 55 25 63-0	089/55 25 63-90	http://www.bayernlb-pe.de/
BayTech Venture Beratungs GmbH	80333 München	Brienner Str. 24	089/ 21 71-261 21	089/21 71-261 30	http://www.baytechventure.com/
BC Brandenburg Capital GmbH	14480 Potsdam	Steinstr. 1041–06	03 31/ 660 16 98	03 31/660 16 99	http://www.bc-capital.de/
BC Partners LTD	GB-London W1H 6DA	43–45 Portman Square	+44/ 20 70 09 48 00	+44 - 20 70 09 48 99	http://www.bcpartners.com/
BDO Deutsche Warentreuhand AG/ Financial Advisory Services	10707 Berlin	Kurfürstendamm 182–183	030/ 88 57 22-0	030/88 38 29-9	http://www.bdo.de/
bdp Bormann-Demant & Partner Rechtsanwälte, Steuerberater, Wirtschaftsprüfer	10435 Berlin	Danziger Str. 64	030/ 44 33 61-0	030/44 33 61-54	http://www.bdp-team.de/
Berlin Capital Fund GmbH	10717 Berlin	Bundesallee 184/185	030/ 85 95 43-0	030/85 95 43-20	http://www.berlin-capitalfund.de/
BeteiligungsKapital Hannover GmbH & Co.KG	30159 Hannover	Osterstr. 60	05 11/ 35 39 95 40	05 11/35 39 95 43	http://www.beteiligungskapital-hannover.de/
BioAgency AG	22525 Hamburg	Schnackenburgallee 116	040/ 61 17 15-0	040/61 17 15-19	http://www.bioagency.com/
BLS Technologie-Fonds GmbH	10963 Berlin	Wilhelmstr. 140/Willy-Brandt-Haus	030/ 79 01 80-0	030/79 01 80-20	
bm-t beteiligungsmanagement thüringen gmbh	99084 Erfurt	Gorkistr. 9	03 61/ 74 47-601	03 61/74 47-635	http://www.bm-t.com/
bmp AG	10555 Berlin	Alt Moabit 59–61	030/20 30 50	030/20 30 55 55	http://www.bmp.com/
BonVenture Management GmbH	80336 München	Pettenkofer Str. 37	089/ 544 60 60	089/54 46 01 35	http://www.bonventure.de/
BPE PRIVATE EQUITY G.m.b.H.	20354 Hamburg	Schleusenbrücke 1/Ecke Neuer Wall	040/ 36 15 70-0	040/36 15 70-70	http://www.bpe.de/
Bremer Unternehmensbeteiligungsgesellschaft mbH	28195 Bremen	Langenstr. 2–4	04 21/ 178 87-30	04 21/178 87-50	http://www.bug-bremen.de/

Adressverzeichnis Beteiligungsgesellschaften

Name	PLZ/Ort	Straße	Telefon	Fax	Web
Bridgepoint Capital GmbH Beteiligungsberatung	60311 Frankfurt a.M.	Kaiserstr. 6	069/210 87 70	069/21 08 77 77	http://www.bridgepoint-capital.com/
Brockhaus Private Equity AG	60323 Frankfurt a.M.	Myliusstr. 30	069/ 71 91 61 70	069/71 91 61 71	http://www.brockhaus-pe.com/
BTG Beteiligungsgesellschaft Hamburg mbH	22305 Hamburg	Habichtstr. 41/Ecke Bramfelder Str,	040/61 17 00-37 oder -38	040/61 17 00-49	http://www.btg-hamburg.de/
Business Angels Netzwerk Deutschland e.V. (BAND)	45138 Essen	Semperstr. 51	02 01/894 15 60	02 01/894 15 10	http://www.business-angels.de/
BW-Venture Capital GmbH	70174 Stuttgart	Friedrichstr. 9a	0 711/305 89 20 10	07 11/305 86 20 99	http://www.bw-venture.de/
BWK GmbH Unternehmensbeteiligungsgesellschaft	70173 Stuttgart	Thouretstr. 2	07 11/225 57 60	07 11/22 55 76 10	http://www.bwk.info/
Capital Stage AG	20457 Hamburg	Brodschrangen 4	040/37 85 62-0	040/37 85 62-129	http://www.capitalstage.com/
capiton AG	10707 Berlin	Bleibtreustr. 33	030/31 59 45-0	030/31 59 45-57	http://www.capiton.de/
CAT Consultants GmbH & Co.	20095 Hamburg	Ferdinandstr. 6	040/30 37 44-0	040/30 37 44-20	http://www.cat-consultants.de/
CBG Commerz Beteiligungsgesellschaft Holding mbH	60311 Frankfurt a.M.	Kaiserplatz	069/13 64 44 94	069/13 62 93 36	http://www.cbg.commerzbank.de/
CEA Capital Partners Management GmbH	40219 Düsseldorf	Stadttor 1	02 11/60 04 21 00	02 11/60 04 22 00	http://www.cea-capital.de/
Cinven GmbH	60311 Frankfurt a.M.	Main Tower, Neue Mainzer Str. 52	069/900 27-0	069/900 27-100	
CIPIO PARTNERS GmbH	80333 München	Ottostr. 8	089/550 69 60	089/55 06 96 99	http://www.cipiopartners.com/
Clifford Chance	60325 Frankfurt a.M.	Mainzer Landstr. 46	069/71 99-01	069/71 99-40 00	http://www.clifford-chance.com/
CMB- Company für Management und Beteiligungen KG	10629 Berlin	Walter-Benjamin-Platz 6	030/76 88 88-22 oder -21	030/76 88 88-76	http://www.cmb-berlin.com/
CMS Hasche Sigle	70597 Stuttgart	Schöttlestr. 8	07 11/97 64-388	07 11/97 64-937	
Concentro Management AG	80539 München	Kaulbachstr. 36	089/388 49 70	089/38 84 97 50	http://www.concentro.de/
CornerstoneCapital AG	60325 Frankfurt a.M.	Westendstr. 41	069/78 90 47-0	069/78 90 47 10	http://www.cornerstonecapital.de/
CREATHOR VENTURE Creathor GmbH	61348 Bad Homburg	Kaiser-Friedrich-Promenade 59	06172/13 97 20	0 61 72/139 72 29	http://www.creathor.de/
CVC Capital Beratungs GmbH	60380 Frankfurt a.M.	Friedrich-Ebert-Anlage 49	069/97 58 35-0	069/97 58 35-11	
Deloitte & Touche GmbH	30159 Hannover	Georgstr. 52	0511/30 23-0	05 11/30 23-170	http://www.deloitte.com/
Deutsche Beteiligungs AG	60323 Frankfurt a.M.	Kleine Wiesenau 1	069/957 87-01	069/957 87-199	http://www.deutsche-beteiligung.de/
Deutsche Börse AG	60487 Frankfurt a.M.	Neue Börsenstr. 1	069/211-188 88	069/211-143 33	http://www.deutsche-boerse.com/
DEWB Deutsche Effecten- und Wechsel-Beteiligungsgesellschaft AG	07743 Jena	Carl-Zeiß-Platz 16	0 36 41/65 21 58	03641/65 21 57	http://www.dewb-vc.com/
DEWEY BALLANTINE LLP	60323 Frankfurt a.M.	Reuterweg 16	069/36 39 30	069/36 39 33 33	http://www.deweyballantine.com/
DIH Finanz und Consult GmbH	60323 Frankfurt a.M.	Friedrichstr. 34	069/971 21 40	069/97 12 14-44 oder -43	http://www.dih-ffm.de/
Dissmann Orth Rechtsanwaltsgesellschaft Steuerberatungsgesellschaft GmbH	80333 München	Kardinal-Faulhaber-Str. 14 A	089/29 08 48-0	089/29 08 48-88	http://www.dolaw.de/
DKB Wagniskapital Unternehmensbeteiligungsgesellschaft mbH	10117 Berlin	Kronenstr. 11	030/20 15 56 76	030/20 15 58 51	
Dr. Engelhardt Unternehmensbeteiligungen GmbH	10179 Berlin	Köpenicker Str. 48/49	030/24 00 06 00	030/27 59 28 10	http://www.berlinvestment.de/
Dr. Johannes Weisser LL.M. (USA)	65760 Eschborn	Mergenthalerallee 10–12	0 61 96/99 61 28 88	0 61 96/99 61 37 68	http://www.luther-law-firm.com/
Dr. Langenmayr & Partner GbR/Wirtschaftsprüfer, Rechtsanwälte, Steuerberater	80335 München	Seidlstr. 30/VII	089/55 17 07-0	089/55 17 07-49	http://www.dr-langenmayr.de/
Dr. Neuhaus Techno Nord GmbH	20354 Hamburg	Jungfernstieg 30	040/35 52 82-0	040/35 52 82-39	http://www.drneuhaus.de/

Name	PLZ/Ort	Straße	Telefon	Fax	Web
Dr. Schmidt Biotech GmbH	65205 Wiesbaden	Max-Planck-Ring 21	0 61 22/ 998 81 53	0 61 22/998 84 01	http://www.drschmidt-biotech.de/
DVC Deutsche Venture Capital	81673 München	Neumarkter Straße 28	089/413 68 70	089/41 36 87 87	http://www.dvcg.de/
Dynamics Venture Capital Fund GmbH	80333 München	Residenzstr.9	089/ 205 08 90	089/20 50 89 99	http://www.dynamics-venture.com/
DZ Equity Partner GmbH	60265 Frankfurt a.M.	Platz der Republik	069/ 74 47-72 09	069/74 47-16 32	http://www.dzep.de/
EARLYBIRD VENTURE CAPITAL GmbH & CoKG	22767 Hamburg	Van-der-Smissen-Str. 3	040/ 43 29 41-0	040/43 29 41-29	http://www.earlybird.com/
eCapital New Technologies Fonds AG	48155 Münster	Hafenweg 22	02 51/ 919 59 90	02 51/919 59 91	http://www.ecapital.de/
ECM Equity Capital Management GmbH	60323 Frankfurt a.M.	Oberlindau 80–82	069/971 02-0	069/971 02-24	http://www.ecm-pe.de/
Egon Zehnder International GmbH	60325 Frankfurt a.M.	Arndtstr. 15	069/633 96-0	069/633 96-100	http://www.egonzehnder.com/
EIM Executive Interim Management GmbH	80333 München	Brienner Str. 48	089/ 54 58 26-0	089/54 58 26-58	http://www.germany.eim.com/
ENERGY Innovations Portfolio AG & Co. KGaA	68161 Mannheim	O3, 11 + 12 (Kunststr.)	06 21/ 181 53 70	06 21/18 15 37 99	http://www.bvk-ev.de/bvk.php/cat/46/Detailansicht/247/Name/ http://www.accera.de
EQT Partners Beteiligungsberatung GmbH	80333 München	Theatinerstr. 8	089/ 255 49 90	089/25 54 99 99	http://www.eqt.de/
equinet Venture Partners AG	60487 Frankfurt a.M.	Gräfstr. 97	069/589 97-0	069/589 97-399	http://www.equinet-ag.de/
equitrust Aktiengesellschaft	20354 Hamburg	AB- Str. 19/Kern 2	040/ 37 48 34-0	040/37 48 34-10	http://www.equitrust.de/
Ernst & Young AG Wirtschaftsprüfungsgesellschaft	65760 Eschborn	Mergenthalerallee 10-12	0 61 96/ 99 62 53 66	0 61 96/99 62 45 30	http://www.ey.com/
EUTELIS CONSULT Beratungsgesellschaft für Telekomm. und Mehrwertdienste mbH	40882 Ratingen	Noldenkothen 18a	0 21 02/ 999-053	0 21 02/999-268	http://www.eutelis.de/
ExperConsult Unternehmensberatung GmbH & Co. KG	44227 Dortmund	Martin-Schmeißer-Weg 12	02 31/ 754 43-27	02 31/754 43-27	http://www.experconsult.de/
EXTOREL GmbH	80333 München	Lenbachplatz 3	089/20 70 30	089/20 70 33 98	http://www.extorel.de/
FGF Förderkreis Gründungs-Forschung e.V. Entrepreneurship Research	53179 Bonn	Ludwig- Erhard Platz 1–3	02 28/ 910 77 46	02 28/528 81 38	http://www.fgf-ev.de/
Finatem Fonds II Management Verwaltungs GmbH	60323 Frankfurt a.M.	Freiherr-vom-Stein-Str. 7	069/ 509 56 40	069/50 95 64 30	http://www.finatem.de/
FINCOR GmbH Management & Capital Partners	47799 Krefeld	Moltkestr. 1	0 21 51/ 820 69-0	0 21 51/820 69-40	http://www.fincor.de/
Fleischhauer Hoyer & Partner Private Equity Consultants	80638 München	Nördliche Auffahrtsallee 25	089/ 15 92 79-0	089/15 92 79-79	http://www.fhpe.de/
Freshfields Bruckhaus Deringer	20354 Hamburg	Alsterarkaden 27	040/36 90 60	040/36 90 61 55	http://www.freshfields.com/
Freudenberg Venture Capital GmbH	69465 Weinheim	Höhnerweg 2–4	0 62 01/ 80 71 07	0 62 01/88 30 63	http://www.freudenberg-venture.com/
fundamenta CAPITAL AG	51429 Berg. Gladbach	Friedrich- Ebert-Str./Haus 06	0 22 04/ 84 37 37	0 22 04/84 37 39	http://www.fundamenta.de/
gcp gamma capital partners AG	A-1030 Wien	Marokkanergasse 22/7a	+43 - 15 13 10 72	+43 - 15 13 10 72-200	http://www.bvk-ev.de/bvk.php/cat/46/Detailansicht/285/Name/ www.gamma-capital.com
GENES GmbH Venture Services	50226 Frechen	Kölner Str. 27	0 22 34/ 955 46-0	0 22 34/955 46-4	http://www.genes-ventures.de/
GENIUS Venture Capital GmbH	19061 Schwerin	Hagenower Str. 73	03 85/ 399 35 00	03 85/399 35 10	http://www.genius-vc.de/
GI Ventures AG	80805 München	Gundelindenstr. 2	089/ 38 38 92 20	089/38 38 92 99	http://www.gi-ag.com/
Global Finance Beratungs AG	81675 München	Möhlstr. 10	089/ 689 06 33	089/68 90 63 59	http://www.globalfinance.de/
Global LifeScience Ventures GmbH	80539 München	Von-der-Tann-Str. 3	089/288 15 10	089/28 81 51 30	http://www.glsv-vc.com/
Global Vision AG Private Equity Partners	60325 Frankfurt a.M.	Westendstr. 16--22	069/ 978 40 00-5	069/978 80 00-6	http://www.globalvision-ag.com/

Adressverzeichnis Beteiligungsgesellschaften

Gold-Zack AG	40822 Mettmann	Gold-Zack-Str. 6	0 21 04/ 14 92 38	0 21 04/14 92 18	http://www.gold-zack.de/
Golding Capital Partners	81675 München	Möhlstr. 10	089/ 41 99 97-0	089/41 99 97-50	http://www.goldingcapital.com/
Granville Baird Capital Partners Advisers Limited	20459 Hamburg	Haus am Hafen – Steinhöft 5-7	040/ 37 48 02-10	040/37 48 02-23	http://www.gbcp.de/
Greenwich Beteiligungen AG	60311 Frankfurt a.M.	Roßmarkt 14	069/ 970 98 90	069/97 09 89 20	http://www.greenwich-ag.de/
Grützmacher Gravert Viegener/ RA, WP, Steuerberater, Notare	60487 Frankfurt a.M.	Broßstr. 6	069/979 61-0	069/979 61-100	http://www.gg-v.com/
Haarmann Hemmelrath	60311 Frankfurt a.M.	Neue Mainzer Str. 75	069/920 59-0	069/920 59-133	http://www.haarmann-hemmelrath.com/
Halder Beteiligungsberatung GmbH	60325 Frankfurt a.M.	Barckhausstr. 12-16	069/ 24 25 33-0	069/23 68 66	http://www.halder-d.com/
HANNOVER Finanz GmbH	30177 Hannover	Günther-Wagner-Allee 13	05 11/ 280 07-0	05 11/280 07-37	http://www.hannoverfinanz.de/
Haspa BGM Beteiligungsgesellschaft für den Mittelstand mbH	20457 Hamburg	Mönkedamm 11	040/ 822 20 95-0	040/822 20 95-95	http://www.haspa-bgm.de/
Hasso Plattner Ventures Management GmbH	14482 Potsdam	August-Bebel-Str. 88	03 31/ 979 92-120	03 31/979 92-130	http://www.hp-ventures.com/
HBM Helaba Beteiligungs-Management-Gesellschaft mbH	60311 Frankfurt a.M.	Neue Mainzer Str. 52-58	069/ 97 20 87-0	069/97 20 87-20	
Heidelberg Innovation	69120 Heidelberg	Im Neuenheimer Feld 581	0 62 21/ 64 68-0	0 62 21/64 68-68	http://www.hd-innovation.de/
Heidrick & Struggles Interim Executives GmbH	80333 München	Residenzstr. 3	089/25 54 77	089/25 54 78 89	http://www.heidrick.com/
Hengeler Mueller Partnerschaft von Rechtsanwälten	60325 Frankfurt a.M.	Bockenheimer Landstr. 51	069/170 95-0	069/72 57 73	http://www.hengeler.com/
Henkel Venture Capital	40191 Düsseldorf	Henkelstr. 67	02 11/ 797-13 31	02 11/798-23 42	http://www.henkel.com/
Heptagon Capital Beteiligungsgesellschaft der Freien Sparkassen mbH & Co. KG	60487 Frankfurt a.M.	Gräfstr. 97	069/589 97-0	069/589 97-399	http://www.heptagon-capital.de/
HGU Hamburger Unternehmensbeteiligungs Aktiengesellschaft	20249 Hamburg	Heilwigstr. 33	040/ 37 86 00 60	040/37 86 00 61	http://www.hgu.com/
High Tech Private Equity GmbH	40212 Düsseldorf	Steinstr. 20	02 11/ 862 89-460	02 11/862 89-465	http://www.hightech-pe.com/
High-Tech Gründerfonds Management GmbH	53175 Bonn	Ludwig-Erhard-Allee 2	02 28/ 96 56 85 00	02 28/96 56 85 50	http://www.high-tech-gruenderfonds.de/
HMT Hurth MT Aktiengesellschaft	82031 Grünwald	Perlacher Str. 60	089/ 64 90 14 30	089/64 90 14 34	http://www.hurth-mt.com/
Hoffmann Rechtsanwalt & Steuerberater	13507 Berlin	Berliner Str. 25a	030/ 43 55 74-0	030/43 55 74-74	http://www.hoffmann-law.de/
HSH N Kapital GmbH	20095 Hamburg	Domstr. 17-19	040/ 30 70 07 00	040/30 70 07 77	http://www.hsh-n-kapital.com/
HT FINANZ- und Beteiligungsmanagement KGaA	61462 Königstein/Taunus	Frankfurter Str. 12a	0 61 74/ 93 30 70	0 61 74/240 21	http://www.htfinanz.de/
HVB Beteiligungsgesellschaft mbH	80538 München	Am Tucherpark 1	089/ 20 80 22 88	089/20 80 22 99	
Hölters & Elsing Rechtsanwälte	40210 Düsseldorf	Immermannstr. 40	02 11/ 36 78 72 30	02 11/ 36 78 72 34	http://www.hoelters-elsing.com/
IBB Beteiligungsgesellschaft mbH	10715 Berlin	Bundesallee 171	030/ 21 25-32 01	030/21 25-32 02	http://www.ibb-bet.de/
ICS Partners GmbH	6317 Zug Oberwil	Artherstr. 113	+41/ 41-7 12 00 39	+41 - 41 - 727 80 08	http://www.icspartners.net/
IDP Industrial Development Partners GmbH & Co. KG	61462 Königstein	Limburger Str. 9	0 61 74/40 17	0 61 74/40 10	http://www.idp-gruppe.de/
IKB Private Equity GmbH	40474 Düsseldorf	Wilhelm-Bözkes-Str. 1	02 11/ 82 21 40 41	02 11/82 21 20 41	http://www.ikb-pe.de/
Industri Kapital (Deutschland) GmbH	20354 Hamburg	ABC-Str. 19	040/ 36 98 85-0	040/36 98 85-30	http://www.industrikapital.com/
Innovations-Capital Göttingen GmbH	37073 Göttingen	Wilhelmsplatz 1	05 51/ 405 23 69	05 51/405 23 10	http://www.innovations-capital-goettingen.de/
Innovativ Capital AG	80803 München	Herzogstr. 8	089/ 248 88 60	089/24 88 86 60	http://www.innovativcapital.de/
IT- Adventure AG	80939 München	Ligusterstr. 7	089/ 32 39 18 64	089/32 39 18 24	http://www.it-adventure.de/

Name	PLZ/Ort	Straße	Telefon	Fax	Web
IUVENTA Finance GmbH	10117 Berlin	Reinhardtstr. 46	030/ 473 73 70	030/47 37 37 47	http://www.iuventa.de/
Kapitalbeteiligungsgesellschaft für das Land Brandenburg mbH	14480 Potsdam	Steinstr. 104–106	03 31/ 660 16 98	03 31/660 16 99	http://www.bc-capital.de/
Kapitalbeteiligungsgesellschaft für die mittelständische Wirtschaft in Nordrhein-Westfalen mbH	41460 Neuss	Hellersbergstr. 18	0 21 31/ 51 07-0	0 21 31/51 07-222	http://www.kbg-nrw.de/
KCM Knaier Consult & Management GmbH	82031 Grünwald	Perlacher Str. 60	089/ 64 90 14 30	089/64 90 14 34	http://www.kcm-interim.com/
KERO Holding AG	64283 Darmstadt	Wilhelminenstr.10	0 61 51/ 13 06 30	0 61 51/130 63 68	http://www.keroholding.de/
KfW Mittelstandsbank	60325 Frankfurt a.M.	Palmengartenstr. 5–9	069/74 31-0	069/74 31 27 68	http://www.kfw-mittelstandsbank.de/
Klein & Coll.	64347 Griesheim	Im Leuschnerpark 3	0 61 55/ 87 46-11	0 61 55/87 46-55	http://www.kleincoll.de/
Knaier Consult & Management GmbH	82031 Grünwald	Perlacher Str. 60	089/ 64 90 14 30	089/64 90 14 34	http://www.kcm-interim.com/
Knaup Scharpff Associates GmbH	10557 Berlin	Lehrter Str. 46	030/ 747 52-200	030/747 52-220	http://www.ks-associates.de/
Kohlberg Kravis Roberts & Co. Ltd.	GB-London SW 1Y 5AD	Stirling Square, 7 Carlton Gardens	+44 - 20 78 39 98 00	+44 - 20 78 39 98 01	http://www.kkr.com/
KPMG Deutsche Treuhand-Gesellschaft AG Wirtschaftsprüfungsgesellschaft	60439 Frankfurt a.M.	Marie-Curie-Str. 30	069/ 95 87 28 18	069/95 87 28 96	http://www.kpmg.com/
KSH Capital Partners AG	23568 Lübeck	Eschenburgstr. 7	04 51/ 302 02 76	04 51/302 05 17	http://www.ksh-ag.de/
L- EA/L- EigenkapitalAgentur	76113 Karsruhe	Schlossplatz 10	07 21/ 150 19 91	07 21/150 18 69	http://www.l-ea.de/
Life Sciences Partners	80802 München	Ungererstr. 40	089/ 33 06 66-0	089/33 06 66-29	http://www.lspvc.com/
Linklaters Oppenhoff & Rädler	10789 Berlin	Rankestr. 21	030/2 14 96-0	030/214 96-100	http://www.linklaters.com/
Lovells Rechtsanwälte	10629 Berlin	Schlüterstr. 37	030/ 30 88 91 90	030/30 88 91 91 00	http://www.lovells.com/
LRP Capital GmbH	55116 Mainz	Rheinstr. 4i	0 61 31/ 907 00 30	0 61 31/907 00 60	http://www.lrp-capital.de/
Manuel Nick Beteiligungen e.K. Finanzdienstleistungsinstitut	60322 Frankfurt a.M.	Fürstenbergerstr. 158	069/ 95 52 86-0	069/95 52 86-66	http://www.nick-partner.de/
Martin Billhardt Rechtsanwalt	27472 Cuxhaven	Schillerstr. 2	0 47 21/ 71 82 47	0 47 21/71 82 51	
Mayer, Brown, Rowe & Maw LLP	60323 Frankfurt a.M.	Bockenheimer Landstr. 98–100	069/79 41-0	069/79 41-100	http://www.mayerbrownrowe.com/
MAZ level one GmbH	21079 Hamburg	Harburger Schloßstr. 6–12	040/ 766 29-11 31	040/766 29-534	http://www.mazlevelone.com/
MBG Mittelständische Beteiligungsgesellschaft Baden-Württemberg GmbH	70182 Stuttgart	Werastr. 15–17	07 11/ 16 45-703	07 11/16 45-777	http://www.mbg.de/
MBGH Mittelständische Beteiligungsgesellschaft Hessen mbH	60325 Frankfurt a.M.	Schumannstr. 4–6	069/ 13 38 50-41	069/13 38 50-60	http://www.mbg-hessen.de/
MBMV Mittelständische Beteiligungsgesellschaft Mecklenburg-Vorpommern mbH	19063 Schwerin	Am Grünen Tal 19	03 85/ 395 55 33	03 85/395 55 46	http://www.mbmv.de/
McDermott Will & Emery Rechtsanwälte Steuerberater LLP	80335 München	Nymphenburger Str. 3	089/127 12-0	089/127 12-111	http://www.mwe.com/germany
MicroVenture GmbH & Co. KGaA	40479 Düsseldorf	Inselstr. 24	07 00/ 07 00 08 08	07 00/07 00 09 09	http://www.microventure.de/
MIG Verwaltungs AG	81675 München	Ismaninger Str. 102	089/98 57 06	089/981 01 72	http://www.mig.ag/
Mittelständische Beteiligungsgesellschaft Berlin-Brandenburg mbH	14480 Potsdam	Schwarzschildstr. 94	03 31/ 64 96 30	03 31/649 63 21	http://www.mbg-bb.de/
Mittelständische Beteiligungsgesellschaft Niedersachsen (MBG) mbH	30175 Hannover	Schiffgraben 33	05 11/ 337 05-0	05 11/337 05-55	http://www.nbb-hannover.de/
Mittelständische Beteiligungsgesellschaft Rheinland-Pfalz mbH	55116 Mainz	Holzhofstr. 4	0 61 31/985-0	0 61 31/985-499	

Name	PLZ/Ort	Straße	Tel.	Fax	Web
Mittelständische Beteiligungsgesellschaft Sachsen mbH	01309 Dresden	Anton-Graff-Str. e 20	03 51/44 09-0	0351/44 09-355	http://www.mbg-sachsen.de/
Mittelständische Beteiligungsgesellschaft Sachsen-Anhalt mbH	39108 Magdeburg	Große Diesdorfer Str. 228	03 91/737 52-0	03 91/737 52-15	
Mittelständische Beteiligungsgesellschaft Schleswig-Holstein GmbH, Gesellschaft für Wagniskapital	24103 Kiel	Lorentzendamm 21	04 31/667 01-35 80	04 31/667 01-35 90	http://www.mbg-sh.de/
Mittelständische Beteiligungsgesellschaft Thüringen mbH	99084 Erfurt	Gorkistr. 9	03 61/74 47-137 oder -126	03 61/74 47-131	http://www.mbg-thueringen.de/
Montagu Private Equity GmbH	40212 Düsseldorf	Steinstraße 1-3/ Königsallee	02 11/86 76 93-0	02 11/86 76 93-9	http://www.montaguequity.com/
Munich Business Angels AG	81671 München	Rosenheimer Str. 145 c	089/630 25 30	089/63 02 53 10	http://www.bvk-ev.de/bvk.php/cat/46/Detailansicht/253/Name/ http://www.munichnetwork.com
Munich Network e.V.	81671 München	Rosenheimer Str. 145 c	089/630 25 30	089/63 02 53 10	http://www.munichnetwork.com/
NORD Holding Unternehmensbeteiligungsgesellschaft mbH	30177 Hannover	Villa Venture/ Walderseestr. 23	05 11/270 41 50	05 51/270 41 55	http://www.nordholding.de/
NRW.BANK	40549 Düsseldorf	Heerdter Lohweg 35	02 11/826 35 82	02 11/82 61 18 29	http://www.nrwbank.de/
NWD Nord-West-Deutsche Unternehmensbeteiligungsgesellschaft mbH	49074 Osnabrück	Wittekindstr. 17 - 19	05 41/324 30 50	05 41/324 40 37	
nwk nordwest Kapitalbeteiligungsgesellschaft der Sparkasse Bremen mbH	28195 Bremen	Am Brill 1-3	04 21/179 20 43	04 21/179 14 64	http://www.sparkasse-bremen.de/
One Equity Partners Europe GmbH	60325 Frankfurt a.M.	Taunusanlage 21	069/50 60 74 70	069/506 07 47 40	http://www.oneequity.com/
P + P Pöllath + Partner Rechtsanwälte/Steuerberater	80333 München	Kardinal-Faulhaber-Str. 10	089/242 40-0	089/242 40-999	http://www.pplaw.com/
Pari Capital AG	80807 München	Walter-Gropius-Str.15	089/99 84 80-0	089/99 84 80-159	http://www.paricapital.com/
Partech International	F-75008 Paris	49 avenue Hoche	+ 33 (0) 153 65 65 53	+ 33 (0) 153 65 65 55	http://www.partechvc.com/
PCA Capital Advisors GmbH	61348 Bad Homburg	Wallstr. 14	0 61 72/943 91-0	0 61 72/943 91-19	http://www.pca-capital.com/
PEPPERMINT.Financial Partners	10719 Berlin	Neues Kranzler Eck/ Kurfürstendamm 21	030/590 06 44 00	030/590 06 44 01	http://www.peppermint-vc.de/
Permira Beteiligungsberatung GmbH	60487 Frankfurt a.M.	Clemensstr. 9	069/971 46 60	069/97 14 66 99	http://www.permira.com/
PKF Pannell Kerr Forster GmbH Wirtschaftsprüfungsgesellschaft	60325 Frankfurt a.M.	Feuerbachstr. 8	069/170 00 00	069/17 00 00 09	http://www.pkf.de/
PolyTechnos Venture-Partners GmbH	80333 München	Promenadeplatz 12	089/242 26 20	089/24 22 62 21	http://www.polytechnos.com/
Pricap Venture Partners AG	20148 Hamburg	Rothenbaumchaussee 54	040/41 33 06 90	040/44 94 16	http://www.pricap.de/
PricewaterhouseCoopers Corporate Finance Beratung GmbH	60439 Frankfurt a.M.	Marie-Curie-Str. 24-28	069/95 85-56 65	069/95 85-59 55	http://www.pwcglobal.com/
Private Equity Forum NRW e.V.	40474 Düsseldorf	Felix-Klein-Str. 6	02 11/641 62 68	02 11/641 62 77	http://www.venture-capital-forum.de/
Quadriga Capital GmbH	60486 Frankfurt a.M.	Hamburger Allee 2-10	069/79 50 00-0	069/79 50 00-60	http://www.quadriga-capital.de/
REM AG - nachhaltig Ertrag steigern	70182 Stuttgart	Kernerstr. 50	07 11/227 39-0	07 11/227 39-15	http://www.rem.de/
RWB RenditeWert Beteiligungen AG	82041 Oberhaching	Keltenring 5	089/66 66 94-0	089/66 66 94-20	http://www.rwb-ag.de/
S-Partner Kapital AG	80333 München	Promenadeplatz 1	089/55 25 63 50	089/55 25 63 90	
S-REFIT AG Regionaler Finanzierungsfonds für Innovations- und Technologieunternehmen	93055 Regensburg	Sedanstr. 15	09 41/695 56-0	09 41/695 56-11	http://www.s-refit.de/
S-Siegerlandfonds 1 Unternehmensbeteiligungsgesellschaft mbH & Co.KG	57072 Siegen	Kölner Str. 58	02 71/233 96-0	02 71/233 96-25	http://www.siegerlandfonds.de/

Name	PLZ/Ort	Straße	Telefon	Fax	Web
S-UBG AG UBG für die Regionen Aachen, Krefeld, Mönchengladbach	52062 Aachen	Markt 45-47	02 41/470 56-0	0 241/470 56-20	http://www.s-ubg.de/
S-VC GmbH	52062 Aachen	Marktstr.45-47	02 41/47 05 60	02 41/470 56 20	http://www.s-ubg.de/
Saarländische Kapitalbeteiligungsgesellschaft mbH	66111 Saarbrücken	Johannisstr. 2	06 81/30 33-0	06 81/30 33-100	
Saarländische Wagnisfinanzierungsgesellschaft mbH	66119 Saarbrücken	Franz-Josef-Röder-Str. 17	06 81/379 58-0	06 81/379 58-136	http://www.swgmbh.de/
SachsenLB Corporate Finance Holding GmbH	04105 Leipzig	Löhrstr. 16	03 41/979 60 01	03 41/979 60 09	http://www.cfh.de/
SBG Sparkassenbeteiligungsgesellschaft Sachsen-Anhalt mbH	39179 Barleben bei Magdeburg	Steinfeldstr. 3	03 92 03/966 80	03 92 03/96 68 19	http://www.sbg-sachsen-anhalt.de/
SBG-Sparkassen-Beteiligungsgesellschaft mbH	40217 Düsseldorf	Steinfeldstr. 3	03 92 03/966 80	03 92 03/96 68 19	http://www.sbg-sachsen-anhalt.de/
SCHOTT AG	55122 Mainz	Hattenbergstr. 10	0 61 31/66 73 47	0 61 31/66 74 06	http://www.schott.com/vc
Schüring & Andreas Partnerschaft	13581 Berlin	Staakener Str. 23	030/80 19 83-10	030/80 19 83-20	http://www.schuering-andreas.de/
Seed Capital Brandenburg GmbH	15236 Frankfurt/Oder	Im Technologiepark 1	03 35/557 16 90	03 35/557 16 99	http://www.bc-capital.de/
Shearman & Sterling LLP	40213 Düsseldorf	Breite Str. 69	02 11/178 88-0	02 11/178 88 - 88	http://www.shearman.com/
SHS Gesellschaft für Beteiligungsmanagement mbH	72072 Tübingen	Bismarckstr. 12	0 70 71/91 69-0	0 70 71/91 69 - 190	http://www.shsvc.net/
Siemens Acceleration in Communications GmbH	82041 Oberhaching	Bajuwarenring 12A	089/63 62 91 41	089/63 62 91 62	http://www.siemensmobileacceleration.de/
Siemens Venture Capital GmbH	80312 München	Wittelsbacherplatz 2	089/636-335 85	089/636-348 84	http://www.siemensventurecapital.com/
SJ Berwin LLP	60486 Frankfurt a.M.	Hamburger Allee 1, Poseidon-Haus	069/50 50 32-500	069/50 50 32-499	http://www.sjberwin.com/
Skadden, Arps, Slate, Meagher & Flom LLP	80539 München	Karl-Scharnagl-Ring 7	089/24 44 95-0	089/24 44 95-300	http://www.skadden.com/
SOLUTIO AG Anlagekonzepte für Institutionen	80805 München	Osterwaldstr. 10	089/36 03 57-0	089/36 03 57-28	http://www.solutio.ag/
Sparkassenbeteiligungsgesellschaft Heilbronn-Franken mbH & Co. KG	74072 Heilbronn	Am Wollhaus 14	0 71 31/6 38-17 00	0 71 31/638-13 14	http://www.sparkassenbeteiligung.de/
STAR Ventures	81679 München	Possartstr. 9	089/4194 30 0		http://star-ventures.com/
Steadfast Capital GmbH	60323 Frankfurt a.M.	Myliusstr. 47	069/50 68 51 20	069/50 68 51 00	http://www.steadfastcapital.de/
Stiftung Caesar	53175 Bonn	Ludwig-Erhard-Allee 2	02 28/ 9656 0	02 28/965 61 11	http://www.caesar.de/
Süd Private Equity GmbH & Co. KGaA	70174 Stuttgart	Fritz-Elsas-Str. 31	07 11/1 24-49 81 2	07 11/124-496 36	http://www.suedpe.de/
SüdKB Süd-Kapitalbeteiligungs-Gesellschaft mbH	70174 Stuttgart	Friedrichstr. 24	07 11/1 27 70 67	07 11/127 30 40	http://www.bvk-ev.de/bvk.php/cat/46/Detailansicht/189/Name/ http://www.suedkb.de
T-Venture Holding GmbH	53175 Bonn	Gotenstr. 156	02 28/3 08 48-0	02 28/308 48-819	http://www.t-venture.de/
TakeOff VC Management GmbH	45468 Mülheim an der Ruhr	Bleichstr. 10	02 08/3 00 03-40	02 08/300 03-45	http://www.takeoff-vc.de/
Target Partners GmbH	80333 München	Kardinal-Faulhaber-Str. 10	089/20 70 49-0	089/20 70 49-99	http://www.targetpartners.de/
Taros Capital GmbH	60325 Frankfurt a.M.	Friedrich-Ebert-Anlage 54	069/97 20 83-0	069/97 20 83-20	http://www.taroscapital.com/
Techno Venture Management GmbH	80539 München	Maximilianstr. 35 c	089/99 89 92-0	089/99 89 92-55	http://www.tvmvc.com/
TechnoStart Beratungsgesellschaft für Beteiligungsfonds mbH	71636 Ludwigsburg	Martin-Luther-Str. 57	0 71 41/9 71 59-0		http://www.technostart.com/
Texas Pacific Group Europe LLP	GB-London SW 1Y 5AD	Stirling Square, 5-7 Carlton Gardens	+ 44 20 7544 6500	+ 44 - 20 75 44 65 65	http://www.texaspacificgroup.com/
The Carlyle Group Holding GmbH	80333 München	Promenadeplatz 8	089/24 44 60 0	089/244 46 04 60	

Adressverzeichnis Beteiligungsgesellschaften

tivona partners GbR	10623 Berlin	Uhlandstr. 179-180	030/88 72 85 30	030/88 72 85 33	http://www.tivona.de/
TRIANGLE Venture Capital Group Management GmbH	68789 St. Leon-Rot	Marktstr. 65	07 00/87 42 64 53	07 00/87 42 63 29	http://www.triangle-venture.com/
VC Fonds Berlin GmbH	10715 Berlin	Bundesallee 171	030/2125 3201	030/21 25 32 02	http://www.ibb-bet.de/
VC on target GmbH	53179 Bonn	An der Marienkapelle 12	02 28/32 30-40	02 28/32 30-422	http://www.vcontarget.de/
VCH Equity Group AG	60323 Frankfurt a.M.	Freiherr-vom-Stein-Str. 31	069/713 75 88 0	069/713 75 88 11	http://www.vch-group.de/
VCI Technoinvest GmbH	81667 München	Sckellstr. 6	089/59 98 80-10	089/59 98 80-20	http://www.vci-technoinvest.de/
VCM Capital Management GmbH	80333 München	Max-Joseph-Str. 7	089/5 49 08 58-0	089/549 08 58-55	http://www.vcm.de/
VDI/VDE Innovation + Technik GmbH	10623 Berlin	Steinplatz 1	0 30/31 00 78-0		http://www.vdivde-it.de/
Ventegis Capital AG	10711 Berlin	Kurfürstendamm 119	030/890 436 0	030/89 04 36 29	http://www.ventegis-capital.de/
VENTIZZ Capital Partners Advisory AG	40212 Düsseldorf	Graf- Adolf- Str. 18	02 11/862 869 0	02 11/86 28 69 77	http://www.ventizz.de/
Venture Capital Consult GmbH	30659 Hannover	Sutelstr. 71	05 11/6 47 76 41	05 11/647 76 51	http://www.vc-consult.com/
VISION Chancenkapital Ges. d. Sparkassen in d. Region Bonn/Rhein-Sieg/Ahrweiler	53173 Bonn	Dürenstr. 44	02 28/33 61 800	02 28/336 17 99	http://www.vision-kapital.de/
Wagniskapitalgesellschaft mbH der Kreissparkasse Reutlingen	72764 Reutlingen	Marktplatz 6	0 71 21/3 31-20 37	0 71 21/331-20 39	http://www.ksk-reutlingen.de/
Waldenberger Rechtsanwälte	10719 Berlin	Meinekestr. 4	030/88 70 96 27	030/88 70 96 28	http://www.wrae.de/
Weil, Gotshal & Manges LLP	60329 Frankfurt a.M.	Taunusanlage 1 (Skyper)	069 /21 65 96 00	069/21 65 96 99	http://www.weil.com/
Wellington Partners Venture Capital GmbH	80333 München	Theresienstr. 6	0 89/21 99 41-0	089/21 99 41-98	http://www.wellington-partners.com/
West STEAG Partners GmbH	45128 Essen	Rüttenscheider Str. 1- 3	+49 201 801 26 23	02 01/801 66 30	http://www.weststeag.com/
WestKB- Westdeutsche Kapitalbeteiligungsgesellschaft mbH	40217 Düsseldorf	Herzogstr. 15	02 11/8 26 01	02 11/826 61 19	http://www.westlb.de/
WestUBG - Westdeutsche-Unternehmens-Beteiligungs-Aktiengesellschaft	40217 Düsseldorf	Herzogstr. 15	02 11/8 26 01	02 11/826 61 19	http://www.westlb.de/
WGZ Initiativkapital GmbH	48151 Münster	Sentmaringer Weg 1	02 51/7 06 47 23	02 51/706 47 26	http://www.wgz-initiativkapital.de/
White & Case Rechtsanwälte, Notare, Wirtschaftsprüfer, Steuerberater	60323 Frankfurt a.M.	Bockenheimer Landstr. 20	069/2 99 94-0	069/299 94-14 44	http://www.whitecase.com/
Willkie Farr & Gallagher LLP	60325 Frankfurt a.M.	Senckenberganlage 16	069/7 93 02-1 15	069/793 02-222	http://www.willkie.com/
Wilmer Cutler Pickering Hale and Dorr LLP	10117 Berlin	Friedrichstr. 95	030/20 22 64 00	030/20 22 65 00	http://www.wilmerhale.com/
Wirtschaftstreuhand GmbH	70565 Stuttgart	Schulze-Delitzsch-Str. 28	07 11/4 89 31-0	07 11/489 31-101	http://www.wirtschaft-streuhand.de/
Wunderlich & Partner Wirtschaftsberatung f. den Mittelstand GmbH	82152 Planegg	Bräuhausstr. 4 B	089/89 94 88 60	089/899 48 88 99	http://www.wunderlich-partner.com/
ZENIT GmbH Zentrum für Innovation und Technik in Nordrhein-Westfalen	45470 Mülheim an der Ruhr	Bismarckstr. 28	02 08/3 00 04-0	02 08/300 04-60	http://www.zenit.de/

Quelle: BVK (www.bvk-ev.de), Stand Anfang 2006

6.2 Adressen für Aktionäre und Emittenten

Börsenplätze

Börsen	Adresse	Telefon	Fax	Webadresse
börse-stuttgart AG, Stuttgart	70174 Stuttgart, Börsenstr.4	07 11/22 29 85-0	07 11/22 29 85-555	www.boerse-stuttgart.de
Bayerische Börse AG, München	80333 München, Lenbachplatz 2a	089/54 90 45-0	089/54 90 45-31	www.boerse-muenchen.de
Berliner Börse AG, Berlin	10623 Berlin, Fasanenstr. 85	030/31 10 91-0	030/31 10 91-79	www.berlinerboerse.de
BÖAG Börsen AG (Trägergesellschafter der Börsen Hamburg und Hannover)	20457 Hamburg, Zippelhaus 5	040/36 13 02-0	040/36 13 02-23	www.boersenag.de
BÖAG Börsen AG (Trägergesellschafter der Börsen Hamburg und Hannover)	30159 Hannover, Rathenaustr. 2	05 11/32 76 61	05 11/32 49 15	www.boersenag.de
Bremer Wertpapierbörse AG (seit Juni 2005 Teil der SWX Swiss Exchange Group, Zürich), Bremen				www.boerse-berlin-bremen.de
Deutsche Börse AG, Frankfurt	60487 Frankfurt, Neue Börsenstr. 1	069/211-0	069/211-120 05	www.deutsche-boerse.com
Börse Düsseldorf AG, Düsseldorf	40212 Düsseldorf, Ernst-Schneider-Platz 1	02 11/13 89-0	02 11-13 32 87	www.boerse-duesseldorf.de

Sonstige

BAFin Bundesanstalt für Finanzdienstleistungsaufsicht Bonn und Frankfurt	Dienstsitz Bonn: 53117 Bonn, Graurheindorfer Str. 108	02 28/41 08-0	02 28/41 08-15 50	www.bafin.de
BAFin Bundesanstalt für Finanzdienstleistungsaufsicht Bonn und Frankfurt	Dienstsitz Frankfurt: 60439 Frankfurt, Lurgiallee 12	0228/41 08-15 50		www.bafin.de
Bundesverband deutscher Kapitalbeteiligungsgesellschaften(BVK)	10117 Berlin, Reinhardtstr. 27c/ Residenz am Deutschen Theater	030/30 69 82-0	030/30 69 82-20	www.bvk-ev.de
Business Wire (Frankfurt)	60316 Frankfurt, Sandweg 94f	069/91 50 66-0	069/91 50 66-50	www.businesswire.com
Deutsche Gesellschaft für Ad-hoc-Publizität (DGAP)	80538 München, Seitzstr. 23	089/21 02 98-50	089/21 02 98-72	www.dgap.de
Deutsche Vereinigung für Finanzanalyse und Asset Management e.V. (DVFA)/DVFA GmbH	63303 Dreieich, Einsteinstr. 5	0 61 03/58 33-0	0 61 03/58 33-33	www.dvfa.de
Deutsches Aktieninstitut e.V. (DAI)	60313 Frankfurt, Börsenplatz 5	069/9 29 15-0	069/9 29 15-12	www.dai.de

Adressen für Aktionäre und Emittenten

Deutscher Investor-Relations Verband e.V. (DIRK)	20459 Hamburg, Baumwall 7	040/41 36-39 60	040/41 36-39 69	www.dirk.org
EquityStory AG	80538 München, Seitzstr. 23	089/21 02 98-0	089/21 02 98-49	www.equitystory.de
Euro Adhoc/news aktuell GmbH	20148 Hamburg, Mittelweg 144	Hotline 01 72/413-28 50	040/41 13-28 55	www.euroadhoc.de
Hugin	80469 Hamburg, Reichbachstr. 26	089/17 95 92-93	089/17 95 92-99	www.huginonline.de
KfW Mittelstandsbank/Förderbank	60325 Frankfurt, Palmengartenstr. 5-9	069/74 31-0	069/74 31-28 88	www.kfw-foerderbank.de

Überregionale Börsenpflichtblätter

Zeitungen	Adresse	Telefon und Fax	Webadresse	E-Mail
Börsen-Zeitung	60329 Frankfurt a. M., Düsseldorfer Straße 16	Fax: 069/23 37 02	www.boersenzeitung.de	anzeigen@boersen-zeitung.com
Die Welt	10888 Berlin, Axel-Springer-Straße 65	Fax: 040/ 347–273 30	www.welt.de	Anzeigen@welt.de
Financial Times Deutschland	20459 Hamburg, Stubbenhuk 3	Tel.: 040/319 90-0 Fax: 040/ 319 90-310	www.financialtimes.de	
Frankfurter Allgemeine Zeitung	60327 Frankfurt am Main, Hellerhofstr. 2-4	Tel.: 069/ 75 91(0)33 44 Fax: 069/ 75 91-23 33	www.faz.de	
Frankfurter Rundschau	D-60594 Frankfurt am Main, COLOSSEO, Walther-von-Cronberg-Platz 2-18	Tel.: 069/21 99-1 od. 0 18 03/ 20 20 20 Fax: 069/131 00 30	www.fr-online.de	anzeigen@fr-aktuell.de
Handelsblatt	Verlagsgruppe Handelsblatt GmbH	40213 Düsseldorf, Kasernenstraße 67	www.handelsblatt.de	handelsblatt@vhb.de
Süddeutsche Zeitung	80331 München, Sendlinger Str. 8	Fax: 089/ 21 83 - 787	www.sueddeutsche.de	wir@sueddeutsche.de

Internet-Adressen

Deutsche Wertpapierbörsen

börse-stuttgart AG, Stuttgart	www.boerse-stuttgart.de
Bayerische Börse AG, München	www.boerse-muenchen.de
Berliner Börse AG, Berlin	www.berlinerboerse.de
BÖAG Börsen AG (Trägergesellschafter der Börsen Hamburg und Hannover)	www.boersenag.de
Bremer Wertpapierbörse AG (seit Juni 2005 Teil der SWX Swiss Exchange Group, Zürich), Bremen	www.boerse-berlin-bremen.de
Deutsche Börse AG, Frankfurt	www.deutsche-boerse.com
Börse Düsseldorf AG, Düsseldorf	www.boerse-duesseldorf.de

Europäische Börsen

Amsterdam	www.euronext.com
Athen	www.ase.gr
Brüssel	www.euronext.com
Budapest	www.bse.hu
Helsinki	www.hex.com
Italien	www.borsaitalia.it
Kopenhagen	www.xcse.dk
Kroatien	www.zse.hr
Lissabon	www.euronext.com
London	www.londonstockexchange.com
Luxemburg	www.bourse.lu
Madrid	www.bolsamadrid.es/esp/portada.htm
Oslo	www.ose.no
Paris	www.euronext.com
Riga	www.rfb.lv
Russland	www.rts.ru
Schweiz	www.swx.com
Slovenien	www.ljse.si
Slowakei	www.bsse.sk
Spanien	www.bolsasymercados.es
Stockholm	www.stockholmsborsen.se
Tschechische Republik	www.pse.cz
Wien	www.wbag.at
Zypern	www.cse.com.cy

Amerikanische Börsen

Argentinien	www.bolso.com.ar
Bermudas	www.bsx.com
Brasilien (Rio de Janeiro)	www.bvrj.com.br
Brasilien (São Paulo)	www.bovespa.com.br
Chile	www.bolsantiago.cl
Ecuador	www.ccbvq.com
El Salvador	www.bves.com.sv
Kanada: Montreal	www.m-x.ca/
Kanada: Toronto	www.tsx.com
Kolumbien	www.bvc.com.co
Mexiko	www.bmv.com.mx
Nicaragua	www.bolsanic.com
Peru	www.bvl.com.pe
USA: American Stock Exchange, N.Y.	www.amex.com
USA: NASDAQ, N.Y.	www.nasdaq.com
USA: New York Stock Exchange	www.nyse.com
Venezuela	www.caracasstock.com

Asiatische und pazifische Börsen

Australien	www.asc.com.au
Hongkong	www.hkex.com.hk

Adressen für Aktionäre und Emittenten

Indien	www.nseindia.com
Indonesien	www.jsx.co.id
Japan: Tokio Stock Exchange	www.tse.or.jp
Korea	www.kse.or.kr
Neuseeland	www.nzx.com
Pakistan	www.kse.net.pk
Singapur	www.ses.com.sg
Taiwan	www.tse.com.tw
Thailand	www.set.or.th

Börsen im Nahen und Mittleren Osten

Bahrain	www.bahrainstock.com
Iran	www.neda.net/tse
Israel	www.tase.co.il
Istanbul	www.ise.org
Jordanien	www.ase.com.jo
Libanon	www.bse.com.lb

Afrikanische Börsen

Ägypten	www.mbendi.co.za/exeg.htm
Botswana	www.mbendi.co.za/exbo.htm
Elfenbeinküste	www.mbendi.co.za/exci.htm
Ghana	www.mbendi.co.za/exgh.htm
Kenia	www.mbendi.co.za/exke.htm
Marokko	www.mbendi.co.za/exmo.htm
Mauritius	www.mbendi.co.za/exmr.htm
Namibia	www.mbendi.co.za/exna.htm
Nigeria	www.mbendi.co.za/exng.htm
Sambia	www.mbendi.co.za/exza.htm
Simbabwe	www.mbendi.co.za/exzi.htm
Südafrika	www.jse.co.za
Swasiland	www.mbendi.co.za/exsw.htm
Tansania	www.mbendi.co.za/exta.htm
Tunesien	www.mbendi.co.za/extu.htm

Terminmärkte/-börsen

Chicago Board Options Exchange	www.cboe.com
Eurexchange	www.eurexchange.com
Euronext.liffe	www.liffe.com

Deutsche Organisationen und Behörden

BAFin Bundesanstalt für Finanzdienstleistungsaufsicht	www.bafin.de
Börsenaufsichten der Länder	www.boersenaufsicht.de
Deutsche Bundesbank	www.bundesbank.de

Internationale Organisationen und Behörden

Bank für Internationalen Zahlungsausgleich (BIZ)	www.bis.org
Europäisches Corporate Governance Institut (ECGI)	www.ecgi.org

Europäische Zentralbank (EZB)	www.ecb.de
EVCA European Private Equity and Venture Capital Association, Brüssel	www.evca.com
Federal Reserve Bank (US-Notenbank)	www.federalreserve.gov
IOSCO International Organization of Securities Commissions (Internationale Organisation der Wertpapier- und Börsenüberwachungsbehörden)	www.iosco.org
SEC Securities and Exchange Commission (US-Wertpapier- und Börsenaufsicht)	www.sec.gov

Medien sowie Aktuelle Links

A

Ad-hoc-Meldungen, Wirtschaftsnachrichten	www.dgap.de
	www.businesswire.com
	www.equitystory.de
	www.euroadhoc.de
	www.huginonline.de
	www.vwd.de
Aktienindizes (S&P, NASDAQ, Dow Jones, Nikkei etc.) u.a.; Link-Portal	www.fortitude.com

B

Banken- und Finanzinformationssystem mit Links zu Banken und Finanzthemen	www.banken.de
Bloomberg Online	www.bloomberg.com
Börse/Nachrichten	www.boerse.de
Börse, Wirtschaftsnews	www.finanzen.de
Börsenbrief Börse-Aktuell	www.boerse-aktuell.com
Börsen-Community	www.wallstreet-online.de
Börsengangberatung	www.boersenemission.de
	www.emissionsberatung.de
Börsenkurse und Research zu USA und Kanada	www.quote.com
Börsenlexikon	www.boersenlexikon.de
Börsen-Magazine Infoportal	www.finanzen.net
Börse-Online, Zeitschrift	www.boerse-online.de
Börsen-Zeitung	www.boersenzeitung.de
Business Wire, Publizitätsservice (z.B. Meldungen nach § 15 WpHG)	www.businesswire.com

C

Capital, Wirtschaftsmagazin	www.capital.de
CNBC Business-Channel	www.cnbc.com
CNNMoney.com	money.cnn.com

D

Der Aktionär, Zeitschrift	www.deraktionaer.de
Deutsches Aktieninstitut e.V. (DAI)	www.dai.de
Deutsche Gesellschaft für Ad-hoc-Publizität (Meldungen nach § 15 WpHG)	www.dgap.de
Deutsches Rechnungslegungs Standards Committee e.V. (DRSC), Berlin	www.drsc.de

E

Emissionsberatung Löhr & Cie.	www.emissionsberatung.de
	www.loehr.de
Enzyklopädie „Wikipedia"	www.wikipedia.org
Euro Adhoc (Meldungen nach § 15 WpHG)	www.euroadhoc.de

F

FEAS Federation of Euro-Asian Stock Exchanges	www.feas.org
FESE Federation of European Securities Exchanges	www.fese.be
Financial Times Deutschland	www.ftd.de
Finanz- und Börseninformationen	www.boersenreport.de
Frankfurter Allgemeine Zeitung	www.faz.de

G

Global Financial Data – insbes. Langjährig-historische (Börsen-)daten	www.globalfindata.com
Going-Public-Magazin	www.goingpublic-online.de
Going-Public-Statistik	www.boersen-zeitung.com

H

Handelsblatt	www.handelsblatt.de
Hoppenstedt: Unternehmensdaten/Finanzinformationen	www.hoppenstedt.de
Hugin (Meldungen nach § 15 WpHG)	www.huginonline.de

I

Investor-Relations Online-Portal: Equitystory AG, München	www.equitystory.de

N

N24, Nachrichtensender	www.n24.de
n-tv, Nachrichtensender	www.n-tv.de

R

Reuters, Internationale Nachrichtenagentur; Researchreports	www.reuters.de

S

Suchmaschine mit redaktionell aufbereiteten Finanzinformationen	finanzen.yahoo.de

V

Vorbörslicher Handel/Handel per Erscheinen/Graumarktkurse	www.schnigge.de
	www.quotecenter.de

W

Wall Street Journal: Börsenmeldungen, Charts, Analysen	www.wsj.com
Wirtschaftswoche	www.wiwo.de
World Federation of Exchanges (ehemals FIBV – International Federation of Stock Exchanges)- Weltbörsenvereinigung	www.world-exchanges.org

Z

Zeitungsartikel: Suchmaschine für tagesaktuelle Artikel in deutschen Zeitungen	www.paperball.de

Glossar

Abzuzinsender Free Cashflow
NOCFAT abzüglich der Investitionen in Working Capital und Sachanlagen.

Ad-hoc-Publizität
Gem. § 15 WpHG Wertpapierhandelsgesetz sind Unternehmen, die an EU-regulierten, organisierten Börsen notiert sind, verpflichtet, kursrelevante Tatsachen unverzüglich öffentlich zu machen.

ADR (American Depositary Receipts)
Von einer amerikanischen Bank emittierte Wertpapiere (auf US-$ lautende Hinterlegungsscheine), die Rechte an den zugrundeliegenden Aktien/Anteilen eines ausländischen Emittenten verbriefen.

Aktiensplitt(ung)
Umstellung auf eine kleinere Stückelung durch Ausgabe von Gratisaktien, um den Preis der Aktie »optisch« zu verbilligen, oder - wie es im Börsenjargon heißt - »leichter« zu machen.

AMEX Composite
Index sämtlicher an der AMEX American Stock Exchange gehandelten Aktien.

Analystenveranstaltungen
Regelmäßige, mindestens jährliche Organisation von Veranstaltungen für Researcher, Analysten und institutionelle Anleger, die von allen Unternehmen - unabhängig an welcher Börse bzw. in welchem Segment sie notiert sind - als Chance zur Shareholder-Value-Steigerung zu sehen sind.

Basel II
Vom Basler Ausschuss für Bankenaufsicht entwickelte, international gültige Eigenkapitalrichtlinien, die Banken verpflichten, eine stärker den Risiken ihrer Kreditnehmer entsprechende Eigenkapitalvorsorge zu betreiben. Die Regeln treten nach bereits vorheriger Anwendung in der Praxis in der EU Ende 2006 in Kraft.

Basispreis
Kurs/Preis, zu dem die jeweiligen Aktien vom Begünstigten eines Aktienoptionsplans bezogen werden dürfen (z.B. der Durchschnitt der Kassakurse/Schlusskurse der letzten 5/10/30 Tage vor Einräumung der Optionsrechte).

Belegschaftsaktien
Die Ausgabe so genannter »Belegschaftsaktien« zu gegenüber dem Börsenpreis meist verbilligtem Bezugspreis stellt ein seit vielen Jahren bewährtes Instrument der Mitarbeiterbindung an das Unternehmen dar.

Benchmark
Referenz zur Messung/Beurteilung des Anlageerfolgs von Wertpapieren. Als Referenz dienen z.B. Branchen- bzw. Marktindizes.

Blackout-Periode
Vom 01.09.2002 bis 1.7.2005 Teil der von Emittenten und Konsortialbanken bei einer Emission freiwillig zu beachtenden Going-Public-Grundsätze der Deutschen Börse AG, wonach die emissionsbegleitenden Konsortialbanken in einem bestimmten Zeitraum vor und nach dem Angebot (»Blackout-Periode«) keine Research Reports herausgeben. Durch das neue WpPG seit 01.07.2005 wurden die Going-Public-Principles obsolet. S. auch »Quiet Period«. Blackout- bzw. Quiet-Period spielen in den USA (SEC) noch eine Rolle.

Blue Chips
Bedeutende Unternehmen mit hohem Bekanntheitsgrad, erstklassiger Bonität, regelmäßigen Dividendenzahlungen, hoher absoluter Bewertung.

Bookbuildingspanne
Festlegung einer Angebots-Preisspanne ca. ein bis zwei Wochen vor der geplanten ersten Notizaufnahme - orientiert an den jeweils aktuellen Marktgegebenheiten - in Abstimmung zwischen Emittent und Bank.

CAC-40
Index der 40 größten an der Pariser Börse gehandelten Unternehmen.

CAGR (Compounded Annual Growth)
Durchschnittliches Wachstum über mehrere Jahre

DAX-Aktien-Index der FWB umfasst segmentübergreifend alle deutschen Unternehmen des Prime Standard und General Standard.

Corporate Governance
Inhalte und Struktur der Leitung und Überwachung von Unternehmen.

Cotation-Directe-Verfahren/Frankreich
ist eine Mindestpreisvorgabe mit der Möglichkeit, sowohl Billigst- als auch limitierte Kaufangebote zu unterbreiten.

DAX
Deutscher Aktienindex der FWB, der die 30 nach Marktkapitalisierung und Börsenumsatz größten deutschen Werte/»Blue Chips« des Prime Standard an der FWB umfasst.

Delisting
Streichen der Aktie vom Handel/Kurszettel.

Designated Sponsors/Betreuer
Banken oder Wertpapierhandelshäuser, die auf Anfrage oder eigene Initiative für bestimmte Wertpapiere verbindliche Kauf- und Verkaufsorders stellen und damit für zusätzliche Liquidität sorgen. Besonders bedeutsam bei der Preisbildung im fortlaufenden Handel. Die Deutsche Börse misst, dokumentiert und publiziert die Qualität der Sponsoren in Ratings.

Disclaimer
Hinweise zum Haftungsausschluss.

Discounted Cashflow
Unternehmensbewertung auf Basis diskontierter künftiger Cashflows, die auf der Frage aufbaut, wie hoch in Summe die dem Unternehmen zur freien Verfügung stehenden Cashflows in der Zukunft sein werden.

Dow Jones
Dow Jones & Co. berechnet und publiziert ähnlich wie Deutsche Börse AG, FTSE, Russell, S&P, Valueline usw. eine ganze Reihe von Indizes. Der Dow Jones Average 30 Industrial beispielsweise umfasst die 30 bedeutendsten US-Aktien, der Dow Jones STOXX 50 die 50 bedeutendsten europäischen Aktien bzw. der Dow Jones Euro STOXX die 50 bedeutendsten Aktien des Euro-Raums.

DRSC
Das Deutsche Rechnungslegungs Standards Committee e.V., Berlin, entwickelt Grundsätze für eine ordnungsgemäße Rechnungslegung, berät den deutschen Gesetzgeber in Fragen der Rechnungslegung und repräsentiert Deutschland in internationalen Rechnungslegungsgremien.

Due Diligence
Gebotene Sorgfaltsprüfung, meist aufgeteilt in eine wirtschaftliche (»commercial«), steuerliche (»tax«), rechtliche (»legal«), Finanz- (»financial«), teilweise zusätzlich auch technische Due Diligence (»technical«).

EBIT (Earnings Before Interest and Taxes)
Ergebnis vor Zinsen und Steuern.

EBITDA (Earnings Before Interest, Taxes and Depreciation)
Ergebnis vor Zinsen, Steuern und Abschreibung.

EBT (Earnings Before Taxes)
Ergebnis vor Steuern.

Echte Aktienoptionen
Während die Begünstigten im Falle »echter Optionsrechte« das ausschließliche Recht eingeräumt bekommen, - unter bestimmten Bedingungen - Aktien unter Entrichtung eines Kaufpreises zu erwerben, besteht im Falle von Phantom Stocks/SARs/virtuellen Optionen ein Recht auf Bezug eines Mehrwerts in Cash oder/und Aktien.

Effektives Emissionsvolumen
Anzahl der Aktien x Platzierungspreis.

Emissionsberatung
Eine von der Aktienplatzierungsfunktion unabhängige, komplexe Beratungs- und Betreuungsfunktion bei der Vorbereitung und Durchführung eines geplanten Börsengangs; s. www.emissionsberatung.de

Enterprise Value (EV oder EPV)
= Marktkapitalisierung - Nettoverbindlichkeiten.

Entry Standard Index
Ein Aktienindex der FWB, der alle Werte des Freiverkehr/Open Market an der FWB, die in den Entry Standard aufgenommen wurden, umfasst.

Equity Kicker
Form der Entlohnung als Beteiligung am Eigenkapital.

FASB
Das Financial Accounting Standards Board ist eine von der US-Securities and Exchange Commission (SEC) mit der Weiterentwicklung der US-amerikanischen Rechnungslegungsgrundsätze (US-GAAP) beauftragte private Organisation.

Family & Friends
Die bei nahezu sämtlichen IPOs anzutreffende so genannte »Family & Friends«-Tranche wird vom Emittenten (Altaktionäre/Vorstand) bis zu einer usancengerechten Höhe von 10 % des Gesamtemissionsvolumens für Mitglieder der Familien der Altaktionäre, Mitarbeiter und Geschäftsfreunde reserviert.

Freefloat (Free Float)
Gleichbedeutend mit Streubesitz: frei handelbare Aktien eines Unternehmens, die im Besitz vieler Aktionäre sind, die jeder i.d.R. weniger als 5 % halten.

FTSE
FTSE berechnet und publiziert zahlreiche Indizes, insbesondere auch bezogen auf Großbritannien (z.B. FTSE 100, FTSE AIM-Indizes bezogen auf den Alternative Investment Market bzw. FTSE techMARK-Indizes bezogen auf das Handelssegment techMARK bzw. techMARK mediscience).

Gewinnberechtigung
Erstmalig ausgegebene Aktien werden üblicherweise mit vollem Gewinnbezugsrecht für das Geschäftsjahr, in dem sie platziert werden, ausgestattet.

GEX
Aktienindex der FWB, der sämtliche eigentümergeführten Unternehmen des Prime Standard an der FWB umfasst, deren Börsengang nicht länger als zehn Jahre zurückliegt. Eigentümergeführt: Vorstände, Aufsichtsräte oder deren Familien halten zwischen 25 und 75 der Stimmrechte.

Going Public
Gleichbedeutend mit Börsengang oder IPO (Initial Public Offering): Erstmaliges öffentliches Angebot von Aktien eines Unternehmens mit Gang an die Börse/Aufnahme des Handels.

HDAX
Aktienindex der FWB, der die Werte aller 110 Unternehmen aus den Auswahlindizes DAX, MDAX und TecDAX umfasst.

IASB
Das International Accounting Standards Board ist als unabhängige Organisation Herausgeber der internationalen Rechnungslegungsstandards IFRS/IAS.

IFRS
International Financial Reporting Standards (bis zum 01.04.2001 »IAS«): vom International Accounting Standards Board (IASB), London, festgelegte Rechnungslegungsgrundsätze.

Inhaberaktien
Bei Inhaberaktien gilt derjenige als Eigentümer, der die entsprechende Urkunde(n), ohne dass für diese eine Form zwingend vorgeschrieben wäre(n), innehat.

Institutionelle Investoren
Unternehmen wie Banken, Fondsgesellschaften, Versicherungen, Pensionskassen und sonstige Finanzdienstleister, die hohe Volumina am Kapitalmarkt investieren.

IPO
Initial Public Offering. Synonym für Börsengang bzw. Going Public: erstmaliges öffentliches Angebot von Aktien eines Unternehmens mit Gang an die Börse/Aufnahme des Handels.

ISIN
Die International Securities Identifying Number (früher »Wertpapierkennnummer«/WKN) wird von den Wertpapier-Mitteilungen (WM), Frankfurt, vergeben.

Joint Lead
Gemeinsame Konsortialführung zweier oder mehrerer Banken.

KGV
Quotient aus Unternehmensbörsenwert und Jahresüberschuss.

Kursrelevanz
Potentiell kursbeeinflussende nicht öffentlich bekannte Tatsachen unterliegen in allen Börsensegmenten außer dem Freiverkehr der Ad-hoc-Berichtspflicht.

Lead-Bank
Konsortialführende Bank bei einem Börsengang.

Liquider Handel
Beim Börsengang sollte eine ausreichend hohe Stückzahl an Aktien platziert werden bzw. sollte der Gesamtemissionswert ein ausschlaggebender Faktor zur Ermöglichung eines umsatzstarken Handels sein.

Listing
Zulassung zum (Börsen-)handel und Aufnahme der Notierung an einer Börse bzw. im Freiverkehr.

Management-Buyin
Externe, an einer aktiven Geschäftsführungs-/Gesellschafterstellung interessierte Partner erwerben die Gesellschaft.

Management-Buyout
Das bisherige Management eines Unternehmens erwirbt die Gesellschaft.

Marktkapitalisierung
Börsenbewertung. = Anzahl ausstehender Aktien x Kurs je Aktie.

MDAX
MDAX-Aktien-Index der FWB, der die 50 Unternehmen des Prime Standard aus klassischen Sektoren umfasst, die den im Aktienindex DAX enthaltenen Unternehmen hinsichtlich Orderbuchumsatz und Marktkapitalisierung (Midcaps) nachfolgen.

Mindest-Streubesitzquoten
Prozentsatz der Aktien, die sich nach Platzierung außerhalb des Altaktonärskreises mindestens im Umlauf befinden sollen.

Mindesthalteperiode (Lock-up-Periode)
Um die neuen Aktionäre vor potentiellen, unliebsamen (Kurs-)Überraschungen infolge von Abgaben aus Altaktionärsbestand (bald) nach Börsengang zu schützen, schreiben einzelne Segmente bzw. platzierende Banken eine Mindesthalteperiode (Lock-up-Periode) für Aktien vor.

Namensaktien
Keine Inhaberpapiere/-aktien, sondern auf den Namen des Aktionärs lautende Aktien mit Nachweis der Eigentümerschaft gem. elektronischem Aktienbuch der Gesellschaft.

NASDAQ 100
Repräsentiert die 100 größten Nicht-Finanz-Werte des NASDAQ Handelssystems.

NASDAQ Composite
Beinhaltet sämtliche Aktien des NASDAQ Handelssystems.

Nennbetragsaktien
lauten auf einen Nennbetrag/Nominalbetrag (mindestens 1 € bzw. ein glattes Vielfaches hiervon).

Nettobetriebsgewinn
(operatives Nettoergebnis = NOPAT = Net Operating Profit after Taxes; auch NOPLAT = Net Operating Profit Less Adjusted Taxes).

NOCFAT
Net Operating Cashflow After Taxes: Noplat unter Hinzurechnung der Abschreibungen und sonstiger nicht zahlungsrelevanter operativer Aufwendungen.

NYSE Composite
Index sämtlicher an der NYSE New York Stock Exchange gehandelter Aktien.

Öffentliche Platzierung (Public Placement)
Aufnahme eines oder mehrerer weiterer Gesellschafter/Aktionäre, wobei das Angebot der Beteiligung öffentlich gemacht wird. Dieses unterliegt dem Wertpapierprospektgesetz und damit den gesetzlichen Mindestanforderungen einer Emission.

Peers/Peergroup
Unternehmen vergleichbarer Branchen, an vergleichbaren Aktienmärkten.

Phantom Stocks/SARs/virtuelle Optionen
Bei Erreichen bestimmter Erfolgsziele (z.B. Aktienkursentwicklung, Ergebnis je Aktie, GuV-Kennziffern) das Recht auf den Bezug eines zum Zeitpunkt der Optionsausübung errechenbaren Mehrwerts (z.B. Differenz zwischen Bezugswert und Kurswert je Aktie, multipliziert mit der Anzahl der Optionen).

Privatplatzierung (Private Placement)
Aufnahme eines oder mehrerer weiterer Gesellschafter/Aktionäre, ohne dass das Angebot der Beteiligungsmöglichkeit (z.B. durch Anzeigen, Internet-Werbung, Presseverlautbarungen etc.) öffentlich gemacht wird.

Quiet Period
Vom 01.09.2002 bis 01.07.2005 Teil der von Emittenten und Konsortialbanken bei einer Emission freiwillig zu beachtenden Going-Public-Grundsätze der Deutschen Börse AG, wonach der Emittent in einem bestimmten Zeitraum vor und nach dem Angebot (»Quiet Period«) keine Informationen über seine Geschäftstätigkeit sowie seine Finanz- und Ertragslage zur Verfügung stellt. Durch das neue WpPG seit 01.07.2005 wurden die Going-Public-Principles obsolet. S. auch Blackout-Periode. Quiet- bzw. Blackout-Period spielen in den USA (SEC) noch eine Rolle.

Quotierung
Das manuelle oder maschinelle (quote machines) Stellen von Kauf- und Verkaufskursen durch Handelsteilnehmer.

Risikoaufschlag
Erwartete Marktrendite für Aktien abzüglich des Zinssatzes für risikolose Anlagen.

Roadshow
Vorstand/Altaktionäre in Begleitung der Lead-Bank(en) stellen sich interessierten institutionellen Investoren

vor, um diese für die Zeit des anschließenden Bookbuilding als Investoren zu gewinnen.

Russell
Die Frank Russell Company berechnet und publiziert (ähnlich wie Deutsche Börse AG, Dow Jones, FTSE, S&P, Value Line etc.) eine Familie von Indzies (US-Markt).

S&P
Standard & Poor´s berechnet und publiziert (ähnlich wie Deutsche Börse AG, Dow Jones, FTSE, Russell, Value Line etc. eine Familie von Indizes, z.B. den besonders bekannten S&P 500 (enthält 500 der bedeutendsten US-Unternehmen).

SDAX
Smallcap-Index der FWB, der die 50 größten auf den MDAX folgenden Werte des Prime Standard der FWB aus traditionellen Branchen umfasst.

SEC (Security Exchange Commission)
Amerikanische Wertpapier-Aufsichtsbehörde.

Seed Capital
Kapital für noch ganz am Anfang stehende Unternehmensgründungen bzw. für die nächste, noch immer junge Stufe der Unternehmensentwicklung.

Shareholder Value (Wert für den Aktionär)
meint den Wert des Eigenkapitals als Teil des Gesamtunternehmenswerts (Unternehmenswert = Fremdkapital + Shareholder Value). Entsprechend bedeutet Shareholder-Value-Management wertorientiertes, wertschaffendes, werterhaltendes und wertsteigerndes Management.

Small Caps
Unternehmen mit geringer Börsenkapitalisierung.

Stammaktien
Aktien, die über ein uneingeschränktes Stimmrecht bei der Hauptversammlung verfügen.

Stückaktien
verkörpern einen prozentualen/rechnerischen Anteil am gesamten Gezeichneten Kapital einer Gesellschaft.

SWOT (Strenghts Weaknesses Opportunities Threads)
Stärken, Schwächen, Chancen und Risiken eines Unternehmens.

TecDAX
Technologie-Index der FWB, der die 30 größten auf den DAX folgenden Werte der Technologiebranchen des Prime Standard an der FWB umfasst.

Tombstones
Mit dem öffentlichen Aktienangebot und dessen Platzierung in Zusammenhang stehende Ankündigungen bzw. Bekanntmachungen: Verkaufsangebot, Erster und Zweiter Nachtrag zum unvollständigen Verkaufsprospekt.

Underperformance
Eine im Marktvergleich unterproportionale Kursentwicklung von Neuemissionen.

Underpricing
Absichtliche oder unabsichtliche Festlegung einer zu niedrigen Bookbuildingspanne bzw. eines zu niedrigen schlussendlichen Emissionspreises.

US-GAAP
Generally Accepted Accounting Principles: Die Gesamtheit der nicht gesetzlich kodifizierten, aber in den USA allgemein anerkannten Normen der Rechnungslegung, die vom Financial Accounting Standards Board (FASB), Norwalk/CT/USA weiterentwickelt werden.

USPs (Unique Selling Propositions)
Alleinstellungsmerkmale im Wettbewerbsvergleich.

Value Line
Die Value Line Inc. berechnet und publiziert (ähnlich wie Deutsche Börse AG, Dow Jones, Russell, S&P etc.) eine Familie von Indizes. Der Value Line Composite Index ist z.B. ein – im Gegensatz zu sonstigen Indizes – nicht kapitalgewichteter, sondern ausschließlich preisgewichteter (und somit kleine wie große Unternehmen gleichgewichtender) Index.

Vinkulierte Namensaktien
Auf die Aktionärsnamen lautende Aktien, deren rechtlich gültiger Eigentümerwechsel an die Zustimmung der Gesellschaft zum jeweiligen Eigentümerwechsel gekoppelt ist.

Vorzugsaktien
Vorzugsaktionäre verfügen über kein Stimmrecht in der Hauptversammlung. Als Ausgleich für das, abgesehen vom Fall der Wiederauflebung des Stimmrechts, nicht vorhandene Stimmrecht erhalten die Vorzugsaktionäre eine Garantie- bzw. Vorzugsdividende.

Wertschöpfungsanalyse, SVA (Shareholder Value Analysis) oder EVA (Economic Value Added)
Fußt auf der Annahme, dass ein Unternehmen, das exakt seine Opportunitätskosten (gewichtete Kapitalkosten, WACC = Weighted Average Cost of Capital) seines investierten Kapitals (Capital Employed) verdient, soviel wert sein sollte wie das eingesetzte schuldenfreie Vermögen (Eigenkapital).

Zeichnungsrabatte
Bei einzelnen Großemissionen werden »Frühzeichnern« Rabatte von i.d.R. rund 1–3 % gewährt.

Zuteilungsreserve (Greenshoe)
Die Mehrzuteilungs-Option bzw. Überzuteilungs-Option ist eine auch auf dem deutschen Kapitalmarkt seit der zweiten Hälfte der 1990er Jahre aus dem angelsächsischen Investmentbanking übernommene Gepflogenheit, dem Bankenkonsortium das Recht einzuräumen einen Teil der Emission im Falle mehrfacher Überzeichnung zusätzlich zu platzieren.

Zwangspublizität
Mit dem Börsengang verbundene, gesetzlich vorgeschriebene Veröffentlichungen im Bundesanzeiger bzw. mindestens einem (überregionalen) Börsenpflichtblatt (Börsen-Zeitung, FAZ, Financial Times Deutschland, Frankfurter Rundschau, Handelsblatt, Süddeutsche Zeitung, Die Welt).

Literaturverzeichnis

Althaus, Jan: Emissionsberatung im Rahmen des Going Public am deutschen Kapitalmarkt, GoingPublic Forschungsreihe Band 1, Wolfratshausen 2001

Anaere, Charles Ikechukwu: Die Börseneinführung von Aktien in Entwicklungs- und Industrieländern, Augsburg 1996

Arlinghaus, Olaf/Balz, Ulrich: Going Public, München 2001

Assmann, Heinz-Dieter et al.: Verkaufsprospektgesetz, Kommentar, Köln 2001

Assmann, Heinz-Dieter/Schneider, Uwe H.: Wertpapierhandelsgesetz, 3. Aufl., Köln 2003

Assmann, Heinz-Dieter/Pötzsch, Thorsten/Schneider, Uwe H. (Hrsg.): Wertpapiererwerbs- und Übernahmegesetz, Kommentar, Köln 2005

Baden-Württembergische Wertpapierbörse: Ausführungsbestimmung zu § 50d Abs. 2 der Börsenordnung (Ausführungsbestimmungen Research zu Gate-M), o. J.

Baden-Württembergische Wertpapierbörse: Gebührenordnung, 1.7.2005

Baetge, Jörg (Hrsg.): Der Börsengang als Herausforderung für das Unternehmen, Düsseldorf 2003

BAFin: Emittentenleitfaden der Bundesanstalt für Finanzdienstleistungsaufsicht, 15.7.2005

Ballwieser, Wolfgang: Unternehmensbewertung mit Discounted-Cashflow-Verfahren, in: Die Wirtschaftsprüfung, 3/1998, S. 81-92

Ballwieser, Wolfgang: Stand und Entwicklung der Unternehmensbewertung in Deutschland, in: Egger, Anton (Hrsg.): Unternehmensbewertung - quo vadis? Festschrift für Geiserich Tichy, Wien 1999, S. 21-40

Bauer, R.: Tracking Stocks als aktuelles Beteiligungsfinanzierungsmodell divisionalisierter Aktiengesellschaften, Wismar 2002

Baukmann, Dirk/Mandler, Udo: International Accounting Standards - IAS und HGB im Konzernabschluss, 2. Aufl., München 2004

Baumbach, Adolf/Hueck, Alfred: Kommentar zum GmbH-Gesetz, 17. Aufl., München 2000

Baums, Theodor: Spartenorganisation, »Tracking Stock« und deutsches Aktienrecht, in: Verantwortung und Gestaltung. Festschrift für Bonjong (1996), www.jura.uni-frankfurt.de

Beier-Middelschulte, Amelie: Finanzkommunikation junger Emittenten, Wiesbaden 2004

Bertelsmann Stiftung/Prognos GmbH (Hrsg.): Mitarbeiter am Kapital beteiligen, Gütersloh 1997

Bestmann, Uwe: Finanz- und Börsenlexikon, München 2000

BGBl (Bundesgesetzblatt) I 2003 Nr. 26 vom 25.6.2003: Verordnung über den Ersatz von Aufwendungen der Kreditinstitute vom 17.6.2003

Blättchen, Wolfgang: Die Börseneinführung als spezieller Fall des Unternehmensverkaufs, in: Siegwart, Hans/Mahari, Julian I./Caytas, Ivo G./ Sander, Stefan (Hrsg.): Mergers & Acquisitions, Meilensteine im Management, Band 1, Stuttgart 1990, S. 299-318

Ders.: Warum Sie überhaupt an die Börse gehen sollten - aus Sicht eines externen Beraters, in: Volk, Gerrit (Hrsg.): Going Public - Der Gang an die Börse, 2. Aufl., Stuttgart, 1998, S. 3 ff.

Blättchen, Wolfgang/Jacquillat, Bertrand: Börseneinführung - Theorie und Praxis, Frankfurt/Main 1999

Blowers, Stephen C./Griffith, Peter H./Milan, Thomas L.: The Ernst and Young Guide to the IPO Value Journey, Wiley and Sons 1999

Blumberg, Christian/Helling, Nico: Ertragswert- und Cashflow-Methode dominieren - Eine Untersuchung über die Kaufpreisfindung für mittelständische Betriebe, in: Blick durch die Wirtschaft, 8. Mai 1996, S. 9

Boehmer, Ekkehart/Ljungqvist, Alexander: On the decision to go public. Evidence from privately-held firms, Frankfurt/Main 2004

Börsensachverständigenkommission beim Bundesministerium der Finanzen: Grundsätze für die Zuteilung der Aktienemissionen an Privatanleger, 7.6.2000, www.bundesfinanzministerium.de

Börsensachverständigenkommission beim Bundesministerium der Finanzen: Übernahmekodex vom 14. Juli 1995, geändert durch Bekanntmachung vom 28.11.1997 mit Wirkung ab 1.1.1998; der Übernahmekodex wurde durch die Vorschriften des WpÜG ab 1.1.2002 ersetzt; http://www.uni-trier.de/uni/fb4/soziologie/apo/kodex01.pdf

Bösl, Konrad: Praxis des Börsengangs, Wiesbaden 2004

Bommert, Rainer: Die Mitarbeiterbeteiligung im Rahmen der Börseneinführung - Ein wichtiger Beitrag zum Unternehmenserfolg, in: Koch, Wolfgang/Wegmann, Jürgen (Hrsg.): Mittelstand und Neuer Markt, Frankfurt/Main 1999, S. 227 ff.

Born, Karl: Rechnungslegung international. Konzernabschlüsse nach IAS, US-GAAP, HGB und EG-Richtlinien, 4. Aufl. Stuttgart 2005

Born, Karl: Neue Offenheit - Die Rechnungslegung des mittelständischen Unternehmens nach HGB, IAS und US-GAAP im Vergleich, in: Koch, Wolfgang/Wegmann, Jürgen (Hrsg.): Mittelstand und Neuer Markt, Frankfurt/Main 1999, S. 311 ff.

Born, Karl: Unternehmensanalyse und Unternehmensbewertung, 2. Auflage, Stuttgart 2003

Bournet, Gregory: Börsengang mittels Reverse Takeover. Analyse der Schweizer Praxis, (Diss.), Zürich 2004

Brandl, Maximilian J. Research Report: Hydrotec AG, erstellt für CdC Capital AG, München 2005

Brauer, Markus: Die Rechte der Aktionäre beim Börsengang und Börsenrückzug ihrer Aktiengesellschaft, Berlin 2005

Bräuninger, Friedrich/Burkhardt Rainer: Pressearbeit beim Going Public, in: Dr. Wieselhuber & Partner (Hrsg.): Börseneinführung mit Erfolg. Voraussetzungen, Maßnahmen und Konzepte, Wiesbaden 1996, S. 252-267

Literaturverzeichnis

Brown, Norman H.: Profiting From IPOs & Small Cap Stocks, Prentice Hall 1998
Büche, Christian: Die Pflicht zur Ad-hoc-Publizität als Baustein eines integeren Finanzmarkts, Baden-Baden 2005
Buchta, Jens/Ott, Kai-Peter: Problembereiche des Squeezeout, in: Der Betrieb 2005, S. 990 ff.
Budde, Wolfgang Dieter et al. (Hrsg.), Beck'scher Bilanz-Kommentar, 4. Aufl., München 1999
Busse von Colbe, Walther/Becker, Winfried/Berndt, Helmut/Geiger, Klaus/Haase, Heidrun/Schellmoser, Friedrich/Schmitt, Günter/Seeberg, Thomas/Wysocki, Klaus von (Hrsg.): Ergebnis je Aktie nach DVFA/SG Earnings per Share, 3. Aufl., Stuttgart 2000

Carls, André: Das Going-public-Geschäft deutscher Banken. Markt- und risikopolitische Implikationen, Wiesbaden 1996
Claussen, Carsten P.: Bank- und Börsenrecht, 3. Aufl., München 2003
Claussen, Carsten P.: Erfahrungen mit der Notierung an der NASDAQ, in: Rosen, Rüdiger von/Seifert, Werner G. (Hrsg.): Zugang zum US-Kapitalmarkt für deutsche Aktiengesellschaften, Schriften zum Kapitalmarkt, Band 1, Frankfurt/Main 1998, S. 393 ff.
Cornell, Bradford: The Equity Risk Premium: The Long-Run Future of the Stock Market, Frontiers in Finance Series, Wiley and Sons 1999
Courage, Christoph: Fiktiver Vermögensübergang und Grunderwerbsteuer bei Formwechsel zwischen Kapital- und Personengesellschaft?, in: Der Betrieb 1995, S. 1102-1105
Crosier, Louis P.: Selling Your Business – Managing the Transition from Entrepreneur to Investor, Wiley and Sons 2004

DAI Deutsches Aktieninstitut: s. Leven, Franz J., DAI-Factbook 2005
Dehmer, Hans: Umwandlungsgesetz, Umwandlungssteuergesetz, 3. Auflage München 2005
Deilmann, Barbara/Lorenz, Manuel: Die börsennotierte Aktiengesellschaft, München 2005
Deutsche Bank AG: IphOria – The Millenium Fitness Programme, Frankfurt/Main 1999
Deutsche Börse AG/Group/FWB Frankfurter Wertpapierbörse: www.deutsche-boerse.de
Dies.: Designated Sponsor Guide, Version 5.0 (2005)
Dies.: Entry Standard – Maßgeschneiderter Kapitalmarktzugang für Small- und Midcaps
Dies.: Fact Book, Frankfurt/Main 2004
Dies.: FAQ-Katalog für Open Market/Entry Standard, Stand Anfang 2006
Dies.: Leitfaden zu den Aktienindizes der Deutschen Börse, Januar 2006
Deutsche Morgan Grenfell (Hrsg.): IPhOria – Rocketing into a New Age, Frankfurt/ Main 1998
Deutscher Corporate Governance Kodex der Regierungskommission Deutscher Corporate Governance Kodex, Stand 2.6.2005
DIRK Deutscher Investor Relations Kreis (Hrsg.): Handbuch Investor-Relations, Wiesbaden 2004
Dötsch, Ewald: Das Umwandlungssteuerrecht, 5. Aufl., Stuttgart 2003
Drach, Pierre: Die Bewertung von Wachstumsunternehmen, in: Going Public Sonderheft Praxis, S. 56-58, 1999

Drukarczyk, Jochen: Unternehmensbewertung, 5. Aufl., München 2005
Dürr, Michael: Investor-Relations, 2. Aufl., München/Wien 1995
DVFA (Deutsche Vereinigung für Finanzanalyse und Asset Managment): DVFA-Standard für Researchberichte, http://www.dvfa.de/standards_research.htm, Mai 2004
DVFA Methoden-Kommission Expertengruppe Valuation: Stellungnahme zu den Grundsätzen zur Durchführung von Unternehmensbewertungen (IDW ES 1 n.F.), FINANZ BETRIEB 9/2005, S. 558 ff.

Eckert, Ralf: Besteuerung von Stock Options, in: Der Betrieb, 49/1999, S. 2490 ff.
Edelmann, Georg: Going Public in Österreich, Wien 2003
Egger, Anton (Hrsg.): Unternehmensbewertung – quo vadis? Festschrift für Geiserich Tichy, Wien 1999
EG-Kommission: EG-Verordnung Nr. 1606/2002 des Europäischen Parlaments und des Rates vom 19.7.2002 betreffend die Anwendung internationaler Rechnungslegungsstandards (»IAS-Verordnung«)
Dies.: EG-Verordnung Nr. 2273/2003 zur Durchführung der Richtlinie 2003/6/EG des Europäischen Parlaments und des Rates – Ausnahmeregelungen für Rückkaufprogramme und Kursstabilisierungsmassnahmen vom 22.12.2003
Dies.: EG-Verordnung Nr. 809/2004 vom 29.4.2004 zur Umsetzung der Richtlinie 2003/71/EG des Europäischen Parlaments und des Rates betreffend die in Prospekten enthaltenen Informationen sowie das Format, die Aufnahme von Informationen mittels Verweis und die Veröffentlichung solcher Prospekte und die Verbreitung von Werbung (»Prospektverordnung«)
Ehlers, Harald/Jurcher, Michael: Der Börsengang von Mittelstandsunternehmen. Eine Einführung im Modellfall, München 1999
Ekkenga, Jens: Bilanzierung von Stock Options Plans nach US-GAAP, IFRS und HGB, in: Der Betrieb, 3.9.2004, Heft 36, S. 1897-1903
Esterer, Fritz/Härtels, Lothar: Die Bilanzierung von Stock Options in der Handels- und Steuerbilanz, in: Der Betrieb, 41/1999, S. 2073-2077
Euronext: Alternext – The tailor-made market for small and mid caps, www.euronext.com 2006

Färber, Heiko: Determinanten der Entscheidung für eine Börseneinführung, Hamburg 2005
F.I.B.V. Fédération Internationale des Bourses des Valeurs: Annual Report and Statistics, Paris 2004
Fichtel, Mark D.: Listing Non-U.S. Securities on the American Stock Exchange, in: Rosen, Rüdiger von/Seifert, Werner G. (Hrsg.): Zugang zum US-Kapitalmarkt für deutsche Aktiengesellschaften, Schriften zum Kapitalmarkt, Band 1, Frankfurt/Main 1998, S. 313 ff.
Fleischmann, Michael: Steuerrechtliche und bilanzrechtliche Fragen im Zusammenhang mit der Durchführung einer Kapitalerhöhung, in: Der Betrieb, 50/1999, S. 2540 ff.
Förschle, G./Kropp, M.: Exkurs: Bilanzierung von Optionsbezugsrechten auf Aktien (stock options) für Arbeitnehmer und Management, in: Budde, Wolfgang Dieter et al. (Hrsg.), Beck'scher Bilanz-Kommentar, 4. Aufl., München 1999, § 266, Tz. 270-299

Förschle, Gerhart/Holland, Bettina/Kroner, Matthias: Internationale Rechnungslegung – US-GAAP, HGB und IAS, 6. Aufl., Stuttgart 2003

Francioni, Reto: Familiengesellschaften aus Sicht der Börse, in: Hennerkes, Brun-Hagen/Kirchdörfer, Rainer (Hrsg.): Unternehmenshandbuch Familiengesellschaften, 2. Auflage, Köln 1998, S. 445-458

Francioni, Reto/Böhnlein, Barbara: Doppelnotierung Neuer Markt /NASDAQ, in: Rosen, Rüdiger von/Seifert, Werner G. (Hrsg.): Zugang zum US-Kapitalmarkt für deutsche Aktiengesellschaften, Schriften zum Kapitalmarkt, Band 1, Frankfurt/Main 1998, S. 255 ff.

Frankfurter Wertpapierbörse: Börsenordnung für die Frankfurter Wertpapierbörse, Stand 1.1.2006

Dies.: Gebührenordnung für die Frankfurter Wertpapierbörse, Stand 1.1.2006

Dies.: Ihr Weg an die Börse, Stand: Dezember 2005 (www.deutsche-boerse.de)

Dies.: Richtlinien für den Freiverkehr an der Frankfurter Wertpapierbörse, Stand 25.10.2005

Frommann, Holger: Die Entwicklung des Beteiligungsmarkts im 3. Quartal 2005, Präsentation von BVK-GF Dr. Holger Frommann zum BVK Pressefrühstück, 8.11.2005

Früh, Hans-Joachim: Rechnungslegung im Börsengang, in: Volk, Gerrit (Hrsg.): Going Public – Der Gang an die Börse, 2. Aufl., Stuttgart 1998, S. 43 ff.

Geck, Reinhard: Die Spaltung von Unternehmen nach dem Umwandlungsrecht, in: Deutsches Steuerrecht 1995, S. 416-424

Geddes, Ross: IPOs & Equity Offerings, Butterworth Heinemann 2003

Gerig, Gunnar: Börsengänge aus der Perspektive der Corporate Governance, (Diss.), Wiesbaden 2003

Glatzel, Christoph: Börsliche Desinvestitionen mittels Equity Carve-Out, Spin-Off und Tracking Stock, Lohmar 2003

Gleisberg, Ralf: Börsengang und Unternehmensentwicklung, Going Public Media AG Wolfratshausen 2003

Goergen, Marc: Corporate Governance and Financial Performance: A Study of German and UK Initial Public Offerings, Cheltenham 1999

Going Public, the IPO reporter, prepared and published by Howard & Co., Philadelphia, Pa., Periodical

Gravenhorst, Joachim: Platzierungsverfahren bei Aktienemissionen und der Anspruch auf Zuteilung, (Diss.), Göttingen 2002

Habersack, Mathias/Mülbert, Peter O./Schlitt, Michael (Hrsg.): Unternehmensfinanzierung am Kapitalmarkt, Köln 2005

Hanig, Uwe: Investor-Relations. Ein Leitfaden für Firmenkundenberater, in: Banking & Finance, Mai 1991, S. 154-156

Hansen, Björn: Warum gehen Aktiengesellschaften nicht an die Börse, Herzogenrath 1996

Harmon, Steve: Zero gravity: riding venture capital from high-tech Start up to breakout IPO, Princeton, NJ, 1999

Harrer, Herbert: «Going Public Principles haben ihre Zwecke erfüllt», in: Börsenzeitung, 19.7.2005

Harrer, Herbert: Mitarbeiterbeteiligungen und Stock-Option-Pläne, 2. Aufl., München 2004

Hartel, Ulrich: Die Unternehmer-AG. Rechtsformoptimierung für mittelständische Unternehmen, München 1996

Haubrok, Axel: Gezielte Kommunikation als Voraussetzung für den Gang an die Börse, in: Volk, Gerrit (Hrsg.): Going Public. Der Gang an die Börse, Stuttgart 1998, S. 49-62

Hegenloh, Gerd U./Layer, Bertram: Die Verwertung steuerlicher Verluste im Familienunternehmen, in: Hennerkes, Brun-Hagen/Kirchdörfer, Rainer (Hrsg.): Unternehmenshandbuch Familiengesellschaften, 2. Auflage, Köln 1998, S. 576-594

Heidemann, Otto: Möglichkeiten und Verfahrensweisen bei der Rechtsformumwandlung in eine Aktiengesellschaft, in: Volk, Gerrit (Hrsg.): Going Public – Der Gang an die Börse, 2. Aufl., Stuttgart 1998, S. 101 ff.

Heidkamp, Britta: Die Rechte der Aktionäre beim Börsengang von Tochtergesellschaften, Aachen 2003

Heiss, Christina: Ausgestaltung der Investor-Relations bei doppelgelisteten Wachstumsunternehmen in Deutschland und den USA, Hamburg 2004

Hennerkes, Brun-Hagen/Kirchdörfer, Rainer (Hrsg.): Unternehmenshandbuch Familiengesellschaften, 2. Auflage, Köln 1998

Hennigs, Robert: Die Börseneinführung von Tochtergesellschaften, Leverkusen 1995

Herzig, Norbert: Steuerliche Konsequenzen von Aktienoptionsplänen (Stock Options), in: Pellens, Bernhard (Hrsg.): Unternehmenswertorientierte Entlohnungssysteme, Stuttgart 1998, S. 161-191

Ders.: Steuerliche und bilanzielle Probleme bei Stock Options und Stock Appreciation Rights, in: Der Betrieb, 1/1999, S. 1-12

Hoeres, Walter: Offenheit und Distanz. Grundzüge einer phänomenologischen Anthropologie, Berlin 1993

Hoppenstedt Aktienführer 2005, Darmstadt 2004

Hüffer, Uwe: Kommentar zum Aktiengesetz, Beck'sche Kurzkommentare, Bd. 53, 6. Aufl., München 2004

Huber, Verena: Squeeze-out – Rechtslage Praxis Bewertung, Saarbrücken 2005

Hunger, Adrian: IPO-Underpricing im Kontext einer vertikalen Marktsegmentierung, Berlin 2005

Hutter, Stephan: Obligations of German Issuers in connection with Public Securities Offerings and Stock Exchange Listings in the United States, in: Rosen, Rüdiger von/Seifert, Werner G. (Hrsg.): Zugang zum US-Kapitalmarkt für deutsche Aktiengesellschaften, Schriften zum Kapitalmarkt, Band 1, Frankfurt/Main 1998, S. 115 ff.

Independent Research: Neuemissions-Studie – Silicon Sensor International AG, Frankfurt/Main, Juli 1999

Jacquillat, Bertrand: L'introduction en bourse, 2. Aufl., Paris 1994

Jakob, Elmar: Initial Public Offerings – Aktuelle Entwicklungen des Aktienemissionsgeschäfts, Dissertation, Schriftenreihe der European Business School, Bd. 13, Wiesbaden 1998

Jenkinson, Tim u. Ljungqvist, Alexander: Going Public. The Theory and Evidence on How Companies Raise Equity Finance, Oxford 2001

Jescke, Dieter: Die Börseneinführung des Familienunternehmens – Eine Möglichkeit der Zukunftssicherung, in: Hennerkes, Brun-Hagen/Kirchdörfer, Rainer (Hrsg.): Unternehmenshandbuch Familiengesellschaften, 2. Auflage, Köln 1998, S. 459-494

Käser, Urs: Der Preisfindungsprozess beim Going Public in der Schweiz, Swiss Banking School, Bern et al. 1997

Kiefner, Alexander: Konzernumbildung und Börsengang der Tochter. Die Teilhaberrechte der Aktionäre einer Publikums-AG bei der Börseneinführung von Tochtergesellschaften, (Diss.), Tübingen 2005

Kiener, Wolfgang: Unternehmensbewertung bei Neuemissionen innovativer Wachstumsunternehmen, Marburg 2001

Killat, Gerhard: Bewertung und Preisfindung bei Neuemissionen, in: Volk, Gerrit (Hrsg.): Going Public – Der Gang an die Börse, 2. Aufl., Stuttgart 1998, S. 233 ff.

Kirchhoff, Klaus R./Piwinger, Manfred: Praxishandbuch Investor-Relations, Wiesbaden 2005

Knorr, Thomas H.: Eine Frage des Vertrauens – Die Rolle des Emissionsberaters, in: Koch, Wolfgang/Wegmann, Jürgen (Hrsg.): Mittelstand und Neuer Markt, Frankfurt/Main 1999, S. 147 ff.

Kobel, Magnus: Pre-IPO-Finanzierungen durch Venture-Capital-Unternehmen. Eine phasenspezifische Analyse der institutionenökonomischen Risiken des Investors, Bayreuth 2005

Koch, Dirk: Verantwortlichkeit von Wirtschaftsprüfern bei der Bewertung von Unternehmen vor einem Börsengang, Aachen 2003

Koch, Ulrich/Jensen, Wolfgang/Steinhoff, Stephan: Going Public, Köln (1993) 2002

Koch, Wolfgang: Die Due Diligence – Ein Muss für jede Börseneinführung, in: Koch, Wolfgang/Wegmann, Jürgen (Hrsg.): Mittelstand und Neuer Markt, Frankfurt/Main 1999, S. 93 ff.

Koch, Wolfgang/Wegmann, Jürgen (Hrsg.): Mittelstand und Neuer Markt, Frankfurt/Main 1999, Frankfurt/Main 2002

Dies.: Praktikerhandbuch Börseneinführung, Stuttgart 1996; Stuttgart 1998; Stuttgart 2000

Dies.: Praktiker-Handbuch Due Diligence – Chancen-Risiken-Analyse mittelständischer Unternehmen, 2. Auflage, Stuttgart 2002

Kramer, Karl-Heinz: Die Börseneinführung als Finanzierungsinstrument deutscher mittelständischer Unternehmen, Wiesbaden 2000

Krantz, Matt: Remember tracking stocks? Most are history, in: USA TODAY, 20.9.2004, www.usatoday.com

Krolle, Sigrid/Schmitt, Günter/Schwetzler, Bernhard (Hrsg.): Multiplikatorverfahren in der Unternehmensbewertung, Stuttgart 2005

Küffer, Klaus: Der Gang des mittelständischen Unternehmens an die Börse, Motive, Durchführung und Folgen, Göttingen 1989

Küting, Karlheinz/Weber, Klaus-Peter/Dürr, Ulrike: Der Konzernabschluss, 9. Aufl., Stuttgart 2005

Kuthe, Thorsten/Rückert, Susanne/Sickinger, Mirko: Compliance-Handbuch Kapitalmarktrecht – Publizitäts- und Verhaltenspflichten für Aktiengesellschaften, Heidelberg 2004

Lane, Brian J./Dudek, Paul M.: SEC Disclosure Requirements for Foreign Companies. Listing Securities and Raising Capital in the United States, in: Rosen, Rüdiger von/Seifert, Werner G. (Hrsg.): Zugang zum US-Kapitalmarkt für deutsche Aktiengesellschaften, Schriften zum Kapitalmarkt, Band 1, Frankfurt/Main 1998, S. 335 ff.

Langenbach, Wilm: Börseneinführungen von Tochtergesellschaften. Eine konzeptionelle und empirische Analyse zur Optimierung der Rationalitätssicherung durch Märkte, Wiesbaden 2001

Leven, Franz J. (Hg.): DAI-Factbook 2005. Statistiken, Analysen und Graphiken zu Aktionären, Aktiengesellschaften und Börsen, Frankfurt/Main 2005

Liappis, Dimitrios: Das System der Haftung der Banken bei Aktienemissionen über die Börse. Von den börsenrechtlichen Grundlagen zur Haftung aus ungeregelten Informationsdienstleistungen (IPO-Studie, Unternehmenspräsentation), Berlin 2003

Link, Rainer: Aktienmarketing in deutschen Publikumsgesellschaften, Wiesbaden 1991

Löffler, Yvonne: Desinvestitionen durch Verkäufe und Börseneinführungen von Tochterunternehmen. Eine empirische Untersuchung der Bewertung am deutschen Kapitalmarkt, Bd. 8 der Reihe Finanzierung, Kapitalmarkt und Banken, Lohmar 2001

Löhr, Andreas: Kurs je Aktie – Optik ist das halbe Leben, in: Going Public Sonderbeilage, Börsenzeitung, 22. Mai 1999, S. B9

Löhr, Andreas: Vorbereitung eines erfolgreichen Börsengangs, unveröffentlichtes Vortrags-Manuskript, Management-Circle-Seminar »Aktienemissionen via Internet«, Frankfurt, 9./10. Juni 1999

Löhr, Andreas: »Geburtstagskind« beschenkt sich und andere, in: Sonderbeilage Der Neue Markt, Börsen-Zeitung, 10. März 1999, S. B1

Löhr, Andreas: Das Step-up-/Einbringungsmodell – Möglichkeit zur Sicherung der »Alt«-Gesellschafter-Mehrheit nach dem Börsengang, in: Going Public Das Neuemissionsmagazin, Nr. 9/98, S. 70 ff.

Löhr, Andreas: US-IPOs deutscher Unternehmen – Die Attraktivitätsvorteile schwinden, in: Aktienkultur + BVH News, Publikation der Börsenvereine an deutschen Hochschulen e.V., Sonderausgabe USA, 5. Jg., Sommer 1998, S. 7 f.

Löhr, Andreas: Fahrplan zum Going-Public, in: Auslandskurier, 39. Jahrgang, Nr. 3 Mai/Juni 1998, S. 42

Löhr, Andreas: Interessenskonflikte vor und beim Börsengang, in: Sonderbeilage Going Public, Börsenzeitung, 25. April 1998, S. B1

Löhr, Andreas: Börsengang junger Wachstumsunternehmen, in: Der Neue Markt feiert seinen ersten Geburtstag, Börsenzeitung, 10. März 1998, S. 25

Löhr & Cie. Emissionsberatung: Datenbank

Loistl, Otto: Empirisch fundierte Messung kursrelevanter Tatsachen, in: Die Bank 1995, S. 232 ff.

London Stock Exchange: A guide to AIM tax benefits, 2006

Dies.: Alternative Investment Market (AIM) (brochure), 2006

Dies.: techMARK (brochure), 2006

Dies.: techMARK mediscience (brochure), 2006

Lorz, Rainer: Die Nachfolge in Familienunternehmen – Rechtliche und steuerliche Gestaltungen der Nachfolge in Familienunternehmen – in: Hennerkes, Brun-Hagen/Kirchdörfer, Rainer (Hrsg.): Unternehmenshandbuch Familiengesellschaften, 2. Auflage, Köln 1998, S. 693–751

LRP Landesbank Rheinland-Pfalz: Neuemissionsstudie Silicon Sensor International AG, Mainz, Juli 1999

Lubig, Dirk: Underpricing und langfristige Performance der IPOs am Neuen Markt. Eine ökonometrische Analyse für den Zeitraum von 1997-2003, Frankfurt/Main 2004

Mager, Ferdinand B.: Die Performance von Unternehmen vor und nach dem Börsengang, Wiesbaden 2001

Mandl, Gerwald: Können die DCF-Verfahren die an die Unternehmensbewertung gestellten Anforderungen besser erfüllen als das Ertragswertverfahren?, in: Egger, Anton (Hrsg.): Unternehmensbewertung – quo vadis?, Wien 1999

Mandl, Gerwald/Rabel, Klaus: Unternehmensbewertung, Wien (1997) 2004

Martens, Klaus-Peter: Leitfaden für die Leitung der Hauptversammlung einer Aktiengesellschaft, 2. Aufl., Köln 2000

Martinius, Philip/Schiffer, Jack: Wirksame Ermächtigung des Vorstands zur Antragstellung auf Widerruf der Börsenzulassung (Delisting), in: Der Betrieb, 48/1999, S. 2460-2462

Massey, David: The Investor´s Guide in New Issues: Profit from Flotations and Inital Public Offerings, London (Pitman Publishing) 1996

Mathesius, Jörn: Wertmanagement durch die Börseneinführung von Tochterunternehmen. Eine empirische Studie, Hamburg 2004

Menzel, Sandra: Beteiligungsfinanzierung mit Tracking Stocks – Strukturen und Gestaltungsmöglichkeiten in Deutschland, Berlin, 2002

Menzies, Christof: Sarbanes-Oxley Act, Stuttgart 2004

Merrill Lynch: Quantitative Profiles – Monthly Insights for Equity Management, Monatsbroschüre

Moraw, Dieter-Jürgen/Pöllinger, Bernhard M.: Being Public – Die Aufgaben der Emissionsbank nach dem Börsengang, in: Koch, Wolfgang/Wegmann, Jürgen (Hrsg.): Mittelstand und Neuer Markt, 1. Aufl., Frankfurt/Main 1999, S. 209 ff.

Müller, Michael/Schieber, Dietmar: Erfahrungen von Neuemittenten am deutschen Aktienmarkt 1998. Ergebnisse einer Umfrage, in: Rosen, Rüdiger von (Hg.): Studien des Deutschen Aktieninstituts (DAI), Heft 8, Frankfurt/Main 1999

Müller, Sönke: Der Börsengang der Telekom, Mering (1998) 2002

NASDAQ: Listing Standards and Fees, Januar 2006, www.nasdaq.com

Naumann, Thomas K.: Zur Bilanzierung von Stock Options – Erwiderung auf den Beitrag von Pellens/Crasselt, in: Der Betrieb, 29/1998, S. 1428-1431

Neske, Martina/Benner, Christoph: Charakteristika eines typischen IPO 1998, in: Deutsche Morgan Grenfell (Hrsg.): IphOria – Rocketing into a New Age, Frankfurt/Main 1998

Nick, Andreas: Börseneinführung von Tochtergesellschaften. Instrument zur Konzernfinanzierung und -gestaltung, Wiesbaden 1994

Niezold, Alf: Die Emissionspreisfindung, in: Going Public, Sonderheft Praxis, 1999, S. 53-55

Niquet, Bernd: Das Ende des Kapitalmangels: Ein Leitfaden für die Börseneinführung junger und innovativer Unternehmen, Kulmbach 1997

Nolte, Alexander F.: Tracking-Stock-Strukturen im US-amerikanischen und deutschen Aktienrecht, Schriften zum Wirtschaftsrecht Bd. 171, Berlin 2004

Obst, Georg/Hintner, Otto: Geld-, Bank- und Börsenwesen, 40. Aufl., Stuttgart 2000

Oehler, Andreas: Die Erklärung des Verhaltens privater Anleger, Stuttgart 1995

Ossola-Haring, Claudia/Walther, Dietrich: Mit Profis an die Börse – Emissionsberatung für mittelständische Unternehmen, Landsberg/Lech 1999

Ostrowski, Markus: Kapitalmarkt und Wirtschaftsprüfer. Eine empirische Analyse der Wahl des Prüfers bei IPO-Unternehmen und der Kapitalmarktreaktionen auf die Prüferwahl, Frankfurt/Main 2003

Pellens, Bernhard: Internationale Rechnungslegung, 5. Aufl., Stuttgart 2004

Pellens, Bernhard/Crasselt, Nils: Aktienkursorientierte Entlohnungsinstrumente im Jahresabschluss, in: Pellens, Bernhard (Hrsg.): Unternehmenswertorientierte Entlohnungssysteme, Stuttgart 1998, S. 161-191

Dies.: Bilanzierung von Stock Options, in: Der Betrieb, 5/1998, S. 217-223

Dies.: Virtuelle Aktienoptionsprogramme im Jahresabschluss, in: Die Wirtschaftsprüfung, 52. Jg., 1999, S. 765-772

Dies.: Zur Bilanzierung von Stock Options – Replik auf die Erwiderung von Naumann, in: Der Betrieb, 29/1998, S. 1431-1433

Peltzer, Martin: Deutsche Corporate Governance – Ein Leitfaden, 2. Aufl., München 2004

Pfannenberg, Jörg/Zerfaß, Ansgar (Hrsg.): Wertschöpfung durch Kommunikation – Wie Unternehmen den Erfolg ihrer Kommunikation steuern und bilanzieren, Frankfurt/Main 2005

Pfitzer, Norbert/Oser, Peter: Deutscher Corporate Governance Kodex, Stuttgart 2003

Potthoff, Erich/Trescher, Karl: Das Aufsichtsratsmitglied – Ein Handbuch für seine Aufgaben, Rechte und Pflichten, 6. Aufl., Stuttgart 2003

Prechtel, Andreas/Schätzle, Rainer: Aktienoptionen für Führungskräfte – Ein Shareholder Value-Signal an US-Investoren, in: Rosen, Rüdiger von/Seifert, Werner G. (Hrsg.): Zugang zum US-Kapitalmarkt für deutsche Aktiengesellschaften, Schriften zum Kapitalmarkt, Band 1, Frankfurt/Main 1998, S. 287 ff.

Priester, Hans-Joachim: Kapitalgrundlage beim Formwechsel, in: Der Betrieb 1995, S. 911-917

Raettig, Lutz: Eigenkapitalbeschaffung in den USA für kleinere und mittlere Unternehmen, in: Rosen, Rüdiger von/Seifert, Werner G. (Hrsg.): Zugang zum US-Kapitalmarkt für deutsche Aktiengesellschaften, Schriften zum Kapitalmarkt, Band 1, Frankfurt/Main 1998, S. 247 ff.

Rappaport, Alfred: Shareholder Value. Ein Handbuch für Manager und Investoren, 2. Aufl., Stuttgart 1999

Regierungskommission Deutscher Corporate Governance Kodex: Deutscher Corporate Governance Kodex, Stand 2.6.2005

Reiff, Sebastian: Auktionen als alternatives Preisfeststellungs- und Platzierungsverfahren bei Aktienemissionen? Eine ökonomische Analyse unter besonderer Berücksichtigung der Emittenten und der potentiellen Anleger, VDD Hochschulstudien 2001

Rindermann, Georg: Venture Capitalist Participation and the Performance of IPO Firms. Empirical Evidence from France, Germany, and the UK, Frankfurt/Main 2004

Ritter, Jay R.: »Differences between European and American IPO Markets«, in: European Financial Management, Vol. 9, No. 4, 2003, S. 421-434

Rödl, Bernd/Zinser, Thomas: Going Public. Der Gang mittelständischer Unternehmen an die Börse, 2. Aufl., Frankfurt/Main 2002

Röhling, Thomas: Wissensmanagement während eines IPO-Prozesses. Eine spieltheoretische Untersuchung, (Diss.), Universität Duisburg-Essen 2003

Roelofsen, Niels K.-H.: Initial Public Offering am Neuen Markt – Eine Analyse zum Underpricing Phänomen, Hamburg 2005

Rosen, Rüdiger von/Seifert, Werner G. (Hrsg.): Zugang zum US-Kapitalmarkt für deutsche Aktiengesellschaften, Schriften zum Kapitalmarkt, Band 1, Frankfurt/Main 1998

Ruda, Walter/Pfeffer, Markus: Investor-Relations und Going Public von Medien- und Entertainment-Unternehmen, Going Public Forschungsreihe (3), Wolfratshausen 2003

Rühland, Philipp: Der Ausschluss von Minderheitsaktionären aus der Aktiengesellschaft (Squeeze-out), Baden-Baden 2004

Salzer, Eva: Investor-Relations-Management und IPO-Erfolg, (Diss.), Wiesbaden 2004

Schäfer, Frank A.: Kommentar zu WpHG, BörsG und Verk-ProspG, Stuttgart 1999

Schalek, Erika: Eigenkapitalbeschaffung mittelständischer Unternehmen über den Kapitalmarkt, München 1995

Schanz, Kay-Michael: Börseneinführung - Recht und Praxis des Börsengangs, 2. Aufl. München 2002

Schaumburg, Harald: Die Verschmelzung von Kapitalgesellschaften und Personengesellschaften nach neuem Umwandlungsrecht, in: Finanzrundschau 1995, S. 211-224

Schenek, André: Überrenditen von Aktien-Neuemissionen. Determinanten der Performance von Initial Public Offerings am deutschen Markt, Bad Soden 2006

Schenck von, Kersten: Gesellschaftsrechtliche Implikationen der Börseneinführung, in: Koch, Wolfgang/Wegmann, Jürgen (Hrsg.): Praktiker-Handbuch Börseneinführung, 2. Aufl., Stuttgart 1998

Schiereck, Dirk/Ahlefeld, Martin/Mentz, Markus: Der Alternative Investment Market (AIM) in London: Vorbild oder Warnung für die Börse München? – Studie für die Börse München, München 2005

Schild, Claus: Die Bilanzierung von Stock Options bei Zuteilung und Ausübung/Nichtausübung der Option, in: Deutsches Anwaltsinstitut (Hrsg.): Jahrbuch der Fachanwälte für Steuerrecht, Herne/Berlin 1999, S. 607-613

Schild, Claus: Arbeitsunterlage zum 9. Generalthema: Stock-Options auf der 48. Steuerrechtlichen Jahresarbeitstagung der Arbeitsgemeinschaft der Fachanwälte für Steuerrecht e.V. vom 25. bis 27. Mai 1998 in Wiesbaden, 1998, S. 493-500, NWB-Verlag, Herne oder www.fachanwalt-fuer-steuerrecht.de

Schmidt, Reinhardt: Das Shareholder Value-Konzept, in: Fritsch, Ulrich/Liener, Gerhard/Schmidt, Reinhart (Hrsg.): Die deutsche Aktie, Stuttgart 1993, S. 277-296

Schmitz, Franz W.: Die Umstellung von Inhaber- auf Namensaktien durch deutsche Aktiengesellschaften – Gründe und Rechtsprobleme der aktuellen Entwicklung unter besonderer Berücksichtigung des NaStraG, Dissertation, Hagen 2002

Schürmann, Walter/Körfgen, Kurt: Familienunternehmen auf dem Weg zur Börse. Ein Leitfaden für potentielle Börsenkandidaten mit Beispielen aus der Praxis, München 1997

Schwarz, Michaela/Trobitz, Hans Heinz: Going Public aus der Sicht der emissionsbegleitenden Bank oder: Die Genesis eines Börsenganges, in: Koch, Wolfgang/Wegmann, Jürgen (Hrsg.): Mittelstand und Neuer Markt, Frankfurt/Main 1999, S. 165 ff.

Schwichtenberg, Jörg: Going Private und Freezeouts – Der Rückzug von der Börse und der Ausschluss von Minderheitsaktionären nach deutschem und US-amerikanischem Recht, Hamburg 2003

Semler, Johannes/Volhard, Rüdiger: Arbeitshandbuch für die Hauptversammlung, 2. Aufl., München 2003

Seppelfricke, Peter: Handbuch Aktien- und Unternehmensbewertung – Bewertungsverfahren, Unternehmensanalyse, Erfolgsprognose, 2. Aufl., Stuttgart 2005

SGZ-Bank: Shareholder Value in Europa. Bewertung ausgewählter Aktiengesellschaften mittels EVA und MVA, Frankfurt/Main April 1998

Shapiro, James E.: The New York Stock Exchange: The Market and its Listing Requirements, in: Rosen, Rüdiger von/Seifert, Werner G. (Hrsg.): Zugang zum US-Kapitalmarkt für deutsche Aktiengesellschaften, Schriften zum Kapitalmarkt, Band 1, Frankfurt/Main 1998, S. 303 ff.

Stadler (Hrsg.): Venture Capital und Private Equity – Erfolgreich wachsen mit Beteiligungskapital, 2. Aufl., Köln 2004

Steffen, Kay: Das Zuteilungsprocedere bei Aktienemissionen – Auf dem Weg zur »Gläsernen Emission«, in: Going Public Sonderheft: »Praxis«, 1999, S. 61 ff.

Steib, Stefan: Neuemissionsresearch zum Börsengang: Ursache informationsbedingter Fehlentwicklungen oder Lösungsansatz zu deren Überwindung? Eine empirische Untersuchung von Börsengängen an den Neuen Markt, Frankfurt/Main 2005

Steinbach, Martin/Stock Market Business Development, Issuer Relations, Deutsche Börse AG: »Mehr Transparenz beim Börsengang – Going-Public-Grundsätze gewährleisten einheitliches Informationsniveau«, in: GoingPublic 10/04, S. 8 f.

Strobel, Wilhelm: Deutsches Rechnungslegungs Standards Committee: Der Standard-Entwurf E-DRS 3 zur Segmentberichterstattung, in: Der Betrieb, 40/1999, S. 2017 ff.

Süßmann, Rainer: Informations- und Verhaltenspflichten nach der Börseneinführung, in: Dr. Wieselhuber & Partner (Hrsg.): Börseneinführung mit Erfolg, Wiesbaden 1996, S. 269 ff.

Taulli, Tom: Investing in IPOs, Bloomberg Press, New York 1999

Tietze, Christian: Underpricing am Neuen Markt. Eine empirische Untersuchung für den Zeitraum 1997-2002, Hamburg 2005

Tonner, Martin: Tracking Stocks – Zulässigkeit und Gestaltungsmöglichkeiten von Geschäftsbereichsaktien nach deutschem Aktienrecht, AHW Abhandlungen zum deutschen und europäischen Handels- und Wirtschaftsrecht, Band 131, Köln 2002

Trobitz, Hans H./Wilhelm, Stefan: Eigenkapital für kleine und mittlere Unternehmen – Beteiligungsfinanzierung und Börsengang, in: Volk, Gerrit (Hrsg.): Going Public – Der Gang an die Börse, 2. Aufl., Stuttgart 1998, S. 247 ff.

Tykvova, Tereza: Finanzierung, Börsengang und Performance mit unterschiedlichen Venture-Capital-Gebern, Baden-Baden 2005

Veit, Klaus-Rüdiger: Die Prüfung von Squeeze outs, in: Der Betrieb 2005, S. 1697 ff.

Vogt, Patrick: Erfolgsfaktoren des IPO-Managements, Hamburg 2005

Volk, Gerrit (Hrsg.): Going Public – Der Gang an die Börse, 2. Aufl., Stuttgart 1998

Ders.: Shareholder Value und die Börseneinführung von Tochtergesellschaften, in: Koch, Wolfgang/Wegmann, Jürgen (Hrsg.): Praktiker-Handbuch Börseneinführung, 2. Aufl., Stuttgart 1998

Von Einem, Christoph/Borggräfe, Joachim: Arbeitsunterlage zum 9. Generalthema: Stock-Options auf der 48. Steuerrechtlichen Jahresarbeitstagung der Arbeitsgemeinschaft der Fachanwälte für Steuerrecht e.V. vom 25. bis 27. Mai 1998 in Wiesbaden, 1998, S. 501 ff., NWB-Verlag, Herne oder www.fachanwalt-fuer-steuerrecht.de

Von Rosen, Rüdiger: Aktienorientierte Vergütungssysteme, Vortrag auf dem Kapitalmarkt-Kolloquium der Ludwig-Maximilians-Universität München, München 1997, S. 25–27

Vortmüller, Claudia: Going Public in China, Stuttgart 2002

Voss, Joachim: Eine Partnerschaft auf Zeit – Die Beteiligungsgesellschaft vor dem Börsengang eines mittelständischen Unternehmens, in: Koch, Wolfgang/Wegmann, Jürgen (Hrsg.): Mittelstand und Neuer Markt, Frankfurt/Main 1999, S. 69 ff.

Wagenhofer, Alfred: Internationale Rechnungslegungsstandards – IAS/IFRS, 5. Aufl., Wien 2005

Walther, Dietrich: Alles unter einem Dach – Die Begleitung des Unternehmens durch das Emissionsberatungshaus, in: Koch, Wolfgang/Wegmann, Jürgen (Hrsg.): Mittelstand und Neuer Markt, Frankfurt/Main 1999, S. 111 ff.

Wegmann, Jürgen: Alles Verhandlungssache – Ein praktischer Leitfaden für die Ermittlung des Emissionspreises, in: Koch, Wolfgang/Wegmann, Jürgen (Hrsg.): Mittelstand und Neuer Markt, 1. Aufl., Frankfurt/Main 1999, S. 191

Weiler, Lutz: Bookbuilding – Die neue Platzierungsform beim Gang an die Börse, in: Volk, Gerrit (Hrsg.): Going Public – Der Gang an die Börse, 2. Aufl., Stuttgart 1998, S. 263 ff.

Werner, Horst S.: Das Private Placement zur Kapitalbeschaffung, Köln 2006

Wieselhuber & Partner (Hrsg.): Börseneinführung mit Erfolg. Voraussetzungen, Maßnahmen und Konzepte, Wiesbaden 1996; dies. a.a.O., 2. Auflage,Wiesbaden 2001

Willamowski, Marcus: Bookbuilding. Die marktorientierte Emission von Aktien nach deutschem und U.S.-amerikanischem Recht, AHW Abhandlungen zum deutschen und europäischen Handels- und Wirtschaftsrecht, Band 124, Köln 2001

Wirtz, Bernd W./Salzer, Eva (Hrsg.): IPO Management, Wiesbaden 2001

Wunderlich, Nils: Preisfindung, Underpricing und Zuteilungsverfahren beim Börsengang von Tochtergesellschaften, Baden-Baden 2004

Wunsch, Thomas: Tracking Stocks – Geschäftsbereichsbezogene Gewinnbeteiligungen bei Aktiengesellschaften. Eine systematische gesellschafts- und steuerrechtliche Betrachtung, Schriftenreihe zum Gesellschafts- und Kapitalmarktrecht Vol. 4, Frankfurt/Main 2002

Young, D.: Some reflections on accounting adjustments and economic value added, in: Journal of Financial Statement Analysis, New York, Vol. 4, Issue 2, Winter 1999, S. 7-12

Zacharias, Erwin: Börseneinführung mittelständischer Unternehmen, Bielefeld 1998; ders, a.a.O. 2. Auflage, Bielefeld 2000

Zacharias, Erwin: Going Public einer Fußball-Kapitalgesellschaft, Bielefeld 1999

Zarb, Frank G.: NASDAQ: The Preferred U.S. Market for the International Company, in: Rosen, Rüdiger von/Seifert, Werner G. (Hrsg.): Zugang zum US-Kapitalmarkt für deutsche Aktiengesellschaften, Schriften zum Kapitalmarkt, Band 1, Frankfurt/Main 1998, S. 325 ff.

Ziegler, Joachim: Der Börsengang von Tochtergesellschaften, Baden-Baden 2006

Zillmer, Peter: Going Private – Der freiwillige Börsenrückzug in Deutschland, Wiesbaden 2003

Stichwortverzeichnis

A

Abwicklungsdienstleistungen 178
Abzinsungssatz 149
Abzuzinsender Free Cashflow 225
Ad-hoc-Mitteilungen 24, 67
Ad-hoc-Publizität 56, 57, 58, 192, 193, 225
Ad-hoc-Publizitätsservice 179, 193
Adjusted Profit After Taxes 154
Adjustierte Nachsteuerergebnisse 154
ADR (American Depositary Receipts) 77, 225
After-IPO-Werbemaßnahmen 198
AIM (Alternative Investment Market) 76, 85
Aktienarten 48
Aktienbesitzerquote im internationalen Vergleich 4
Aktienbuch 126
Aktienglobalurkunde 63, 65
Aktienindizes, deutsche 203
Aktienindizes, europäische 204
Aktienindizes, US 204
Aktienoptionen 226
Aktienoptionsplan 15, 25
Aktienoptionsrechte, handelbare 141
Aktienoptionsrechte, nicht handelbare 141
Aktienplatzierungsinstitute 34
Aktienregister 48, 126
Aktienregisterführung 49
Aktiensplit 124, 225
Aktienstückzahl 123
Aktienurkunden 52
Aktienurkunden, Druck von 172
Aktienverkauf durch Altaktionäre 122
Aktien als »Sammlerobjekte« 52
Aktionärsverträge 29
Alleinstellungsmerkmale 44, 229
Alphabet Stocks 127
Altaktionärsabgabe 54, 117, 121, 122, 124

Alternext 76, 87
Alternext, Anforderungen 88
Altgesellschaftermehrheit 116
American Depository Receipts (ADR) 77
American Stock Exchange 78
Amerikanisches Auktionsverfahren 133
AMEX 78, 204
Amtlicher Markt, Anforderungen 64
Amtlicher Markt 52, 63
Amtlicher Markt, Prime Standard 67
Amtlicher Markt, Publizität 56
Analystenkonferenz 67
Analystenveranstaltungen 196, 225
Anhang 55, 56
Anlaufverluste 162, 164
Anlegerakzeptanz 45
Anlegerschutzverbesserungsgesetz VII
Anreizsysteme 199
Anteilsschenkung 104
APAT *siehe Adjusted Profit After Taxes*
APT-Methode 149
Asset Deal 206
Atypisch stille Beteiligung 107, 137
Außerbörsliche öffentliche Emission 22
Außerbörsliche öffentliche Platzierung 38
Außerbörsliche Platzierung 37
Außerordentliche Hauptversammlung 176
Aufnahmegebühren 49
Aufsichtsrat 23
  Besetzung 174
  Honorar 174
  Kosten 174
  Reiseaufwendungen 175
  Suchkosten 174
Aufsichtsratsmitglieder
  Anzahl 174
Auktion 60, 131

Auktionsverfahren 133
  amerikanisches 133
Ausübungszeiträume 140
Ausführungspreise 60
Ausschüttungspolitik 130
Ausschüttungsquoten 129
Auswahlindex 59, 203

B

Börsen-Zulassungsstelle 47, 63, 65
Börsenfähigkeit 94
Börsengangankündigung 17
Börsenkapitalisierung 5, 58
Börsenpflichtblatt 194
Börsenplatzwahl 119
Börsenreife 11
Börsenreife, technische 43, 45
Börsenreife, wirtschaftliche 43
Börsensachverständigenkommission 58
Börsenumsätze 6
Börsenvergleich 5
Börsenzulassungsgebühr 171
Börsenzulassungsverordnung 63
Baisse 154
Banken 104
Banken-Factbook 96
Bankenhonorar 12, 168
Bankhonorarkomponenten 169
Barkapitalerhöhung 54, 75
Barwert 149
Barwert der Free Cash Flows 149
Basel II 225
Basispreis 225
Beauty Contest 96, 143, 148
Bedingtes Kapital 139
Befreiung von der Ad-hoc-Berichtspflicht 58
Being Public 45, 192, 198, 201
Bekanntheitsgrad 191
Belegschaftsaktien 137, 225
Beleihungspotential 199
Benchmark 225
Benchmarking 200, 203

Stichwortverzeichnis

Beraterhonorare 13, 170
Beschleunigtes Bookbuilding 13
Beta 131, 150
Beta-Sensitivitätsanalyse 157
Beteiligungsbuchwert 114
Beteiligungsgesellschaften 29, 107
Beteiligungspartner 17
Beteiligungsquote 23, 31
Betreuer 59, 226
Beurkundung 101
Bewertungsmethoden 13, 149, 154, 158, 164
Bewertungsspannen 159
Bewertung eines Börsenkandidaten 13, 149, 153, 158
Big caps 58
Bilanzkontrollgesetz VIII, 194
Bilanzrechtsreformgesetz VIII
BilKoG 194
Blackout-Periode 225
Blue Chips 58, 203, 225
Bookbuilding 97, 116, 131
Bookbuilding, beschleunigtes 98, 132
Bookbuilding-Phase 13
Bookbuildingspanne 13, 98, 124, 165, 225
Börsenpflichtblatt 172
Brückenfinanzierung 35, 121
Break-even-Bereich 160
Bridge-Finanzierungen 30
Bridge Financing 35, 121
Businessplan 148

C

CAGR 161, 226
CAPM Capital Asset Pricing Modell 150
Cash-Burning 43
CDAX 203, 226
Centralisation fee 89
Certified Investor-Relations Officer 198
CIRO 198
Classic All Share 203
Clearstream 49
Close Tracking Stocks 128
Co-Lead 98
Commission de centralisation 89
Comply or explain-Regel VII, 64, 195
Compounded Annual Growth 161, 226
Corporate Governance 226
Corporate Governance-Grundsätze 63, 65
Corporate Governance Kodex VII, 175, 195

Cotation directe-Verfahren 133
Cross-Fee 95

D

D&O-Versicherung 175
DAX 203, 226
DCF 149, 153
DCGK 175
Delisting 77, 192, 195, 205, 226
Designated-Sponsor-Rating 178
Designated Sponsor 59, 97, 99, 178
Directors' Dealings 56, 63, 65, 88
Directors & Officers-Versicherung 175
Disclaimer 226
Discounted-Cash-Flow-Methode 149
Discounted Cash Flow 149, 162, 226
Diskontierungsfaktor 153
Diskontierungssatz 149, 157
DivDAX 203
Dividendenkontinuität 130
Dividendenpolitik 129
Dividendenrendite 129, 130
Doppelnotiz 89
Dow Jones 226
Dow Jones Average 30 Industrial 204
Dow Jones EURO STOXX 204
Dow Jones EURO STOXX 50 204
Dow Jones STOXX 50 204
DPR Deutsche Prüfstelle für Rechnungslegung 106, 194
DRSC 226
Druckkosten 171
Dual Listing 89
Due Diligence 37, 99, 226
DVFA-Ergebnis 160
DVFA/SG 159
DVFA/SG-Regeln 115

E

Early-Stage 36
Earnings Before Interest, Taxes and Depreciation 159
Earnings Before Interest and Taxes 149, 159, 226
Earnings Before Taxes 159, 226
EBIT 149, 158, 226
EBITDA 158, 226
EBT 226
Economic Value Added 154, 230
Eigenkapitalkosten, kalkulatorische 151
Eigenkapitalquoten 2, 22
Eigenkapitalvorgabe 53
Einbeziehungsentgelt 68
Einbeziehungsgebühr 75
Einbringungslösung 101

Eingliederung 206
Einmal-Publizität 55
Einzelverbriefung 52, 63, 65
Emissionsberater 94
Emissionsberatung 226
Emissionskonzept 93, 94
Emissionsrenditen 166, 167
Emissionsvertrag 98
Emissionsvolumen 17, 53, 105, 226
Emittentenleitfaden 193
Endwert 149, 154
Enterprise Value 158, 162, 226
Entity-Methode 149
Entry All Share 204
Entry Standard 60, 61, 69, 226
Entry Standard, Publizität 56
Entry Standard, Anforderungen 70
Entry Standard Index 69, 204
EPV 158, 226
Equity Kicker 35, 226
Equity Story 108, 180
Erhalt der Gesellschaftermehrheit 116
ERP-Startfonds 36
Euronext 87
Europäischer Pass 56
Europäische Kapitalmarkt-Gesellschaftsformen 46
EVA 154, 230
Ewige-Renten-Formel 149
Exitmöglichkeit 29, 40, 121

F

Förderung der Aktie 4
Family & Friends 132, 135, 227
Feindliche Übernahme 126
Festpreis 13
Festpreisemissionen 97, 131
Festpreisverfahren 131, 133
Financial Accounting Standards Board 227
Firmenwert 115
Flow Back 123
Folgepflichten 65, 66, 67
Folgepflichten, Alternext 88
Folgepflichten, Amtlicher Markt 64
Folgepflichten, Entry Standard 70
Folgepflichten, Freiverkehr 68
Folgepflichten, geregelter Markt 66
Folgepflichten, Prime Standard 67
Formwechsel 46, 110, 206
Fortführungswert 165
Freefloat 227
Free Cash Flow 149
Freiverkehr 43, 62, 67, 196
Freiverkehr, Anforderungen 68
Freiverkehr, Publizität 56

Stichwortverzeichnis

Freiverkehrsrichtlinien 69, 75
Fremdkapitalkosten 152
FREP Financial Reporting Enforcement Panel 106, 194
FTSE 227
FTSE AIM 100 Index 204
FTSE AIM All-Share Index 204
FTSE techMARK 100 204
FTSE techMARK All Share Index 204
FTSE techMARK mediscience 204
FWB 203

G

GATE-M 61, 71
GATE-M, Anforderungen 73
Gate-M, Folgepflichten 73
Gate-M, Zulassungsvoraussetzungen 73
GATE-M Stuttgart, Publizität 57
Geldwerter Vorteil 141
Genehmigtes Kapital 139
General Standard 59, 60, 66
Genussschein 29, 35, 137
Geregelter Markt, Anforderungen 66
Geregelter Markt 65
Geregelter Markt, General Standard 67
Geregelter Markt, Publizität 56
Gesamt-Börsenbewertung 158
Gesamtunternehmenswertspanne 146
Gewinnberechtigung 129, 227
Gewinnschuldverschreibungen 137
Gewinnverteilung 125
Gewinnverwässerung 139
GEX 203, 227
Gezeichnetes Kapital, Stückelung 123
Gläserne Emission 133
Globalaktienurkunde 52
Globalurkunden 172
Global Share 78
Going Private 205
Gründungsbericht 63, 65
Gründungsprüfung 110, 112
Graumarktkurse 135
Greenshoe 122, 125, 230
Grundlagenvereinbarung 98, 186
Gründungsprüfung 114

H

Halbeinkünfteverfahren 130
Halteverpflichtung 58
Handelsregister 171
Handel per Erscheinen 13, 135
Hard Lock-up 195
Hauptversammlung 177

Hausse 154
HDAX 203, 227
Hinterlegungsstelle 48, 55
Holländisches Auktionsverfahren 133

I

IASB 227
IFRS 227
Incentives (Anreizsysteme) 25, 199
Informationsasymmetrien 166
Informationskultur 24
Ingram/Macrotron-Urteil 206
Inhaberaktien 48, 126, 227
Initial Public Offering 8, 227
Insidergeschäfte 192
Insiderinformationen 57, 192, 193
Insiderpapiere 57
Insiderregeln 63, 65, 193
Insiderverzeichnis 193
Interessenkonflikte 15, 35, 37, 93, 94, 95, 103, 107, 128, 199
Investitionsplanung 148
Investor-Relations 177
Investorenkonferenz 197
IPO 101, 227
IPO-Struktur-Planung 108
IPO-Timing, innerjährliches 146
ISIN 59, 227

J

Joint Lead 98, 227

K

Kalkulationszinsfuss 164
Kaltes Delisting 206
Kapitalanleger-Musterverfahrensgesetz VIII
Kapitalbedarf 121
Kapitalerhöhung 54, 121, 124, 133
Kapitalerhöhung aus Gesellschaftsmitteln 51
Kapitalmarktfähige Rechtsform 45
Kapitalmarktinformationshaftungsgesetz IX
KGaA 109
KGV 84, 160, 227
KMU, Markt, Folgepflichten 75
KMU-Markt 61, 75
KMU-Markt, Anforderungen 75
KMU-Markt, Zulassungsvoraussetzungen 75
KonTraG 138
Kontrollerlangung 197
Kontrollwechsel 196
Kosten des Börsengangs 12, 24, 84, 168

Kurs-Gewinn-Verhältnis 13, 84, 160
Kurs- und Marktpreismanipulation 68, 194
Kurs- und Marktpreismanipulation, Verbot der 202
Kursanfrage 59
Kurserhebliche Tatsachen 57, 179, 192, 227
Kursindex 204
Kursperformance-Pönalen 84
Kursrelevanz 57, 193, 227
Kursstabilisierungsmaßnahmen 122, 194, 202
Kurssteigerungspotential 98
Kursvolatilität 57
Kurswert 52, 63

L

Lagebericht 55, 56, 69
Later-Stage 36
Laufende Publizität 56
Lead-Bank 227
Lead-Bank, Auswahl der 145
Leadinvestor 35
Leadmandat 35
Letter of Engagement 98
Leverage-Modelle 137
Liquidation 126, 206
Liquider Handel 124, 227
Liquiditätskategorien 60
Listing 227
Listing Partner 60, 69
Listing Sponsor 88
Listungsanforderungen 66, 81
Listungsgebühren 89
Listungsgebühren, Alternext 89
Lock-up-Fristen 195
Lock-up-Periode 21, 58, 199, 228
Lock-up-Verpflichtung 70, 195
London Stock Exchange 86
Loose Tracking Stocks 128

M

M:access 61
M:access, Anforderungen 71
M:access, Folgepflichten 71
M:access, Zulassungsvoraussetzungen 71
M:access München, Publizität 57
M:access Münchener Wertpapierbörse 71
Main Market 85
Management-Buyin 228
Market-Maker 97, 178
Marktgröße 5
Marktkapitalisierung 6, 158, 228
Marktprämie 156, 157

Marktrendite 151, 228
Marktrisikoaufschlag 150
MDAX 203, 228
Medientraining 171
Mehrheitserhalt der Altgesellschafter 15
Mehrstimmrechtsaktien 126
Meldeschwellen 56, 88, 194
Memorandum of Understanding 98
Mergers & Acquisitions 95
Mezzanine Capital 29
Midcap Market Index 203
Minderheitenschutz 32, 37
Minderheitenschutzklauseln 37
Minderheitsbeteiligungen 26
Mindest-Eigenkapital 52, 63
Mindest-Eigenkapitalrendite 140
Mindest-Emissionsvolumen 53
Mindest-Haltefrist 21, 199
Mindest-Kurswert 53
Mindest-Streubesitzquote 54
Mindest-Streubesitzquoten 228
Mindestalter 11, 63, 87, 88
Mindestaltervorgaben 47
Mindesterfordernisse 53
Mindesthalteperiode 58, 74, 228
Mindestnennwert 53, 75
Mindeststückzahl 53, 116
Mindestumsatz 11, 43
Mitarbeiter 137
Mitarbeiterbeteiligung 138
Mitarbeiterbeteiligungsmodelle 137
Mitarbeiterplanung 148
Mitspracherechte 23
Motive für den Börsengang 19
Multiplikatoren-Methode 158
Multiplikatoren-Verfahren 148

N
Nachgründungsprüfung 112, 114
Nachrangige Darlehen 29, 35
Nachtrag zum unvollständigen Verkaufsprospekt 172
Nackte Aktienoptionsrechte 138
Naked warrants 138
Namensaktien 48, 126, 228, 229
NASDAQ 81, 228
NASDAQ, Anforderungen 83
NASDAQ, Listingkosten 84
NASDAQ 100 204
NASDAQ Composite Index 204
NASDAQ National Market 81
NASDAQ Small Cap Market 82
Nennbetragsaktien 51, 228
Nettobetriebsgewinn 228
Nettofinanzverschuldung 149

Net Operating Cash Flow After Taxes 149, 228
Net Operating Profit Less Adjusted Taxes 149, 228
Neuemissionen 110, 129, 165, 229
Neuemissionen deutscher Aktiengesellschaften 8
Neugründung 112
New York Stock Exchange 78
NOCFAT 149, 225, 228
Nominated adviser 86
NOPAT 149, 228
NOPLAT 149, 228
Notar 175
Notar, Auswahl des 101
Notierungsentgelt 70
Notierungskosten, Amtlicher bzw. Geregelter Markt 64
Notizaufnahme 14, 76
Notizkosten 66
NYSE 78, 228
NYSE, Anforderungen 79
NYSE Composite Index 204

O
OAO 122
Offenlegung stiller Reserven 114
Offering circular 88
Offre à prix minimum 134
Open Market 62, 67
Optionsanleihen 138
Optionspreistheorie 142
Orderbuchumsatz 60
Organisierter Markt 63, 65
Over-Allotment Option 122

P
P2P 205
PageImpressions 162
Partnerauswahl 93
Patente 109
Peergroup 228
Peergroup-Bildung 158
Peergroup-Vergleich 148
PEG 161
Performance-Rating 60
Performanceindex 204
Personalmehraufwand 176
Phantom Stocks 138, 228
Placement garanti 133
Plan-Bilanzen 148
Plan-GuV 148
Platzierungs-Phase 13
Platzierungshonorare 168
Platzierungskosten 39
Platzierungsmandatsvertrag 98
Platzierungsmix 135

Platzierungspreis 13, 53, 89, 116, 123, 146, 167
Platzierungsverfahren 131
Poolverträge 15
Prüfungskosten 173
Pre-IPO 30
Pre-IPO-Beteiligungspartner, Auswahl der 103
Pre-IPO-Kampagne 169
Preisfeststellung 60, 72
Preisfeststellungsauktion 59
Preisfeststellungskategorien 72
Preplacement 133
Price Earnings Growth 161
Prime Standard 59, 61, 66
Prime Standard, Publizität 56
Private Placement 37, 228
Privatinvestoren 28
Privatplatzierung 37, 38, 228
Prospekt 55, 63, 65, 68, 88
Prospektbilligungsverfahren 63, 65
Prospektprüfung, Kosten der 172
Public-to-Private 205
Public Limited Company 46, 109
Public Placement 37, 228
Publizitätserfordernisse 55
Publizitätspflicht 24

Q
QIBs 78
Quartalsberichte 67, 72, 74, 176
Quiet Period 228
Quotierung 228
Quotierungsdauer 60

R
Rückkaufprogramme 122, 194
Rückkaufquote 139
Rückkauf eigener Aktien 130, 139, 202
Rückumwandlung 18
Rating 60
Rechtsform, Wahl der 109
Rechtsformrückumwandlung 111
Rechtsformumwandlung 16, 110, 111
Record Date 48
Regionalbörsen 62, 70
Reguläres Delisting 206
Reporting 106, 176, 194
Research-Berichte 196
Return on Capital Employed 154
Reverse IPO 112
Risikoaufschlag 164, 228
Risikoprämie 151
Roadshow 98, 229

Stichwortverzeichnis

ROCE 154
ROCE-Sensitivitätsanalyse 156
Rückkaufprogramme 202
Rule 144A 76, 78
Russell 205, 229

S
S&P 205, 229
Sacheinlage 110, 113
Sacheinlagemodell 18, 185
Sachgründung 46, 110
Saisonales Timing 188
Schwellenwerte 63, 65
SDAX 203, 229
Seed Capital 229
Segment-Wechsel 76
Segmentwahl 119
Segmentwechsel 121
Sensitivitätsanalyse 153
Shareholder-Value 154, 202, 229
Shareholder-Value-Analyse 155
Shareholder-Value-Orientierung 130
Shareholder Value, nachhaltiger 201
Signalfunktion der Dividendenpolitik 130
Site-Visits 162
Skontroführer 72
Small Caps 229
SMAX 203
Societas Europea 46
Soft Lock-up 195
Spartenergebnisse 148
Spin-off 20, 40
Spread 60, 72
Spruchverfahren 206
Squeeze-out 206
Stückaktien 229
Stabilisierungsphase 122
Stakeholder 201
Stammaktien 50, 125, 229
Stand-alone 40, 149
START UP MARKET 61, 73
START UP MARKET, Anforderungen 74
START UP MARKET, Folgepflichten 74
START UP MARKET, Zulassungsvoraussetzungen 74
START UP MARKET Hamburg, Publizität 57
Staying Public 192, 201
Steuerberater 170
Steuerberater, Auswahl des 100
Steuerberater, Wechsel des 105
Stimm-Pool-Verträge 29
Stimmrechtsausübung 48
Stimmrechtslose Vorzugsaktien 15

Stimmrechtsvorzugsaktien 126
Stock Split 124
Streubesitz 227
Streubesitzquote 54
Stückaktien 51
SWOT-Analyse 37, 99

T
Targeted Stocks 127, 128
Tausend-Kontakt-Preis 162
TecDAX 203, 229
TechMARK 86
TechMARK mediscience 86
Technology All Share 203
Tenderplatzierungsverfahren 133
Tenderverfahren 133
Terminal Value 149, 154
TKP (Tausend-Kontakt-Preis) 162
Tombstones 171, 229
Tracking-Stocks, Nachteile 128
Tracking Stocks 127
Tracking Stocks, Vorteile 127
Transparenz- und Publizitätsgesetz VII
Transparenzkategorie 72
TransPuG 195
Turnover Ratio 1, 6

U
Überkapitalisierung 117
Übernahmeangebot 200
Übernahmekodex 58
Überrenditen 151, 166
Überzuteilungs-Option 122, 230
UKLA 85
UMAG IX, 48
Umschlagshäufigkeit 6, 49
Underperformance 165, 229
Underpricing 134, 165, 229
Unfreundliche Übernahme 23
Unfriendly takeover 25, 200
Unique Selling Propositions 44, 229
Unique User 162
Unterkapitalisierung 117
Unternehmensbewertung 17, 130, 148
Unternehmensbewertungsmethoden 147, 164
Unternehmensbewertungsspanne 97
Unternehmensdarstellung 93, 96
Unternehmensexposé 55
Unternehmenskalender 67, 69, 195
Unternehmensnachrichten 69, 88, 193
Unternehmenswert 13, 130, 229
US-Börsennotiz 76

US-GAAP 229
USPs 229

V
Value Line 229
Value Line Composite Index 205
Vergleichsunternehmens-Bewertungen 40
Vergleich von Aktienmärkten 1
Verkaufsprospekt 38, 172
Verkaufsprospektgesetz VIII
Veroptionierung von Aktien 199
Verrechnungsstelle 49
Verschiebung des IPO 103, 188
Verschmelzung 46, 111, 206
Vesting Period 140
Vierländerbörse 87
Viertes Finanzmarktförderungsgesetz VI
Vinkulierte Namensaktien 48, 50, 126
Virtuelle Optionen 138
Volatilität 57
Vollausschüttungshypothese 164
Vorbörslicher Handel 135, 167
Vorbörsliche Emission 12
Vorbörsliche Kurse 135
Vorbörsliche Platzierung 37
Vorstandsvergütungs-Offenlegungsgesetz IX
Vorteilsgewährung 141
Vorzugsaktien 15, 50, 125, 229
Vorzugsdividende 50

W
WACC 149, 152, 154
Wagniskapital 30, 110
Wandelanleihen 138, 142
Weighted Average Cost of Capital 149, 154
Werbeagentur, Auswahl der 102
Werbebudget 169
Werbung 228
Wertindikationen 98
Wertpapierübernahmegesetz 58
Wertpapiererwerbs- und Übernahmegesetz VI
Wertpapierhandelshäuser 35
Wertpapierkennnummer 59, 227
Wertpapierprospektgesetz VIII
Wertpapierverkaufsprospekte 31
Wertschöpfungsanalyse 154, 230
Wertsteigerungs-Strategie 201
Wertsteigerungsrechte 138
Werttreiber 202
Wert des Eigenkapitals 155, 229
Wettbewerbsfähigkeit 20
Wettbewerbsvorteile 44

Widerruf der Zulassung auf Antrag des Emittenten 206
Widerruf der Zulassung von Amts wegen 206
Wiederkehrende Kosten, Börseneinführung 173
Windfall-Losses 140
Windfall-Profits 140
Wirtschaftsprüfer, Auswahl des 99
Wirtschaftsprüfer, Wechsel des 106
WKN 227
Working Capital 149
WpPG VIII

X
Xetra-Liquiditätsmaß 60

Z
Zahl- und Anmeldestelle 48, 178
Zahlstelle 56
Zeichnungsanreiz 160, 167
Zeichnungsgewinne 133, 134, 136, 165, 166
Zeichnungsrabatte 133, 230
Zeitbedarf für Börsengang 14
Zeitfahrplan 98
Zeitplanung des Börsengangs 142
Ziel-Streubesitzquote 164
Zins-Sensitivitätsanalyse 156
Zulassungsantrag 47, 63, 65
Zulassungsbeschluss 63, 65
Zulassungsdokumentation 74
Zulassungsfolgepflichten 66
Zulassungsgebühr 81
Zulassungsverfahren 63, 65

Zulassungsvoraussetzungen 63
Zulassungsvoraussetzungen, Amtlicher Markt 64
Zulassungsvoraussetzungen, Entry Standard 70
Zulassungsvoraussetzungen, Freiverkehr 68
Zulassungsvoraussetzungen, geregelter Markt 66
Zulassungsvoraussetzungen, Prime Standard 67
Zuteilungsschema, Greenshoe 123
Zuteilungsschlüssel 133
Zuteilungsverfahren 132
Zwangspublizität 172, 192, 230
Zweitlisting 89
Zwischenfinanzierungsschritte 18